Gerhard Schmidtchen
Wie weit ist der Weg nach Deutschland?

Gerhard Schmidtchen

Wie weit ist der Weg nach Deutschland?
Sozialpsychologie der Jugend
in der postsozialistischen Welt

Unter Mitarbeit von Michael Otto und
mit einem Beitrag von Harry Schröder

2. durchgesehene Auflage

Leske + Budrich, Opladen 1997

Im Auftrag des Bundesministeriums für Familie, Senioren, Frauen und Jugend
Umfragen: Institut für Marktforschung Leipzig

Gedruckt auf säurefreiem und altersbeständigem Papier.

Die Deutsche Bibliothek – CIP-Einheitsaufnahme
Schmidtchen, Gerhard:
Wie weit ist der Weg nach Deutschland?: Sozialpsychologie der Jugend
in der postsozialistischen Welt / Gerhard Schmidtchen – 2. durchges. Aufl. – Opladen :
Leske und Budrich, 1997

ISBN 3-8100-1928-3

© 1997 Leske + Budrich, Opladen

Das Werk einschließlich aller seiner Teile ist urheberrechtlich geschützt. Jede Verwertung außerhalb der engen Grenzen des Urheberrechtsgesetzes ist ohne Zustimmung des Verlages unzulässig und strafbar. Das gilt insbesondere für Vervielfältigungen, Übersetzungen, Mikroverfilmungen und die Einspeicherung und Verarbeitung in elektronischen Systemen.

Satz: Leske + Budrich
Druck: Druck Partner Rübelmann, Hemsbach
Printed in Germany

Vorwort zur 2. Auflage

Drei Wochen nach der Vorstellung des Buches auf einer Pressekonferenz in Leipzig Anfang März 1997 war die erste Auflage verkauft. Presse, Hörfunk und Fernsehen hatten lebhaft reagiert. Worin der Nachrichtenwert des Buches gesehen wurde, kann den Presseausschnitten entnommen werden. Alle weisen darauf hin, daß die Studie Vorurteile über die ostdeutsche Jugend widerlege: kein Orientierungsvakuum, keine Anfälligkeit für Sekten, sondern ein rationales Weltbild; keine DDR-Nostalgie, sondern aktive aber auch kritische Gegenwartsbezogenheit; keine Lethargie, sondern Aktivität mit zum Teil besserer Persönlichkeitsverfassung als im Westen.

Nachrichtenwert hatten nicht nur Zahlen, sondern auch Erklärungsmodelle und Interpretationen. So wurde über die Entstehung einer altruistischen Moral in einer weitgehend kirchenfernen Gesellschaft berichtet. Der Alltag mit seinen wechselseitigen Verpflichtungen produziert Moral. Das ist auch im Westen so. Überrascht haben das Ausmaß von Kritik an den Verhältnissen und der Reformwille in Ost und West. Daß dies in Verbindung mit einem heute verbreiteten Gefühl der Machtlosigkeit zu Gewalt führen kann, wurde hervorgehoben. Über die Ursachen der Gewalt neu nachzudenken, wurde in den meisten Beiträgen angeregt. Der Nachweis, daß die geistige Orientierung, die ‚subjektive Gewaltdoktrin', einen stärkeren Einfluß als soziale Defizite auf den Ausbruch von Gewalt hat, wurde auch im Hinblick auf politische und präventive Schlußfolgerungen diskutiert. Warnfried Dettling schrieb in DIE ZEIT: „So wird aus der Sozialpsychologie der Gewalt ironischerweise, aber nicht absichtslos, eine Sozialpsychologie des öffentlichen Verhaltens." Die aufgeregte Frage: Was ist los mit der Jugend? werde kühl an die Erwachsenen zurückgespielt: Was ist eigentlich mit der Gesellschaft los? Er sagte mir in einem Gespräch: „Sie haben mit Ihren Beobachtungen über die Jugend in Wirklichkeit eine Sozialpsychologie der Berliner Republik geschrieben." Er hat es treffsicher erkannt. Das Thema stand immer im Hintergrund.

Feldmeilen am Zürichsee, April 1997
Prof. D. Dr. Gerhard Schmidtchen

Inhalt

Zur Einführung 9

1. **Eine Investitionstheorie des Wertewandels** 17
1.1 Investititon und Ertrag 18
1.2 Information, Erwartung und der Wertewandel 22
1.3 Religion, Moral, Askese 24
1.4 Wertewandel und Persönlichkeitsentwicklung 29
1.5 Die grundlegenden Irrtümer in der Betrachtung
 des Wertewandels 34

2. **West-östliche Seelenlandschaften: Ähnlichkeiten
 und fundamentale Unterschiede** 41
2.1 Warum kein Orientierungsvakuum? 43
2.2 Die Situation nach der Wiedervereinigung:
 Die Vergangenheit ist bewußt, aber die Zukunft zählt .. 73
2.3 Die psychische Verfassung: Zwischen Frustration
 und Hoffnung 87

3. **Das Netz der Zugehörigkeit: tragfähige
 Verbindungen und Risse** 109
3.1 Die Familie und ihre Erziehungsstile, die
 sozialen Rollen 112
3.2 Ausbildung und Beruf 122
3.3 Vereine, Cliquen, Jugendgruppen; soziale Integration 137

4.	**Religiöse Situation in Ostdeutschland: Christsein und Kirche; rationales Weltbild, Aberglaube, Sekten**	**149**
4.1	Aktive Gemeinde in atheistischer Umwelt	155
4.2	Die Rationalität des Ostens: Geringere Verbreitung von Magie und Okkultismus	173
4.3	Wo die Sekten Zulauf haben	177
5.	**Das Spiel mit dem Feuer Sozialpsychologie der Aggressivität – Theorien, die politische Bedeutung haben**	**187**
5.1	Was Menschen aggressiv macht	189
	Die Triebtheorien	190
	Die deterministischen Aggressionstheorien: Frustrations- und Modelltheorien in der einfachsten Fassung	194
	Erregungstheorien der Aggressivität – Analyse kognitiv-affektiver Prozesse	202
5.2	Gibt es eine aggressive Persönlichkeit?	213
	Erziehung zu einer Welt negativer Gefühle	215
	Das Niveau der Verarbeitung von Frustration	217
	Soziale Kompetenz, ethische Orientierung und der Umgang mit Frustrationen	218
5.3	Zur Genese der Aggressivität im sozialen und politischen Zusammenhang	221
	Zwangsgewalt und Aggression aus der Sicht der Theorie sozialen Einflusses (James T. Tedeschi)	223
	Die Aggressionstheorie von Albert Bandura	229
	Die Motivation und Organisation illegitimer politischer Gewalt. Ein Beitrag zur Sozialpsychologie öffentlichen Verhaltens	236
6.	**Illegalität und Gewalt in Ost und West**	**261**
6.1	Zeichen der Legitimitätsschwäche und des gesellschaftspolitischen Unbehagens	262
6.2	Die Bereitschaft zu persönlicher Gewalt und ihre Hintergründe	275

6.3 Partizipation und öffentliche Gewalt. Die
Politisierung von Erwartungen und Enttäuschungen.
Die zentrale Rolle der subjektiven Gewalt-Doktrin..... 296

7. **Handlungsvertrauen und Verhaltensstörungen**...... 313
7.1 Selbstverständnisse und psychische Verfassung
(Harry Schröder) 315
7.2 Der Weg in die Selbstschädigung............................. 332
7.3 Wege zu einer verpfuschten Biographie:
Verhaltensweisen, die spätere Risiken bergen........... 335

8. **Wie weit ist der Weg nach Deutschland?**.............. 341
8.1 Der Osten zwischen Hoffnung und Enttäuschung –
Die Ergebnisse in Stichworten.................................. 341
8.2 Drei große gesellschaftliche Entwicklungen............. 355
8.3 Produktive Ungleichheit... 364

Tabellenverzeichnis... 369

Abbildungsverzeichnis... 372

Anhang... 375
Verzeichnis der Tabellen... 375
Schaubilder... 378

Der Autor... 471

Zur Einführung

Die einfache Frage nach der Situation junger Menschen im Osten Deutschlands kann sich zu einem Forschungsabenteuer entwikkeln. Anlaß für empirische Untersuchungen sind meistens politisch drückende Probleme. Die waren gegeben: Gewalttätige Jugendliche im Osten, die Aktivität der Sekten in einer Region Deutschlands, von der man vermutete, daß sie ihre sichere Orientierung verloren hatte. Um eine Informationsbasis für die Jugendpolitik zu gewinnen, wurde in Gesprächen mit Fachreferenten des Bundesministers für Familie, Senioren, Frauen und Jugend eine thematisch breit angelegte Untersuchung entwickelt. Ihr allgemeinstes Anliegen ist mit der Frage gegeben, wie sich junge Menschen im Osten Deutschlands nach dem Zusammenbruch ihrer politischen und sozialen Welt im Jahre 1990 in den neuen Verhältnissen der gemeinsamen Bundesrepublik zurechtfinden und welche Probleme sie in ihrem Lebensalltag haben. Es gibt kaum eine Institution von Rang, die zu solchen Fragen nicht schon irgendeine Untersuchung vorgelegt hätte. Die meisten Befragungen behandeln ausgewählte Problemfacetten und werfen in der Regel mehr Fragen auf als sie beantworten können.

Dies war der Anlaß, den Versuch zu unternehmen, einen umfassenden Überblick über die Probleme junger Menschen im Osten zu gewinnen, aber nicht nur in einem deskriptiven Sinne: die Hintergründe, die Motive interessierten. Es gab viele ungelöste Fragen, und es kursierten widersprüchliche Meinungen. So hat die Frage, warum die Wertorientierung im Osten von der im Westen nicht sehr verschieden ist, erstauntes Nachdenken ausgelöst. Wieso sind in der ostdeutschen Gesellschaft, die man als weitgehend areligiös oder unkirchlich bezeichnen kann, christliche Werte fast so verbreitet wie im Westen? Wie produziert eine atheistische Gesellschaft Moral? Begrüßen junge Menschen die neuen Lebensverhältnisse in der Bundesrepublik oder hängen sie nostalgisch an ihren Erinnerungen, war es gemütlicher, persönlicher in der DDR? Empfinden Jugendliche im Osten die gegenwärtige historische Epoche anders als Jugendliche im Westen? Welche Konsequenzen hat das für die Einstellung zu Staat und Gesellschaft, zu den politischen Parteien? Hat das Leben in der Pseudo-Vollbeschäftigung der sozialistischen Wirtschaft die Berufs- und Arbeitsmotivation junger Menschen so weit geprägt, daß ihre Anpassung an ein modernes Wirtschaftssystem schwierig wird? Ist die Familie, ist das soziale Netz in den östlichen Bundesländern noch sicher, regenerieren sie sich? Wie gestaltet sich die religiöse Situation? Ist nach dem Fortfall der Staatsreligion ein Vakuum entstanden, in dem sich bizarre Orientierungen breit machen? Wie rational sind die Weltbilder in Ost und West? Welche Chancen haben die Sekten? Haben Jugendliche im Osten ein anderes Verhältnis zur Gewalt, im persönlichen und politischen Bereich? Was sind die Hintergründe, die Motive, auf Konflikte und Frustrationen mit Gewalt zu antworten? Wieviele junge Menschen schließlich gehen den Weg in die Selbstschädigung, handeln sich Risiken für ihre eigene Biographie ein?

Solche Fragestellungen führten zu einem großen Erhebungsprogramm. Sein Vorteil ist, daß man neben Hintergrundsmotiven auch Querverbindungen sehen kann. Was zum Beispiel hat Rollenvielfalt mit psychischer Stabilität und altruistischer Orientierung zu tun, was Vandalismus mit der Hinwendung zu Sekten? In welchem Verhältnis stehen Gewalt und Selbstschädigung und was hat das zu bedeuten? Ist Gewaltbereitschaft rein sozial zu erklären, oder stehen Gewalttendenzen unter der Kontrolle geistiger Orientierungen, gibt es eine Ideologie der Gewalt? Zu diesen und anderen Fragen enthält die vorliegende Untersuchung Antworten.

Im Januar 1993 erteilte das Bundesministerium für Familie, Senioren, Frauen und Jugend den Auftrag, ein Forschungsprojekt mit dem folgenden Thema durchzuführen „Lebensperspektiven und Verhaltensprobleme der Jugend in der Bundesrepublik Deutschland – Eine sozialpsychologische Analyse der Anziehungskraft von Alternativwelten zu einer demokratisch verfaßten und aufgeklärten Gesellschaft, unter besonderer Berücksichtigung des Problemfeldes der sogenannten neueren religiösen Bewegungen und der Tendenz zur Gewaltbereitschaft". Aus zwei Problemen – Gewalt und Sekten – wurde eine Untersuchung zur Sozialpsychologie der Gesellschaft und der Demokratie in Deutschland.

Die Basis bildeten in einer ersten Welle, die 1993/94 lief, 3000 Interviews im Osten und 1000 im Westen. Da das Forschungsinteresse in den neuen Bundesländern liegt, wurde mit einer ungleichen Auswahlwahrscheinlichkeit gearbeitet. Bei einem normalen Querschnitt wären nur knapp 20 Prozent aller Interviews im Osten gewesen. Dies hätte dann aber keine Analyse der Besonderheiten in den östlichen Bundesländern mehr gestattet. Befragt wurden Jugendliche im Alter von 15 bis 30 Jahren, modellgerecht repräsentativ ausgewählt, so daß sie alle Jugendlichen praktisch vertreten. Der Leser ist so gestellt als hätten alle Jugendlichen geantwortet.

Um Anhaltspunkte für die Ausbreitung der Sekten in der gesamten erwachsenen Bevölkerung gewinnen zu können, wurden ausgewählte Testfragen in repräsentative Mehrthemen-Umfragen unter Personen ab dem 14. Lebensjahr eingeschlossen. 1056 Personen im Westen und 1057 im Osten wurden so befragt. Die Interviews fanden im Februar und März 1994 statt. Auch einige Fragen zur politischen Orientierung wurden in diesen „Omnibus" aufgenommen.

Da wir uns nach der Wiedervereinigung insbesondere in den östlichen Bundesländern in einer Phase schneller Trendbewegungen befinden, erschien es ratsam, im Herbst 1995 eine Kontrollbefragung durchzuführen. Es wurden dazu 1000 Jugendliche im Osten und 500 im Westen gehört. Dies reichte aus, um den Trend wichtiger Fragen prüfen zu können, daneben wurden einige neue Fragen eingeschlossen, so daß das Gesamtprogramm abermals erweitert wurde.

Sozialwissenschaftliche Untersuchungen sind auch in sich soziale Vorgänge, entstehen in Netzen der Mitwirkung, Unterstützung und Kommunikation. Danken möchte ich dem BMFSFJ, das die Forschung ermöglichte, insbesondere dort Jürgen Fuchs und Norbert Reinke.

Die Feldarbeit bei insgesamt 5 500 Jugendlichen hat das Institut für Marktforschung in Leipzig ausgeführt. Ohne die interessierte und wache Bereitschaft der Jugendlichen, an der Untersuchung mitzuwirken, wäre sie nicht möglich gewesen. Sie haben dafür über 8000 Stunden ihrer Zeit aufgewendet. Die Mitarbeiter des Instituts für Marktforschung Leipzig unter Leitung von Hans-R. Günther haben wesentlichen Anteil am Gelingen. Die Datenaufbereitung und Auswertungsarbeiten wurden durch die sozialwissenschaftliche Informatik des Instituts geleistet. Bei den sehr anspruchsvollen Datentransformationen und Datenreduktionen hat Michael Otto assistiert, Leiter der Auswertungsabteilung. Einen Test der zur Befindlichkeit und Selbsteinschätzung Jugendlicher hat Harry Schröder, Universität Leipzig, beigetragen und in einem eigenen Kapitel ausgewertet. Er hat darüber hinaus wichtige Hinweise für das Verständnis der psychischen Situation in Ostdeutschland gegeben. Der kirchensoziologische Teil der Untersuchung wurde gefördert durch die Zantner-Busch-Stiftung für Erlanger Forschung. Barbara Fülgraff, meine Frau, hat die gesamte Untersuchung durch Gespräche über pädagogische Aspekte der Befunde und ihrer Darstellung begleitet, und sie hat Mut gemacht, wo es notwendig war.

Die Sächsische Staatskanzlei und das Sächsische Staatsministerium für Kultus haben eine Sonderauswertung der 858 Interviews in Auftrag gegeben, die in den Befragungswellen von 1993/94 auf den Freistaat Sachsen entfielen. Die Ergebnisse wurden als Vervielfältigung des Forschungsberichts verbreitet: „Jugend in Sachsen. Orientierung und Aktivität, Frustration und Gewalt, Ziele und Hoffnungen im Jahre 1994." Auch die Befragungswelle von 1995 wurde für Sachsen ausgewertet, wobei die Stichprobe durch zusätzliche Interviews auf 500 Fälle vergrößert wurde. Diese Studie hat das Sächsische Staatsministerium für Kultus in Auftrag gegeben. Ein Forschungsbericht liegt vor: „Jugend 95 in Sachsen". Beide Studien entstanden am Institut für Marktforschung in Leipzig.

Sozialforschung ist immer von dem politischen Risiko begleitet, daß ihre Ergebnisse unbequem ausfallen. Ihre Aufgabe ist es, die Verhältnisse so darzustellen, wie sie sind. Das kann schon ärgerlich genug sein, aber darüber hinaus werden in der Forschung ja auch Gründe sichtbar und damit verteilen sich die Verantwortlichkeiten möglicherweise anders als es politisch genehm ist.

Wenn es Konflikte zwischen politisch Handelnden und den Diagnosen der Sozialforschung gibt, so werden sie meistens in Form von Methodendiskussionen ausgetragen. Wenn die Untersuchung nicht paßt, wird sie methodologisch diskreditiert, wenn es nicht schon möglich ist, sie überhaupt vor der Öffentlichkeit verschwinden zu lassen. Politische Systeme sind nicht notwenigerweise Verbände der Wahrheitssuche, sondern der Machterhaltung. Also wird man erwarten können, daß unangenehme Diagnosen gemieden werden. Dazu gehört das selektive Lesen und Veröffentlichen. Gut klingende Ergebnisse, meistens soziale Selbstverständlichkeiten, werden lautstark bekannt gegeben. Man muß, wenn man einen Sozialforschungsbericht zur Kenntnis nehmen will, von vornherein wissen, daß die empirische Soziologie keine Belobigungsveranstaltung ist. Sozialforschung verdankt ihre Entstehung im England des 18. Jahrhunderts der Aufdeckung von Mißständen durch Enqueten. Dieses subversiv-humanitäre Moment wohnt der Sozialforschung immer noch inne, sie repräsentiert die Stimme von unten, die nicht immer im Gleichklang ist mit den wohlmeinenden Erwartungen und einem souveränen Wegsehen von oben. Wenn es aber darauf ankommt, daß ein menschlicher Großverband, wie es ein Staat nun einmal ist, eine humanitäre Entwicklung nimmt, dann ist es wichtig, die Befindlichkeit, die Motive, die Leiden, aber auch den Lebensmut der Regierten genauer kennenzulernen.

So waren und sind über die Jugend im Osten abenteuerliche Mythen in Umlauf. Nach dem Zusammenbruch des Sozialismus konnte man sich nur vorstellen, die Jugendlichen befänden sich in einem Wertevakuum. Ein zweiter Mythos: im sozialistischen Schlendrian konnte sich keine Arbeitsmotivation entwickeln. Der dritte Mythos: nach dem Scheitern der sozialistischen Ideologie und deren Kontrollsystemen sind die Jugendlichen im Osten weltanschaulich heimatlos geworden und gefährdet. Das eröffnet den Sekten große Chancen. Vierter Mythos: die allgemeine Kindergartenerziehung im Osten hat das Familienklima, das Erziehungsklima geschädigt. Fünfter Mythos: der PDS-Erfolg beruht auf DDR-Nostalgie. Und schließlich zwei positive Mythen: die Jugendlichen im Osten sind optimistisch, also ist alles in Ordnung, sie sind froh, der Diktatur entronnen zu sein, also identifizieren sie sich mit der Demokratie. In diesen Befunden ist von Belastungen und politisch-moralischen Enttäuschungen allerdings nicht die Rede. Alle diese Mythen lösen sich bei näherem Zusehen auf. Die vorliegende Untersuchung zeigt, daß die Probleme junger Menschen nicht dort liegen, wo man sie bisher gesucht hat. Sie zeigt, daß die Gründe, die Ursachen andere sind als vermutet. Und infolgedessen gibt die Untersuchung auch Hinweise, daß die Lösungen auf anderen Wegen erfolgen müssen.

Eine unbefangene und unabhängige Sozialforschung zeigt das Leben nicht nur kritisch, sondern so wie es ist, also auch in seinen Stärken und Hoffnungen. Nicht alles was an kritischen Befunden zutage tritt, ist politisch verursacht. Aber auch manches positive kann sich die Politik nicht zurechnen. Wir stehen großen kulturellen Bewegungen gegenüber, die durch weitreichende organisatorische Veränderungen unserer Wirtschaft und Gesellschaft und durch die Machtverschiebungen der Weltgesellschaft ausgelöst worden sind. Nicht alle Probleme, die den Impuls zu helfen, einzugreifen auslösen, können ressortpolitisch behandelt werden. Der Appell, der aus den Befunden heraus zu hören ist, richtet sich an alle Institutionen und Organisationen. Das Bundesministerium für Familie, Senioren, Frauen und Jugend stellt der Öffentlichkeit eine Untersuchung zur Verfügung, die über seine Ressortgrenzen hinaus Bedeutung hat.

Zur Idee und Organisation dieses Buches: Fünf große Themenbereiche sind in den empirischen Recherchen, die dem Buch zugrundeliegen, ausführlich diskutiert und behandelt worden.

– die Verarbeitung der deutschen Einheit als Ereignis und Prozeß
– das Netz der sozialen Bindungen
– die religiöse Situation, Aufklärung, kirchliche Bindungen und Sekten
– Illegalität und Gewalt
– Handlungsvertrauen und Verhaltensstörungen

Angestrebt wurde in der gesamten Untersuchung ein enger Zusammenhang zwischen der empirischen Präzision und einer damit möglichen theoretischen Entwicklung. Daten- und Denkbewegungen gehen eine sehr enge Verbindung ein. Das griechische Theoria heißt ja eigentlich Anschauung. Um Daten anschaulich zu machen, müssen sie in eine Perspektive gesetzt werden. Die allgemeinste theoretische Perspektive dieses Buches ist eine sozialpsychologische Handlungstheorie. Da es in einem beträchtlichen Teil der Untersuchung um Wertorientierungen und Moral geht, einschließlich der politischen Moral, schien es wichtig, dem Leser eine andere Handhabe für das Verständnis von Werten und Wertentwicklungen zu geben als er sie bisher vorfindet. Die bisherigen Wertetheorien kleben zu sehr an den Einzelbefunden, es werden Bewegungen interpretiert und als epochemachend bezeichnet, die nach ein paar Jahren sich wieder umkehren. Um von diesem Habitus des Lesens im Kaffeesatz wegzukommen, wurde eine Investitionstheorie des Wertewandels vorangestellt. In diesem Kapitel wird auch ein Teil des kulturellen Wandels verständlich, in dem sich Jugendliche befinden.

Dem Religionskapitel ist eine historisch-religionssoziologische Analyse vorangestellt, die verständlich macht, daß die weitgehend atheistisch aufgeklärte Kultur Ostdeutschlands auch andere Vorläufer hat als die DDR-Kirchenpolitik. Schließlich ist zum Verständnis der empirischen Befunde der Gewaltbereitschaft der Jugendlichen in Ost und West ein Kapitel eingefügt, das über den neuesten Stand der Aggressionsforschung unterrichtet. Menschliches aggressives Verhalten ist nicht rein reaktiv zu verstehen. Geistige Prozesse und Vorbereitung spielen eine entscheidende Rolle. Diese Erkenntnisse haben zu einem Aggressionstest geführt, der mehr erklärt als alle bisherigen Untersuchungen. Und auch präventiv sind die Erkenntnisse der Aggressionsforschung von entscheidender Bedeutung. Gewalt kann man nicht dadurch bekämpfen, daß man soziale Defizite finanziert, sondern in die geistige Auseinandersetzung eintritt, wozu allerdings auch die Sanktionsbereitschaft gehört, nicht alles hinzunehmen, was an Fehlverhalten geboten wird.

Im übrigen enthalten alle Kapitel in enger Verbindung mit den Befunden kurze verhaltenstheoretische Orientierungen, um die Antworten verständlich, interpretierbar und für die Jugendarbeit verwertbar zu machen.

Das Datum der Wiedervereinigung rückt vom unmittelbaren Erlebnis mehr und mehr ins Geschichtliche. Lohnt es sich überhaupt, den Unterschieden in der Orientierung zwischen jungen

Menschen in Ost und West nachzuspüren? Es gibt Untersuchungen, die nicht viele Unterschiede aufgedeckt haben und deren Autoren überdies empfehlen, von Unterschieden in Zukunft auch gar nicht mehr zu reden. Aber was soll man dann mit dem folgenden Ergebnis machen: 57 Prozent der jungen Menschen im Osten sagen, die Unterschiede zum Westen werden noch lange bleiben, im Westen glauben das nur 23 Prozent.

Tabelle 1: Zwei deutsche Zeitgefühle

Frage: Wenn Sie an Vermögensbildung und persönlichen Wohlstand denken: Haben die Menschen in Ostdeutschland gute Chancen, bald mit dem Westen gleichzuziehen oder wird es mittelfristig gelingen oder werden die Unterschiede im Vermögen und Wohlstand noch lange bleiben?

September 1995	Jugendliche zwischen 15 und 30	
	Westen	Osten
Unterschiede werden noch lange bleiben.	23	57
Wird mittelfristig gelingen:	47	33
Gute Chancen, bald gleichzuziehen.	22	6
Unentschieden	8	4
	100	100

Was den Angleichungsprozeß angeht, so haben Jugendliche in Ost und West ein sehr unterschiedliches Zeitgefühl. Sie sehen verschiedene Entwicklungsgeschwindigkeiten; das wirft auch politische Verständigungsprobleme auf. Dieser Befund soll zur Einstimmung des Lesers dienen, sich auf manche Überraschungen bei der Lektüre vorzubereiten.

Zürich und Leipzig, Januar 1997
Prof. D. Dr. Gerhard Schmidtchen

1. Eine Investitionstheorie des Wertewandels

Ein junger Mann hat sich um eine Stelle beworben und kommt zum Einstellungsgespräch. Er weiß sich bei der Begrüßung elegant zu verbeugen, schaut dem künftigen Vorgesetzten oder dem Beurteiler fest, aber ohne Arroganz in die Augen, läßt in seiner Körperhaltung und der Art, wie er auf jeden Wink reagiert, sprungbereite Dienstbeflissenheit erkennen. Er sagt, er sei es gewohnt, gewissenhaft zu arbeiten, und er führe jede Anweisung, jeden Auftrag aus, ohne lange zu fragen. Man würde diesen jungen Mann heute eher in die Verhaltenstherapie schicken, als ihm eine Stelle anzuvertrauen, in der er selbständig entscheiden muß.

Vor einem halben Jahrhundert indessen wäre genau dieser Typ sehr gefragt gewesen, und er kam millionenfach vor. Aber auch heute noch gelten solche Mitarbeiter in veralteten hierarchischen Organisationen als bequem und haben dort ihre Marktchancen. Wenn uns Verhaltensweisen, die früher gängig und geschätzt waren, heute verquer vorkommen, so zeigt das nicht nur die Größe des Wandels der Werte, sondern auch die tief in das Persönlichkeitsgeschehen und die Selbstpräsentation der Menschen eingreifenden Folgen. Wenn wir die Geschichte des unglücklichen Kandidaten hören, dann meldet sich ein Gefühl des Bedauerns: Dieser Mensch hat sich große Mühe gegeben – vielleicht sogar von seiner Umgebung unterstützt –, Verhaltensweisen zu erlernen, die nicht mehr viel wert sind. Er hat falsch investiert.

Das politische Interesse an den „Grundwerten" hat in Deutschland zahlreiche Untersuchungen über den Wertewandel ausgelöst, angeregt durch amerikanische Vorbilder. Das Studium des Wertewandels ist eine der Hauptformen, in denen heute sozialer Wandel untersucht wird. Auf der Ebene der Meinungen, über Erstrebenswertes und Tunliches, ist sehr viel interessantes Material zutage gefördert worden. Am meisten sind die Autoren damit beschäftigt, wie Auguren aus dem Eingeweide der hingeworfenen Meinungen die kommenden Entwicklungstrends der Gesellschaft herauszulesen. Die Diagnosen ordnen das Geschehen und Gesehene auf der Achse Modernisierung gegen Traditionalismus an. Je nach gesellschafttheoretischem Standpunkt werden die Ergebnisse begrüßt oder bedauert, als Fortschritt gefeiert oder daraus der Untergang der Leistungsfähigkeit der Gesellschaft prophezeit.

Politisch ist mit solchen Diagnosen wenig Staat zu machen. Man kann ihnen aber entnehmen, was jeder Firmenvorstand auch schon geraume Zeit wußte, daß die Werteproduktion der Gesellschaft und Befolgung von Werten keine stabilen Größen mit einer generationenlangen Unveränderlichkeitsgarantie sind. Die Struktur und Dynamik der Werte, ihre Funktion zwischen Individuum und Gesellschaft trat in den beschreibenden Untersuchungen nicht in Erscheinung. Die Werteforschung hat sich merkwürdig wenig um die Werte gekümmert.

1.1. Investition und Ertrag

Werte sind aus der Perspektive des Individuums Lebensziele. Um sie zu erreichen, muß man etwas tun, sich anstrengen. Also können wir formulieren: Werte sind Investitionsobjekte.

Damit ist ein genereller Ausgangspunkt gefunden für eine analytische Darstellung der Abläufe, die mit der Suche und dem Streben nach Werten verbunden sind. Dieses Konzept, Werte als Investitionsobjekte, macht zunächst die Unterscheidung zwischen materiellen und immateriellen Werten, zwischen hohen und niedrigen gegenstandslos. Ob jemand in ein Haus investiert, in Bildung oder in moralische Vervollkommnung, wird von strukturgleichen Vorgängen gesteuert, wenngleich wir den verschiedenen Zielen eine sehr unterschiedliche Würde zuschreiben.

Individuen und andere Rechtssubjekte investieren, wenn sie Erträge erwarten. Wertinvestitionen beziehen sich auf vier Gruppen von Erträgen: Erstens Einkommen und Sicherheit, zweitens Zugehörigkeit, Liebe und Angenommensein, drittens Ansehen, viertens Selbstwertstreben. In allen Bereichen gibt es natürlich negative Erträge, Armut oder Pleiten, Einsamkeit, Sanktionen der öffentlichen Meinung und Depressivität.

Was der Einzelne investiert, sind Ressourcen. Um Lebensziele zu erreichen, investieren die Menschen mit hoher Intensität. Sie wenden Zeit und Mittel auf, sie nutzen ihre persönlichen Ressourcen, Intelligenz und Vitalität, sie lassen sich auf die Anstrengung aber auch Freude langfristiger Lernprozesse ein. Sie bereiten sich auf räumliche und soziale Mobilität vor, opfern herkömmliche Bindungen. Sie investieren Gesprächszeit, Emotionalität und Liebe in die persönlichen Beziehungen. Die Menschen vollziehen aufs Ganze gesehen eine existientielle Investition in das, was sie für ein gutes Leben halten.

Die Regie des Grenznutzens

Investitionen in Werte folgen dem Prinzip steigender oder sinkender Grenznutzen. Grenznutzen ist der zusätzliche Vorteil, den weitere Anstrengungen, weiterer Verzicht, weitere Aufgaben usw. stiften. Das Grenznutzenprinzip gilt nicht nur in der Ökonomie sondern auch in der Psychologie. An der veränderten Einstellung zu Freizeit und Arbeit zu Beginn der 80er Jahre konnte die Wirksamkeit des Grenznutzenprinzips nachgewiesen werden. Der wachsende Grenznutzen der Freizeit führte zu einer Umbewertung des Verhältnisses von Arbeit und Freizeit. Für viele war erkennbar, daß sich mit zusätzlicher Arbeit der Lebensstandard und die Lebensqualität nicht wesentlich verbessern ließen, wohl aber mit mehr Investitionen in die Welt der Freizeit. Nicht nur die Arbeitsorganisation hat sich durch Intellektualisierung der Arbeit und Ausdehnung der Autonomiebereiche ganz wesentlich verändert, sondern auch die Freizeitkultur entwickelte sich zu einem attraktiven Bereich der Lebensgestaltung. In der Untersuchung „Neue Technik – neue Arbeitsmoral" heißt es dazu: „Die Freizeit dient nicht nur der Regeneration, der Reproduktion, sondern auch der gesellschaftlichen, der kulturellen, der politischen und religiösen Gestaltung. Der Wert dieser Lebensbereiche wird durch Investitionen öffentlicher und privater Art deutlich gemacht und gesteigert, die Medien sind vielfältiger und attraktiver geworden; Freizeitanlagen und Sporteinrichtungen zahlreicher und anspruchsvoller. Stätten der Begegnung, vom Gemeindesaal bis zum Wirtshaus sind zahlreicher, leistungsfähiger geworden. Ehrenamtliche Mitarbeit ist populär geworden, und schließlich steigt auch die politische Aktivität, wenn auch großenteils vorbei an den klassischen Kanälen. Die Kirchengemeinden bleiben mit ihren vielfältigen gesellschaftlichen Veranstaltungen und Organisationen der Unterrichtung, der Selbsthilfe auch bei rückläufigen oder stagnierenden Kirchenbesucherzahlen attraktiv für große Teile der Bevölkerung. Es müßte merkwürdig zugehen, wenn die Arbeitnehmer nicht das vergrößerte und attraktivere Freizeitangebot nutzen würden. Trendumfragen weisen nach, daß die Aktivität der Bevölkerung außerhalb der Arbeit ganz allgemein ansteigt. So nimmt es nicht wunder, daß man häufiger als früher zu hören bekommt, daß nicht nur die Arbeit, sondern auch die Freizeit interessant sei, beides Situationen des Wohlbefindens."[1] Aufgrund empirischer Untersuchungen zu dem relativen Gewicht von Arbeit und Freizeit zeigte sich, daß mit der wachsenden Attraktivität der Freizeitkultur auch der Grenznutzen zusätzlicher Freizeit steigt, und es sinkt der Zusatznutzen der letzten Arbeitsstunde. Mit nachlassender Arbeitsmoral hat diese rationale Grenznutzenverschiebung nichts zu tun, auch hochmotivierte Arbeitnehmer schätzen die Freizeit. Teilzeitarbeit und flexible Arbeitszeitmodelle sind deswegen für diejenigen besonders attraktiv, für die eine von der Arbeitsorganisation nicht besetzte Zeit einen hohen Nutzen hat, also ein Bereich der Produktion von Lebensqualität ist. Wenn die Arbeitsmöglichkeiten knapp werden und die Konkurrenz bei der Suche nach interessanten Arbeitsaufgaben groß, dann wird der Grenznutzen der Beschäftigung steigen und dies wird im Wertekanon eine Steigerung der Leistungsbereitschaft zur Folge haben.

---

1 Zum Grenznutzen der Freizeit und der Arbeit – vgl. Gerhard Schmidtchen: Neue Technik – Neue Arbeitsmoral. Eine sozialpsychologische Untersuchung über die Motivation in der Metallindustrie. Deutscher Institutsverlag, Köln 1984, S. 50ff.

Zeit und Bedürfnisaufschub

Wer investiert, muß zwangsläufig in einer Zeitperspektive denken. Die Langfristigkeit der Betrachtung ist die Voraussetzung für die Wirksamkeit, also den Ertrag einer Investition. Langfristig angelegte Verhaltensweisen sind nur zu motivieren durch Vertrauen. Vertrauen bezieht sich einmal darauf, daß der Investitionsprozeß, zum Beispiel die Ausbildung, wirklich vollzogen werden kann, daß im Bildungssystem keine Änderungen eintreten, die das bisher Geleistete entwerten. Vertrauen schließlich bezieht sich dann vor allem auch auf die Resultate. Der Ertrag der Ausbildung wird zunächst in einer adäquaten Beschäftigung gesehen, die dem Thema und dem Niveau der Ausbildung entspricht. Überall da, wo Menschen die als kulturell notwendig erachteten Investitionen nicht erbringen würden, weil die Länge der Zeitperspektive das Gegenwartsbewußtsein weit übersteigt, ordnet die Gemeinschaft die zeitlich notwendigen Verhaltensweisen, so einerseits durch die allgemeine Schulpflicht und andererseits durch den Zwang, die Rentenversicherung auch schon in jugendlichem Alter zu alimentieren, wenn die Motive dazu noch gar nicht vorhanden sind. Auf der Basis der gesetzlich verankerten Schulpflicht öffnet sich dann ein breites Feld nunmehr auch individuell motivierter Investion in Aus- und Fachbildung.

Überall dort, wo es Menschen freisteht, viel oder wenig zu investieren, kommt fast alles auf die zeitliche Perspektive an. Investition bedeutet zunächst natürlich Anstrengung und Verzicht. Man wird dazu nur bereit sein, wenn gute Erträge dagegen stehen. Sind die Erträge nicht sichtbar oder ungewiß, so wird man nicht langfristig investieren, sondern das zu bekommen versuchen, das man mit kleiner Investition erreichen kann. Diese Zusammenhänge sind bis in sinnreiche Experimente hinein sozialpsychologisch unter dem Titel „Bedürfnisaufschub" abgehandelt worden. Die Fähigkeit zum Bedürfnisaufschub (größere Belohnung später statt kleiner Belohnung jetzt) ist wesentlich für die Fähigkeit, kulturell wertvoll zu investieren.

1.2. Information, Erwartung und der Wertewandel

Wer investieren will, braucht Informationen über Risiken und Erträge. Das gilt auch für die Lebensplanung. Ziele müssen ins Auge gefaßt werden, Prioritäten gesetzt. Der Investitionsaufwand wird abgeschätzt werden müssen, und es ist auch wichtig, Vorkehrungen für das Scheitern zu treffen. Was geschieht, wenn man Ziele oder Zwischenziele, wie ein Examen, nicht erreicht? Motiviert wird die gesamte Anstrengung über Ertragserwartungen. Diese sind sehr vielfältig und nicht immer in Form einer kühlen Rechnung präsent. Die allgemeine Ertragserwartung, die man mit einem Bildungsweg verbindet, insbesondere einem höheren, äußert sich für den Schüler darin, daß er Zuspruch erfährt für seine Arbeit in der Schule. Er ist vielleicht stolz, auf eine bestimmte Schule gehen zu können, und das Lernen, die Beherrschung von Stoff und Verfahrensweisen machen ihm Freude. Die Gesellschaft und ihre Institutionen verstärken auf vielfältige Weise die Wahl eines bestimmten Investitionsweges. Erst im Stadium der Berufswahl treten dann vielleicht die materiellen Erträge dieser Investition in die Sichtweite des Akteurs. Die Investitionsentscheidung wird also gefördert durch eine bestimmte Art von Informationspräsenz. Auf Schritt und Tritt erfährt man Anerkennung, wenn man einen von der Gesellschaft hochbewerteten Weg einschlägt, und Skepsis, wenn man das nicht tut. Dieses Informations- oder Instruktionsverfahren, Investitionen in Lebenswege zu fördern, wird soziologisch unter dem Stichwort Sozialisation abgehandelt. Sie hört mit der Volljährigkeit keineswegs auf, sondern geht nur auf andere Instanzen über, die Einfluß auf die Formung der Persönlichkeit und auf Verhaltensweisen nehmen, in erster Linie auf das Beschäftigungssystem.

Bildung, Ausbildung, Fortbildung haben ihren Marktwert. Die Industrie und viele einzelne investieren in Fortbildung. Ein klares Ertragskalkül steht meistens im Hintergrund. Nach Fortbildungsanstrengungen winken meist interessantere Arbeiten. Unterbleibt die Fortbildung, so kann es zu Positionsgefährdungen kommen. Empirische Untersuchungen zeigen, daß Mitarbeiter in der Industrie auf neue technische und organisatorische Anforderungen mit neuen Leistungsangeboten, auch mit einer neuen Arbeitsmoral reagieren. Nicht nur das Elternhaus und die Schulen haben eine sozialisierende Wirkung, sondern auch der Markt und die Arbeitswelt. So erstreckt sich der Prozeß der Investition in Werte und die Änderung der Investitionsschwerpunkte über alle Lebensphasen. Die Größe der Investition richtet sich nach Ressourcen und Ertragserwartungen. Zu einem Wertewandel wird es kommen, wenn glaubwürdige Informationen über Ertragsänderungen vorliegen. Zu einem Wertewandel, also zu einer Änderung des Investitionsverhaltens kommt es aber auch im Zuge einer allgemeinen Ressourcensteigerung. Wenn z.B. die Gymnasien im Jahre 1995 mehr Plätze anbieten als im Jahre 1935, so haben wir eine Ressourcensteigerung vor uns, die bei sehr vielen Familien zu traditional ungewohnten Bildungsentscheidungen für ihre Kinder geführt hat.

Wenn Wertewandel bedeutet, daß Menschen nicht nur aufgrund von Erfahrung, sondern auch im Gefolge wechselnder Nachrichten über die zu erwartenden Erträge ihr Investitionsverhalten ändern, so liegt es auf der Hand, daß das Mediensystem vom Fernsehen bis zum Buch einen großen und bis heute noch nicht richtig dokumentierten Einfluß auf den Wertewandel nehmen kann.

Der Einfluß der Medien auf die Ertragserwartungen und damit die Werteentwicklung hängt von ihren eigenen strukturellen Voraussetzungen ab. Bücher, auch die den Lehrbetrieb begleitenden, öffnen den Reichtum der Optionen der Werteentwicklung. Die elektronischen Massenmedien dagegen decken nicht alle Bereiche ab, in denen Menschen werthaft investieren können. Die Medien müssen sich um ihres Publikumserfolges willen um dominante Themen mit hohem Nachrichtenwert kümmern, d.h. mit hoher emotionaler Aktivierung der Zuschauerkreise. Dazu eignen sich Rekorde und Gefahren sowie Kritik und der gesamte Unterhaltungsbereich, in dem zugleich das Ferienthema angesprochen wird (Traumschiff oder Reiseberichte). In den elektronischen Medien schrumpft die Welt auf Politik, Sport, Gesundheit, Unterhaltung. Technik und Wissenschaft sind, was Zeiten und Reichweiten angeht, eher unterrepräsentiert, ebenso die Berufswelt, wenn es nicht gerade um Streik geht. Die Moralität des Zusammenlebens, Familie und Religion, haben in den Medien marginale Positionen. So darf man davon ausgehen, daß insbesondere in den elektronischen Medien die Ertragswerte in den Bereichen Gesundheit, Sport, Ferien akzentuiert werden.

Ambivalent ist die Wirkung der Medien im Bereich der Politik. Die Kritikfunktion der Medien hat wahrscheinlich dazu geführt, daß hohe Investitionen in die Politik gemieden werden. Kritik an Politikern signalisiert negative Ertragswerte. Tatsächlich ist die Zurückhaltung politisch in Parteien mitzuwirken bemerkenswert. Gleichzeitig aber liefern die politischen Nachrichten Anreize, sich mit dem Gemeinwesen zu beschäftigen: Das politische Interesse ist mit der Ausbreitung des Fernsehens maßgeblich gestiegen. Da es aber keine attraktiven Strukturen gibt, dieses Interesse systemkonform aufzufangen, bleibt es meistens bei folgenloser Erregung.

1.3. Religion, Moral, Askese

Was kann Menschen veranlassen, in die Moralität des eigenen Verhaltens, die moralische Struktur des Zusammenlebens zu investieren? Nach den strengen Gesetzen der Lerntheorie geschieht nichts ohne Belohnung. Wir zögern, im Zusammenhang von Moral von Belohnung zu reden. Aber ohne solche Voraussetzung ist moralisches Verhalten nicht zu verstehen, es würde sich nicht ereignen.

Wo liegen also die Erträge der Moralität? Die christliche Eschatologie hat genau gesagt, was auf die Menschen zukommt. Auf vielen Altarbildern ist es dargestellt: Erlösung oder Verdammnis, Entrückung und Erhebung der Gerechten und Höllensturz der Sünder. Die Reformatoren haben sich dieses Bildes von Lohn und Strafe nicht entledigt, sie haben daran festgehalten und es für ihre Zeit wirksam gemacht. Raffiniert ist insbesondere das theologische Grundmodell von Calvin und Zwingli. Ausgangspunkt ist die absolute Transzendenz Gottes. Es ist wirklich blasphemisch, sich ein Bild von Gott machen zu wollen. Aber wie kann man dann erfahren, ob man in der Gnade wandelt oder nicht, ob man zu den Erwählten gehört? Die Antwort: Man kann es eigentlich nicht erfahren, man kann höchstens negativ feststellen, ob man von Gottes Willen abweicht. Ein liederlicher, selbstvergessener Lebenswandel, Eitelkeit und Putzsucht, das kann nicht Gottes Wille sein. Mithin ist dies auch mit Sicherheit kein Zeichen der Erwählung, sondern eines der Verdammnis. Um des Gnadenstandes, des ewig unsicheren, einigermaßen gewiss zu sein, muß man durch moralischen Lebenswandel und, wie Max Weber sagt, durch Systematisierung des Alltagslebens die Zweifel bekämpfen. Auf jeden Fall muß man vermeiden, auf Erden schon Zeichen der Verdammnis zu sammeln. Diese theologische Konstruktion hat, wie Max Weber in seiner die Wissenschaft bis heute beschäftigenden Arbeit nachgewiesen hat, die Kulturrevolution der kapitalistischen Gesellschaft ausgelöst: Systematisierung des Lebens, Disziplin, Konsumverzicht, Investition, irrationales Erfolgsstreben „bis der letzte Zentner fossilen Brennstoffs verglüht ist"[2].

Wo liegen die Quellen der Moral in einer säkularisierten Welt, in der sich die Menschen in großen Zahlen von den Lehren der Kirchen entfernen oder aber versuchen, sie neu zu interpretieren? Der Niedergang der Kirchlichkeit bedeutet nicht, daß alle Moral schwindet. Warum ist das so? Ein Hinweis von Talcott Parsons hilft weiter. Menschen beobachten aufmerksam, wie andere auf sie reagieren, und zwar in einem mehr als instrumentellen Sinne. Die Stabilität der Interaktionen in sozialen Systemen beruhe darauf, daß Wertstandards, die der Definition institutionalisierter Rollenerwartungen dienen, moralische Bedeutung annehmen. Indem man Erwartungen erfüllt, gliedert man sich in gemeinsame Wertstrukturen ein. Und dies führt zur Solidarität zwischen denen, die sich wechselseitig an gemeinsamen Werten orientieren.[3]

Wechselseitige Rollenerwartungen haben also eine moralische Struktur und führen zu affektiven Besetzungen, zunächst und in der Hauptsache positiver Art. Man merkt aber bei Verstößen gegen Rollenerwartungen, daß negativer Affekt ausbricht, es gibt Ärger. Die Stabilität des Alltagslebens, die Stabilität von Organisationsstrukturen hängt auch von einer Wertestruktur ab und den daraus folgenden Normierungen, über die Einverständnis hergestellt werden muß. Das sind nicht nur unbewußte Vorgänge, son-

---

2 Max Weber: Die protestantische Ethik und der Geist des Kapitalismus. Gesammelte Aufsätze zur Religionssoziologie I. J.C.B. Mohr (Paul Siebeck), Tübingen 1947, S. 203.
3 so Talcott Parsons: Essays in Sociological Theory, The Free Press of Glencoe, 1964, Seite 25ff.

dern darüber wird diskutiert und geschrieben. Es gibt Unternehmungen, die eine wertorientierte Personalpolitik betreiben: sie legen die moralische Struktur des gemeinsamen Handelns offen. So sind der Lebensalltag und die Berufswelt die Hauptmoralproduzenten in der säkularisierten Gesellschaft.

Aber wie steht es mit kriminellen Vereinigungen? Sind sie mit ihren Erwartungen an die Mitglieder auf einem tugendhaften Pfad? Ziele brauchen Rechtfertigung. Solche Rechtfertigungen sind regelmäßig „nichtempirisch", nicht naturwissenschaftlich, sondern metaphysisch.[4] Das kann aber nur heißen, daß die Ziele sich moralisch, d.h. vor einem Gemeinschaftsideal, rechtfertigen müssen. Der Normen- und Kontrollapparat des Rechtes spiegelt diesen Sachverhalt. So können wir sagen: *Moral wird produziert durch Interaktion in gerechtfertigten Systemen.* Aber reicht dies aus, um der Gesellschaft ein angemessenes moralisches Niveau zu sichern? Junge Menschen möchten in einem ethisch schönen Umfeld leben, nicht Verhaltenshäßlichkeiten begegnen. Sie wünschen Menschen um sich, die von guten Grundsätzen des Zusammenlebens geleitet sind.[5] Viele aber sind skeptisch, ob sich das ersehnte moralische Klima herstellen läßt.

Diese Skepsis hat Einfluß auf die Bereitschaft, in die Moralität des eigenen Lebens zu investieren. Diejenigen, die darauf vertrauen, ihre moralischen Prinzipien mit anderen zusammen leben zu können, sie durchsetzen zu können, also die ethischen Optimisten, finden es wichtiger als andere, in solche Werte wie guter Beruf, guter Bekanntenkreis, finanzielle Sicherung, Partnerschaft, in Harmonie leben, Leistung, Familie, Kinder, Weiterbildung zu investieren. Sie streben vermehrt diese Ziele an im Vertrauen auf die ethische Kultur menschlicher Beziehung. Skeptiker investieren weniger. Managern verschiedener Branchen in Ost- und Westdeutschland wurde die Frage gestellt: Wenn jemand versucht, moralisch zu leben, das heißt, andere nicht verletzen, andere nicht ausnutzen, sondern sie fördern, hilfsbereit und friedenstiftend, glauben Sie, daß so jemand langfristig in unserer Gesellschaft

---

4　Talcott Parsons: Essays. a.a.O. S. 25, 32; und ders.: The Social System. The Free Press of Gleencoe, 1951. S. 359ff.
5　Gerhard Schmidtchen: Ethik und Protest. Moralbilder und Wertkonflikte junger Menschen. Leske + Budrich, Opladen 1993[2], S. 197

besser dasteht, oder kommt man damit nicht weit? Kaum ein Viertel äußert sich ethisch optimistisch. 47 Prozent sagen, man käme nicht weit damit, und 30 Prozent antworten ‚schwer zu sagen'. Der Ertrag moralischen Verhaltens wird skeptisch beurteilt, und so entfällt eine wichtige Grundlage, sich genau in dieser Weise zu stilisieren.

Moral scheint Wettbewerbsnachteile mit sich zu bringen. Wie steht es mit Bildung? 64 Prozent der Manager erklären, wir leben in einer Gesellschaft, in der sich Bildung und Weiterbildung auszahlen.[6] Mithin darf man erwarten, daß in Bildung mehr investiert wird als in Moral. Eine Moral, die Freiheit und Sicherheit verbürgt, wächst der Gesellschaft nicht automatisch zu. Das ist eine liberale Illusion. Moral braucht Verstärkung, Stützung durch maßgebende Institutionen. Die Kirche allein ist nicht in der Lage, dies zu leisten. Dazu fehlt es an Personal und sozialen Sanktionen. Auch der Ethikunterricht in den Schulen anstelle von Religionsunterricht wird wenig nützen. Notwendig ist es, Bewährungsgelegenheiten für anerkennenswertes Verhalten zu schaffen. Dazu gehört auch, Individuen, Vereine und Institutionen mit zeitgemäßen Verhaltensnormen auszustatten. Moralische Ideen sind zugleich Ordnungsideen. Das Verhältnis von Ordnung und Freiheit muß neu durchdacht, neu implementiert werden.

Nach herrschenden Interpretationen des Wertewandels muß man annehmen, daß ihm eine Richtung ins Luxuriöse eigen ist. Nach Befriedigung materieller Bedürfnisse kommen die feineren, der Persönlichkeit zugeordneten. Die Selbstverwirklichung ist jetzt Thema, samt allen Formen subjektiv legitimierbarer Eitelkeit. Diese Interpretationen orientieren sich an der Theorie von Maslow, derzufolge Bedürfnisse in einer bestimmten Hierarchie befriedigt werden.[7] Wenn Grundbedürfnisse nach Nahrung und Sicherheit befriedigt sind, kommen weitere zum Vorschein. Maslows eindrucksvolles und wirkungsreiches Werk ist so etwas die wissenschaftlich umständliche Ausführung des Satzes von Bert Brecht „Erst kommt das Fressen, dann kommt die Moral".

---

6 Ergebnisse einer Studie des Autors für die Bertelsmann Stiftung über Orientierung: Lebenssinn und Arbeitswelt. Orientierung im Unternehmen. Gütersloh 1996
7 Abraham H. Maslow: Motivation and Personality. Harper. New York 1970^2

Diese Bedürfnistheorien sagen im Wesentlichen, daß der Mensch handlungsfähig sein muß, physisch und mental, bevor etwas Interessantes passiert. Er muß human existieren können, um seine individuellen Potenzen zu entfalten. Damit ist die Erklärungsreichweite begrenzt.

Es ist z.b. sehr schwierig, mit einer Theorie der Bedürfnishierarchie das Phänomen der Askese zu beschreiben. Das ist keineswegs etwas Abseitiges oder nur Minderheiten Zugehöriges. Zu den verbreitetsten drei Grundsätzen junger Menschen gehört das Verzichtenkönnen.

Worin besteht der Ertrag, so müssen wir fragen, einer solchen Tendenz zur Askese? Es steht ein anderer Wert im Hintergrund, der nach Unabhängigkeit. Durch Verzicht, „das muß ich nicht haben", bleibt man unabhängig. Der Verzicht kann auch der Förderung anderer gelten. Verzichten aber heißt in jedem Fall, in die materielle Basis eingreifen, also die Versorgung mit Gütern und Dienstleistungen notfalls zu reduzieren. Wann tun Menschen das? Sie tun es dann, wenn materielle Güter sinkende Erträge abwerfen oder sogar negative. Das ist dann der Fall, wenn man zu ihrer Beschaffung Energie und Zeit aufwenden muß, die anderwärts besser angebracht sind. Askese dient nicht nur der Neufassung der Person, sondern der Neuorientierung der Gesellschaft. Das Askesethema ist längst in der Umweltbewegung politisiert. Die Umweltproblematik ist ein hoch moralisches und eminent religiöses Thema.

Endlichkeitsproblematik wird zum Politikum. Angetrieben wird die Bewegung von Endzeitweissagungen oder -berechnungen, in denen die Angst vor der Zerstörung unserer Lebenswelt genährt wird. Das Engagement für eine Askese, die erst künftigen Generationen nützen wird, ist zunächst sehr schwer in Ertragsrechnungen der Gegenwart einzubringen. Auf zweierlei Weise ist dies möglich. Das politische System etabliert über die Gesetzgebung gleichsam eine volonté générale zum Umweltschutz. Dies wiederum setzt Normen für das Verhalten von Institutionen und von einzelnen Personen. Die Motive des Einzelnen wiederum wachsen mit der Einsicht und der Erfahrung, daß Verzichtleistungen und umweltgerechtes Verhalten in einem Wertkonsens mit anderen zu sichtbaren, zu meßbaren Erfolgen führt. Darin liegt auch der Aspekt der Selbstanerkennung, der Selbstbelohnung, in einer kritischen historischen Situation das Richtige zu tun.

1.4. Wertewandel und Persönlichkeitsentwicklung

Wertewandel ist die phänomenologische Seite der Änderung des Investitionsverhaltens. Wenn Felder geringer Erträge verlassen werden und individuelle wie kollektive Anstrengungen sich auf Bereiche wachsender Erträge richten, so ändert sich die gesamte soziale Organisation. Das bedeutet aber auch, daß die Einzelnen nicht weitermachen können wie bisher. Änderung der Sozialorganisation heißt, die beteiligten Akteure müssen anders handeln als vorher. Dies ist nur möglich, wenn das Arrangement von äußeren Verstärkern sich ändert. Belohnungen und Versprechungen werden an die Präsentation neuer Verhaltensweisen geknüpft, die alten, die unzweckmäßigen Verhaltensweisen werden negativ sanktioniert. Wirtschaftsorganisationen ändern sich immer zuerst. Ihnen folgen die Institutionen, die diesen Markt regeln oder bedienen wollen, Gesetzgebung und Bildung. Arrangement der Verstärker heißt, nicht nur neue Ziele dienen als Motive, sondern auch neue Verhaltensweisen, die an neue Formen der Zusammenarbeit, neue Verfahrensweisen geknüpft sind. Neue Tugenden des Zusammenwirkens werden gefördert. Es zeigte sich schon Anfang der 80er Jahre, daß – bedingt durch neue technische Verfahren und neue Arbeitsorganisation eine kommunikative Arbeitsmoral die alte puritanische Stückzahlmoral ablöste.[8] Durch eine Mischung von Motivation und Demotivation entsteht ein neuer Verhaltenstypus, eine neue Motivstruktur. Sobald sie ins Spiel kommt, ändert sich auch das Persönlichkeitssystem. Die Selbstauffassung eines Mitarbeiters, der in der Kommunikation mit anderen Verantwortung trägt, wird anders sein als diejenige des Mitarbeiters, der nur engumgrenzte Weisungen ausführt.

Motiviert werden kann nur ein Organismus, kann nur die Person. Ein Sozialsystem, so bemerkt Talcott Parsons, hat keine Motive. Die einzelnen Mitglieder der sozialen Organisationen sind die Motivationsmaschinen. Sie treiben das Ganze an. Das ist rich-

---

8 G. Schmidtchen: Neue Technik – neue Arbeitsmoral. a.a.O., S. 65, 66.

tig, aber man muß das Ganze der Motivation ins Auge fassen. Die Motivatoren sind nicht in den Personen sondern außerhalb; die Verstärker, die Aussicht auf einen angemessenen Ressourcenrücklauf. Da die menschliche Motivation abhängig ist von äußeren Verstärkungen, hat das Arrangement von Verstärkung im Sozialsystem und in den Institutionen ausschlaggebende Bedeutung für das Motivationsgeschehen und für die Persönlichkeitsentwicklung selbst.

Die gesellschaftliche Entwicklung ist gekennzeichnet durch technische Erfindungen, eine hohe Innovationsrate und eine ihnen korrespondierende Transformationsgeschwindigkeit der Organisation. Die Themen und Formen des Lernens in den Bildungsinstitutionen ändern sich, der Beruf selbst wird mehr und mehr zum permanenten Bildungsereignis. Auch kluges Konsumieren und die erfolgreiche Inanspruchnahme von Dienstleistungen wollen heute gelernt sein. Chancen und Entscheidungsspielräume wachsen. Im Beschäftigungssystem werden universalistische Befähigungen und Sozialtugenden gefragt. Sicherheiten erwachsen nicht mehr aus stationären Verhältnissen und Zuschreibungen, sondern aus Mobilität, Kreativität und der Risikobereitschaft, in Ungewissheiten hinein zu investieren. Auf der Negativseite steht die Auflösung alter Bindungen. Herkunft ist nichts, Kompetenz ist alles. Das Beschäftigungssystem ist Teil der Gesellschaft, die wir als pluralistische oder offene zu sehen gewohnt sind.

Die pluralistische Gesellschaft ist die historisch konsequenteste organisatorische Umsetzung der Aufklärung. Drei Grundsätze bestimmen ihre Struktur und Dynamik.

Freiheit: Das Prinzip der Gewaltenteilung war als Verbot gedacht. Die drei klassischen Gewalten durften nicht in einer Hand liegen. Das bedeutete gleichzeitig die Aufhebung der Wissenskontrolle durch den Staat oder eine Zentrale. Freiheit war von Anbeginn immer auch als Meinungsfreiheit gedacht. In der Praxis heißt das: Die Gruppen und Organisationen nehmen die Wissensorganisation selbst in die Hand.

Gleichheit: Sie wurde angestrebt durch Verbot der Diskrimierung. Nicht Geburt, sondern Qualifikation sind die Kriterien für die Besetzung von Positionen. Die Chancen und das Recht sind für alle gleich.

Brüderlichkeit: Das immer wieder vergessene dritte Postulat der französischen Revolution findet heute seinen Niederschlag in der Sozialgesetzgebung. Aber darin sollte sich der genossenschaftliche Aspekt der Demokratie nicht erschöpfen.

Mit der Autonomie der Wissensproduktion, der egalitären Rationalität des Rechts und dem Befähigungsprinzip bei der Vergabe von Positionen ist ein entwicklungsfähiges, ein lernfähiges System entstanden, eine offene Gesellschaft, deren Zukunft nicht determiniert ist. Die französische Revolution wird ihre Kinder nie entlassen.

Die prinzipienstrenge pluralistische Gesellschaft stellt mit ihren Freiheiten, die auch als Unsicherheiten erlebt werden, als Investitionsrisiken, die Menschen vor ein klassisches, aber immer noch schlecht gelöstes Problem: das ihrer Autonomie. Wie kann die Person ihrer selbst gewiss werden, wenn alte Sicherheitsanker keinen Grund mehr finden, wenn alte Garantien sich höchstens in Chancen verwandeln und manchmal in schlechte? Untersuchungen zum Wertewandel und über Verhaltensänderungen warten genau hier mit irritierenden Befunden auf: Rückzug der Menschen aus den Institutionen, Politikverdrossenheit und Beschäftigung mit Themen der Selbstverwirklichung. Beide Beobachtungsreihen haben immer den Tenor der Negativdiagnose und werden politisch wie pädagogisch moralisiert, so als könne man die Menschen zur Ordnung rufen und wieder zurückführen. Solche Bemühungen sind zum Scheitern verurteilt. Wir stehen hier nicht Ichlichkeitsstrebungen gegenüber, sondern etwas Fundamentalem. Um in dieser Gesellschaft, die von den Menschen genau beobachtet wird, neue Sicherheiten und Selbstbehauptungschancen zu gewinnen, wird die eigene Person zum Programm. Rückzug von den Institutionen und Selbstverwirklichungsvokabular sind nur Symptome eines Reaktionsvorganges, der andere Aufmerksamkeit verdient. Die Modernisierung der gesellschaftlichen Organisation, der Berufswelt vor allem, die Expansion von Wissen und Bildung, die allgemeine Ressourcensteigerung an Gütern und Dienstleistungen hat zwei Vorgänge ausgelöst, die zwangsläufig die Arbeitsweise der Institutionen beeinflussen werden, auf ihre Veränderung drängen. Das ist erstens der sinkende Nutzen der Identifikation und zweitens das Souveränitätsstreben der aus alten Bindungen freigesetzten Person.

Der sinkende Nutzen der Identifikation löst Persönlichkeitsprozesse aus, die um Autonomiephantasien kreisen. Es fiel in Jugenduntersuchungen der letzten Jahre auf, daß die Jugendlichen ein zentrales Motiv haben: Teilhabe am Prozeß der gesellschaftlichen Wertschöpfung. Aber fragt man, ob sie eine Karriere ergreifen wollten, dann bleiben die Antworten aus. Das ist nicht das Ergebnis widersprüchlichen, sondern konsequenten Denkens. Karriere haben die jungen Leute nicht selber definiert, sie wird angeboten von mächtigen Institutionen. Man muß die Kröte schlucken. Die Karriere ist mit Lernprozessen und Persönlichkeitsentwicklungen verbunden, die auf Skepsis stoßen. Wenn ich für die Firma xy hoch brauchbar bin, was geschieht dann mit mir? Bin ich dann nicht völlig unbrauchbar, wenn ich etwas anderes tun muß, wenn die Firma eines Tages nicht mehr existiert? Eine Gesellschaft, die Offenheit und Mobilität predigt, lebenslanges Lernen, Umdenken, setzt den Nutzen der Identifikation herab. Politiker, manchmal auch Firmen, empfehlen Identifikation als Medium sicherer Orientierung. Identifikation gehört entwicklungspsychologisch einer Übergangsphase an. Junge Menschen identifizieren sich mit mächtigen Personen oder Organisationen, um ihnen gleich zu werden, um sich darin zu bewähren und so eine abgeleitete Stärke zu erhalten. Mit Identifikation, auch partieller, ist also immer Angst verbunden, Angst, nicht dazu zu gehören, die Sanktionen der Nichtzugehörigkeit auf sich zu ziehen, zu versagen. Dem stolz und erfolgreich Identifizierten steckt die Angst im Hals, daß die nächste gesellschaftliche Veränderung ihn aus der Bahn wirft. Die Zurückweisung der Identifikation ist wie eine Bruchstelle zwischen moderner Person und teilweise rückständiger Gesellschaft. Nach der Skinner'schen Lerntheorie legen Menschen auch Gefühle ab, wenn sie sich als unzweckmäßig erweisen, wenn die Gefahr besteht, daß sie eine negative Verstärkungsgeschichte erhalten werden.

Die Identifikation wird auch den öffentlichen Institutionen verweigert. Weltweit ist in den westlichen Gesellschaften die wachsende Skepsis gegenüber den klassischen Institutionen der Politik, des Rechts, der Religion zu beobachten. Von Verdrossenheit zu reden, wäre hier nicht richtig. Junge Menschen sind nicht politikverdrossen, sondern frustriert und empört. Sie hören, daß ihnen staatsbürgerliche Tugenden gepredigt werden, aber sie haben das Gefühl, politisch einflußlos zu sein. Dieses Gefühl der staatsbürgerlichen Ohnmacht hat sich in den letzten Jahren erschreckend ausgebreitet. Die Geschichte dieses politischen Institutionendramas ist noch nicht zu Ende. Der Aufstand der Menschen gegen die depersonalisierenden Verhältnisse hat eben erst begonnen.

Die Menschen wollen ihrer eigenen Wirklichkeit innewerden. Dies ist vielleicht das Zentrum des Begriffes der Self-Actualization von A.H. Maslow. Betrachtet man die Strebungen der Menschen von heute, so begeben sie sich – von Ausnahmen abgesehen, die es auch gibt – nicht in solipsistische Selbstgefälligkeit, sondern auf Wege, auf denen sie zu interessanten Partnern werden. Sie wollen ihre Person dadurch entwickeln, daß sie sich zu gesellschaftlichen Werten, zur gesellschaftlichen Wertschöpfung in eine kreative Beziehung setzen. Es gehört zu den elementaren Erfahrungen des Bewußtseins, daß man Selbstsein nur in Beziehung zu anderen und in bezug auf Überpersönliches haben kann. Das, was als Selbstverwirklichung in der öffentlichen Diskussion zuweilen verspottet wird, ist offenbar nichts anderes als ein Akt der Rettung der Person, wenn die Institutionen keine traditionalen Sicherheiten mehr bieten können. Auf die Kälte einer rationalen Gesellschaft,[9] die universalistische Tugenden verlangt, antworten die Menschen mit Versuchen, die eigene Person zu stärken. Wir beobachten den seit Jahrzehnten anhaltenden Trend zur Bildungsinvestition, den Einzelne, den Familien vollziehen. Ein anderer bedeutender Trend ist der des körperlichen Trainings und der Gesundheitspflege. Der Trend zur Ferienreise, zu Auslandsreisen soll neue Erlebnisräume und Erfahrungswelten erschließen. Untersuchungen zur Alltagsmoral zeigen, wie sehr Menschen an der Entwicklung, an der Kultivierung sozialer Tugenden interessiert sind. Eine Neorenaissance zeichnet sich ab: Die Person wird zum Mittelpunkt und Thema der Welt.

Diese Person findet in der pluralistischen Gesellschaft Ressourcen, Informationen und Zuspruch, um Wege der Autonomie, Wege neuer Entscheidungsspielräume zu suchen. In der Industrie ist dieser Prozeß in vollem Gange. Er wird nicht nur durch Mitar-

---

9 Gerhard Schmidtchen: Die Kälte der rationalen Gesellschaft. In: Fink, Ulf (Hrsg.): Der neue Generationenvertrag. Die Zukunft der sozialen Dienste. Piper, München 1988, S. 23-34.

beiter, sondern auch durch die Unternehmensführung motiviert. Betriebe können es sich nicht leisten, die Intelligenz der Mitarbeiter unbeschäftigt zu lassen. Der strikt Weisungsgebundene kann von seiner Intelligenz kaum Gebrauch machen. Die wichtigste Ressource, über die ein Mitarbeiter verfügt, seine Beobachtungs- und Koordinationsfähigkeit, seine Erfahrung und Verbesserungsphantasie, kommt bei Aufgaben nicht zum Zuge, die ihn zu einem Teil der Maschine machen. So ist man dazu übergegangen, Entscheidungsspielräume auszuweiten, Kommunikationsprozesse zu fördern. Dafür wird eigens Raum und Zeit zur Verfügung gestellt. Andere Institutionen tragen den Autonomieansprüchen der Person nicht ausreichend Rechnung. Dazu gehört, wie in dieser Studie zu sehen sein wird, auch das politische System. Mehr Mitbestimmung, neue Verbindungen von Entscheidungsmöglichkeit und Verantwortung werden die Reformthemen der nächsten Jahre bleiben. Personen können sich nicht ändern, wenn die Institutionen nicht andere werden. Das Autonomiestreben der Person wird nicht nachlassen. Der Reformdruck von unten wird bleiben.

1.5. Die grundlegenden Irrtümer in der Betrachtung des Wertewandels

Eine Investitions- und Grenznutzentheorie des Wertewandels steht in einem kritischen Verhältnis zu vier typischen Versuchen, die Erscheinungen des Wertewandels theoretisch zu ordnen. Da sind zu nennen, 1. die Emanationstheorie, 2. die mythologischen Theorien, 3. die Epochentheorien und 4. die nominalistischen Interpretationen.

1. Die Emanationstheorie

Diese Theoriegruppe hat Talcott Parsons[10] spöttisch kommentiert. Handlungen leiten sich nicht unmittelbar aus herrschenden Werten ab. Werte sind vielmehr ein Organisationsmoment der Gesellschaft, werden in der Gesellschaft durch Interaktion produziert, und sie haben leitende Funktionen in diesen Interaktionssystemen. Um Werte kann natürlich gerungen werden, philosophisch. Es

---

10 T. Parsons: Toward A General Theory of Action. Harvard University Press, Cambrigde. Mass. 1962, S. 176

kann der Versuch gemacht werden, sie der Diskussion durch Offenbarungswissen zu entziehen, aber das heißt nur, daß bestimmte Organisationsbilder der Gesellschaft um die Herrschaft ringen. Der Ort der Werteproduktion ist die Gesellschaft selbst, nicht irgend etwas außerhalb von ihr.

2. Die mythologischen Wertetheorien
Hier handelt es sich um eine Theoriengruppe, deren Reflexionsniveau nicht sehr beeindruckend ist. Am besten kommt diese Annahmengruppe in dem Satz zum Ausdruck „Der Wertewandel macht die Menschen unzufrieden". Hier gewinnt der Wertewandel unmittelbar mythologische Qualität, wird nicht mehr aus dem Handeln der Menschen abgeleitet, sondern als externe Größe empfunden, wie das Wetter, das über ein Land zieht. Typisch für diese theoretische Orientierung ist es, daß bestimmte Trends eine thematische Fassung bekommen und sich damit dann aber auch verselbständigen. Änderungen einiger Aspekte der Arbeitsmoral zum Beispiel werden zu dem Mythos eines allgemeinen Normenverfalls verdichtet, von dem eine Gesellschaft heimgesucht wird. Zu diesem Mythos gehört natürlich auch ein Verursacher, in der Regel werden Medien mit der Normenauflösung in Verbindung gebracht. Auch Gegenrezepte erwachsen aus diesen Theorien. Meistens sind es konservative Rezepte, ebenso partiell, ebenso wenig umfassend wie die Analyse, nur viel schädlicher.

3. Epochentheorien
Die Epochentheorien bilden die geläufigste Verständigungssprache über den Wertewandel. Sie ist sehr konsequent ausformuliert worden von Ron Inglehart[11]. An der Basis dieser Theorie steht die Bedürfsnisaxiomatik von Maslow, der aus der Beobachtung, daß Triebspannungen bei Bedürnisbefriedigung nachlassen, die Theorie der Hierarchie der Bedürfnisse machte. Zunächst müßten die existentiellen Bedürfnisse befriedigt werden und dann kämen die Bedürfnisse höherer Ordnung zum Zuge. Inglehart hat daraus die Prognose abgeleitet, daß in Gesellschaften, in denen der Wohlstand steigt, die reicher werden, die subtilen Bedürfnisse an Bedeutung gewinnen. Er faßt sie zusammen unter dem Stichwort des

---

11 Inglehart, Ron: Kultureller Umbruch. Wertwandel in der westlichen Welt. Campus, Frankfurt/Main 1989.

Bedürfnisses, sich selbst zu verwirklichen. Diese Menschen, die einen gewissen Lebensstandard für garantiert halten, möchten eine Gesellschaft, in denen die Selbstverwirklichung möglich ist, also werden sie postmaterialistische Werte verfolgen und politisch einfordern. Nach dieser Theorie müßte die Gesellschaft nach gehörig steigendem Sozialprodukt im Himmel stetiger Selbstverwirklichung landen. Mit Sicherheit werden aber ganz andere Probleme, nicht nur neue Grenznutzenprobleme auftreten. Die Theorie ist begrenzt, aber Ron Inglehart ist zu gescheit, um den Grenzen dieser Theorie zu unterliegen. In seinem Band über sozialen Wandel bemüht er auch ganz andere Datenreihen, die recht gut erklären können, wie Gesellschaften sich reorganisieren. Die Reisen der Gesellschaftssysteme verlaufen nicht eindimensional. Es gibt neue Techniken, neue wirtschaftliche Chancen, es gibt neue Armut, neue Verteilungsprobleme, es gibt Disparitäten in der internationalen Gesellschaft. Wir erleben, daß die entwickelten freien Gesellschaften nicht frei von Angst sind, kollektiv wie individuell, und denen, die wir als erfolgreiche Selbstverwirklicher betrachten könnten, steht ein größerer Troß von psychisch geschädigten, in ihrer Handlungsfähigkeit beeinträchtiger Menschen gegenüber. Die auf Maslow gegründeten Epochentheorien sind freundlich, sie sind vielleicht sogar Erlösungstheorien, aber für sie ist leider kein Platz in der Wirklichkeit und nicht in einer analytischen Sozialwissenschaft.

Epochentheorien beschreiben in der Regel Aufstieg und Fall, Anfang und Ende einer gesellschaftlichen oder politischen Formgebung. Am Anfang steht ein Generalthema, das alle beschäftigt und herrschend wird. Das war zum Beispiel in der Gründerzeit die industrielle Revolution mit ihren ungeheuren Wachstumschancen, das war in der Zeit nach 1945 die Wiedergewinnung und der Ausbau des Wohlstands – später als die materialistische Phase bezeichnet – und das war seit den sechziger Jahren das Thema der Selbstverwirklichung, das Streben nach „postmaterialistischen" Werten.

Die Gesellschaft, oder die in ihr herrschende Schicht, bzw. Generation, versucht das Generalthema politisch oder organisatorisch durchzusetzen. Die weitere Annahme der Epochentheoretiker ist, daß die Sozialisation der Persönlichkeiten in der Gründerphase erfolgt. Sie halten dann in der Folge im wesentlichen am Werteschema ihrer Jugendprägungen fest. Die geschichtlich dynamische Phase erzeugt also statische Orientierungen. Das geht solange gut, bis diese Orientierung durch ein neues Generalthema abgelöst wird. Durch welche Themen die Selbstverwirklichungsphase abgelöst werden könnte – darüber schweigt die Theorie. Wird Postmaterialismus samt modischer Variationen als Endzustand angesehen? Dann hätten wir eine eschatologische Theorie vor uns. Wie ein After-Post-Materialismus aussehen könnte, läßt sich aus einer Epochentheorie nicht ableiten.

4. Nominalistische Interpretationen
Untersuchungen zum Wertewandel kommen meistens mit einer Plethora von Befunden daher, unter denen die Überlegungen ersticken, was sie bedeuten. Als Maßnahme dagegen hat sich die Praxis entwickelt, vorher zu definieren. Es wird vorher definiert, was materialistische und postmaterialistische Werte sind. Es wird vor den Untersuchungen definiert, was Anpassungs- und Akzeptanzwerte sind. Dazu werden dann Testäußerungen formuliert, die den Auskunftspersonen vorgegeben werden. Entweder sind diese Statements, wie es heißt, in eine Rangfolge zu bringen, wie in allen Inglehartschen Untersuchungen, oder sie werden nach ihrer Wichtigkeit eingestuft. Man gewinnt ein Material, das auf die vorgefaßten Begriffe bezogen wird, so als hätten die Befragten wirklich das Motiv, das der Forscher diesem Test zuschreibt. Davon kann man nicht ausgehen. Ist das materialistische Motiv wirklich frei von jedem Gedanken an postmaterialistischer Selbstverwirklichung? Läßt sich der Gegensatz materialistischer und geistiger Orientierung daraus ableiten? Das wäre mit Sicherheit falsch. Es wäre auch falsch, die Aufbauphase der westlichen Bundesrepublik nach 1947 so zu klassifizieren. Mit dem wirtschaftlichen Aufschwung zusammen ging eine Aufbruchstimmung ganz geistiger, fast spiritueller Art einher, eine große Gläubigkeit, man werde auf diese Weise die bessere Gesellschaft erreichen. Es war die Epoche der harten Arbeiter und gleichzeitig der milden Väter. Es waren auch die Väter der 68er Generation. Nach den vorgefaßten Begriffen werden die Tests gemacht. Was die Tests zurückspielen, wird dann unversehens zur Wirklichkeit der Begriffe,

auch wenn die Befragten etwas anderes meinten. Das ist ein nominalistisches Verfahren. Das Gegenverfahren wäre das phänomenologische, die Tests ausweiten, durch verschiedene Verfahren der Datenreduktion den Motiven der Befragten nachspüren, die nicht notwendig die theoretischen Motive der Forschung widerspiegeln.

Theorien lassen sich an ihren Folgen bewerten. Unstimmige Voraussetzungen führen zu konfliktreichen Konsequenzen, zu abstrusen Wirklichkeitsbildern.

1. Die Emanationstheorie
Wenn die Genese von Werten vor- oder außergesellschaftlich gedacht wird, dann ist die Einstellung zum Wertewandel fatalistisch. Die Einstellung kann rigoristisch werden, wenn die Werte als heilig bezeichnet werden und praktisch durchgesetzt werden sollen. Emanationstheorien enden beim Fundamentalismus.

2. Mythologische Theorien
Ein Mythos von großen, wahren, fundamentalen Werten führt bei gesellschaftlichen Veränderungen zur Diagnose des Abfallens, des gefährlichen Fortbewegens von Sicherheiten. Die Konsequenzen sind Untergangsängste und konservative Reaktion.

3. Epochentheorien
Der soziale Wandel wird als Wertewandel erklärt, geschichtliche Ursachen und eine thematische Richtung werden angegeben. Die Ablösung oder Umkehr dieser Entwicklung ist vorprogrammiert. Da Zukunftsempfehlungen mit dieser Theorie nicht zu begründen sind, bleibt Zukunftshandeln irrational oder muß mit anderen Informationen geleistet werden.

4. Nominalismus
Diese Vereinnahmung der Empirie durch die Theorie führt zu Methodenartefakten. Der Forscher bestimmt, was materialistisch ist, nicht das Bewußtsein oder die Motive der Befragten. Wer zum Beispiel gegen Abtreibung ist, aus durchaus geistigen Gründen, landet unversehens in der materialistischen Schublade, weil die Befürworter der Abtreibung als „Postmaterialisten" gelten sollen. Politik, die sich auf dermaßen nominalistisch erworbene Erkennt-

nisse stützt, wird an politischen Widerständen die empirische Widerlegung erfahren.

Der Dynamik des Wertewandels werden die bisherigen Theorien nicht gerecht. Sie sind vergangenheitsbezogen. Die Erlebnisse der Jugendphase prägen die Wertorientierung, die biographischen Ereignisse determinieren die Wertvorstellungen. Diese statische Theorie wird der Tatsache nicht gerecht, daß Orientierungen selbst als dynamische, selbstveränderliche Variable in das Geschehen eingehen. Größer als der biographische Einfluß ist die Gegenwartsbeurteilung (auch das Leiden an der Gegenwart) und die Erwartung, mit welcher Orientierung, mit welchen Wissen, mit welchen Ressourcen man sich in Zukunft behaupten kann. Ertragsphantasien spielen für die Richtung des Wertewandels eine größere Rolle als Traditionen.

Die Investitionstheorie des Wertewandels ist eine vollkommen dynamische Theorie. Die Richtung des Wertewandels wird durch alle Subjekte bestimmt, die Erwartungen formulieren, Individuen und Institutionen. Diese Subjekte handeln natürlich nicht willkürlich, sie haben ihre Hintergrundmotive, Bedürfnisse und Ziele. Sie haben unterschiedliche Macht. Im Wechselspiel von Person und Institution nimmt der Wertewandel seine Richtung an. Das bedeutet gleichzeitig, daß Machtveränderungen allein bereits einen Wertewandel auslösen können. Die wirtschaftliche Stärkung des Individuums zum Beispiel, sein sich darauf und auf Wissensressourcen stützendes neues Selbstbewußtsein, seine Entschlossenheit, nicht alles hinzunehmen, ist in sich selbst eine Machtveränderung und hat die Wertvorstellung der Institutionen, der Wirtschaftsunternehmungen und deren Ethik beeinflußt. Die Investitionstheorie des Wertewandels hat nicht fixierte historische Hinterlassenschaften zum Gegenstand. Auch der Zielkonsens unterliegt der Ertragsregel: ob man mitmachen soll oder nicht, wird nach Abschätzung der Konsenskosten (Anpassungsleistungen) und der Erträge aus einem Konsens entschieden.

Die Investitionstheorie des Wertewandels erlaubt es, persönlich und politisch handlungsfähig zu bleiben. Eine vorgegebene Wertekonstellation muß nicht als Datum hingenommen werden, sondern wird als Gegenstand unternehmerischer und politischer Gestaltung betrachtet. Es ist insofern eine handlungsoptimistische

Theorie. Unsere Wertvorstellungen haben zwar historische Wurzeln, aber die künftige Richtung des Wertewandels wird das Resultat unseres Handelns in Wirtschaft, Politik und Kommunikation sein und allgemein das Ergebnis unserer Imagination einer besseren Welt.

2. West-östliche Seelenlandschaften: Ähnlichkeiten und fundamentale Unterschiede

Angleichung der Lebensverhältnisse in den neuen Bundesländern an den westlichen Standard ist das Ziel der deutschen Bundesregierung seit 1990. Dem dienen öffentliche Investitionen und Transferleistungen in historisch einmaligem Ausmaß. Finanziert werden diese Netto-Investitionen teils mit geliehenem Geld. Damit sank die Bundesrepublik zeitweise unter die Maastricht-Kriterien für eine europäische Währungsunion. Die Erfolge des Geldtransfers sind sichtbar, Renten und Einkommen im Osten nähern sich, prozentual berechnet, immer mehr dem Niveau im Westen der Bundesrepublik. Auch die privaten Investitionen in die Wirtschaft der östlichen Bundesländer werden durch großzügige Abschreibungen, teils auch durch Subventionen gefördert. Das ist alles sehr zielgerichtet und zweckmäßig, aber dies ist auch gleichbedeutend mit einer Eigentumsförderung, die größtenteils in den Westen geht. Auch beim angeglichenen Einkommen wird es sehr, sehr lange dauern, bis die Vermögensstrukturen in Ost und West sich einigermaßen nähern. Hier klafft eine Gerechtigkeitslücke, die nicht unbemerkt bleibt. Wir werden das an den Meinungsbildern erkennen. Eines aber wird all dies noch überdauern: In diesem östlichen Teil Deutschlands gelebt zu haben, Zeuge und Opfer des gescheiterten sozialistischen Großversuchs, mit seinen Idealen identifiziert oder unter ihnen in der Praxis leidend – die Erinnerungsbilder an die DDR werden gehandelt, diskutiert, verändern sich, aber bleiben. Solange Menschen in den neuen Bundesländern andere politische und gesellschaftliche Geschichten zu erzählen haben als die Bürger des Westens, wird für sie und die Zuhörer der Unterschied spürbar bleiben. Ob sie mit ihren Gefühlen im Westen verstanden werden, ist auch davon abhängig, wie weit auch der Westen in diese Auseinandersetzung mit der DDR-Geschichte eintritt und eigene Verantwortlichkeiten und Versäumnisse, ja vielleicht nur die eigene Machtlosigkeit gegenüber dem Herrschaftsbereich der Sowjetunion eingesteht und die frühere Angst vor diesem politischen Koloß mit den undurchschaubaren Absichten. Angleichung der Lebensverhältnisse, das ist technisch möglich, aber historische Gerechtigkeit im Nachhinein herzustellen, das bleibt Utopie. Leiden können anerkannt, aber nicht aufgehoben werden. 1990 sagte mir eine Rentnerin in einem Leipziger Café: „Für uns kommt die Wiedervereinigung zu spät". Es kann nicht bezweifelt werden, daß die Rentner Grund zur Zufriedenheit haben. Sie sind gut im sozialen Netz der Bundesrepublik aufgefangen worden, aber wer kann ihnen zurückgeben, was sie selbst im Nachhinein als ein falsches, ein verlorenes Leben betrachten?

Es gibt empirische Untersuchungen, deren Kommentare von einem tapferen Optimismus getragen sind. Wertekataloge werden verglichen, was jungen Menschen wichtig ist, und daraus wird gefolgert, eigentlich sind junge Menschen in Ost und West einander doch sehr ähnlich. Der psychische Angleichungsprozeß sei sehr schnell vorangeschritten und es sei politisch wie psychologisch doch gar nicht opportun, noch lange von Unterschieden zu sprechen oder sie gar zu betonen.[12]

Die Diagnose ist falsch, weil sie pauschal ist. Sie gibt einige Befunde für alles aus. Die Schlußfolgerung ist unausgereift, sie muß differenziert werden. Zwischen Gruppen große und prinzipielle Unterschiede machen, also Eigenschaften zuschreiben, das ist schädlich, das erzeugt Vorurteile und Aggressivität zwischen Gruppen. Aber Unterschiede wahrnehmen, akzeptieren und partnerschaftlich behandeln, sie stehenlassen, wenn Unterschiede gut sind, sie zu entschärfen versuchen, wenn sie die Quelle von Konflikten sein können: das wäre die psychologisch richtige Politik.

---

12 Hans-Joachim Veen, Carsten Zelle: Zusammenwachsen oder auseinanderdriften. Eine empirische Analyse der Werthaltungen, der politischen Prioritäten und der nationalen Identifikationen der Ost- und Westdeutschen. Konrad-Adenauer-Stiftung. Sankt Augustin 1994

Der Vorgang der Wiedervereinigung der beiden Teile Deutschlands hat sehr zu Recht viel Aufmerksamkeit bekommen von Soziologen, Psychologen, Meinungsforschern und in der Literatur von empfindsamen Leuten, die zudem schreiben können. Diese Selbstzeugnisse machen vorsichtig. Wer mit empirischen Daten zur psychischen Situation zwischen Ost und West aufwartet, muß versuchen, sie behutsam einzufügen in den Erfahrungshorizont von Millionen. Es gehört zu den alten Lastern der Meinungsforschung, mit wenigen Fragen das Ganze erklären zu wollen, und so geistern Einzelbefunde herum. Man hört, die Ostdeutschen seien aktiv, in der nächsten Untersuchung weist man ihnen Passivität nach und Warten auf autoritative Weisungen. Man sagt ihnen DDR-Nostalgie nach und infolgedessen Verführbarkeit durch die PDS, von Aufbruchstimmung ist andererseits die Rede, von dem Wunsch das Vergangene hinter sich zu lassen, von Gewalttätigkeit und Friedfertigkeit, von Demokratietreue und Skepsis, von allem ist zu hören.

Wenn man wissen will, was wirklich ist, dann muß man methodologisch zwei Tugenden befolgen. Erstens die Ohren aufmachen, das heißt verfahrenstechnisch nach ausgedehnten Vorgesprächen, persönlichen Eindrücken ein Testinstrumentarium entwerfen, in dem sich junge Menschen wirklich ausdrücken können, in dem sie vieles zu vielen Themen sagen können. Zweitens: Nicht nur die Einzelmeinung, der Befund der Einzelfrage darf interessieren, so sehr dabei manchmal aufsehenerregende Auffassungs- und Verhaltensunterschiede zwischen ost- und westdeutschen Jugendlichen hervortreten, vielmehr müssen auch Strukturen offengelegt werden, Motivzusammenhänge, die uns Aufschluß geben, warum Jugendliche, manchmal Minderheiten, auf bestimmte Weise denken und andere anders. Solche Struktur- und Hintergrundsanalysen können uns dann den Weg zeigen zur sozial- und jugendpolitischen Aufgabenfeldern.

2.1. Warum kein Orientierungsvakuum?

Nachdem auf dem Gebiet der früheren DDR die ideologische Kontrolle aufgehört hatte und Meinungen nicht mehr Partei- und Stasiangelegenheiten waren, fürchteten viele im Westen, daß es zu einem Orientierungsdesaster komme. Auffälligkeiten rechtsradikaler Gruppen und Skinheads gaben dieser Auffassung Nahrung. Überrascht waren daher Sozialwissenschaftler der empirischen Richtung, daß die Wertmuster im Osten denen im Westen ziemlich ähnlich waren.

Nun begann das Rätselraten darüber, ob sich der Osten schon lange dem Westen angepaßt habe oder ob es ein relativ kurzfristiger Anpassungsprozeß der Ostdeutschen an die im Westen vorherrschenden Orientierungen gegeben habe.[13]

Lebensziele als notwendige Bausteine der Biographie

Die weitgehende Kongruenz der Wertstrukturen in Ost und West reflektiert einfach nur die Tatsache, daß Werte strukturell notwendig sind, um die eigenen Anstrengungen, die eigene Biographie mit der gesellschaftlichen Welt zu koordinieren. Erst die Formulierung von Zielen, macht urteilsfähig und bildet die Voraussetzung für die Mobilisierung von Motiven. Diese funktionelle Bedeutung der Werte hat Talcott Parsons hervorgehoben. Sie muß in allen einigermaßen hoch organisierten Gesellschaften zu ähnlichen Ergebnissen führen. Die Jugendlichen in Ost und West wissen ziemlich genau, in welcher Gesellschaft sie leben, und sie formulieren ihre Ziele, ihre Erwartungen an das Leben. Diese Regel gilt im Westen Deutschlands genauso wie im Osten oder auch in einem Palästinenser-Lager. Die zentralen Werte sind jene, die der Stabilisierung der Existenzform dienen und der Schaffung eines Lebensmilieus, in denen man andere Ziele verwirklichen kann. Auch in der vorliegenden Untersuchung zeigt sich im Ganzen eine Übereinstimmung in den Werten, die junge Menschen wichtig finden (Schaubild 1 und für Detailergebnisse Tabelle A 1. Diese und alle weiteren A. Tabellen finden sich im Anhang.). Es fällt auf, was auch schon anderwärts beobachtet wurde, daß Jugendliche im Osten mehr Lebensziele als wichtig angeben, also im Durchschnitt expansiver denken.[14]

---

13 Wertorientierungen und Wertwandel bei Jugendlichen und jungen Erwachsenen, DJI-Manuskript 1994
14 ähnliche Befunde im DJI-Jugendsurvey 1992. Nach Niederschrift der vorliegenden Studie erschien: Ursula Hoffmann-Lange (Hrsg.): Jugend und Demokratie in Deutschland. DJI-Jugendsurvey 1. Leske + Budrich, Opladen 1995, S. 117. Den Werte-Enthusiasmus ostdeutscher Jugendlicher durch Anpassungsdruck zu

45

Schaubild 1: Lebensziele Jugendlicher im Osten und Westen

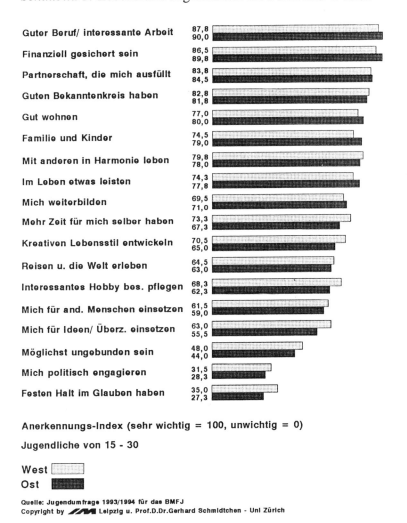

Anerkennungs-Index (sehr wichtig = 100, unwichtig = 0)

Jugendliche von 15 - 30

West
Ost

Quelle: Jugendumfrage 1993/1994 für das BMFJ
Copyright by ZUMA Leipzig u. Prof.D.Dr.Gerhard Schmidtchen - Uni Zürich

---

erklären (S. 131ff.) erscheint mir nicht gerechtfertigt. Die höhere Disziplin der Jugendlichen im Osten und die alerte Aktionsbereitschaft, also das Training in Bewährungstugenden scheinen mehr zu erklären. Siehe weiter unten.

Zeichnet sich der Osten durch altmodische Werte aus, der Westen durch modernere?

Man könnte das fast annehmen, wenn man hört, daß die Ostdeutschen konventioneller seien und weniger postmaterialistisch. Was heißt konventionell? Das wurde verschiedentlich definiert als Pflichtwerte, Leistungswerte und Materialismus, also auf Sicherheit bedacht sein und hohes Einkommen anstrebend. Das alles hat mit Anpassungs- und Akzeptanzwerten gar nichts zu tun. Es ist vielmehr ein Ausdruck des Realismus in der jeweiligen historisch-ökonomischen Situation. Wenn man nicht auf Kosten anderer leben kann, wird einem schließlich einfallen, daß es gut ist, einen vernünftigen Beruf zu haben. Junge Leute im Westen kehren auch zu dieser, von Soziologen als altmodisch bezeichneten Orientierung zurück (Schaubild 2 und Schaubild A 1).

Anpassung liegt nicht in den Werten per se, sondern es ist eine Frage der Strategie, sie durchzusetzen, und hier spielen im Osten so wenig wie im Westen Anpassungsmentalitäten eine Rolle. Jugendliche sehen sich sehr genau an, worauf sie sich einlassen bei ihrem Streben nach einem interessanten Beruf. Ihre Erwartung ist, daß man im Beruf, durch die Arbeit auch etwas gewinnt. 70 Prozent in Ost und West denken so (Tabelle A 2).

So nützlich es ist, Ergebnisse nach der Zahl der Antworten zur Kenntnis zu nehmen, das Verbreitete mit dem wenig Verbreiteten zu vergleichen und frühere Antworten mit den heutigen, kann die Betrachtung dabei doch nicht stehenbleiben. Prozentuale Serienübersichten wirken rhapsodisch, ohne inneren thematischen Zusammenhang. Haben die Jugendlichen an allgemeinere Dinge gedacht, wenn sie die einzelnen Antworten gaben? Diese Frage kann man beantworten, wenn man statistisch die Verwandtschaftsbeziehungen zwischen verschiedenen Äußerungen klärt. Da bietet sich zunächst das Instrument der Faktorenanalyse an. Das Maß der Übereinstimmung zwischen verschiedenen Antworten zeigt an, das eine Denkrichtung, eine relativ einheitliche Motivation vorliegt. Wenden wir dieses Verfahren auf die Auskünfte an, so ergeben sich vier einleuchtende Gruppen von Antworten.

Die erste Gruppe, „Faktor" genannt, bezieht sich auf den übergreifenden Wunsch, in einer kreativen Gesellschaft und gemeinschaftsbezogen zu leben. Die Testantworten lauten – in der Reihe

47

Schaubild 2: Lebensziele Jugendlicher – der Trend

Trendvergleiche in den alten Bundesländern

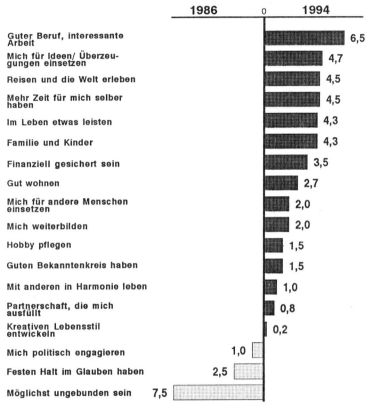

Dargestellt sind die Differenzen im Anerkennungs-Index (sehr wichtig = 100
unwichtig = 0)
Jugendliche von 15 - 30

Quelle: Jugendumfrage 1993/1994 für das BMFJ
Copyright by IMAS Leipzig u. Prof.D.Dr.Gerhard Schmidtchen - Uni Zürich

ihres Gewichtes – sich für Ideen und Überzeugungen einsetzen, sich für die Gemeinschaft, für andere Menschen einsetzen, politisches Engagement, Weiterbildung, einen persönlichen, kreativen Lebensstil entwickeln und schließlich einen festen Halt im Glauben haben.

Der zweite Faktor kann Leistung und Wohlstand genannt werden: ‚im Leben etwas leisten', ‚finanziell gesichert sein', ‚gut wohnen', ‚guter Beruf, interessante Arbeit'. Im Faktor drei geht es um das Thema Familie: ‚Familie und Kinder', ‚eine Partnerschaft, die mich ausfüllt' und mit schwächerer Ladung tritt hinzu, ‚mit mir und anderen Menschen in Harmonie leben'. Viertens geht es um Freiräume, ein wichtiges Thema für junge Menschen, Thema einer Lebensphase. Die Testanworten lauten: ‚mehr Zeit für mich selber haben', ‚Reisen und die Welt erleben', ‚ein interessantes Hobby besonders pflegen', ‚möglichst ungebunden sein', ‚einen guten Bekanntenkreis haben, mit dem man sich versteht'. Die folgende Übersicht zeigt diese vier Faktoren noch einmal mit ihren Ladungen und dem Prozentanteil der Antworten. Diese Analyse wurde für die Gesamtstichprobe, also Gesamtdeutschland, vorgenommen.

Diese Strukturanalyse ermöglicht einen Vergleich zum Jahre 1986. Damals wurde gleich gefragt und gleich analysiert. Die Grundstrukturen sind in dem knappen Jahrzehnt erhalten geblieben.[15] Was sich indessen verändert hat, verdient eine Notiz: damals waren die Faktoren ‚kreative Gesellschaft' und ‚Gemeinschaft' deutlich voneinander getrennt, jetzt sind sie zu einem verschmolzen. Dabei sind drei Testäußerungen in andere Faktoren gewandert. Der Beruf findet jetzt nicht mehr Platz unter dem Gesichtspunkt kreative Gesellschaft, sondern schlicht unter Leistung und Wohlstand. ‚Mit mir und anderen Menschen in Harmonie leben' findet jetzt einen deutlichen Platz im Faktor Familie. Der gute Bekanntenkreis gehört jetzt zu den Freiräumen. Ebenso ist das Hobby aus dem Leistungszusammenhang herausgelöst und findet sich in den Freiräumen. Zu den Strukturänderungen gehört auch, daß die Familie einen konsistenteren Bereich an dritter Stelle bildet. Sie rangierte 1986 am Schluß. Auch prozentual zeigen die Antworten, daß ihr mehr Bedeutung zukommt als früher.

---

15 vgl. Gerhard Schmidtchen: Ethik und Protest. a.a.O., S. 35

Tabelle 2: Dimensionen der Lebensziele
Ergebnisse einer Faktorenanalyse, Jugendliche in Ost- und Westdeutschland

Faktor	Testäußerungen	Faktorladung	Es finden wichtig bis sehr wichtig %
1. kreative Gesellschaft und Gemeinschaft	mich für Ideen und Überzeugungen einsetzen	0,71	51
	mich politisch engagieren	0,64	10
	mich weiterbilden	0,61	67
	einen kreativen persönlichen Lebensstil entwickeln	0,57	66
	einen festen Halt im Glauben haben	0,49	18
2. Leistung und Wohlstand	im Leben etwas leisten	0,72	77
	finanziell gesichert sein	0,70	93
	gut wohnen	0,67	82
	guter Beruf, interessante Arbeit	0,64	95
3. Familie	Familie und Kinder	0,79	73
	Partnerschaft, die mich ausfüllt	0,78	87
	mit mir und anderen Menschen in Harmonie leben	0,45	83
4. Freiräume	mehr Zeit für mich selber haben	0,68	71
	reisen und die Welt erleben	0,60	54
	ein interessantes Hobby besonders pflegen	0,52	61
	möglichst ungebunden sein	0,51	29
	einen guten Bekanntenkreis haben, mit dem man sich versteht	0,46	89

In der Motiv-Dimension „Familie und Partnerschaft" finden sich viele Jugendliche in den höchsten Positionen, 58 Prozent im Osten und 50 im Westen. Danach folgt „Leistung und Wohlstand" mit 55 Prozent im Osten und 45 im Westen. Umgekehrt sind westliche Jugendliche betonter vertreten in der Dimension „kreative Gesellschaft und Gemeinschaft", 48 Prozent zu 38 Prozent im Osten. An vierter Stelle folgt nach der prozentualen Besetzung der Faktor- oder Motiv-Dimensionen das Interesse an Freiräumen (Tabelle A 3).

Wertvorstellungen dienen als Selektoren dann, wenn Wahlmöglichkeiten oder Optionen bestehen, sich im Sinne bevorzugter Werte zu entscheiden. So könnte man vermuten, daß Werte sich bei der Wahl politischer Parteien auswirken. Um das zu überprüfen, werden die Faktoren skaliert, so daß man nun sehen kann, wie sich Personen, die innerhalb eines Faktors hoch oder schwach motiviert sind, Parteien gegenüber verhalten. Die Ergebnisse zeigen, daß CDU/CSU, SPD, FDP und PDS weitgehend unabhängig davon gewählt werden, welche Wertepositionen die Auskunftspersonen vertreten. Eine sehr deutliche Ausnahme bilden die Grünen und Alternativen. Personen, die in den Themenbereichen ‚kreative Gesellschaft und Gemeinschaft' hoch motiviert sind, die sehr an Freiräumen interessiert sind und wenig von Leistung und Wohlstand halten, wählen Grün oder alternativ. Das ist im Osten ganz ähnlich wie im Westen. Im Westen hat die CDU/CSU noch ein gewisses Wirtschaftsimage, das im Osten aber kaum durchschlägt. Der Ruf der Wirtschaftspartei war 1986 bei Jugendlichen besser. Je mehr sie sich für Leistung und Wohlstand interessierten, desto mehr wählten sie CDU/CSU. Bei geringer Wirtschaftsmotivation wurden CDU/CSU von 12 Prozent der Jugendlichen gewählt, bei hoher Wirtschaftsmotivation von 46 Prozent. Werte können sich nur dann auf die Wahlentscheidung unmittelbar auswirken, wenn die Parteien sich prononcieren und in Absetzung gegen andere als bestimmte Wertegemeinschaft verstehen und es jungen Menschen attraktiv machen, sich dazu zu bekennen (Tabellen A 4 und A 5).

Werte kann man als Handlungstendenzen beschreiben, in die Motivenergie investiert wird. So bezieht sich eine gesellschaftspolitische Orientierung als allgemeiner Wert auf Handlungssysteme und Aufmerksamkeitsfelder, in denen eine solche Orientierung praktisch werden kann. Man spricht über Politik. Dieses Kommunikationshandeln verstärkt eine Orientierung. Die in dem Faktor ‚kreative Gesellschaft und Gemeinschaft' zusammengefaßte Wertegruppe ist also die Beschreibung eines konkreten Motiv- und Handlungsfeldes in seiner Abstraktion. Wir beobachten diesen Zusammenhang: Je ausgeprägter die Werte ‚kreative Gesellschaft und Gemeinschaft' betont werden, in desto größerer Zahl erklären die Auskunftspersonen, sie seien politisch interessiert, der Anstieg über die Skala hinweg ist dramatisch. Auch die Selbstwahrnehmung, ob man sich heute politisch mehr interessiere als früher, führt zu parallelen Ergebnissen. Je ausgeprägter die Gesellschaftsorientierung, desto verbreiteter ist das Gefühl, das eigene politische Interesse, die politische Motivation sei im Wachsen begriffen.

Tabelle 3: **Werte beruhen auf Kommunikations- und Handlungszusammenhängen**
Gesellschaftspolitische Orientierung und politisches Interesse

	Jugendliche mit folgender Position auf der Werteskala kreative Gesellschaft und Gemeinschaft					Insgesamt
	hoch		mittel		tief	
	1	2	3	4	5	
es interessieren sich stark für aktuelle Ereignisse der Politik						
Ost	52	35	26	12	11	27
West	51	37	28	24	10	32
sind heute poltisch stärker interessiert und engagiert als früher						
Ost	42	32	26	24	17	28
West	42	35	28	20	14	30

Beispiel zum Lesen der Tabelle:Unter ostdeutschen Jugendlichen, die Werte kreativer Gesellschaft und Gemeinschaft besonders stark betonen, sind 52 % politisch interessiert, von 100 Jugendlichen, die diesen Wert nur schwach vertreten, bekunden 11 ein starkes politisches Interesse.

Ein weiteres Beispiel dokumentiert den Zusammenhang zwischen Lebenswelt und der Entwicklung von Werten. Diejenigen, die Leistung und Wohlstand besonders wichtig finden, fühlen sich in der Gesellschaft der Bundesrepublik des Jahres 1994 deutlich wohler als diejenigen, die solche Werte nicht betonen. Wohlbefinden ist ein Gleichgewichtsphänomen, wenn Erwartungen erfüllt, Anstrengungen adäquat belohnt werden, wenn man sich als Person akzeptiert fühlt, wenn im familiären, schulischen und beruflichen Handeln Sicherheiten entstehen, Vertrauen wächst. Dies sind genau die Voraussetzungen, unter denen Leistungswerte Investitionsstrebungen beschreiben, die als Motive in einem Handlungssystem sinnvoll eingesetzt werden können. Davon reflektiert sich etwas in dem unerwarteten Zusammenhang zwischen Leistungs- und Wohlstandsstreben und Wohlbefinden in der Gesellschaft der Bundesrepublik.

Tabelle 4: Streben nach Leistung und Wohlstand und Wohlbefinden in der Bundesrepublik

Gesellschaftspolitische Orientierung und Lebensgefühl

	Jugendliche mit folgender Position auf der Werteskala Leistung und Wohlstand					Insgesamt
	hoch		mittel		tief	
	1	2	3	4	5	
In der Bundesrepublik fühlen sich wohl						
Ost	34	30	27	21	15	27
West	54	53	56	49	32	49

Die Faktorenanalyse hat uns über vier Themen der Wertorientierung aufgeklärt, vier Denk- und Motivrichtungen, in denen die Strebungen stark oder schwach sein können. Es sind gleichsam Abstraktionen aus sehr konkret benannten Wertanliegen. Dies legt den Gedanken nahe, nach weiteren Abstraktionen auf höherer Ebene zu suchen. Gibt es in der Orientierung über Werte einen Kompaß, und worauf ist er gerichtet? Jede Orientierung unterliegt einem platonischen Gesetz, in der Vielfalt das Einfache zu suchen. Es gibt ein Verfahren, das diesem Platonismus in der menschlichen Orientierung nachspüren kann, das dessen robuste Superstrukturen zeigt. In dem verwirrenden Sternenhimmel der Äußerungen über Werte können zusammenhängende Bilder, Achsen, Systeme sichtbar werden. Es handelt sich um das Verfahren der mehrdimensionalen Skalierung (MDS-Analyse), kombiniert mit der hierarchischen Clusteranalyse. Die MDS-Analyse basiert auf einer Matrix von Ähnlichkeitsmaßen. Diese werden nun in Strecken, also in den Raum, übersetzt. Ähnliche Äußerungen rücken dicht zusammen, unähnliche treten auseinander. Der psychische Raum einer Testserie wird durch die unähnlichsten Äußerungen determiniert. Je nach der Sperrigkeit der Daten erhält man zwei- oder dreidimensionale, manchmal sogar mehrdimensionale Lösungen. Ob die Hinzunahme einer weiteren Dimension eine bessere Darstellung verbürgt, mehr Informationen bringt, zeigt ein sogenannter Streßkoeffizient.

Im vorliegenden Fall konnten die Daten in der Ebene, also zweidimensional dargestellt werden. Die Ergebnisse sind in der folgenden Grafik abgebildet. Sie beziehen sich auf Jugendliche im Osten. Ihre Wertvorstellungen lassen sich deutlich zwei großen Achsen zuordnen, erstens der Teilhabe an gesellschaftlicher Wertschöpfung und zweitens der Achse der Bindungen. Die Teilhabe an gesellschaftlicher Wertschöpfung wird einerseits wirtschaftlich-gegenständlich als Lebensziel beschrieben und andererseits kommunikativ im Sinne einer kreativen Gesellschaft. Die Achse der Bindungsmotive hat die beiden Pole von Verpflichtung und Entlastung: Familie auf der einen Seite und der Wunsch, möglichst ungebunden zu sein am anderen Extrem.

In den Ergebnissen wiederholt sich verblüffend die Struktur der Lebensorientierung Jugendlicher im Westen des Jahres 1986.[16] Auch hier war die Hauptdimension aller Überlegungen bei der Formulierung von Lebenszielen der Wunsch nach „Teilhabe an der gesellschaftlichen Wertschöpfung". Dazu gehören damals im Westen wie heute im Osten Leistung und Beruf, finanzieller Erfolg ebenso wie der Einsatz für die Gemeinschaft, sich weiterbilden, einen kreativen, persönlichen Lebensstil entwickeln, einen guten Bekanntenkreis um sich versammeln, sich für die Gemeinschaft einsetzen, mit anderen in Harmonie leben, sich politisch engagieren. Verblüffend ist im ganzen die Stabilität der Struktur (Schaubild 3). Es sind gerade diese Werte der direkten Beteiligung an der gesellschaftlichen Wertschöpfung durch einen guten Beruf und seine sekundären Folgen, die die jungen Leute im Osten stärker betonen als im Westen (Schaubild 4). Gleiche Werte führen aber nicht notwendigerweise zu gleichen Verhaltensweisen. Es kommt auf die Verstärkungs-, die Realisierungssituation an. Gerade wenn die Umwelt so ist, daß dieser Ehrgeiz enttäuscht wird, darf man beträchtliche Reaktionen erwarten, die im Osten dann wahrscheinlich anders ausfallen als im Westen.

---

16 Gerhard Schmidtchen: Ethik und Protest, a.a.O., S. 40

Schaubild 3: Zwei grundlegende Themen der Lebensorientierung:
Bindungen und Teilhabe an gesellschaftlicher Wertschöpfung
MDS und Clusteranalyse
Jugendliche im Osten 15-30 Jahre

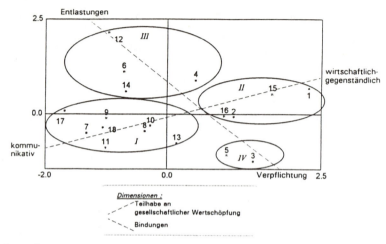

Legende:
Cluster I: Kreative Gesellschaft und Gemeinschaft
7   mich für Ideen und Überzeugungen einsetzen
8   mich weiterbilden
9   einen kreativen persönlichen Lebensstil entwickeln
10 guten Bekanntenkreis haben
11 mich für die Gemeinschaft, für andere einsetzen
13 mit mir und anderen Menschen in Harmonie leben
17 mich politisch engagieren
18 einen festen Halt im Glauben haben

Cluster II: Leistung und Wohlstand
1   finanziell gesichert sein
2   guter Beruf, interessante Arbeit
15 gut wohnen
16 im Leben etwas leisten

Cluster III: Freiräume
4   mehr Zeit für sich selber haben
6   Reisen und die Welt erleben
12 möglichst ungebunden sein
14 ein interessantes Hobby besonders pflegen

Cluster IV: Partnerschaft und Familie
3   Familie und Kinder
5   Partnerschaft, die mich ausfüllt

Die Formulierung von Werten, von Lebenszielen läßt die Jugend im Osten sehr aktiv erscheinen. Wenn die Angebote da sind, kann sehr schnell und sehr viel Motivation mobilisiert werden. Im Wertedenken der Jugendlichen im Osten sind keine Spuren von Depressivität zu erkennen. Das bedeutet andererseits aber auch, daß man mit verschiedensten Formen aktiven Protests rechnen muß, wenn die Erwartungen an das Leben enttäuscht werden.

Wer handelt, muß vieles bedenken, viele Werte und Normen. Wirtschaftsunternehmungen haben mehr Ziele als nur den Gewinn. Das Unternehmen *Person* geht in seinen Werten mindestens ebenso weit über die bloß materielle Sicherstellung hinaus. Die Menschen haben mehr als nur ein Lebensziel, also werden sie eine Vielzahl von Werten und Normen in ihren Plänen berücksichtigen. Wenn es mehr als nur einen Wert gibt, dann stellt sich die Frage der Optimierung, also der Kombination, der „Synthese" von Werten. Diese Feststellung hat nicht die Aura einer wissenschaftlichen Entdeckung, sondern ist eine Selbstverständlichkeit, eine Voraussetzung, die in soziologischen Wertetheorien gemacht werden muß und die auch kulturell seit einigen tausend Jahren geläufig ist: Sit mens sana in corpore sano ist eine klassische, antike Aufforderung, zwei Wertegruppen gleichzeitig zu pflegen. Es gibt natürlich Werte und insbesondere Verhaltensnormen, die sich der Kombination widersetzen. Askese und Völlerei sind schwer unter einen Hut zu bringen, aber auch unter solchen Voraussetzungen tun Menschen das, was alle tun, sie optimieren ihre Strebungen unter Ertragsgesichtspunkten. Wir werden also davon ausgehen können, daß Wertegruppen zu Typen der Orientierung zusammengeschlossen werden. Die Clusteranalyse der Lebensziele junger Menschen hat gezeigt, daß die Hauptdimension, in der sie ausgerichtet sind – Teilhabe an der gesellschaftlichen Wertschöpfung – nach den Hauptmotiven der Leistungs- und Wohlstandswerte auf der einen Seite und der kommunikativen Werte auf der anderen gegliedert werden kann. Skaliert man diese Orientierung und teilt man die Population jeweils am Median dieser Skalen, so ergibt sich jeweils eine Dichotomie, einerseits der Leistungsorientierung und andererseits der kommunikativen Orientierung. Kombiniert man diese Dichotomien, so erhält man eine Typologie mit vier Gruppen. Leistungs- und kommunikative Werte streben 33

Schaubild 4: Welche Werte im Osten und im Westen stärker betont werden

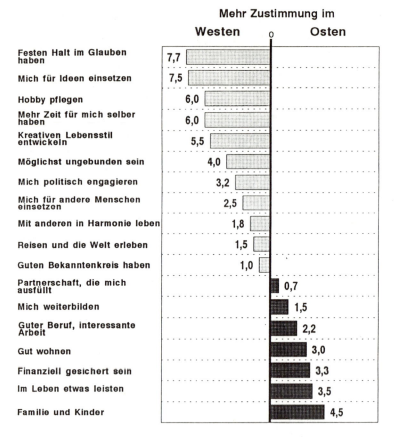

Dargestellt sind Differenzen im Anerkennungs-Index (sehr wichtig = 100 unwichtig = 0)
Jugendliche von 15 - 30

Quelle: Jugendumfrage 1993/1994 für das BMFJ
Copyright by ZMA Leipzig u. Prof.D.Dr.Gerhard Schmidtchen - Uni Zürich

Prozent der Jugendlichen im Osten und 36 Prozent der Jugendlichen im Westen gleichzeitig an. Die Anhängerschaft dieses Orientierungstypus ist seit 1986 deutlich größer geworden, im Westen ist sie von 26 auf 36 Prozent gestiegen.[17] Wir wollen diese Gruppe die pragmatischen Idealisten nennen. Es folgen die Ökonomen, ihre Zahl ist im Westen seit 1986 schwächer geworden. Die Gruppe tritt besonders stark im Osten mit 39 Prozent hervor. Die unmittelbare Lebenssicherung, die Sorge für die Familie sind Motive, die nach der Wiedervereinigung für Jugendliche im Osten einen besonderen Sinn bekamen (Schaubild 4). Asketische Idealisten, also Personen, die hauptsächlich kommunikative Werte und Gemeinschaftswerte betonen, weniger ökonomische, sind im Osten ein wenig seltener als im Westen, ebenso die Anspruchslosen. Im Osten treffen wir also im Durchschnitt ein emphatischeres Verhältnis zu Werten an, bei besonderer Betonung des Ökonomischen. Hier zunächst die Tabelle.

Tabelle 5: Typen der Lebensorientierung in Ost und West

Typen der Orientierung	Wertkombination		Jugendliche von 15 bis 30	
	Leistung	Kommunikation	West	Ost
			1986 1994	1994
pragmatische Idealisten	+	+	26 36	33
Ökonomen	+	-	34 28	39
asketische Idealisten	-	+	15 13	10
Anspruchslose	-	-	25 23	18
			100 100	100

Die Betonung von Leistungswerten im Osten, von Wirtschaftszielen wird zuweilen als materialistische Rückständigkeit interpretiert, gleichsam als ein Relikt der Mangelwirtschaft. Die Jugendlichen im Osten müßten den Anschluß an die Postmoderne erst noch finden. Nach allem was man sehen kann, ist die Orientierung der Jugendlichen im Osten gegenwartsbezogen und sehr realistisch. Wirtschaftsmotive passen zu dem, was als Aufschwung Ost propagiert wird. Dabei werden die kommunikativen Werte

---

17 Auch in den Einzelbefunden wird dieser Trend anschaulich. Vergleiche Tabelle A1 und das Schaubild A 1.

nicht vergessen. Die Orientierung der Jugendlichen im Osten entzieht sich der Klassifikation durch eine Epochentheorie. Jugendliche im Osten, die den Typus der pragmatischen Idealisten oder Ökonomen angehören, finden Gefallen an ihrem gegenwärtigen Leben und fühlen sich in der für sie neuen Kultur der Bundesrepublik relativ am wohlsten. Die asketischen Idealisten kommen mit sich selbst recht gut zurecht, aber nicht mit dem Klima in der Bundesrepublik. Diese Verhältnisse spiegeln sich, wenn auch mit Abschwächungen, im Westen. Der statistische Lesestoff dazu findet sich im Anhang (Tabelle A 6).

Soziales Handeln braucht und erzeugt Moral

Wertsysteme enthalten nicht nicht nur Wohlfahrtsziele, gesellschaftlich oder individuell, sondern auch die Verfahrensweisen, wie man zum Ziel gelangt. Regeln des Umgangs und formalisierte Verfahrensweisen haben ihren Eigenwert und werden durch die Gesellschaft, durch Erziehung gefördert und durch Sanktionen geschützt. Es sind gerade diese Regeln des Zusammenlebens, Verfahrensregeln der Entscheidungsfindung und Konfliktlösung, die einer Gesellschaft Humanität bescheren. Wer gesellschaftlich anerkannte Ziele mit nicht akzeptablen Mitteln verfolgt, ist entweder anomisch oder verbrecherisch. Dies ist die grundlegende Beobachtung der Theorie von Robert K. Merton über soziale Struktur und Anomie.[18]

Moral und Verfahrensweisen beruhen auf Ordnungsideen, die ihrerseits mit zentralen Werten einer humanen Gesellschaft verknüpft sind: Vertrauen, Sicherheit und Freiheit. Gerade in alten Demokratien, wie in der Schweiz, ist der Ordnungsgedanke auf das engste mit dem der Freiheit verknüpft. Die Verfahrensordnungen der Demokratie sind eine wesentliche Substanz der Freiheit. Sie werden verteidigt und geschützt. Ordnungsverstöße werden als Sakrilegium demokratischer Freiheit empfunden.

Der im sozialen Verband Handelnde wird erfahren, daß die anderen moralische Subjekte sind, die sein Handeln nach moralischen Kriterien beurteilen. Gut und Böse sind Grundkategorien

---

18 Robert K. Merton: Social Theory and Social Structure. The Free Press of Glencoe 1949

der Erfahrung. So entsteht ein moralisch sensibles Selbstbewußtsein. Das Handeln anderer wird nach moralischen Kategorien eingeschätzt, die moralische Selbstinstruktion kommt in Gang. Jedes Gesellschaftssystem erzeugt sein moralisches Profil. Wo die Institutionen versagen, wo die Interaktion defekt ist, wird auch die Moral defekt. Minderheiten wird aktive Amoral möglich, und in der Mehrheit, die moralisch leben möchte, breitet sich Angst aus. Das Interaktionsgefüge einer Gesellschaft ist zwar der große Moralproduzent, aber nicht in allen Teilen zuverlässig.

Welche Verhältnisse wird man antreffen, wenn man ethische Grundsätze in Ost- und Westdeutschland untersucht? Diejenigen, die überrascht sind, im Osten der Bundesrepublik trotz der DDR-Vergangenheit die gleichen Wertvorstellungen zu hören wie im Westen, werden über die Ähnlichkeit ethischer Grundsätze in Ost und West noch mehr staunen können. 19 ethische Grundsätze für das eigene Handeln, für die Selbstinstruktion wurden zur Diskussion gestellt, welche Grundsätze gut seien und welche nicht.

Ehrlich zu sich selbst müsse man sein, das ist mit über 90 Prozent in Ost und West der verbreitetste Grundsatz. Die Realistik der Selbstwahrnehmung und Selbsteinschätzung, die Wahrhaftigkeit sich selbst gegenüber wird als zentrale Voraussetzung für ethisches Handeln empfunden. Den Anderen im Umgang Respekt erweisen, höflich sein, sowie puritanische Tugenden, wie verzichten können, die Zeit nutzen haben einen hohen Rang. Anderen vergeben und sie nicht verletzen sind im Range folgend im Bewußtsein der großen Mehrheit der Jugendlichen gute Grundsätze für den Umgang der Menschen miteinander. Wir verspüren den Impuls zu sagen, es seien christliche Grundsätze, aber es meldet sich zugleich das Wissen, das die Mehrheit der Jugendlichen im Osten Deutschlands nicht nur fern der Kirche, sondern auch fern christlicher Traditionen und Unterweisung aufgewachsen ist. Wieso möchten sie genauso wie die Jugendlichen im Westen diesen Grundsätzen folgen? Wer hat sie ihnen präsent gemacht? Überraschender als die interessanten Abweichungen im ethischen Denken zwischen Ost und West ist die aufs Ganze gesehen überwältigende Übereinstimmung trotz ganz unterschiedlicher politischer und gesellschaftlicher Sozialisationsbiographien (Schaubild 5).

Schaubild 5: Ethische Grundsätze in Ost und West

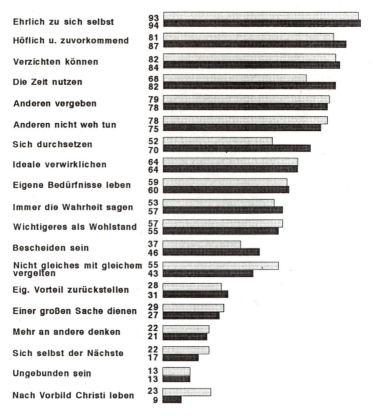

Grundsatz	West	Ost
Ehrlich zu sich selbst	93	94
Höflich u. zuvorkommend	81	87
Verzichten können	82	84
Die Zeit nutzen	68	82
Anderen vergeben	79	78
Anderen nicht weh tun	78	75
Sich durchsetzen	52	70
Ideale verwirklichen	64	64
Eigene Bedürfnisse leben	59	60
Immer die Wahrheit sagen	53	57
Wichtigeres als Wohlstand	57	55
Bescheiden sein	37	46
Nicht gleiches mit gleichem vergelten	55	43
Eig. Vorteil zurückstellen	28	31
Einer großen Sache dienen	29	27
Mehr an andere denken	22	21
Sich selbst der Nächste	22	17
Ungebunden sein	13	13
Nach Vorbild Christi leben	23	9

"Guter Grundsatz"
Antworten in Prozent
Jugendliche von 15 - 30

Quelle: Jugendumfrage 1993/1994 für das BMFJ
Copyright by ▰▰ Leipzig u. Prof.D.Dr.Gerhard Schmidtchen - Uni Zürich

Schaubild 6: Ethische Grundsätze – Der Trend im Westen 1986-1994

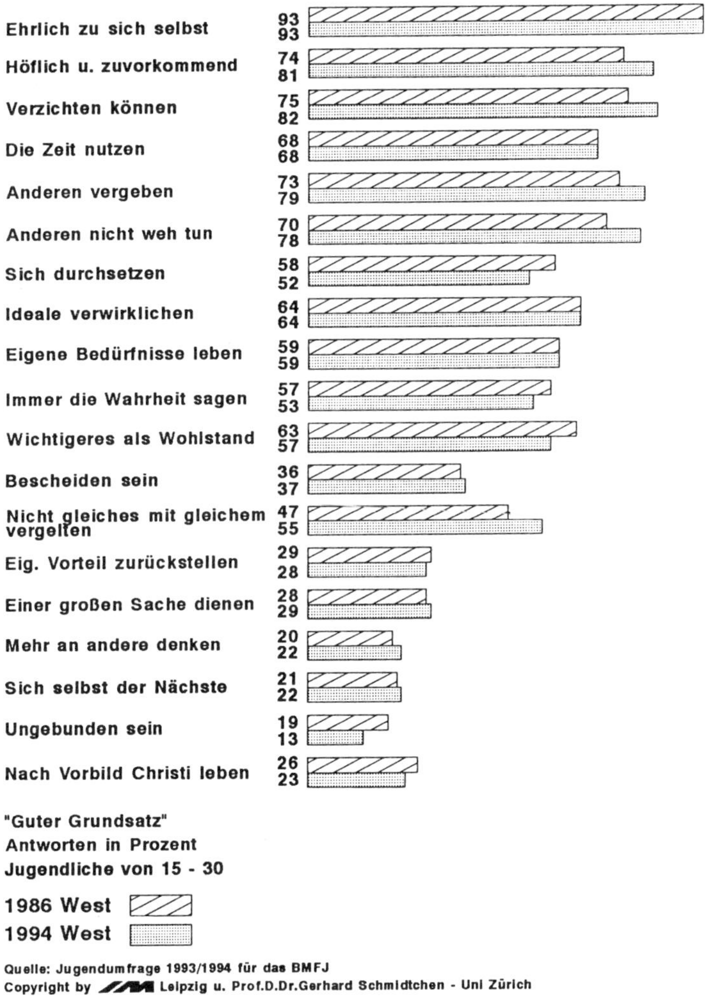

	1986 West	1994 West
Ehrlich zu sich selbst	93	93
Höflich u. zuvorkommend	74	81
Verzichten können	75	82
Die Zeit nutzen	68	68
Anderen vergeben	73	79
Anderen nicht weh tun	70	78
Sich durchsetzen	58	52
Ideale verwirklichen	64	64
Eigene Bedürfnisse leben	59	59
Immer die Wahrheit sagen	57	53
Wichtigeres als Wohlstand	63	57
Bescheiden sein	36	37
Nicht gleiches mit gleichem vergelten	47	55
Eig. Vorteil zurückstellen	29	28
Einer großen Sache dienen	28	29
Mehr an andere denken	20	22
Sich selbst der Nächste	21	22
Ungebunden sein	19	13
Nach Vorbild Christi leben	26	23

"Guter Grundsatz"
Antworten in Prozent
Jugendliche von 15 - 30

1986 West
1994 West

Quelle: Jugendumfrage 1993/1994 für das BMFJ
Copyright by IPM Leipzig u. Prof.D.Dr.Gerhard Schmidtchen - Uni Zürich

Wenn wir heute die Ethik des Ostens mit der des Westens vergleichen, so muß zunächst daran erinnert werden, daß es im Westen im ethischen Denken der Jugend immerhin einige Bewegungen gegeben hat. So sind die Tugenden der Zurückhaltung etwas verbreiteter als 1986, höflich und zuvorkommend wollen mehr Jugendliche sein als damals, auch das Verzichten können wird von über 80 Prozent als ein guter Grundsatz unterstützt. Die Ethik des Zusammenlebens wird stärker betont als früher, anderen vergeben, anderen nicht weh tun, nicht Gleiches mit Gleichem vergelten. Durchsetzungstendenzen werden offenkundig etwas zurückgenommen (Schaubild 6 und für Detailergebnisse Tabelle A 7).

Klassische puritanische Tugenden, wie die Zeit nutzen und soziale Disziplin (Höflichkeit, Bescheidenheit) sind im Osten verbreiteter als im Westen. Gleichzeitig aber sind die Tendenzen zur Selbstdurchsetzung im Osten deutlicher. Es wird zu sehen sein, das dies in einem anderen Zusammenhang gedacht wird als im Westen.

Welche Strukturen hat das ethische Denken, das in diesen Äußerungen zum Ausdruck kommt? Ob die vielen Testäußerungen um bestimmte Themen kreisen, zeigt das sensible Instrument der Faktorenanalyse. Im ethischen Denken der Jugendlichen Ostdeutschlands sind vier Motive ordnend wirksam. Der erste Faktor, also die konsistenteste Denkrichtung innerhalb des vorliegenden Tests, kann mit dem Stichwort „Nächstenliebe" beschrieben werden. Dazu gehören die Äußerungen: ‚mehr an die anderen als an sich selbst denken', ‚den Gedanken an den eigenen Vorteil möglichst zurückstellen', ‚daran denken, das es wichtigeres gibt als Wohlstand', ‚einer großen Sache dienen', ‚nach dem Vorbild Christi leben', ‚bescheiden sein', ‚anderen vergeben'. Ein zweiter Bereich konsistenten Denkens enthält die folgenden ethischen Grundsätze: ‚höflich und zuvorkommend sein', ‚die Zeit nutzen, nicht verbummeln', ‚ehrlich zu sich selbst sein', ‚anderen nicht weh tun', ‚immer die Wahrheit sagen', ‚auch mal verzichten können'. Diese Äußerungen haben etwas mit Alltagsethik zu tun, aber in einem besonderen Sinne. Aufrichtigkeit sich selbst und anderen gegenüber und Selbstdisziplin scheinen Hand in Hand zu gehen, so können wir diese Dimension benennen als „Wahrhaftigkeit und Askese". Der dritte Bereich konsistenten Denkens ist ganz klar

Tabelle 6: Dimensionen ethischen Denkens Jugendlicher in Ostdeutschland

Ergebnisse einer Faktorenanalyse

Faktor		Faktor-ladung	Antworten in %
1: Nächstenliebe	Mehr an die anderen als an sich selbst denken	0,64	21
	den Gedanken an den eigenen Vorteil möglichst zurückstellen	0,64	31
	daran denken, daß es wichtigeres gibt als Wohlstand	0,56	55
	einer großen Sache dienen	0,53	27
	nach dem Vorbild Christi leben	0,50	9
	anderen vergeben	0,45	78
	bescheiden sein	0,47	46
2: Wahrhaftigkeit und Askese	höflich und zuvorkommend sein	0,70	87
	die Zeit nutzen, nicht verbummeln	0,57	82
	ehrlich zu sich selbst sein	0,54	94
	anderen nicht weh tun	0,50	75
	immer die Wahrheit sagen	0,50	57
	auch mal verzichten können	0,49	84
3: Ichlichkeit (Ich-Bezug und Durchsetzungstendenz)	sich durchsetzen, auch wenn man hart sein muß	0,72	70
	seine eigenen Ideale verwirklichen, auch wenn die anderen das nicht verstehen	0,61	64
	nach den eigenen Bedürfnissen leben	0,58	60
4: Ethischer Rückzug, Unverbindlichkeit	nicht Gleiches mit Gleichem vergelten	0,69	43
	jeder ist sich selbst der Nächste	0,48	17
	möglichst ungebunden bleiben, keine Verpflichtungen eingehen	0,40	13

der Ichlichkeit zugeordnet: ‚sich durchsetzen, auch wenn man hart sein muß', ‚seine eigenen Ideale verwirklichen, auch wenn die anderen das nicht verstehen', ‚nach den eigenen Bedürfnissen leben'. Es spielt indessen auch noch hinein die Testäußerung, jeder ist sich selbst der Nächste. Aber sie ist im vierten Faktor stärker vertreten. Diese vierte Dimension des Denkens wirkt zunächst rätselhaft. Prominent steht darin, nicht Gleiches mit Gleichem vergelten, aber auch möglichst ungebunden bleiben, keine Verpflichtungen eingehen und der ethisch, nihilistische Satz ‚Jeder ist sich selbst der Nächste'. Wir haben hier also einen Rückzug aus ethischen Verpflichtungen vor uns, wobei der Satz, nicht Gleiches mit Gleichem vergelten, einen ethischen Minimalismus signalisiert, der auch den Schutz bieten soll, selber nicht zu streng gemessen zu werden. Die Bedeutung von Äußerungen ergibt sich manchmal erst aus ihrem Kontext. Die folgenden Übersichten zeigen die Faktoren, die Testäußerungen, die Faktorladungen und den Prozentsatz derer, die das Argument wählen.

Tabelle 7: Dimensionen ethischen Denkens Jugendlicher im Westen
Ergebnisse einer Faktorenanalyse

Faktor		Faktorladung	Antw. in %
1: Wahrhaftigkeit und Askese	anderen nicht weh tun	0,69	78
	höflich und zuvorkommend sein	0,66	81
	immer die Wahrheit sagen	0,56	53
	anderen vergeben	0,55	79
	ehrlich zu sich selbst sein	0,54	93
	auch mal verzichten können	0,54	82
2: Nächstenliebe	mehr an die anderen als an sich selbst denken	0,62	22
	den Gedanken an den eigenen Vorteil möglichst zurückstellen	0,61	28
	bescheiden sein	0,61	37
	einer großen Sache dienen	0,59	29
	nach dem Vorbild Christi leben	0,53	23
3: Ichlichkeit	nach den eigenen Bedürfnissen leben	0,68	59
	sich durchsetzen, auch wenn man hart sein muß	0,64	52
	jeder ist sich selbst der Nächste	0,64	22
	seine eigenen Ideale verwirklichen, auch wenn die anderen das nicht verstehen	0,51	64
	möglichst ungebunden bleiben, keine Verpflichtungen eingehen	0,42	13
4: Ethischer Rückzug, Unverbindlichkeit	daran denken, daß es wichtigeres gibt als Wohlstand	0,65	57
	nicht Gleiches mit Gleichem vergelten	0,59	55
	die Zeit nutzen, nicht verbummeln (schwache Zuordnung)	0,37	68

Die ethischen Denkmuster der Jugend im Westen sind den Überlegungen der Jugendlichen im Osten in den großen Strukturen ähnlich, zum Teil aber auch auf interessante Weise nichtidentisch. Daran lassen sich Unterschiede der ethischen Orientierung ablesen. Die beiden ersten Faktoren Nächstenliebe sowie Wahrhaftigkeit und Askese stimmen in Ost und West überein, der Unterschied ist nur der, daß Wahrhaftigkeit und Askese im Westen an die 1. Stelle rückt. Hier liegt im Westen der konsistenteste Bereich des Denkens. Nur eine Äußerung wechselt die Position. „Vergebung" empfinden Jugendliche in Ostdeutschland im Zusammenhang mit Nächstenliebe wichtig, im Westen steht diese Äußerung in Zusammenhang mit Wahrhaftigkeit. Bedeutend sind die Unterschiede im Faktor Ichlichkeit. Bei westlichen Jugendlichen rücken die Grundsätze „jeder ist sich selbst der Nächste" und „möglichst ungebunden sein" in das Syndrom der Ichlichkeit hinein. Im Westen also hat die Ichlichkeit einen deutlichen Akzent des ethischen Nihilismus, was bei den Jugendlichen im Osten nicht der Fall ist. Man kann daraus schließen, daß die Ichlichkeit unter westlichen Jugendlichen sozial aggressiver ist. Im Osten kann Durchsetzungsfähigkeit auch sozial positiv verstanden werden.

Nach den Auskünften einer Cluster-Analyse lassen sich die Faktoren Wahrhaftigkeit und Nächstenliebe zu einem einheitlichen Motivbereich „Altruismus" zusammenfassen. Ihm werden die Äußerungen zu Ichlichkeit gegenüber gestellt. In einer ersten Operation werden zwei Skalen gebildet mit den Dimensionen Altruismus und Ichlichkeit. Einzelheiten dazu finden sich im Anhang. Die Skalierung der Jugendlichen nach ihren Altruismusmotiven führt im Osten und Westen zu praktisch gleichen Ergebnissen. In ihren Durchsetzungstendenzen sind Jugendliche im Osten etwas ausgeprägter als im Westen, aber die Abkopplung von allgemeinen ethischen Motiven ist dabei, wie wir gesehen haben, weniger ausgeprägt als im Westen. Tabellenübersichten im Anhang zeigen die Verteilungen und Vergleiche (Tabellen A 8 und A 9). 37 Prozent der Jugendlichen im Osten wie im Westen sind betont altruistisch eingestellt. Ein weiteres Drittel nimmt eine Mittelposition ein. Betont ichlich äußern sich 33 Prozent der Jugendlichen im Osten und 28 Prozent im Westen.

In einer nächsten Operation werden die Skalen beim Median geteilt und miteinander kombiniert. So ergibt sich eine Typologie der ethischen Orientierung. Bei vielen Jugendlichen paaren sich Selbstdurchsetzungstendenzen mit altruistischen Motiven. Wir nennen diese Gruppe die pragmatischen Altruisten. Wer eine hohe Position auf der Skala des Altruismus hat und eine niedrige im Bereich der Selbstdurchsetzung kann als ideeller Altruist betrachtet werden. Die Selbstbezogenen, die Ichlichen sind diejenigen, die mehr Argumente der Selbstdurchsetzung im Kopf haben als altruistische. Als ethische Minimalisten schließlich bezeichnen wir diejenigen, die sich in jeder Richtung nur schwach äußern.

Die Tabelle 8 zeigt die verschiedenen ethischen Gruppen und ihre Stärken.

Die Verbreitung der verschieden ehtischen Orientierungen ist unter Jugendlichen in Westdeutschland und Ostdeutschland nicht sehr verschieden. Es fällt auf, daß im Osten Deutschlands der pragmatische Altruismus ausgeprägter ist und auch die Ichlichkeit. Selbstdurchsetzung geht in Ostdeutschland also auch mit altruistischen Ideen Hand in Hand. Das bedeutet, daß wir einem etwas ausgeprägter aktiven, aber auch umsichtigen Verhaltenstil gegenüberstehen.

Tabelle 8: Typen der ethischen Orientierung in Ost und West

	Jugendliche von 15 bis 30		
	West		Ost
	1986	1994	1994
es haben folgende ethische Motivation:			
pragmatischer Altruismus	32	32	36
ideeller Altruismus	18	22	17
Ichlichkeit	31	27	32
ethischer Minimalismus	19	19	15
	100	100	100

Überrascht es, daß altruistische Orientierungen im Osten ebenso verbreitet sind wie im Westen? Überraschend ist es dann, wenn als Quelle ethischer Sozialisiation in der Hauptsache nur die institutionalisierte religiöse Erziehung gedacht werden kann. Empirische Befunde haben für den Westen deutlich gezeigt, daß ideeller

Altruismus vor allem im kirchlichen Milieu entsteht, in einem Erziehungs- und Kommunikationsfeld, das durch kirchenorientierte Religiosität bestimmt ist: ein religiöses Elternhaus, den Religionsunterricht in den Schulen, die Teilnahme am Gemeindeleben. Wie aber kommt es in einer Gesellschaft des institutionalisierten Atheismus und der Kirchenferne zu den gleichen altruistischen Orientierungen wie im Westen? Die Quellen der ethischen Sozialisation haben im Osten fast ausschließlich im Gesellschaftlichen gelegen, im verantworteten Alltagshandeln, aber auch in der sozialistischen Erziehung. Das Ideal des sozialistischen Menschen sollte sich ja auch in der Alltagspraxis bewähren in der Ethik des Zusammenwirkens, in der Solidarität.[19]

Das Mittel zur Verwirklichung der ideologischen Ziele war das Leben im Kollektiv, und das bedeutete ein Zurückstellen ichlicher Strebungen oder deren Einbindung in die Interessen des Kollektivs. Die vielfach geübten Rituale von Kritik (der Gruppe), der darauf folgenden Selbstkritik und der anschließenden „Vergebung" haben viele gegen die Orientierungen anderer sensibel gemacht und Ich-Inflationen verhindert. Sie wurde aber auch durch etwas gefördert, das nicht in den sozialistischen Lehrbüchern stand, nämlich die Entstehung sozialer Widerstandsnischen gegen die verordneten, vorgegebenen Interpretationen der Welt. Aus der Differenz zwischen dem Erleben von Ereignissen und der Weisung, wie man darüber denken sollte, ergab sich ein Selbstverständnis, das einen untergründigen Konsens und damit eine vom Regime nicht intendierte Solidarität begründete. Auch die sozialistische Mangelwirtschaft hatte ihre Folgen, aber sie sind nicht ganz eindeutig. Einerseits erhob sie die unmittelbare Unterstützung im sozialen Netz zu einer Tugend, die ganz unabhängig vom sozialistischen Katechismus gepflegt werden mußte, aber andererseits begünstigte sie auch Naturaltauschsysteme oder Dienstleistungs- und Sachtauschsysteme, also zum Beispiel gegen Bauma-

---

19 Zum sozialistischen Persönlichkeitsbegriff: Werner Röhr: Aneignung und Persönlichkeit. Akademie Verlag Berlin 1979; Hans Dieter Schmidt: Grundriß der Persönlichkeitspsychologie. VEB Deutscher Verlag der Wissenschaften, Berlin 1985. Vgl. auch „10 Gebote sozialistischer Moral" Arbeitshefte für den evangelischen Religionsunterricht an Gymnasien. Gymnasialpäd. Materialstelle der VELKD Bayern. Themenfolge 62, 1987. S. 62

terial andere Vorteile verschaffen, die nach rein wirtschaftlichen Gesichtspunkten verliefen. Wer nichts zu tauschen hatte, war auch nicht interessant.

Die Verhältnisse sind denen im Westdeutschland vor der Währungsreform von 1948 ähnlich gewesen. Mit der Null-Stellung des ökonomischen Faktors wurden die menschlichen Ressourcen und Tugenden wichtig. Auch das Selbstbild bestimmte sich im wesentlichen danach, weil ja die anderen äußeren Kriterien unbrauchbar geworden waren.

Der Fortgang der Untersuchung wird weitere Einblicke in die Zusammenhänge zwischen sozialer Eingliederung und der Entstehung ethischer Orientierungen eröffnen. Betrachtet man die Jugendforschung seit 1990, so muß man zu dem Schluß kommen, daß sich die ostdeutschen Jugendlichen nie so verhalten, wie die Forscher es erwarteten. Das berechtigt zu der Frage, mit welch merkwürdigen Erwartungen die Forscher an die Lebenswirklichkeit der Jugendlichen herangegangen sind, mit welchen Meinungen über den Osten und die Folgen des DDR-Regimes, mit welchen Partien aus dem wissenschaftlichen Theorien-Erzählgut.

In einer Schüleruntersuchung des Max-Planck-Instituts für Bildungsforschung Berlin mußte die These verworfen werden, daß die Gesellschaftsordnung der DDR in stärkerem Maße autoritäre Persönlichkeiten hervorgebracht habe, als die Bundesrepublik.[20] In ihrer Untersuchung „Jugend Ost" merken Förster/Friedrich/Müller/Schubarth kritisch an, daß man von der Verfassung eines sozialistischen Regimes nicht auf Charaktere und Haltungen der Menschen schließen könne. Ein solcher Forschungsansatz hätte sich eigentlich schon nach dem Parsonsschen Axiom verbieten müssen, demzufolge die Systeme von Person und Gesellschaft nicht wechselseitig übersetzbar sind.

Untersuchungen über Wertorientierungen waren in der Regel von der Erwartung getragen, man werde großartige Unterschiede finden, da ostdeutsche Jugendliche Angehörige einer ganz anderen Wertegemeinschaft gewesen seien als die Jugendlichen im Westen. Wenn Jugendliche in Ost- und Westdeutschland einander ähnlich sind, obwohl sie unter verschiedenen Regimes großge-

---

20 D. Österreich: Autoritäre Persönlichkeit- und Gesellschaftsordnung. Weinheim/München 1993

worden sind, so ergibt sich ein neues Interpretationsproblem. Wo liegen die Gründe für diese verblüffende Übereinstimmung? Wie hat sich diese Ähnlichkeit entwickelt?

Es ist kein Zufall, daß in diesem Zusammenhang immer wieder die Ergebnisse des Zentralinstituts für Jugendforschung in Leipzig zitiert werden, die sein früherer Leiter Walter Friedrich nach der Wende publizieren konnte. Die Auskünfte beziehen sich auf periodische Lehrlingsbefragungen. Von 1975-1985 und dann bis 1990 ist das Streben nach einem interessanten Beruf, nach Anerkennung, nach einem guten Freundeskreis, Erlebnisreichtum, auch Mode und der Wunsch ein Auto zu besitzen deutlicher hervorgetreten.[21] Mit seinen Zahlen hatte Friedrich den westdeutschen Forschern eine zweite Überraschung bereitet: daß es in der DDR einen beträchtlichen Wertewandel gegeben hat und zwar in die Richtung einer Anpassung an eine entwickelte Verkehrsgesellschaft.

Greiffenhagen und Greiffenhagen geben zwei Interpretationshinweise. Die hohe soziale Sicherheit, die in der DDR garantiert war, habe vermutlich nach der Inglehartschen Mangel- und Sozialisationshypothese postmaterialistische Werte begünstigt, und der beträchtliche Einfluß der westlichen Popkultur über die westdeutschen Massenmedien habe zur Übernahme postmoderner Werte geführt.[22]

Imbke Behnken und Co-Autoren[23] sehen in Widersprüchen den Motor der Entwicklung: den propagierten Werten und Zielen haben die Alltagserfahrung in einer Mängel-, Miß- und Beziehungswirtschaft widersprochen. Die westlichen Medien und die zahlreichen interfamiliären Kontakte zur BRD hätten die westliche Dienstleistungs- und Konsumgesellschaft attraktiv gemacht.

Zunächst zur systeminternen Interpretation:
Greiffenhagen und Greiffenhagen unterstellen ein statisches Element, nämlich Sicherheit, wie sie das Beschäftigungssystem der DDR verbürgte, als Auslöser für darauf aufbauende persönliche Werte. Behnken u.a. machen strukturelle Widersprüche geltend

---
21 Peter Förster, Walter Friedrich, Harry Müller, Wilfried Schubarth: Jugend Ost. Leske + Budrich, Opladen 1993, Seite 173.
22 Martin und Silvia Greiffenhagen: Ein schwieriges Vaterland, Listverlag München 1993, Seiten 163 und 424.
23 Imbke Behnken und andere: Schülerstudie 1990, Juventa Weinheim/München 1991, Seite 98.

zwischen sozialistischem Anspruch und Erfüllung. Widersprüchen ist natürlich Hegelsche Dynamik eigen, aber gedacht werden sie hier als von statischen Voraussetzungen ausgehend. Das DDR-Regime und seine Gesellschaft werden also im wesentlichen statisch gesehen, die Gesellschaft nicht fähig zu einer wirklichen Eigenentwicklung. In der Interpretation stellen sich diese Entwicklungen der Werte junger Menschen ja eigentlich als systemwidrig, als Systemunfälle dar.

Zur systemexternen Interpretation:
Wenn es in der DDR so etwas wie eine sozialpsychologische Modernisierung gegeben habe, dann müsse sie eigentlich aus dem Westen stammen. Besonders hier wird die Gesellschaft der DDR als ein im wesentlichen statisches, stationäres Gebilde betrachtet. Dies entspricht weder der sozialhistorischen Wirklichkeit noch den Erinnerungen der DDR-Bürger. Gewiß: jedes zentralgeleitete Gesellschaftssystem ist natürlich auch ein zentral gebremstes. Im sozialistischen Selbstverständnis aber spielt die Kategorie der Entwicklung eine bedeutende Rolle. Nicht nur die gute materielle Versorgung, die großzügige Streuung von Sozialgütern war prominentes Ziel der Politik, sondern auch die Entfaltung des sozialistischen Menschen. Jedem war die Mitwirkung an einer neuen Epoche der Menschheitsgeschichte verheißen, der Arbeiterschaft und der Jugend wurde eine besondere Aufgabe zuteil. Sie waren ja die Exekutivorgane der Geschichte. Zur Tugendlehre des Regimes gehörten Aktivität für den Aufbau der sozialistischen Gesellschaft, Disziplin und Askese. Davon spiegeln sich immer noch Tendenzen in unseren Befunden zur Werteorientierung und Ethik. Gleichzeitig aber wurde auch das Selbstbewußtsein als Folge dieser historischen Rollenzuschreibung gestärkt. Dies bot die Basis für die Formulierung neuer Ansprüche an das Selbstsein. Aktivität ohne jenen Einschlag von eitler Selbstpräsentation, den Menschen im Osten manchmal an Partnern aus dem Westen beobachten, gehört zum Stil junger Menschen im Osten. Dies ist eine der unbeabsichtigten Sozialisationsfolgen des sozialistischen Regimes, die nun unter ganz anderen gesellschaftlichen Voraussetzungen wirksam werden können. Wir haben eine junge Generation vor uns, der ja gerade auch wegen ihrer

Bildung und ihrer persönlichen Tugenden die ideologische Lenkung längst lästig geworden war.

Nicht nur die eigenen Lehren und Widersprüche haben das System der DDR auf kritische Weise dynamisiert, sondern vor allem auch die politisch-ideologische Entwicklung im Ostblock. Daß die Solidarnocz-Bewegung überleben konnte, hat insbesondere die junge Generation nachdenklich gemacht. Das Perestroika-Programm des Ministerpräsidenten und ZK-Vorsitzenden der sowjetischen Zentralmacht, Michail Gorbatschow, enthielt die Forderung, daß sich die KPdSU eine neue Legitimationsbasis verschaffen müsse; und zwar eine demokratische. Dieses Signal zu einer Verfassungsänderung im Sowjetsystem, vom Westen weder richtig wahrgenommen noch in seinen Folgen realistisch eingeschätzt, löste in Ostdeutschland eine Neubesinnung aus, die allmählich zur Zerstörung der Legitimität des DDR-Regimes führte. Friedrich hat den Zerfall der Legitimität noch während der DDR-Zeit eindrucksvoll nachgewiesen. Das bedeutete, daß für viele Jugendliche im Osten der Nutzen der Identifikation mit dem Regime zu sinken begann. Genau dies ist der Vorgang, in dessen Verlauf Menschen auf sich selbst, auf neue Ressourcen des Handelns verwiesen werden. Die Werte des Selbstseins steigen, wenn die Identifikation, also die Delegation von Grundsatzentscheidungen auf Parteien oder Institutionen, nichts mehr einträgt. Die Wertebewegungen unter der ostdeutschen Jugend vor der Wende sind in der Hauptsache das Ergebnis einer Eigendynmaik der politischen und gesellschaftlichen Verhältnisse. Die Selbstauflösung des DDR-Regimes ist kein Ergebnis der westlichen Fernsehreklame gewesen. Maßgeblich indessen wiederum war der Einfluß der westlichen Politik. 1990 als entscheidendes Europadatum hat die Menschen in Ostdeutschland und überhaupt in Osteuropa nervös gemacht. Werden sie noch einmal ausgeschlossen bleiben von einer Entwicklung, die eine neue Ära von Wohlstand und Freiheit verhieß? All dies muß durchdacht werden, wenn man den grundsätzlichen Wandel in den Werten und Selbstauffassungen der Menschen würdigen will, der ein Klima von Ungehorsam entstehen ließ, das sich schließlich in den Leipziger Montagsdemonstrationen Ausdruck verschaffte.

Es bleibt zu fragen, was eigentlich für die große Übereinstimmung im Profil der Werte und der ethischen Tugenden gesorgt hat. Dafür gibt es einen soziologischen und einen kulturellen Grund. Die Deutschen auf dem Gebiet der DDR bildeten eine Gesellschaft. Es war eine arme und politisch vom Westen sehr verschiedene Gesellschaft; aber es war eine Gesellschaft mit den wesentlichen Institutionen der Familie, der Bildung, der Kommunikation, wenn auch kontrolliert, die sowohl den Wertekanon als auch den Verhaltenskodex bestimmt hat. Zentrale Werte und Normen sind in Gesellschaften, die im weitesten Sinne als Verkehrsgesellschaften gelten können, strukturell ähnlich. Die ethischen Normen des Zusammenlebens müssen auch unter unterschiedlichen politischen Bedingungen einander ähnlich sein. Die Menschen stellen ihre Normen gesitteten Austauschs nicht auf den Kopf, nur weil sie falsch regiert werden. Im Gegenteil: sie behalten mit ihrer Moral ihre Urteilsfähigkeit. Unter Voraussetzungen einer klassischen soziologischen Theorie hätte man eigentlich im Großen und Ganzen diese Ähnlichkeiten erwarten können wie sie sich jetzt empirisch zeigen.

Der kulturelle Grund der Ähnlichkeiten zwischen Ost und West wird soziologisch vielleicht zuwenig bedacht. Vierzig Jahre sozialistisches Regime und die gleiche Zeit des Aufbaus der Demokratie in der Bundesrepublik haben bis auf wenige Vokabeln und Wendungen die Einheit der deutschen Sprache nicht beseitigt. Dieses große kulturelle Kommunikations- und Transportmittel konnte nicht stalinisiert werden. In diesem Medium sind auch Empfindungen, bevorzugte Verhaltensmodelle, Ausdrucksformen bis ins Mimische hinein weitergegeben worden, die uns auch die unmittelbare Verständigung in beiden Teilen Deutschlands so spontan und leicht machen. Wie wäre es sonst möglich, daß Westdeutsche nach 1990 Kabaretts in Leipzig oder Berlin sofort verstehen konnten? In der Sprache war Deutschland nie geteilt. Darüber kann auch die jahrzehntelange Produktion von Abgrenzungstexten nicht hinwegtäuschen.

2.2. Die Situation nach der Wiedervereinigung: Die Vergangenheit ist bewußt, aber die Zukunft zählt

Jugendliche im Osten Deutschlands haben ein anderes Zeitgefühl.

Ist die Wiedervereinigung lange her oder war sie erst vor kurzem? – so lautete 1994 die Frage. Die meisten Jugendlichen im Osten, eine 58-Prozent-Mehrheit, hatte die Empfindung, der Fall der Mauer ist lange her. Im Westen sagten das nur 37 Prozent (Tabelle 9). Gut ein Jahr später, 1995, sagen mehr Jugendliche, die Öffnung der Mauer, das sei doch lange her. Inzwischen stürzen die Ereignisse in der Erinnerung zurück, bekommen eine geschichtliche Dimension, aber immer noch bleibt ein großer Unterschied im Zeit- und Geschichtsbewußtsein zwischen Ost und West bestehen. 63 Prozent der Jugendlichen im Osten sagen 1995, die Öffnung der Mauer, das Ende der DDR, das ist nun lange her, gegenüber 46 Prozent im Westen. Das sind psychologisch sehr bedeutsame Befunde. Wenn die gleiche kalendarische Zeitspanne in sehr unterschiedlicher Geschwindigkeit wahrgenommen wird, dann bedeutet das einen Unterschied in der Erlebnisdichte. Die Jugendlichen im Osten hatten mehr zu bewältigen als die im Westen. Im Osten war die Wiedervereinigung ein Ereignis, das zentral an die eigene Biographie rührte. Es begann mit der Wiedervereinigung eine psychisch aufregende, anstrengende Zeit. Sie ist noch nicht abgeschlossen.

Tabelle 9: Der Fall der Mauer – ist das lange her?

Frage: Sie erinnern sich bestimmt noch lebhaft an den Zusammenbruch der DDR, an die Leipziger Montagsdemonstrationen, die Öffnung der Mauer, die letzte Volkskammerwahl und den Einigungsvertrag von 1990. Rein vom Zeitgefühl her: Ist das für Sie lange her oder würden Sie sagen, das war doch erst vor kurzem?

	Jugendliche von 15 bis 30			
	West		Ost	
	1994	1995	1994	1995
lange her	37	46	58	63
eigentlich erst vor kurzem	38	31	22	20
unentschieden	25	23	20	17
	100	100	100	100

51 Prozent finden sich noch sehr oder doch in manchem fremd in ihrer neuen Bundesrepublik, die Frauen (58 Prozent) fremder als die Männer, für sie hat sich noch mehr geändert. Als ganz vertraut bezeichnen ihr Verhältnis zur neuen Bundesrepublik nur elf Prozent (Tabelle A 10). Ostdeutsche als Fremde im eigenen Land[24]. Ein Sozialarbeiter sagte es nüchtern: „Früher haben wir nach Regeln gelebt und jetzt gelten eben andere Regeln. Wir Jungen haben noch die beste Chance, uns bald daran zu gewöhnen." Von dem Wert der alten und der neuen Regeln war nicht die Rede.

Zwischen Frühjahr 1994 und Herbst 1995 ist das Gefühl der Fremdheit in der Bundesrepublik unter den Jugendlichen Ostdeutschlands etwas gewichen. 37 Prozent fühlen sich noch fremd, 43 erklären jetzt ‚etwas vertraut' und für 20 Prozent, also ein Fünftel, ist die neue Bundesrepublik inzwischen ganz vertraut. Aber immer noch ist es so, daß die Frauen sich zögerlicher mit der Bundesrepublik befreunden.

Hochgestimmt und angstvoll

Die Wende selbst wurde hochgestimmt, aber auch angstvoll erlebt (Schaubild 7). Die Freiheit, das Reisenkönnen, der friedliche Verlauf der Revolution und hohe Erwartungen stimmten positiv. Die Ängste bezogen sich auf die soziale Sicherheit, auf den Statusverlust durch die Entwertung dessen, was man bisher gelernt hat.[25] Unspezifische Unsicherheit und ein Gefühl von Niederlage ist bei fast einem Drittel der Jugendlichen erkennbar. Faßt man alle Testäußerungen zusammen, so ergibt sich, daß 45 Prozent die Wende weitgehend positiv erlebt haben, aber doch 42 Prozent ambivalent, nur 14 Prozent geben im Rückblick ein weitgehend negatives Erinnerungsbild (Tabelle A 11).

---

24 Gerhard Schmidtchen: Ostdeutsche – Fremde im eigenen Land. Sozialpsychologische Anmerkungen zur Lage in Deutschland nach der Einigung. Frankfurter Rundschau Nr. 209, 9. September 1991, S. 8.
25 Solche Befunde treffen wir in der internationalen Transitionsforschung regelmäßig an: S. Fisher & C. L. Cooper (Eds.): On the Move. The Psychology of Change and Transition. Wiley, New York 1990

Schaubild 7: Die Wende: hochgestimmt und angstvoll

Positive Gefühl

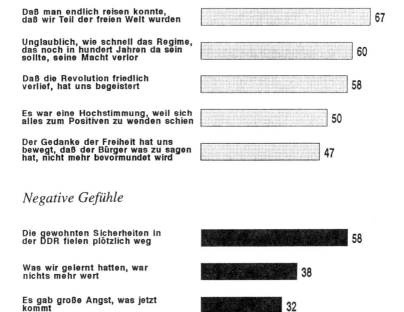

Negative Gefühle

Angaben in Prozent
Jugendliche von 15 - 30
Neue Bundesländer 1993/94

Quelle: Jugendumfrage 1993/1994 für das BMFJ
Copyright by IMA Leipzig u. Prof.D.Dr.Gerhard Schmidtchen - Uni Zürich

Wie die Wende erlebt wurde, hat sich nicht von demographischen Voraussetzungen her entschieden. Die Verteilung der Empfindungen ist in allen Alters- und Bildungsgruppen, in Berufskreisen und Ortsgrößen sehr ähnlich. Frauen indessen standen dem Geschehen etwas zurückhaltender gegenüber, nicht sehr viel, aber doch erkennbar. 59 Prozent der Frauen wurden nach ihren Äußerungen als ambivalent oder negativ eingestuft, Männer zu 52 Prozent. Das ist wiederum ein Hinweis darauf, daß manche Frauen das Gefühl beschlich, sie könnten durch die Ereignisse verlieren. Im übrigen wird auf eine weitläufige Dokumentierung der unspezifischen demographischen Befunde verzichtet. Wie etwas erlebt wird, hängt von vorauslaufenden Einstellungen ab. Sie liegen großenteils im Politischen.

Gibt es eine DDR-Nostalgie?

Die DDR-Wirklichkeit wurde von den meisten Jugendlichen durchaus positiv erlebt, der Kindergarten, die soziale Sicherheit, keine Angst vor Kriminalität, die menschlichen Beziehungen, insbesondere Schule, berufliche Bildung, auch die Jungen Pioniere kommen gut weg. Negativ figurieren die Reisemöglichkeiten mit fast 70 Prozent, mangelnde Information über das Weltgeschehen und sodann Kontrolle durch die Partei, aber für viele war sie in dem Alter noch nicht wirksam, nicht spürbar (Schaubild 8).

Ganz allgemein wird empfunden: Das menschliche Klima zu DDR-Zeiten war besser. Die Antworten auf eine direkte Frage fallen deutlich aus. Sie lautete „War das menschliche Klima, die gegenseitige Hilfsbereitschaft zu DDR-Zeiten besser als jetzt oder würden Sie das nicht sagen?". Wiederum erklären 80 Prozent, das war besser früher.

Mit Nostalgie haben diese Erinnerungen wenig zu tun, es sind vielmehr realistische Einschätzungen, ernst zu nehmende Berichte. Nostalgische Qualitäten wird diese Erinnerungsmaterie erst dann annehmen, wenn man junge Menschen dazu bewegen wollte, diese Erinnerungen zu leugnen oder aber wenn das neue Sozialsystem, die neue Gesellschaft der Bundesrepublik in der Bilanz für sie schlechter abschneidet.

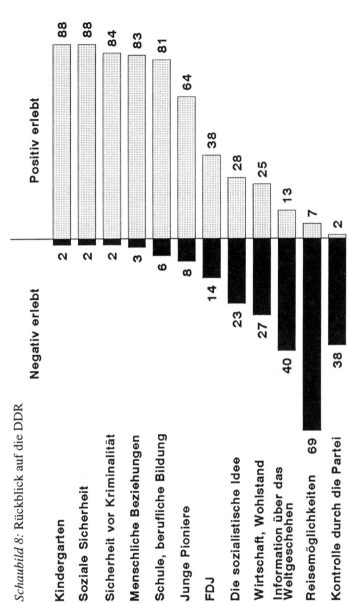

Schaubild 8: Rückblick auf die DDR

Antworten in Prozent. Die Differenz zu 100 entfällt auf die Antworten „weder noch".
Jugendliche von 15-30; Neue Bundesländer 1994
Quelle: Jugendumfrage 1993/1994 für das BMFJ
Copyright by IM Leipzig u. Prof. D.Dr. Gerhard Schmidtchen – Uni Zürich

Die Äußerungen zur DDR lassen sich unter Beachtung ihres Vorzeichens aufaddieren. Die Bildung einer Skala, wie die DDR erlebt wurde, ist im Anhang beschrieben (Tabelle A 12). Im ganzen kommt ein nicht unfreundliches Erinnerungsbild zum Vorschein. Für 25 Prozent ist es nahezu ungetrübt positiv, für 18 Prozent weitgehend negativ, und die übrigen – es sind mehr als die Hälfte – kann man als ambivalent einstufen. Wiederum zeigen sich in den verschiedenen demographischen Gruppen keine Abweichungen des allgemeinen Meinungsbildes. Im Bild der DDR kommen Erfahrungen zum Ausdruck. Wir hören von 96 Prozent der befragten Jugendlichen und jungen Erwachsenen, daß sie an Pioniernachmittagen teilgenommen haben. Die Anschlußfrage lautete: „War das interessant, sind Sie gern dahin gegangen?" 35 Prozent antworteten „ja, gern", die Mehrheit mit 50 Prozent sagte „teils/teils" und 15 Prozent sind „nicht gern" gegangen. Unter denjenigen jedoch, die die Zeit in der DDR in freundlicher Erinnerung haben, sind 70 Prozent gern zu den Pioniernachmittagen gegangen, die mit dem Negativbild sagen zu 62 Prozent, daß sei nicht interessant für sie gewesen, sie seien nicht gern gegangen.

Die Frage: „Sind Sie oder Ihre Eltern unter der DDR-Regierung verfolgt oder benachteiligt worden?" beantworteten ein Prozent mit dem Hinweis auf Verfolgung, und weitere elf Prozent sprachen von Benachteiligung. Ein negatives DDR-Bild ist oft mit der Erfahrung von Verfolgung und Benachteiligung verbunden. Solche Vorerfahrungen kamen im Erlebnis der Wende zum Ausdruck. Je negativer die Erfahrung mit der DDR, desto größer die Begeisterung über die Wende. Je positiver die persönliche Situation als Jugendlicher in der DDR empfunden wurde, desto größer die Angst und die Vorbehalte in der Wendesituation. (Schaubild 9 und Tabelle A 13)

Die unterschiedlichen Erfahrungen mit der DDR und die Milieus, die hinter diesen Erfahrungen stehen, suchen einen politischen Ausdruck und stabilisieren damit zugleich die persönlichen Bewertungen. In je besserem Licht die DDR heute den Jugendlichen erscheint, in desto größerem Maße wenden sie sich der PDS zu. Jugendliche mit weitgehend positiven Erinnerungen an ihre Zeit in der DDR sympathisieren zu 50 Prozent mit der PDS. Auch die SPD wird als Repräsentantin akzeptiert. Je negativer das Bild der DDR ist, desto überzeugender finden es die Jugendlichen, die Grünen/

Bündnis 90 zu wählen oder die CDU. (Tabelle A 14 sowie Schaubild 10). Erinnerungen aber auch Überlieferungen aus der DDR-Zeit bestimmen die politischen Entscheidungen der Gegenwart.

Schaubild 9: Befinden in der DDR und Erlebnis der Wende

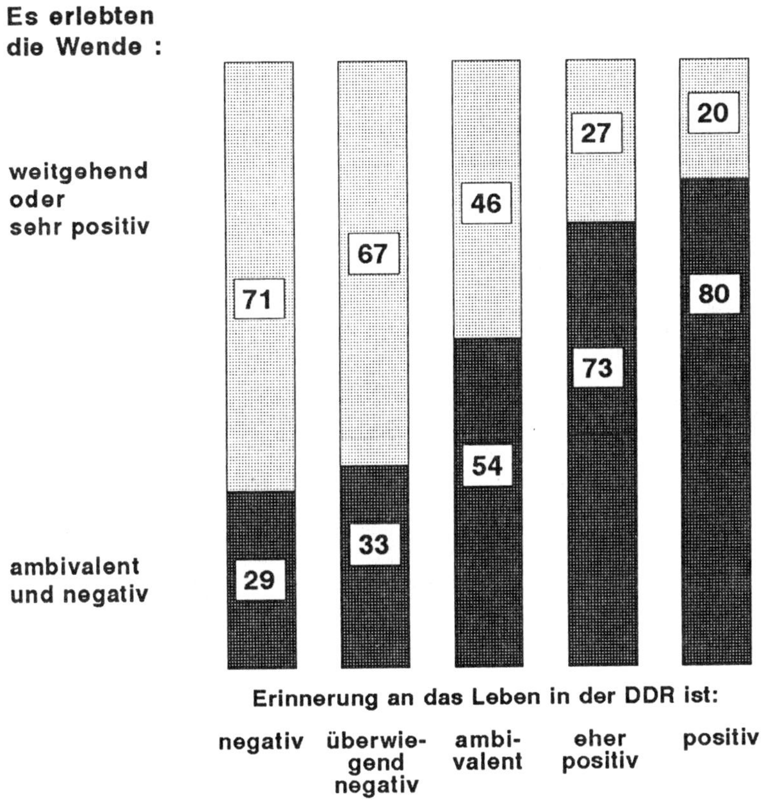

Es erlebten die Wende :

weitgehend oder sehr positiv

			27	20
		46		
	67			
71				80
			73	
		54		
	33			

ambivalent und negativ | 29 | | | | |

Erinnerung an das Leben in der DDR ist:

negativ · überwiegend negativ · ambivalent · eher positiv · positiv

Antworten in Prozent; Jugendliche von 15-30
Neue Bundesländer 1993/1994
Quelle: Jugendumfrage 1993/1994 für das BMFJ
Copyright by IM Leipzig u. Prof. D.Dr. Gerhard Schmidtchen – Uni Zürich

Schaubild 10: Erinnerungen an die DDR-Zeit und parteipolitische Orientierung

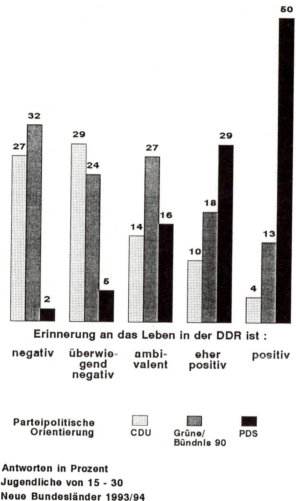

Was besser wurde

Vieles hatte sich seit der Wende bis Frühjahr 1994 bereits positiv entwickelt. So die Reisefreiheit, das wird immer wieder gesagt (90 Prozent). Man kann sich besser kleiden (72 Prozent), schon ein Auto leisten (60 Prozent), die Ernährung sei besser (51 Prozent), die politische Meinungsfreiheit wird hervorgehoben (49 Prozent), man könne freier, interessanter nach eigenen Plänen leben (45 Prozent), auch die Freizeitgestaltung figuriert bei 36 Prozent als Gewinn, daß man gesünder lebe als früher, heben 24 Prozent hervor. Die Freiheit der Berufswahl loben interessanterweise nur 26 Prozent. Dies ist eine Freiheit, die zunächst als schwierig empfunden wurde (Schaubild 11).

Nur anderthalb Jahre später, im Herbst 1995, beurteilen Jugendliche im Osten die Entwicklung generell positiver, besonders aber die größere Gestaltungsfreiheit im persönlichen Bereich. Die Zahl derer, die nun das Gefühl haben, freier, interessanter, nach eigenen Plänen leben zu können, ist beträchtlich gestiegen, ebenso die Zahl derer, die auf die besseren Möglichkeiten der Freizeitgestaltung hinweisen. Freiheit der Berufswahl wird nun positiver gesehen, und auch die Mobilität, leichter den Wohnort wechseln zu können, wird inzwischen von 28 Prozent hoch geschätzt. Wichtiges Ergebnis ist auch, daß die politische Meinungsfreiheit noch höher eingeschätzt wird als 1994. Schließlich das Körperliche: 57 Prozent weisen jetzt darauf hin, daß sie sich besser ernähren können als früher. Aus den schnellen Trendergebnissen ist zu entnehmen, daß die jungen Menschen das Gefühl haben müssen, in einer Zeit hoher Dynamik zu leben.

Die neue Wut

Junge Menschen beobachten nicht nur ihre eigene Situation, sondern machen sich ein Bild, was um sie herum in Gesellschaft und Wirtschaft passiert. Das Ergebnis dieser Betrachtung ist nicht immer erfreulich. Eine Frage lautete in Ost und West gleichermaßen, über welche Zustände und Ereignisse man in Wut geraten könne, wenn man daran denke. Im Vergleich zum Westen regt man sich im Osten besonders auf über die Besserwisser aus dem

Schaubild 11: Was hat sich seit der Wende positiv entwickelt?

Quelle: Jugendumfrage 1993/1994 und 1995 für das BMFSFJ
Copyright by IM Leipzig u. Prof. D.Dr. Gerhard Schmidtchen – Uni Zürich

Westen, die Betriebsschließungen, darüber daß zuwenig für die Jugend getan werde, über westliche Firmen, die versuchten, die Konkurrenz auszuschalten, auch die Arbeit der Treuhand bekommt keine guten Noten. Die schlechten Berufsaussichten für junge Leute figurieren hoch, aber auch im Westen. Wiederum ein Ostthema ist es, daß Mauerschützenprozesse durchgeführt und junge Leute verurteilt werden, 61 Prozent sagen, das mache sie wütend. Aber auch die Wendehälse aus dem Osten erzeugen wütend-verächtliche Gefühle, schließlich auch die Verwunderung darüber, daß alte SED-Leute wieder oben sind, 60 Prozent beschweren sich darüber. Dies ist aber auch ein Ärgerthema des Westens, obwohl die Jugendlichen hier gar keine Beobachtungsmöglichkeiten haben, es gehört hier eher zum Stereotyp des Ostens. (Schaubild 12)

Mit diesen Erfahrungs- und Meinungsbildern entsteht ein Kommunikationsproblem zwischen West und Ost. Nachrichten und Empfehlungen aus westlicher und erkennbar mit den Verhältnissen nicht vertrauter Quelle werden unmittelbar zurückgewiesen. „Typisches Wessi-Geschwätz" lautete ein Kommentar zu einem Managergespräch. Mit Bitterkeit wird vermerkt, daß westliche Unternehmer Betriebe im Osten platt machten, um dann den Markt zu beherrschen. Kaum jemand im Osten hält das für eine abwegige Vermutung. 86 Prozent meinen, es ist etwas Wahres daran, aber auch im Westen glauben das 50 Prozent der Jugendlichen (Tabelle A 15). Die Skepsis gegenüber der Wirtschaftsmoral bei der Wiedervereinigung schwächt sich nur langsam ab. Im Jahre 1995 sagten noch 75 Prozent der jungen Leute im Osten, westliche Unternehmer wollten den Osten platt machen.

Viel Positives, aber keine Gerechtigkeit

Persönlich ziehen viele Jugendliche im Osten eine positive Bilanz des Geschehens seit der Wiedervereinigung. Ihr persönliches Leben, so sagten 46 Prozent im Jahre 1994, sei jetzt besser, sie stünden besser da als 1990, 39 Prozent sagen es sei gleich geblieben, für nur 15 Prozent hat sich die Situation verschlechtert. Das Jahr 1995 brachte Gründe für noch mehr Optimismus. 57 Prozent sagten im Herbst des Jahres, sie stünden besser da als 1990. Das Bild in den alten Bundesländern dagegen ist das der Kontinuität. Die

Schaubild 12: Worüber sie in Wut geraten

Angaben in Prozent
Jugendliche von 15 - 30
West
Ost   1994

Quelle: Jugendumfrage 1993/1994 für das BMFJ
Copyright by ZUMA Leipzig u. Prof.D.Dr.Gerhard Schmidtchen - Uni Zürich

meisten berichten, nichts habe sich verändert (Tabelle A 16). Das deutsche Jugendinstitut hat in seinem 1992 zum ersten Mal durchgeführten Jugendsurvey auf meine Anregung hin eine ähnliche Frage gestellt, die auch zu parallelen Resultaten führt, gerade auch in den deutlichen Unterschieden zum Westen. Von 1992 auf 1994 gab es kaum eine Trendbewegung in den Antworten auf diese Frage. Aber 1995 hellte sich die Stimmung deutlich auf.Die große Mehrheit der Jugendlichen erklärt, entweder durch die Wende gewonnen oder nichts verloren zu haben. Zu den Gewinnern der Wende zählen sich im großen Maße diejenigen, die die DDR negativ erlebt haben. Die positives vom Leben in der DDR zu berichten wußten, fühlen sich aber auch nicht gerade als Verlierer, obwohl diese Fraktion hier etwas stärker hervortritt. Die meisten sagen: nichts hat sich geändert. Ein Drittel erkennt an, daß das Leben in der Bundesrepublik für sie besser geworden sei (Tabelle A 17).

Je wichtiger den Jugendlichen Freiräume sind, also reisen und die Welt erleben, mehr Zeit für sich selber haben, möglichst ungebunden sein, desto besser hat sich im Osten Deutschlands ihr Leben seit der Wende gestaltet. Dieser Befund ist umso bemerkenswerter, als unmittelbare Zusammenhänge zwischen der Wertorientierung und der Entwicklung der Lebenssituation selten zu beobachten sind. Unter westdeutschen Jugendlichen besteht dieser Zusammenhang nicht. Ostdeutsche Jugendliche, die einen tiefsitzenden Wunsch nach Reise- und Kontrollfreiheit spüren, ziehen für ihr persönliches Leben seit der Wiedervereinigung eine positivere Bilanz (Tabelle A 18). Schon allein dadurch hat sich für sie etwas gebessert, möglicherweise hat ihre besondere Wertorientierung sie auch anpassungsfähiger gemacht, so daß sie nicht nur in dieser Hinsicht, sondern auch in manchen anderen Lebensumständen besser abschneiden als früher.

Zwischen dem Persönlichen und dem Allgemeinen wird ein großer Unterschied gemacht. „Geht es im Verlauf der Wiedervereinigung Ihrer Meinung nach im Großen und Ganzen gerecht zu oder ungerecht?" so lautete die Frage.

Tabelle 10: Wiedervereinigung: Geht es gerecht zu?

Frage: Geht es im Verlauf der Wiedervereinigung Ihrer Meinung nach im Großen und Ganzen gerecht zu oder ungerecht?

	Jugendliche von 15 bis 30			
	West		Ost	
	1994	1995	1994	1995
ungerecht	44	34	64	50
gerecht	12	22	4	9
unentschieden	44	44	32	41
	100	100	100	100

64 Prozent der Jugendlichen im Osten antworteten 1994 „ungerecht", diese Antwort war von 44 Prozent der Jugendlichen im Westen ebenfalls zu hören. Vielleicht meinen sie etwas anderes. Die Empörung über die eklatante Ungerechtigkeit im Prozeß der Wiedervereinigung ist 1995 etwas zurückgegangen, auf 50 Prozent im Osten und 34 Prozent im Westen. Im Osten bleibt also dieser Stachel. Die Fraktion derer, die den Wiedervereinigungsprozeß als gerecht charakterisieren, ist mit neun Prozent nach wie vor klein. Eine relativ große Minderheit zieht sich auf die ambivalente Unentschiedenheitsposition in der Beurteilung der Lage zurück, so auch im Westen. Gerechtigkeit ist nicht Gleichheit, sondern eine Regel, nach der Investition und Ertrag ausgeglichen sein müssen: Was hat jemand für die Gemeinschaft geleistet und was bekommt er. Nach dieser Regel fühlen sich die Jugendlichen, wahrscheinlich auch die Erwachsenen, im Osten benachteiligt. Ihre Investition in die deutsche Geschichte, die Lasten, die sie getragen haben, empfinden sie nicht genügend gewürdigt. Daß es im Westen so gut ging, wird nicht als Verdienst der Westdeutschen gesehen, sondern des gesamten westlichen Systems. Eine Museumswärterin in Leipzig verwies auf diese historische Verteilungsregel zwischen den beiden Sphären Deutschlands mit den folgenden Worten: „Wir hatten doch *eine* Geschichte, wir haben gemeinsam diesen Krieg verloren und wir im Osten haben dann 40 Jahre im schlechteren Teil der Welt gelebt. Das müßte jetzt ausgeglichen werden."

2.3. Die psychische Verfassung: Zwischen Frustration und Hoffnung

Wenn in empirischen Untersuchungen übereinstimmend nachgewiesen wird, daß Jugendliche im Osten Deutschlands ähnliche Lebensziele formulieren wie im Westen, wenn sie nach ganz ähnlichen moralischen Grundsätzen leben wollen, und daß sie sogar optimistischer sind als Jugendliche im Westen, dann wird dies in der Regel mit einem merkwürdigen Tenor zur Kenntnis genommen: befriedigte Erleichterung, daß es doch keine größeren Probleme geben wird. Bei aller Verwunderung, die sie auslösen mögen, können solche Ergebnisse zu einer politischen und jugendpolitischen Beruhigung beitragen. „Im Osten nichts Neues". Solche Lesarten verhindern die Diagnose der Situation in den neuen Bundesländern. Die Wende, die Wiedervereinigung, hat ihre Spuren im Bewußtsein junger Menschen hinterlassen, und der Prozeß, sich in der neuen Gesellschaft, im ungewohnten politischen System der Bundesrepublik zurecht zu finden und mit allem vertraut zu werden, dauert an. Die Wiedervereinigung hat einen emotionalen Aktivierungsschub ausgelöst, der deswegen einstweilen nicht abklingt, weil die Alltagserfahrung mit der wirtschaftlichen und politischen Entwicklung im Osten und deren Thematisierung in den Medien immer neuen Stoff liefern. So muß der Leser auf zahlreiche Abweichungen zwischen Ost und West, auch auf Mißklänge vorbereitet sein. Die kulturellen Bewertungsmaßstäbe und die moralischen Normen in Ost und West mögen gleich sein, aber die daran gemessenen Erfahrungswelten sind sehr verschieden.

Lebensgefühl

Junge Menschen im Osten Deutschlands treffen auf eine Erfahrungswelt, die ihnen das Gefühl vermittelt, das Leben sei schwer. Die Gruppe derer, die sich beladen fühlt, ist mit 50 Prozent deutlich größer als im Westen (38 Prozent). (Tabelle A 19)

Im Verlauf des Jahres 1995 ist die Mehrheit der Jugendlichen im Osten, die das Leben schwierig findet, noch größer geworden: 56 Prozent, während wir im Westen punktgleich dieselben Verhältnisse antreffen wie 1994. Junge Menschen im Osten freuen sich über viele positive Entwicklungen, wie zu sehen war, aber sie leben auch angestrengter in der neuen Welt, in die sie nun hineingestellt sind.

Lebensfreude ist unter jungen Menschen im Gebiet der früheren DDR genauso verbreitet wie im Westen, aber Sorgen sind im Osten spürbarer. Eine Aufrechnung zeigt, daß bei 41 Prozent der Jugendlichen im Westen die Freuden überwiegen, aber nur bei 26 Prozent im Osten. Ein ambivalentes Lebensgefühl haben 29 Prozent im Westen und 37 Prozent im Osten. Überwiegend Sorgen haben im Osten 36 Prozent, im Westen 28 Prozent. Diese Bilanzierung von Freuden und Sorgen ist ein empfindliches Barometer dafür, ob die gesamte soziale Integration gelingt oder nicht (Tabellen A 20 und A 21).

An der Grundstruktur dieser Ergebnisse hat sich von 1994 auf 1995 wenig geändert. Wenn es eine Tendenz gibt, dann ist es die einer leichten Dämpfung der Lebensfreude. Vieles kann hier hineinspielen, auch Nachrichten politischer Art.

Frustration

Junge Menschen wollen immer einiges ändern. Eine Testfrage, wieviel sich ändern sollte, zeigt wiederum deutliche Unterschiede zwischen Ost und West. 59 Prozent der jungen Leute im Westen sagen, mindestens einiges sollte sich ändern, aber 77 Prozent im Osten (Tabelle A 22). Wer etwas ändern will, ist unzufrieden mit den Dingen wie sie sind. Das Änderungsstreben hat schon in früheren Untersuchungen als ein guter Hinweis auf Frustrationen gedient.[26] Die Änderungsunruhe scheint im Osten von 1994 auf 1995 leicht rückläufig.

Nach Vorgesprächen wurde für die vorliegende Untersuchung ein Test mit 16 Ärgerquellen entwickelt. Die Frage lautete: „In dieser Frage geht es um Ärger und Frust, den sicherlich jeder im Leben verkraften muß. Hier sind einige Ärgerquellen junger Leute aufgeschrieben. Worüber müssen sie sich zur Zeit besonders ärgern, wo entsteht Frust?" Die Antworten ostdeutscher und westdeutscher Jugendlicher sind in dem folgenden Schaubild 13 wiedergegeben. Man sieht auf den ersten Blick, daß die Frustrationen junger Menschen im Osten zahlreicher sind.

---

26 Gerhard Schmidtchen: Ethik und Protest, a.a.O., Seite 127ff.

Schaubild 13: Frustrationsquellen
Worüber sich junge Leute ärgern, wo Frust entsteht

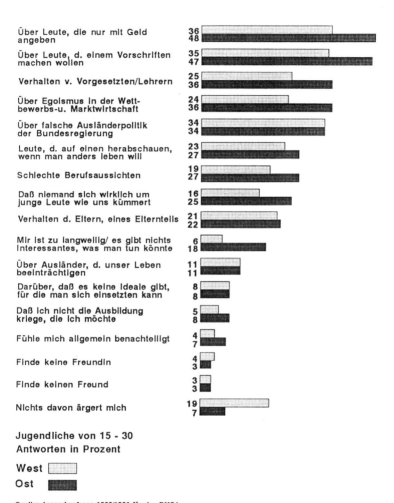

Jugendliche von 15 - 30
Antworten in Prozent

West
Ost

Quelle: Jugendumfrage 1993/1994 für das BMFJ
Copyright by ZAM Leipzig u. Prof.D.Dr.Gerhard Schmidtchen - Uni Zürich

Jugendliche im Osten regen sich insbesondere auf über Leute, die nur mit Geld angeben, über Leute, die Vorschriften machen wollen, über das Verhalten von Vorgesetzten und Lehrern. In dieser Kritik kündigt sich an, wie negativ der Führungsstil der Vorgesetzten und Lehrer gesehen wird. Jugendliche im Osten erregen sich mehr als die im Westen über den Egoismus der Wettbewerbs- und Marktwirtschaft, über Leute, die auf einen herabschauen, wenn man anders leben wolle, über die schlechten Berufsaussichten, darüber, daß sich niemand um junge Leute wirklich kümmere und über Langeweile. Schließlich gibt es Ausbildungsprobleme und ein allgemeines Gefühl der Benachteiligung.

Welche Struktur ist diesen Frustrationsberichten eigen? – Sind sie skalierbar, können die Jugendlichen aufgrund dieser Angaben nach der Intensität ihrer Frustration wie auf einer Leiter angeordnet werden? Der erste und einfachste Prüfungsschritt ist der, die Zuverlässigkeit der Einzelantworten zu überprüfen. Das Ergebnis ist schnell gefunden: daß man keinen Freund, keine Freundin findet – dieser vielleicht deprimierende oder beunruhigende Zustand liegt nicht auf einer Ebene mit den übrigen Frustrationsthemen. Eine hierarchische Clusteranalyse zeigt, daß es zwei Gruppen von Frustrationsquellen gibt, private und gesellschaftliche. Der gesellschaftliche Ärger betrifft den Egoismus der Wettbewerbswirtschaft, die falsche Ausländerpolitik, daß niemand sich um junge Leute kümmert, über Ausländer, die das Leben beeinträchtigen und darüber, daß es keine Ideale gibt, für die man sich einsetzen kann. Alle übrigen Frustrationen sind persönlich. Das Ergebnis dieser Überprüfungen ist, daß sich erstens eine Gesamtskala der Frustration bilden läßt und zweitens zwei Subskalen über das Ausmaß der persönlichen und gesellschaftlichen Frustration Auskunft geben können. Nach der Überprüfung der einzelnen Testäußerungen werden diese Skalen additiv gebildet, es wird die Zahl der Frustrationsthemen addiert und danach die Position der Auskunftsperson auf der Skala festgelegt. Die Zusammenfassung der Skalengruppen kann willkürlich vorgenommen werden. Sie folgt dem Prinzip, eine brauchbare Verteilung zu erzielen, aber auch dem Gesichtspunkt, Zäsuren möglichst so zu legen, daß psychologische Wendepunkte sichtbar werden. Über fünf und mehr Frustrationsthemen sprachen 29 Prozent der Jugendlichen im Osten und 20 Prozent im Westen. Drei und vier Frustrationsanreize nannten 36 Prozent im Osten und 27 Prozent im Westen. Ab drei Frustrationsthemen kann man von einem psychologisch bedeutsamen Frustrationsniveau sprechen, und bei fünf und mehr Themen ist die Frustration massiv und tritt dann auch sehr deutlich in verschiedenen Stellungnahmen und Verhaltensweisen in Erscheinung. Auch das persönliche Frustrationsnivau ist im Osten im Durchschnitt höher, was schon bei zwei und mehr Frustrationen sichtbar wird. 68 Prozent junger Menschen im Osten fühlen sich in ihrer persönlichen Sphäre frustriert gegenüber 49 Prozent im Westen. Das gesellschaftspolitische Frustrationsniveau ist ab zwei Frustrationsanlässen mit 33 Prozent im Osten ebenfalls höher als im Westen, wo sich indessen auch 26 Prozent verärgert äußern. Eine Tabellenübersicht im Anhang zeigt, wie sich die Jugendlichen im Osten und im Westen über diese drei Frustrationsskalen verteilen. (Tabelle A 23)

Frustrationen bleiben, so weiß man seit der Yale-Studie[27] von 1939, nicht folgenlos; zwar folgt auf Frustration nicht notwendigerweise Aggression, aber in jedem Fall Ärger. Was aus dem Ärger wird, entscheidet die Situation, die soziale Organisation. Junge Leute im Osten sind also strukturell deutlicher verärgert; es ist keine psychische Verfassung, die nur Tagesbedeutung hätte, sie verschwindet erst, wenn sich die Situation grundlegend ändert. Die weiteren Befunde bieten Gelegenheit, die Folgen persönlicher und gesellschaftspolitischer Frustration zu sehen.

Die Welt unbequemer Gefühle (negativer Affekt)

Eine psychische Folge der Dauerfrustration ist Reizbarkeit, Nervosität, auch Niedergeschlagenheit, das Gefühl von Eintönigkeit, unausgefüllt sein, Gewissensbisse haben, null Bock, innere Leere verspüren, Rastlosigkeit, Schamgefühl. In all diesen Bereichen ist die Jugend Ostdeutschlands stärker gezeichnet. Wir müssen mit anhaltenden und leicht mobilisierbaren negativen Affekten im Osten Deutschlands rechnen. (Schaubild 14)

---

27 John Dollard, Neal E. Miller, Leonard W. Doob, O.H. Mowrer, Robert R. Sears: Frustration and Aggression. New Haven, Yale University Press, 1939

Schaubild 14: Negativer Affekt in Ost und West

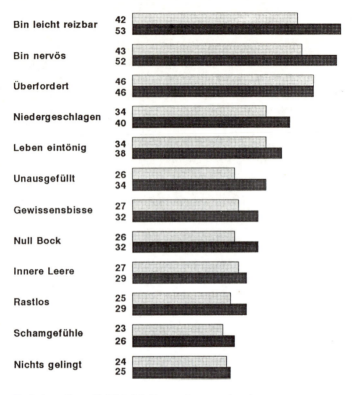

Es haben diese Gefühle häufiger oder manchmal
Antworten in Prozent
Jugendliche von 15 - 30

Quelle: Jugendumfrage 1993/1994 für das BMFJ
Copyright by ZMA Leipzig u. Prof.D.Dr.Gerhard Schmidtchen - Uni Zürich

Die verschiedenen Beschreibungen negativer Gefühle sind Ausdruck ein und derselben Motivlage, mit Ausnahme der Schamgefühle. Sie gehören einer anderen Dimension an wie in einer früheren Untersuchung schon festgestellt wurde.[28]

So lassen sich die Jugendlichen auf einer additiven Skala anordnen, je nachdem wieviele negative Gefühle sie als zutreffende Selbstbeschreibung ausgewählt haben. Je mehr Beschreibungen dieser Art, desto stärker die negativen Gefühle. Hier kommt ein altes sozialpsychologisches Gesetz zum Ausdruck: Je stärker das Motiv, desto wahrscheinlicher ist seine Manifestation.

In ihrer habituellen Affektlage unterscheiden sich Jugendliche in Ostdeutschland merklich von denen im Westen. Im Westen finden wir seit 1986 stabil 35 Prozent Jugendliche, die mit einer ziemlich gereizten Stimmung durch Leben gehen (Skalenposition vier und fünf), im Osten sind dies 41 Prozent. Aber auch ein mittleres Niveau negativer Empfindungen und gereizter Stimmung ist im Osten ausgeprägter mit 33 Prozent. In den zurückliegenden Jahren ist hier bei Jugendlichen im Westen eine leichte Entspannung eingetreten. Das sieht man auch in einem Trendvergleich der Einzeläußerungen: weniger Nervosität als 1986, etwas geringere Reizbarkeit und weniger Niedergeschlagenheit, weniger das Gefühl des Unausgefülltseins, der Rastlosigkeit. Allerdings sind Äußerungen, das Leben sei eintönig und man habe „null Bock" etwas angestiegen. Vergleicht man auf mittlerem und hohem Niveau, so zeigt sich, daß 81 Prozent der Jugendlichen im Osten und 68 Prozent im Westen unter solch negativen Affektlagen leiden. (Tabellen A 24 und A 25 sowie Schaubild A 2).

Diese unspezifischen negativen Gefühle bilden eine wichtige Durchgangsstation sowohl für selbstschädigende Verhaltensweisen als auch für aggressives Ausagieren. Es gibt keine demographischen Nischen, in denen Jugendliche von negativen Empfindungen verschont blieben, weder im Osten noch im Westen. Auf eine Darstellung der Durchgängigkeit der Befunde wird hier verzichtet. Unabhängig von allen Statuskriterien ist es eine Frage der gesellschaftlichen Heimat, der sozialen Integration und all jener Situationen,

---

28 Zur Bildung der Skala vergleiche Gerhard Schmidtchen: Schritte ins Nichts, a.a.O., Seite 147ff.

die über Freuden und Sorgen im Leben entscheiden, ob die Psyche von negativen Gefühlen überschwemmt wird oder nicht.

„Wie häufig kommt es vor, daß sie sich einsam und allein fühlen?" Einsamkeitsgefühle kennen im Osten und Westen ungefähr gleich viele Jugendliche (Tabellen A 26 und A 27). „Sehr oft" bis „Gelegentlich" antworteten 38 Prozent im Westen und 34 Prozent im Osten. Mädchen und Frauen fühlen sich häufiger einsam als Männer. Je einsamer sie sich fühlen, desto dominierender werden negative Gefühle: Nervosität, Reizbarkeit, „null Bock". Wo das soziale Netz reißt, entstehen negative Affektlagen, die nicht nur das Lebensgefühl verdunkeln, sondern auch zu Persönlichkeitsbelastungen führen können, wenn sie anhalten und zu Verhaltensstörungen. Junge Menschen mit einer negativen Erlebnisbilanz, die mehr Sorgen als Freuden referieren, werden in großer Mehrheit von negativen Gefühlen heimgesucht. Während diejenigen, in deren Bilanz die Freuden überwiegen, sehr viel weniger negative Gefühle zu Protokoll gaben. Die Tabellen 11 und 12 zeigen zunächst die dramatischen Zusammenhänge für die ostdeutschen Jugendlichen. Die Paralleldaten für die westdeutschen Jugendlichen finden sich im Anhang (Tabelle A 28).

Tabelle 11: Einsamkeit und negativer Affekt

	Jugendliche im Osten, die auf die Frage, ob sie sich einsam fühlten, antworteten:					
	sehr oft	oft	gelegentlich	selten	nie	Insgesamt
Es haben negative Empfindungen						
stark 5	46	40	19	6	1	12
	81	77	59	31	18	41
4	35	37	40	25	17	29
3	15	22	33	49	43	40
2	4	0	5	10	15	9
kaum 1	0	1	3	10	24	10
	100	100	100	100	100	100

Nicht nur Einsamkeit, Mangel an Kommunikation mit anderen, an aller Unterstützung und Sorgen verschiedener Herkunft erzeugen negative Gefühlslagen, sondern auch Frustrationen im persönlichen Bereich. Der Anstieg eines ausgeprägten negativen Affektes ist mit der Zahl persönlicher Frustrationsthemen beträchtlich, im Osten von 19 auf 58 Prozent, im Westen von 21 auf 57 Prozent – eine ganz parallel verlaufende Entwicklung. (Tabelle A 29)

Tabelle 12: Erlebnisbilanz (Freuden/Sorgen) und negativer Affekt

| | | Jugendliche im Osten mit folgender Position auf der Skala der Erlebnisbilanz | | | | |
| | | Sorgen überwiegen | | | | Freuden überwiegen |
		1	2	3	4	5
Es haben negative Empfindungen						
stark	5	35	15	8	4	1
		69	50	37	25	21
	4	34	35	29	21	20
	3	25	36	46	48	41
	2	4	6	9	11	19
kaum	1	2	8	8	16	19
		100	100	100	100	100

Soweit wesentliche Quellen negativer Stimmungslagen. Was sind die Folgen? Wenn Jugendliche ihre Stimmungen und Verstimmungen beschreiben, geschieht das meistens in der Sprache in der Jugendsubkulturen. Es handelt sich um eine Abgrenzungssprache nicht ohne Selbstironie. Kann man diese Sprachgebärden psychologisch ernst nehmen? Beschreibt „null Bock" wirklich eine Motivlage? Wenn die negativen Gefühle, die Jugendliche so ausdrücken, wirklich etwas bedeuten, dann wird sich das an den Folgen zeigen. Sie sind massiv. Je ausgeprägter der negative Affekt, desto mehr verdunkelt sich die Lebensstimmung. Der Zusammenhang ist in Ost und West gleichermaßen markant. Damit stehen wir einem wichtigen symptomatologischen Zusammenhang gegenüber. Die einfache Frage nach der Lebensstimmung, wie sehr einem das Leben gefalle, kann zu Antworten führen, die auf schwerwiegende psychische und soziale Probleme hinweisen. Ein Sinken der Lebensstimmung ist, wie wir aus Untersuchungen über Selbstschädigung wissen, tendenziell verbunden mit Antriebsschwäche und Rückzug. Bei der Lektüre der Befunde ist zu berücksichtigen, daß die Antwort auf die Frage, wie einem das Leben gefalle: „Es geht" schon kritisch ist, auf Motivstörungen hinweist.

Tabelle 13: Negative Gefühle und allgemeine Lebensstimmung

Frage: Einmal ganz allgemein gefragt: wie gefällt Ihnen überhaupt Ihr gegenwärtiges Leben?

	Jugendliche, die unter negativen Empfindungen leiden					
	kaum		mittel		stark	Insgesamt
Osten	1	2	3	4	5	
sehr gut	19	14	10	7	3	9
	80	72	66	49	27	59
gut	61	58	56	42	24	50
es geht	18	26	30	42	48	34
nicht besonders	1	2	4	8	19	6
gar nicht	0	0	0	1	6	1
weiß nicht	1	0	0	0	0	0
GAMMA: 0.59	100	100	100	100	100	100
Westen						
sehr gut	34	27	15	7	1	17
	89	85	79	60	35	72
gut	55	58	64	53	34	55
es geht	8	13	20	33	48	23
nicht besonders	2	1	0	7	14	4
gar nicht	0	0	1	0	3	1
weiß nicht	1	1	0	0	0	0
GAMMA: 0.66	100	100	100	100	100	100

Reagieren junge Menschen in den neuen Bundesländern auf Frustration und Gefühlslagen anders als im Westen? Hat das System der DDR nicht einen ganz anderen Umgang mit Belastungen nolens volens erzwungen? Bisherigen und folgenden Befunden dieser Untersuchung ist zu entnehmen, daß psychische Prozesse im Osten nicht anders verlaufen als im Westen. Psychische Reaktionsweisen sind Konstanten, die historische Verhältnisse und Systeme überdauern. Die Struktur der Psyche kümmert sich nicht um Ideologie. Freilich sind die Rahmenbedingungen verschieden, denen die Psyche ausgesetzt ist, die verarbeitet werden müssen. So führen eine Reihe von ungünstigeren Umständen, insbesondere was die Sicherheit der biographischen Planung angeht, in den östlichen Bundesländern dazu, daß etwas weniger Jugendliche mit ihrem Leben ganz einverstanden sind (59 Prozent) als im Westen (72 Prozent). Im Osten stieg 1995 die Zahl der Zufriedenen leicht auf 64 Prozent, im Westen blieb das Niveau exakt erhalten. Dieses Zusammenspiel unterschiedlicher Rahmenbedingungen aber prinzipiell gleicher Reaktionsweisen wird immer wieder in Erscheinung treten.

Konflikte ausagieren – Vandalismustendenz

Haben negative Gefühle junger Menschen eine tiefere Bedeutung? Sind sie mehr als ein entwicklungspsychologisches Kostüm, ein Habitus, mit dem man ältere Lehrer irritieren kann? Sieht man nicht junge Leute, die sich zu Hause, in der Schule, möglicherweise auch am Arbeitsplatzplatz sehr mürrisch geben, untereinander sofort und übergangslos lachen? Wenn aber negative Gefühle eine Bedeutung haben: bleiben sie intern, haben diese jungen Menschen nur Schwierigkeiten mit sich selbst oder treten sie in auffälligen Verhaltensweisen nach außen?

Zunächst zur internen Situation, zur psychosomatischen Verfassung. Zwei unscheinbar wirkende Fragen wurden gestellt, wie gesund man sich fühle und ob man ausgeschlafen sei oder nicht genug Schlaf bekomme. Da ernsthafte Krankheitsbilder erst etwa nach dem 30. Lebensjahr auftreten, sind die Berichte über den Gesundheitszustand zugleich eine Äußerung über die persönliche Antriebsverfassung. Schlafbedürfnis ist ein psychosomatischer Indikator. Er gibt Auskunft über die Bereitstellungsfunktion des Organismus, ob ein normaler Aktivitätsdrang verspürt wird oder ob die Mobilisierung schwach ist. Zunächst fällt auf, daß junge Menschen im Osten Deutschlands sich im Durchschnitt weniger gesund fühlen und etwas mehr über Müdigkeit klagen als Jugendliche im Westen. Diese beiden psychosomatischen Indikatoren zeigen also, daß die Persönlichkeitssysteme Jugendlicher im Osten etwas mehr unter Druck stehen.

Negative Affektlagen wirken sich außerordentlich deutlich auf die psychosomatische Verfassung aus. Das Gefühl unproblematischer körperlicher Verfassung sinkt, das Schlafbedürfnis steigt. Der Zusammenhang ist im Osten und Westen der gleiche, allerdings spielt er sich auf unterschiedlichem Niveau ab. Daß die psychosomatische Verfassung der Jugendlichen im Westen besser ist, bleibt in allen Ausprägungen negativer Affektlagen sichtbar.

Tabelle 14: Gesundheitszustand und psychosomatische Verfassung

Frage:	Wie würden Sie im Großen und Ganzen Ihren Gesundheitszustand beschreiben		
	Jugendliche von 15 – 30	Ost	West
	sehr gut	28	38
	gut	51	46
	es geht	20	15
	ziemlich schlecht	1	1
	sehr schlecht	0	0
		100	100
Frage:	Fühlen Sie sich im allgemeinen gut ausgeschlafen, oder haben Sie häufig das Gefühl, daß Sie nicht genug Schlaf bekommen?		
	gut ausgeschlafen	32	40
	es geht	44	42
	nicht genug Schlaf	24	18
		100	100

Tabelle 15: Negativer Affekt und psychosomatische Verfassung

	Jugendliche, die unter negativen Empfindungen leiden				
	kaum		mittel		stark
	1	2	3	4	5
Es bezeichnen ihren Gesundheitszustand als „sehr gut"					
Ost	42	41	30	24	14
West	61	47	38	24	16
Es bekommen nicht genug Schlaf					
Ost	7	12	20	30	42
West	4	13	20	26	28

Detailliertere Ergebnisse im Anhang (Tabelle A30)

Störungen des sozialen Umfeldes und jene Chancenlosigkeit, die sich aus der Vereinsamung ergibt, führen zu negativen Affekten, die Welt kann nicht mehr positiv erlebt werden. Dies hat schwerwiegende Folgen für das Funktionieren der Persönlichkeit. Das Leben gilt als nicht mehr planbar und beherrschbar, die ganz normale alltägliche Handlungsfähigkeit wird beeinträchtigt und kann unter Umständen nur auf dramatische Weise wieder gewonnen werden.

Damit rückt der zweite Problemkreis in Sicht: Werden negative Empfindungen nach außen getragen? Um darüber etwas in Erfahrung zu bringen, wurde eine Liste mit zwölf Verhaltensauffälligkeiten entwickelt, sechs davon können Ausdruck einer Vandalismustendenz sein. Eine große Zahl von Jugendlichen hält an Freundschaften fest, auch wenn die Eltern das unmöglich finden. Von solchen Orientierungs- und Zugehörigkeitskonflikten berichten in Ost und West ungefähr gleich viel Jugendliche. Eine weitere, und vielen aus persönlichen Erfahrungen bekannte Verhaltensweise ist die Verweigerung der Kommunikation: mit Leuten, die mich nicht verstehen, auch nicht mehr reden. Diese Tendenz zum Kommunikationsabbruch scheint möglicherweise im Westen ausgeprägter als im Osten zu sein. Relativ verbreitet ist die Neigung, andere Leute mit etwas zu schocken, blau machen, durch den Ort ziehen und Unfug stiften, auch Gewalt gegen Personen und Sachen anwenden, Ausreißen, Wände besprühen, die Schule hinschmeißen, als Punker herumlaufen, und schließlich fänden es je ein Prozent in Ost und West interessant, sich einer Sekte anzuschließen. Diese Antworten wurde auf die Frage gegeben: es gäbe ja Zeiten, wo man extrem fühlt und handelt. Sie sollten sagen, ob sie das schon gedacht haben, selber schon gemacht oder für sich ausschließen. Die folgenden grafischen Seiten (Schaubild 15) geben den Überblick über die Ergebnisse und den Vergleich der Antworten Jugendlicher in Ost und West.

Der Test erlaubt für die Jugendlichen in Westdeutschland einen Vergleich mit der Situation im Jahre 1986. Im Großen und Ganzen sind die Ergebnisse stabil, mit den folgenden Ausnahmen: Blaumachen, nicht zur Schule, zur Arbeit gehen ist mit 54 Prozent auf den ersten Platz gerückt, Unfug stiften mit anderen zusammen, die Leute mit etwas schocken oder auch persönliche Gewaltphantasien sind zum Teil deutlich zurückgegangen. Auch die Zahl der Sprayer ist etwas rückläufig, von acht auf fünf Prozent, was nicht ausschließt, daß der Rest wirksamer geworden ist. Die Neigung, sich einer Sekte anzuschließen, scheint im Rückgang begriffen, allerdings läßt sich das auf dem Niveau von früher zwei und 1994 ein Prozent nicht mit Sicherheit sagen. (Tabelle A 31)

Schaubild 15: Konflikte ausagieren, Vandalismustendenz

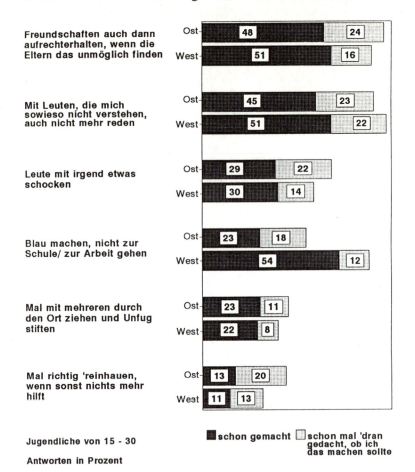

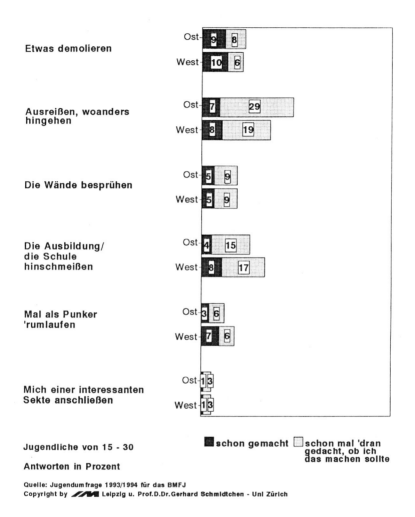

Aus sechs der Antworten läßt sich ein Index bilden, der die Vandalismustendenz Jugendlicher wiedergibt. Darin sind die Antworten enthalten: ‚mal mit mehreren durch den Ort ziehen und Unfug stiften', ‚Leute mit etwas schocken', ‚mal richtig reinhauen, etwas demolieren', ‚Wände besprühen', ‚als Punker rumlaufen'. Dieser Index wurde durch Summierung der Antworten gebildet, und zwar auf folgende Weise: wer etwas schon gemacht hatte, bekam für die Antwort das Gewicht 2, wer schon einmal daran gedacht hat, das Gewicht 1, und wer dies ausschloß, das Gewicht 0. So ergibt sich eine Skala mit dem Wertbereich zwischen 0 und 12. Diese Einteilung wird noch einmal auf fünf Stufen kollabiert. Kategorie 1 weist Befragte aus, die alle diese Handlungsideen von sich weisen, Kategorie 2 faßt alle Jugendliche zusammen, die auf 1 oder 2 Punkte kommen, die Kategorie 3 umfaßt 3 und 4 Punkte, die Kategorie 4 die Werte 5 bis 7, Kategorie 5 umfaßt die Auskunftspersonen mit den Werten 8 bis 12, sie haben die ausgeprägteste Vandalismustendenz. Ausgeprägte und extreme Vandalismustendenzen sind im Osten bei 19 Prozent, im Westen bei 18 Prozent der Jugendlichen verbreitet. Extreme Positionen (Skalenstufe 5) nehmen fünf bzw. sechs Prozent ein. Im Westen ist die Vandalismustendenz seit 1986 deutlich rückläufig gewesen, es handelt sich um Verhaltensweisen, die für viele Jugendliche ihren Reiz verloren haben, nicht mehr hochmotiviert besetzt sind. Im Osten treffen wir ähnliche Verhältnisse an, wenn man davon absieht, daß nicht die Verhaltensweisen, sondern die Handlungsphantasien verbreiteter sind; und zwar in zwei Richtungen: ‚Leute mit etwas schocken' und ‚mal richtig reinhauen, wenn sonst nichts mehr hilft'. Dem Schaubild 15 ist zu entnehmen, daß Jugendliche im Osten hier einen Phantasieüberschuß haben, was sich in der Verteilung über die Vandalismusskala ausdrückt.

Je stärker ein Motiv, desto wahrscheinlicher tritt es im Denken und Handeln hervor. Negative Empfindungen, die ihrerseits ihre Vorgeschichte in mißlichen Situationen und Erfahrungen haben, drängen zur Inszenierung und Dramatisierung. Die menschliche Umgebung soll mit diesen Gefühlswelten beschäftigt werden. Das scheint das Ziel der unbewußten Intentionen. Sehr deutlich ist der Zusammenhang zwischen negativen Gefühlswelten und Vandalismus. Wenn Jugendliche zuviele negative Erfahrungen machen, die nicht durch Aussicht auf Besserung kompensiert werden können, wenn die menschliche Umgebung und die Gesellschaft verschlossen und chancenlos erscheinen, dann haben sie das Gefühl, in einer unfreundlichen, vielleicht feindlichen, abweisenden

Welt zu leben, die Schädigung verdient. Negative Gefühle in negativen Handlungen, also destruktiv auszudrücken, ist dann psychologisch konsequent. Die Handlungen passen zu den Gefühlen und für einen Augenblick wird die Welt etwas stimmiger.

Tabelle 16: Vandalismustendenz

Einteilung der Jugendlichen nach sechs Testantworten

Es bekunden Vandalismustendenz	Jugendliche von 15 – 30		
	West		Ost
	1986	1994	1994
keine	26	41	32
schwach	24	23	28
mittel	20	16	19
ausgeprägt	21⎫	12⎫	14⎫
	⎬ 29	⎬ 18	⎬ 19
stark	8⎭	6⎭	5⎭
nicht einstufbar	1	2	2
	100	100	100

Tabelle 17: Negative Empfindungen drängen zu darstellenden Handlungen: Vandalismus

	Jugendliche, die unter negativen Empfindungen leiden					
	kaum		mittel		stark	insgesamt
Osten	1	2	3	4	5	
Es bekunden Vandalismustendenz						
keine	59	47	32	22	16	32
schwach	22	27	31	30	23	28
mittel	10⎫	15⎫	20⎫	21⎫	25⎫	19⎫
ausgeprägt	6⎬17	9⎬25	12⎬35	18⎬46	21⎬59	14⎬38
stark	1⎭	1⎭	3⎭	7⎭	13⎭	5⎭
nicht einstufbar	2	1	2	2	2	2
	100	100	100	100	100	100
Westen						
Es bekunden Vandalismustendenz						
keine	67	58	35	32	23	41
schwach	17	20	26	22	29	23
mittel	8⎫	11⎫	19⎫	20⎫	14⎫	16⎫
ausgeprägt	4⎬15	8⎬21	12⎬37	18⎬45	16⎬45	12⎬34
stark	3⎭	2⎭	6⎭	7⎭	15⎭	6⎭
nicht einstufbar	1	1	2	1	3	2
	100	100	100	100	100	100

Belastungen, Ressourcen und Hoffnungen

Belastende Lebensereignisse und Situationen gelten der Psychologie schon lange als Übel für die Persönlichkeitsentwicklung und Hindernisse für die fröhliche Handlungsfähigkeit der Person. Kann man die Menschen von Beeinträchtigungen her verstehen? Man hat das versucht, Inventare belastender Ereignisse wurden erfunden. Allein für sich genommen sind diese belastenden Lebensereignisse von geringem prognostischem Wert. Warum? Die Fähigkeit einer Person, Belastungen zu verarbeiten, hängt von ihren Ressourcen ab. Also muß man auch die Ressourcen erfassen, die äußere soziale Unterstützung und die internen Persönlichkeitsressourcen. Erst die Kombination von Belastungen und Ressourcen kann darüber aufklären, was aus einem belastenden Ereignis biographisch wird. Dieser Kombinationstest von Belastungen und Ressourcen hat sich vielfältig bewährt, in der Erklärung des politischen Verhaltens, in der Erklärung selbstschädigender Verhaltensweisen und in der Erklärung der Arbeitsmotivation.[29]

In die vorliegende Untersuchung wurde, teils in Anlehnung an frühere, eine Serie von Fragen eingeschlossen, die es erlauben, Ressourcen und Belastungen zu erfassen und die Stichprobe der Jugendlichen danach zu gliedern. Zunächst zu den Ressourcen: in den Index gehen zwei symptomatische Fragen ein, ob man gut ausgeschlafen sei, die eine, und mit wieviel Zuversicht man in die Zukunft schaue. Weiter gehen die Erkundigungen nach Freundschaften in die Reihe der Kriterien ein, Ergebnisse eines Testes des Handlungsvertrauens werden eingeschlossen sowie eine Kurzfassung der Skala des Selbstvertrauens nach Rosenberg. Schließlich ist die sechste Komponente dieses Ressourcen-Index ein überdurchschnittlich guter finanzieller Hintergrund. Interesssant

---

29 Quellen: Gerhard Schmidtchen: Jugend und Staat – Übergänge von der Bürgeraktivität zur Illegalität in: Matz, Ulrich; Schmidtchen, Gerhard: Gewalt und Legitimität, Westdeutscher Verlag, Opladen 1983; derselbe: Neue Technik, neue Arbeitsmoral – Eine sozialpsychologische Untersuchung über die Motivation in der Metallindustrie, Deutscher Institutsverlag, Köln 1984; derselbe: Menschen im Wandel der Technik – Wie bewältigen die Mitarbeiter in der Metallindustrie die Veränderungen der Arbeitswelt? Deutscher Institutsverlag, Köln 1986; derselbe: Schritte ins Nichts, a.a.O. 1989; derselbe: Ethik und Protest, a.a.O. 1993, 2. Auflage

sind diese Indikatorfragen im Trendvergleich. Ob man gut ausgeschlafen ist oder nicht genug Schlaf bekommt, ist ein sicherer Indikator für die Bereitstellungsfunktion des Organismus, der Zusammenhang wurde schon gezeigt. 1986 haben 50 Prozent der Jugendlichen erklärt, sie fühlten sich gut ausgeschlafen, 1994 im Westen nur noch 40 Prozent, im Osten 32 Prozent (Tabelle 14 oben). Für Jugendliche scheinen die psychischen Belastungen insgesamt etwas gestiegen zu sein, und im Osten sind sie größer als im Westen.

Das Vertrauen in die guten Gestaltungsmöglichkeiten der eigenen Zukunft ist seit 1986 nicht gewachsen, eher etwas rückläufig (von 44 auf 41 Prozent). Im Osten liegt das Zukunftsvertrauen bei 42 Prozent, praktisch nicht anders als im Westen, man muß die Toleranzen berücksichtigen. Das Selbstwertgefühl im Sinne positiver, vielleicht auch eitler Selbstzuschreibungen ist seit 1986 im Westen deutlich gestiegen, von 19 auf 27 Prozent im Jahre 1995. In Ostdeutschland sind diese positiven Selbstzuschreibungen zurückhaltender (21 Prozent, Tabellen A 32-A 34). Das Handlungsvertrauen dagegen ist im Osten stabiler. Ein Test über die Freude an Herausforderung zeigt, daß im Osten 21 Prozent die höchste Skalenstufe besetzen und im Westen 16 Prozent.

Die Liste der Belastungen setzt sich aus zwölf Testantworten oder Antwortkombinationen zusammen: wie schwer junge Menschen das Leben finden, die Zahl der Konflikte mit den Eltern, sich nicht gut aufgehoben fühlen bei Eltern, Lehrern oder Freunden, keine Hilfe von den Eltern zu erhalten, sich in der Tätigkeit unfrei fühlen, auch uninteressant beschäftigt sein, eine negative Erlebnisbilanz spielt hinein, Einsamkeit, sodann Belastungen aus biographischen Situationen heraus, Vorstrafen, belastendes Verhalten der Eltern, Schwierigkeiten in der Ausbildung und Abbrüche. Die Antworten auf diese Fragen können additiv skaliert werden. Beide Testreihen werden nun am Median geteilt, um Ressourcen und Belastungen miteinander kombinieren zu können. Zunächst: 56 Prozent der Jugendlichen im Osten verfügen über geringe Ressourcen im Vergleich zu 45 Prozent im Westen. Und das Umkehrbild: 55 Prozent hohe Ressourcen im Westen und 44 im Osten. Die Diagnose verschärft sich durch Hinzunahme der Belastungen. So entsteht eine Typologie. Relativ sorgenfrei bei geringen Belastungen und hohen Ressourcen können 30 Prozent im Westen leben und 24 Prozent im Osten. Geringe Belastungen, aber auch wenig Ressourcen haben 17 Prozent im Westen und 25 Prozent im Osten. Charakteristisch ist das Gefühl, nicht gebraucht zu werden. Hohe Belastungen bei hohen Ressourcen haben 25 Prozent im Westen und 20 Prozent im Osten. Schließlich finden wir in der Extremgruppe, die hohe Belastungen mit geringen Ressourcen vereint, 28 Prozent im Westen und 31 Prozent im Osten. Die Daten sind der Tabelle 18 zu entnehmen. Die Belastungs-Ressourcen-Bilanz hat maßgeblichen Einfluß für das Auftreten destruktiver oder konstruktiver Verhaltensweisen.

Tabelle 18: Die Belastungs-Ressourcen-Bilanz

		1994	
		Jugendliche von 15 bis 30	
		West	Ost
Belastungen	Ressourcen		
tief	hoch	30	24
tief	tief	17	25
hoch	hoch	25	20
hoch	tief	28	31
		100	100

In den Belastungsindex gingen 12 Auskünfte ein, der Ressourcen-Index basiert auf 6 Testfragen.

Die Typologie von Belastungen und Ressourcen hat zunächst einen eigenen Informationswert. Es ist zu sehen, daß Jugendliche im Westen über mehr Ressourcen verfügen. Ressourcen werden bei hohen Belastungen besonders wichtig. In dieser Kombination stehen Jugendliche im Westen besser da. Die Belastungs-Ressourcen-Bilanzen verändern sich unter demographischen Bedingungen nur wenig. So ist das Bild bei Männern und Frauen sehr ähnlich, ebenso in den Altersgruppen, in den sozialen Schichten und Gemeindegrößen. Es gibt keine auffallend regelmäßigen Zusammenhänge (Tabellen A 35 und A 36). Dieser negative Befund verweist auf andere Zusammenhänge, die sozialpsychologisch zu deuten sind. Ressourcenreichtum im Sinne einer guten Persönlichkeitsentwicklung kann überall gedeihen, und auch die Belastungen haben sich gleichsam von der sozialen Schicht emanzipiert. Status und Wohlstand garantieren keine gute Persönlichkeitsentwicklung, anderes muß hinzutreten. Die Typologie über Belastungen und Ressourcen wird über ihren eigenen Informationswert hinaus zu einem wichtigen Instrument der Analyse, das zahlreiche Verhaltensweisen von ihren Voraussetzungen her verständlich machen kann. So wird die Belastungs-Ressourcen-Bilanz die weitere Darstellung begleiten.

Jugendliche im Osten wirken beladener. Das zeigt sich inzwischen in einer Serie von Befunden. Sie finden das Leben für junge Menschen schwerer, sie ärgern sich über mehr Dinge, auch im persönlichen Bereich, als Jugendliche im Westen, sie leiden häufiger unter negativen Gefühlen, ihre Lebensstimmung ist etwas gedrückter als im Westen und ihre Belastungs-Ressourcen-Bilanz ist ebenfalls ungünstiger als im Westen. Wie wirkt sich all dies auf Erwartungen aus, auf die wichtigste Ressourcce für die Lebensplanung? Die berufliche Zukunft ist Jugendlichen im Osten weniger klar als im Westen.

Tabelle 19: Berufliche Zukunft im Osten weniger klar

Frage:	Wie klar können Sie heute schon Ihre berufliche Zukunft sehen?				
	Jugendliche von 15 bis 30				
		West		Ost	
	1986	1994	1995	1994	1995
sehr klar	23	35	31	17	19
einigermaßen klar	43	44	47	48	51
noch unklar	34	21	22	35	30
	100	100	100	100	100

Im persönlichen Bereich jedoch, was die Zukunft der eigenen Partnerschaft angeht, wirken Jugendliche im Osten genauso sicher wie im Westen, vielleicht sogar etwas sicherer. Im Westen scheinen sich die Partnerschaftsverhältnisse junger Menschen seit 1986 ein wenig stabilisiert zu haben, mehr Jugendliche berichten, daß ihnen die Zukunft ihrer Partnerschaft klar sei. (Tabelle A 37).

Die Auskünfte über die berufliche und partnerschaftliche Zukunft lassen sich zu einer Skala vereinen, die die Klarheit der Lebensperspektiven wiedergibt. Wieviel Jugendliche sich auf den fünf Skalenstufen befinden, ist im Anhang ausgewiesen (Tabelle

A 38). Die größere Klarheit der Lebensperspektiven im Westen geht im wesentlichen auf die sichereren Berufsaussichten zurück. Der allgemeine Zukunftsoptimismus der Jugendlichen ist ganz eng an diese persönlichen Bewertungen geknüpft. Die Frage, mit wieviel Zuversicht man die eigene persönliche Zukunft denke, wird weniger vom politischen oder wirtschaftlichen Gesamtsystem her beantwortet, sondern von den ganz persönlich empfundenen Aussichten. Im Osten spielt aber auch die Beurteilung hinein, ob es seit der Wende aufwärts gegangen ist. Diese Gefühle spielen im Westen keine Rolle, weil die Gesellschaft von den Jugendlichen anders als im Osten als wenig dynamisch angesehen wurde, jedenfalls im bezug auf die eigene Situation.

Tabelle 20: Sicherheit in Partnerschaft und Beruf und deren Auswirkungen auf die allgemeine Zuversicht

Frage:	Mit wieviel Zuversicht denken Sie an Ihre persönliche Zukunft?				
	Jugendliche von 15 bis 30 mit folgenden Lebensperspektiven				
	sehr klar				sehr unklar	Insgesamt
	1	2	3	4	5	
Osten						
viel Zuversicht	61	50	40	34	24	40
etwas	35	43	46	50	44	44
wenig	2	4	10	9	22	10
weiß nicht	2	3	4	7	10	6
	100	100	100	100	100	100
Verlauf des Lebens seit 1990						
besser	64	51	45	44	34	46
gleich	28	40	41	40	42	39
schlechter	8	9	14	16	24	15
	100	100	100	100	100	100

Die Paralleltabelle für den Westen findet sich im Anhang (Tabelle A 39).

Angesichts der größeren Lebensprobleme, vor die Jugendliche nach der Wende in den östlichen Bundesländern gestellt worden sind, hätte man vielleicht Resignation, einen Mangel an Zuversicht erwarten können, aber das ist nicht der Fall. Angesichts von Schwierigkeiten bleibt ein hohes Niveau persönlicher Zuversicht. Wo liegen die Quellen?

3. Das Netz der Zugehörigkeit: tragfähige Verbindungen und Risse

Der Organisationsgrad junger Menschen im Osten änderte sich mit der Wiedervereinigung grundlegend. Die SED und die von ihr kontrollierten Jugendorganisationen lösten sich auf, die Jungen Pioniere, die FDJ, der Deutsche Turn- und Sportbund, die Gesellschaft für Sport und Technik, die Betriebssportgemeinschaften und andere. Die Umstrukturierung des Beschäftigungssystems führte zur Ungewißheit über die beruflichen Perspektiven und für viele bald zur Gewißheit der Arbeitslosigkeit. Auch im Westen wurde das Beschäftigungssystem mit der Einführung neuer Technologien und in dem Bemühen, sich an die neuen Situationen auf dem Weltmarkt anzupassen, umstrukturiert. Aber im Osten kam mit dem neuen Beschäftigungssystem etwas gegenüber früher fundamental anderes hinzu. Junge Menschen wurden innerhalb des DDR-Regimes umworben, die Jugend zählte, wurde gewissermaßen verwöhnt. Sie hatte eine hundertprozentige Garantie, nach der Ausbildung eine entsprechende Stelle, einen Arbeitsplatz zu finden. Mit der Wiedervereinigung wurde sie aus der totalen Versorgungsverantwortung des Staates entlassen; junge Menschen mußten sich selbst um ihre Berufaussichten kümmern.

Die Schule, überhaupt das Bildungssystem, die Familien blieben weitgehend intakt. Aber reicht dies aus, um die fehlenden Freizeitorganisationen, die vielfältigen sportlich-technischen und kulturellen Betätigungsmöglichkeiten junger Menschen zu ersetzen? Die Sorgen über die Situation der Jugend im Osten bekamen bald Nahrung durch die ersten ausländerfeindlichen Ausschreitungen und das Mediengetöse, das verschiedene Sekten mit ihrem Auftreten in Ostdeutschland verursachten. Die Jugend im Osten wirkte nach der Wende alleingelassen. Würde es gelingen, das Vereinsleben, das kulturelle und kirchliche Leben in den Gemeinden so schnell zu aktivieren, daß sich jungen Menschen neue Treffpunkte und Themen bieten, neue Möglichkeiten, die Freizeit attraktiv zu verbringen?

Seit 1990 ist jugendpolitisch im Osten Deutschlands vieles geschehen, die Jugend- und Sozialarbeit wurde aufgebaut, Projekte wurden gefördert, Vereine unterstützt[30]. Tut man das Richtige, und wenn es das Richtige ist, ist es genug? Die Soziologie des Gruppenlebens hat uns gelehrt, die Zugehörigkeit zu Gruppen für etwas Gutes zu halten, das Abseitsstehen oder Herausfallen für etwas Kritisches. Die Integration in das Gruppenleben verleiht Halt, auch soziale Unterstützung. Die Desintegration ist ein Gefährdungsmoment, mindestens führt es dynamisch zu Reorganisationsversuchen. Vor den eigentlichen *Inhalten* des Gruppenlebens kann die Augen verschließen, wer sich der Vernunft einer liberalbürgerlichen Gesellschaft sicher ist und der Sinnhaftigkeit des Tuns ihrer Organisationen. So glaubten die Denker des Hochliberalismus, wie John Stuart Mill oder der Sozialpsychologe McDougall, in der sozialen Kontrolle durch Öffentlichkeit, durch die öffentliche Meinung, den Schlüssel nicht nur für das Wohlverhalten, sondern sogar für die Verbesserung der Gesellschaft gefunden zu haben. Abhängig, wie der Einzelne nun einmal von seiner Umwelt ist, muß er sich besser verhalten als es die primären Antriebe nahelegen würden, und so wird die Moralität und Vernunft des Ganzen zur zweiten Natur der Menschen und ihrer Gruppen. Sie verhalten sich sozial, um ihre eigenen Anliegen zu befördern, moralisch aus einer egoistischen Antriebsstruktur, die sie dann aber doch besser macht als sie von Natur aus sind.

Dem naiven Glauben, daß allein durch Öffentlichkeit sich allseitig Vernunft, Austauschzuverlässigkeit und somit Moral ausbreitet, kann man nur folgen, wenn eben diese Vernunft anderweitig durch andere Institutionen garantiert wird. Erst auf der Basis eines institutionellen Konsenses kann Öffentlichkeit ihre volle Wirksamkeit entfalten. Erst unter solchen Voraussetzungen, die in der hochliberalen Gesellschaft vielleicht zeitweise bestanden ha-

---

30 Bundesministerium für Familie, Senioren, Frauen und Jugend: Neunter Jugendbericht. Bonn 1994.

ben, kann die bloße Integration in Gruppen segensreich, das Herausfallen von schlimmen Folgen für den Einzelnen begleitet sein. Eine solche Gesellschaft haben wir nicht. So können wir nicht davon ausgehen, daß die Zugehörigkeit zu Gruppen, also ein hoher Organisiertheitsgrad Jugendlicher, in sich schon ein Segen ist und die Nichtzugehörigkeit eine Gefahr. Es gibt viele gut geführte Organisationen und Gruppen, in denen junge Menschen sich finden und entwickeln können, aber es gibt eben auch katastrophale Organisationen mit schrecklichen Folgen für den Einzelnen und die Gesellschaft. Es sind diese Gruppen, die uns zu schaffen machen, extremistische Gruppen im Bereich der Politik, extremistische religiöse Organisationen mit hoher und verfassungswidriger Kontrolle über ihre Mitglieder, informelle Gruppen, die vielleicht nur Streiche im Sinn haben, aber plötzlich werden Tötungsdelikte und brennende Häuser daraus. Es kommt auf den Geist der Gruppen an. Alle menschlichen Organisationen haben ihre Ziele und ihre Verfahrensnormen. Sie haben gleichsam einen spirituellen Bauplan. Die Qualität dieser Pläne, der Ziele und Verhaltensnormen entscheidet über die Humanität in diesen Gruppen. Also muß sich auch die Soziologie für diese Inhalte interessieren. Nur so kann man jugendpolitisch handlungsfähig werden. Man darf nicht warten, bis Gruppen in jenes Dunkel abtauchen, in das dann Sonderkommissionen der Kriminalpolizei oder der Verfassungsschutz mühsam wieder Licht bringen müssen.

Auch die Familie ist nicht in sich schon der Hort aller sozialen Tugenden. Es gibt schlecht instruierte Familien, konfliktbeladene und konfliktunfähige, die mit ihren eingebauten Verhaltensstörungen die Kinder belasten. Die Ambivalenz der primären Gruppen ist das Thema des ersten Kapitels in diesem Abschnitt.

Geschieht an den Arbeitsplätzen immer das Förderliche für junge Menschen? Das Beschäftigungssystem kann in der Bundesrepublik nach allem was man weiß als die vielleicht intakteste Sozialisationsinstanz angesehen werden. Gerade aber wegen der Stärken der betrieblichen Sozialisationssysteme – sie verfügen über die stärksten Belohnungen und Sanktionen in Form von Aufgaben, Aufstieg, Geld oder Kündigung – sind die Folgen für junge Menschen intensiv, entweder kommt es zu einer guten Persönlichkeitsentwicklung oder zu Behinderungen. Die großen Anstrengungen für die Vorgesetztenschulung in Industrie und Verwaltung sind so gesehen auch ein wichtiges Stück Jugendpolitik. Mit Ausbildung und Beruf tritt auch das gesamte Umfeld in den Gesichtskreis. Dazu gehören die weiteren Berufschancen, die Angebote zur Weiterbildung, die Möglichkeit, Sport zu treiben, kulturelle Veranstaltungen am Ort, die Wohnverhältnisse, die Möglichkeit geselliger Begegnung. Hier liegen Quellen „sozialen Kapitals", das junge Menschen nutzen können, um sich weiterzuentwickeln und sich in einer Gemeinde wohlzufühlen. Das sind die Themen des zweiten Kapitels in diesem Abschnitt.

Das dritte schließlich handelt von Vereinen, Jugendgruppen und Cliquen und ihrem geistigen Konzept, zu dem sich einige Jugendliche hingezogen fühlen, andere nicht.

3.1. Die Familie und ihre Erziehungsstile, die sozialen Rollen

In der Schülerstudie '90 von Imbke Behnken[31] heißt es, daß Schüler und Schülerinnen in Ost und West in Erziehungsfragen übereinstimmend denken und sich ähnlich liberal von ihren Eltern erzogen fühlten. Diese Aussage stützte sich auf die Beobachtung, daß 70 Prozent der Schüler und Schülerinnen der alten Bundesrepublik angeben, nachsichtig erzogen worden zu sein und 60 Prozent der DDR-Schüler und Schülerinnen. Man muß nach diesen Befunden zu dem Schluß kommen, den ja auch die Autoren aussprechen, daß es im Erziehungsstil der Familien in Ost und West kaum Unterschiede gibt. Die Diagnose gründet sich auf eine eindimensionale Erfassung des Erziehungsstiles: liberal – nicht liberal. Es zeigte sich indessen in vergangenen Studien, daß die eindimensionale Erfassung von Erziehungsstilen autoritär – nicht autoritär; demokratisch – nicht demokratisch keine guten Auskünfte über die Erziehungsfolgen geben kann.

Jeder Erziehungsstil, jeder Führungsstil setzt sich aus zwei wesentlichen Komponenten zusammen: aus den Anforderungen, also den Normen und der emotionalen Unterstützung. Beides muß zusammenspielen, um junge Menschen aktiv und handlungsfähig

---

31 Imbke Behnken u.a., a.a.O., S. 117ff.

werden zu lassen. Wir haben diesen Erziehungsstil in Anlehnung an die Jugend-Untersuchungen von 1986[32] aus der Perspektive der Jugendlichen zu erfassen versucht. Sie berichteten, wie weit die Eltern Anforderungen an sie stellen und wie weit sie sich mit ihren Anliegen und Ansichten gut aufgehoben fühlen (Tabelle A 40). Dieses Gefühl des Zuhauseseins deutet auf wirksame emotionale Unterstützung hin. Beides erst, die normativen Anforderungen und die emotionale Unterstützung, erlaubt es, einen Erziehungsstil näher zu beschreiben. Kombiniert man beide Aspekte, so erhält man eine Typologie des Erziehungsstils. Als reif kann der Erziehungsstil betrachtet werden, der Anforderungen mit emotionaler Unterstützung verbindet. Naiv verhalten sich jene Eltern, die wohl emotionale Unterstützung gewähren, aber den Kindern keine Forderungen stellen. Gleichgültig ist der Erziehungsstil, wo beides nicht eben ausgeprägt ist. Paradox kann der Erziehungsstil genannt werden, bei dem hohe Anforderungen mit Gefühlskälte verbunden bleiben, also kein Verständnis für die Kinder da ist.[33] Hier nun zeigt sich, daß es in den Erziehungsstilen der Eltern zwischen Osten und Westen große Unterschiede gibt.

Die Familien im Osten Deutschlands sind intakter als die im Westen. Mehr Jugendliche als im Westen erfahren einen reifen Erziehungsstil, die Eltern geben emotionalen Rückhalt und stellen deutlich Forderungen. Der kurzfristige Trendvergleich und der längerfristig mögliche im Westen geben möglicherweise eine sich anbahnende neue Tendenz in den Erziehungsstilen zu erkennen. Im Westen hat sich seit 1986 der naive Erziehungsstil deutlich ausgebreitet und im Osten scheint es, so jedenfalls der kurzfristige Trend, diese Tendenz auch zu geben. Den Einzelbefunden jedenfalls ist zu entnehmen, daß die Kinder vorbehaltloser Zuwendung erfahren, daß aber die Entschiedenheit, mit der Forderungen gestellt werden, leicht im Rückgang begriffen scheint. Die Kinder werden geliebt, egal was sie tun. Dieses Verhalten ist wahrscheinlich in einem Orientierungsproblem begründet: Die Eltern sind

---

32 Gerhard Schmidtchen: „Schritte ins Nichts" und „Ethik und Protest" a.a.O.
33 Ein Zwei-Komponenten-Modell des Erziehungsstils lag auch der folgenden Studie zugrunde: Kurt H. Stapf, Theo Hermann, Aiga Stapf, Karl H. Stäcker: Psychologie des elterlichen Erziehungsstils. Komponenten der Bekräftigung in der Erziehung. Klett, Stuttgart 1971

unsicher geworden, welche Normen heute noch sinnvoll sind. Gleichgültigkeit und Paradoxie des Erziehungsstils sind seit 1986 im Westen eindeutig zurückgegangen. Die defizitären Erziehungsstile von naiv bis paradox sind insgesamt im Osten weniger verbreitet. Vor diesem Erfahrungshintergrund ist es nicht erstaunlich, daß das Lebensziel, Familie und Kinder zu haben, im Osten Deutschlands von jungen Menschen deutlich stärker betont wird, von 47 Prozent als sehr wichtig bezeichnet wird gegenüber 37 Prozent im Westen. Es wäre bedauerlich, wenn sich das gute Erziehungsklima in den Familien Ostdeutschlands zur Naivität hin verflachen würde; und zwar dadurch, daß die Eltern aufhören, Forderungen zu stellen. In einer Welt, die sich sehr schnell wandelt und die für junge Menschen anders aussieht wie für die Eltern, ist es natürlich sehr schwer, Orientierungen zu geben und Forderungen zu stellen. Somit müßte die Orientierungsfunktion der Familie gestärkt werden. Das kann wichtiger werden als Geld.

Tabelle 21: Reiferer Erziehungsstil im Osten – Im Westen vermehrt nur emotionale Zuwendung

	Jugendliche von 15 bis 30				
		West		Ost	
	1986	1994	1995	1994	1995
reif	31	34	32	45	41
naiv	33	43	49	38	43
gleichgültig	22	17	15	12	11
paradox	14	6	4	5	5
	100	100	100	100	100

reifer Erziehungsstil:	Die Eltern geben emotionalen Rückhalt und stellen deutlich Forderungen.
naiv:	Emotionaler Rückhalt ohne Forderungen.
gleichgültig:	Keine Forderungen und kein emotionaler Rückhalt.
paradox:	Es werden Forderungen ohne emotionalen Rückhalt gestellt.

In der Schülerstudie '90 gibt es einen Einzelbefund, der diesen Unterschied im Erziehungsstil der Eltern im Osten und Westen illustriert. Von Schülern und Schülerinnen im Westen hatten nur 38 Prozent Pflichten in der Familie täglich zu erledigen, während DDR-Schüler und Schülerinnen zu 63 Prozent zu häuslichen Pflichten herangezogen wurden. Die Autoren erklären bedauernd, dies beeinträchtige doch eigentlich die jungen Leute im Osten, insbesondere die Mädchen. Die Autoren haben zwar die Daten vor Augen gehabt, aber keinen Befund gesehen.[34] Dieser ist eben der, daß im Osten mehr Anforderungen gestellt werden, die sich dann auch in häuslichen Pflichten vergegenständlichen können. Solche Anforderungen, gepaart mit emotionaler Unterstützung, haben aber offenbar gar keinen Unterdrückungscharakter, sondern tragen, wie jetzt zu sehen ist, wesentlich zur Festigung und Entwicklung der jungen Personen bei.

Der Erziehungsstil im Elterhaus hat weitreichende Konsequenzen für die Persönlichkeitsentwicklung und das soziale Verhalten. Der paradoxe Erziehungsstil ist wesentlich an der Genese selbstschädigender Verhaltensweisen bis hin zu Suizidphantasien beteiligt. Es entwickelt sich zunächst bei den Jugendlichen eine negative Emotionalität, das Leben macht ihnen keinen Spaß mehr. Je schlechter der Erziehungsstil, desto weniger lernen die Jugendlichen jene Sozialtechniken zu Hause, mit denen sie sich außerhalb des Elternhauses Ressourcen verschaffen können, also die soziale Unterstützung, die sie brauchen; sie lernen nicht, wie man sich den Zugang zu interessanten Begegnungen und Tätigkeiten eröffnet.[35]

Die soziale Kompetenz der Jugendlichen wird wesentlich durch einen verständnisvollen reifen Erziehungsstil gefördert, in dem Ziele und Wege eine bedeutende Rolle spielen. Die vorliegende Untersuchung bestätigt diese Befunde und weitet zudem das Blickfeld aus. Die folgende Synopse zeigt, daß zunächst die Zahl der innerfamiliären Konflikte größer wird, wenn der Erziehungsstil zum Typus des gleichgültigen oder paradoxen tendiert. Deutlich ist auch der Anstieg des negativen Affektes bei den Jugendlichen, aus deren Berichten sich ergibt, daß die Eltern einen unzweckmäßigen Erziehungsstil haben. Die Lebensfreude sinkt. Trotz unterschiedlicher Rahmenbedingungen in Ost und West ist wiederum zu sehen, daß die Zusammenhänge wie gesetzmäßig die gleichen sind. Das Selbstwertgefühl junger Menschen steigt tendenziell, wenn Eltern verständnisvoll sind und einen reifen Erziehungsstil praktizieren. Die Erziehungsstile leisten auch einen Bei-

---

34 Imbke Behnken u.a., a. a. O., S. 117/118
35 Gerhard Schmidtchen: Schritte ins Nichts a.a.O., S. 69 sowie 92/93

trag zur moralischen Entwicklung. Altruistische Orientierungen werden bei einem reifen Erziehungsstil besonders deutlich. Dieser Befund ist wichtig für die Beantwortung der Frage, wie es zu einer moralischen Orientierung kommt, wenn die Institutionen, die sich dies explizit zum Thema machen, kaum Einfluß haben. Das Handeln in der Familie moralisiert die Verhaltensweisen, und zwar in der Hauptsache dann, wenn dem Handeln und Urteilen Normen zu Verfügung stehen, wenn Normen im Handeln präsent sind, vielleicht nur unbewußt.

Tabelle 22: Erziehungsstile und die Folgen

		Jugendliche, deren Eltern den folgenden Erziehungsstil praktizieren			
		paradox	gleichgültig	naiv	reif
Zwei und mehr Konfliktthemen mit den Eltern					
	Ost	82	66	43	41
	West	81	72	47	47
Keine Hilfe bei beruflicher Zukunftsplanung					
	Ost	41	62	21	11
	West	53	60	21	13
Es leiden unter negativen Gefühlen (Stufen 4 + 5)					
	Ost	59	53	40	39
	West	52	54	30	29
Das Leben gefällt sehr gut/gut					
	Ost	40	46	63	61
	West	48	57	76	78
Es sind ausgeprägt altruistisch (Stufen 4 + 5)					
	Ost	27	32	34	42
	West	18	33	40	43

Konflikte der Jugendlichen mit ihren Eltern sind seit 1986 etwas schwächer geworden, obwohl die thematische Struktur dieser Konflikte im Großen und Ganzen erhalten blieb. Am häufigsten geraten Kinder und Eltern aneinander, wenn die Kinder ihren Mund nicht halten, also offen sagen, was sie denken. Zweites Konfliktthema sind Geldfragen, jeder vierte Jugendliche bekommt es mit den Eltern zu tun wegen einer Freundschaft, die mißbilligt wird, gut 20 Prozent, weil sie nach eigenen Vorstellungen leben wollten, Kleiderfragen können Anlaß zur Diskussion geben und auch das Zigarettenrauchen. Dieses Erziehungsthema ist seit 1986 auf fast gleichem Niveau aktuell geblieben und führt in Ost und West zu Konflikten in gleicher Höhe. Weitere Konfliktanlässe sind Schwierigkeiten in der Schule, nicht mehr zu Hause wohnen wollen. Wegen politischer Meinungsverschiedenheiten haben sich in West und Ost sieben Prozent gestritten, daß es im Osten nicht mehr sind, zeigt, daß in den Familien die Lage sehr einhellig beurteilt wird. Ausbildungsprobleme und die Berufswahl bilden Konfliktstoffe, aber nicht sehr verbreitet. Kleine Gruppen berichten von Konflikten wegen einer ungewollten Schwangerschaft, wegen Straffälligkeit, wegen Alkohol und Drogen. Enge Beziehungen zur Kirche bieten selten Konfliktstoff, aber immerhin bei einem Prozent. Der Anschluß an eine Sekte hat in einem Prozent der Haushalte im Westen zu konfliktreichen Gesprächen geführt. Im ganzen berichten Jugendliche in Ostdeutschland von weniger Konflikten mit ihren Eltern. Keines dieser 17 Themen sei konfliktreich, erklärten 24 Prozent im Ost und 17 im Westen. Die Tabellenübersicht findet sich im Anhang (Tabelle A 41). Die Zahl der im Interview angegebenen Konfliktthemen wurde benutzt, um die Auskunftspersonen auf einer Skala anzuordnen. Sie dient analytischen Zwekken. Die quantitative Gesamtübersicht – ebenfalls im Anhang dargestellt (Tabelle A 42), zeigt noch einmal die etwas geringere Konfliktintensität in den Familien Ostdeutschlands.

Warum konnten die Familien Ostdeutschlands ein im Durchschnitt besseres Erziehungsklima bewahren, wieso ist der Kommunikationsstil in den Familien Ostdeutschlands weniger konfrontationsreich und konfliktbeladen? In einem zentralgeleiteten Staat, einer ideologisierten Öffentlichkeit und einem starren Beschäftigungssystem waren die Familien Orte des Gefühls und praktikabler normativer Muster. Nachdem der DDR-Staat das gesellschaftliche Leben gleichsam an sich gezogen hatte, blieben die Familien die kostbaren Horte des Privaten, der entlastenden Kommunikation. Die totale Verstaatlichung der Gesellschaft hat die Familie zum Sanktuarium für persönliche Bedürfnisse und Entwicklungen gemacht. Die DDR stand der Familie allerdings nicht gleichgültig gegenüber, sie wurde gefördert, durch Entlastung, wie etwa durch Kindergärten, aber auch durch Aufträge. Die sozialistische Persönlichkeit sollte sich ja auch in der Familie entfalten können. Erziehungsberatung und Familienberatung zeigten, daß die Familie auch als politische Größe ernst genommen wurde. Die unbeabsichtigte Folge dieser Förderung ist allerdings, daß sich in den Familien eine Kommunikationskultur jenseits der Ideologie etablieren konnte, wodurch die psychologische Schutzfunktion der Familie gegenüber einem alles kontrollierenden Staat gefestigt wurde. So sind Entwicklungen ausgelöst worden, die gegen die Staatsräson liefen. Auf diese Weise ist in der Familienkultur auf dem Gebiet der früheren DDR, und bis in die jetzige Situation der neuen Bundesländer weitertragend, ein „soziales Kapital"[36] entstanden, daß bewahrungs- und förderungswürdig ist. Es ist dieses soziale Kapital, das ganz maßgeblich die Kräfte bereitstellt, mit denen der große und rasche soziale Wandel geleistet wird.

Vom sozialen Kapital des Elternhauses geht ein Multiplikatoreffekt aus. Soziale Kompetenz und Verhaltenssicherheit äußern sich darin, daß junge Menschen die verschiedensten Rollen erfolgreich übernehmen können. Wie weit das der Fall ist, soll ein Test der Rollenkomplexität zeigen. Zu zehn verschiedenen Rollen konnten sich die Auskunftspersonen äußern. Gefragt wurde, wie wichtig es sei, in der Rolle von Sohn oder Tochter, von Vater oder Mutter, Schüler oder Schülerin zu sein. Nicht alle dieser Rollen können tatsächlich ergriffen werden, einige der Befragten sind nicht mehr in der Schule und andere sind noch nicht in der Arbeit, können sich also nicht zur der Rolle eines Mitarbeiters oder einer Mitarbeiterin äußern. Die Angaben erlauben gleichwohl eine Bruttobetrachtung, wieviele Rollen de facto sehr wichtig oder wichtig sind. Die folgende Übersicht vermittelt einen Eindruck von den Größenordnungen. Freund oder Freundin zu sein, ist eine wichtigere Rolle als Sohn oder Tochter. Sohn oder Tochter – diese Rolle ist in Ostdeutschland wichtiger als im Westen: Sehr wichtig sagen 34 gegenüber 23 Prozent im Westen. Dies zeigt noch einmal, daß die Familienbeziehungen im Osten enger sind. Auch die Vater-Mutter-Rolle ist betonter. Mitarbeiter oder Mitarbeiterin zu sein, ist in Ost und West scheinbar gleich wichtig. Rechnet man aber

---

36 Ein zentraler Begriff bei Robert D. Putnam: Bowling Alone: America's Declining Social Capital. Journal of Democracy. January 1995. 65-78

die Arbeitslosen weg, so ist der Mitarbeiterstatus im Osten wichtiger. Deutscher oder Deutsche zu sein, spielt im Westen eine scheinbar größere Rolle als im Osten. Mitgliedschaft in Vereinen, Studium, zur Kirche gehören, das wird im Westen ein wenig häufiger als wichtige Rolle empfunden. Im Osten fehlen dazu strukturelle Voraussetzungen. Faßt man die Nettobefunde zusammen, also zählt man nur die Antworten dort, wo die Rollen auch ergriffen werden können, dann zeigt sich, daß die Rollenvielfalt im Osten Deutschlands tendenziell größer ist.

Tabelle 23: Zur sozialen Komplexität

Frage: Jeder steht ja in verschiedenen Beziehungen – ob einem das paßt oder nicht: Sagen Sie mir bitte, wie wichtig diese Beziehung für Sie ist und ob Sie überhaupt bei Ihnen vorkommt.

Antworten „sehr wichtig" und „wichtig"	Jugendliche von 15 bis 30	
	West	Ost
Freund/Freundin	90	88
Sohn/Tochter	57	67
Mitarbeiter(in)	50	48
Vater/Mutter	43	49
Deutsche(r)	37	32
Ehemann/Ehefrau	32	29
Mitglied in einem Verein	27	22
Schüler/Schülerin, Auszubildende(r)	26	30
Student/Studentin	15	11
Kirchengemeindemitglied	9	6

Aus der Addition der Rollen ergibt sich eine Skala der Rollenkomplexität. Ihre vier Stufen sind in Ost und West ungefähr gleich besetzt, mit durchschnittlich etwas mehr Rollen in Ostdeutschland, obwohl es sich um die Bruttoangaben handelt, denn von zahlreichen Auskunftspersonen in Ostdeutschland konnten Arbeitsverhältnisse, Vereinsmitgliedschaften, Studenten- oder Kirchengemeinde-Rollen einfach deswegen weniger genannt werden, weil die Hintergrundstruktur fehlt. Rollenkomplexität entsteht vornehmlich in einem guten Familienklima. Kinder, die aus einer Familie mit reifem Erziehungsstil kommen, weisen zu 62 Prozent auf vier und mehr Rollen hin, die ihnen wichtig sind. Umgekehrt, Kinder aus Familien mit paradoxem Erziehungsstil geben zu 64 auf vier und mehr Rollen hin, die ihnen wichtig sind. Umgekehrt, Kinder aus Familien mit paradoxem Erziehungsstil geben zu 64 Prozent höchstens drei wichtige Rollen an. Das sind die Ergebnisse für Ostdeutschland, im Westen treffen wir parallele Zusammenhänge an. (Tabelle 24)

Tabelle 24: Erziehungsstil und Rollenkomplexität

Es haben folgende Rollenkomplexität (Anzwahl Rollen)	paradox	gleich-gültig	naiv	reif	insgesamt
Osten					
keine, eine	17 ⎫ 63	13	5	4	6
2 – 3 Rollen	46 ⎭	47	37	34	37
4 – 5 Rollen	32	32	44	44 ⎫ 62	42
6 und mehr	5	8	14	18 ⎭	15
	100	100	100	100	100
Westen					
keine, eine	27 ⎫ 79	15	8	5	9
2 – 3 Rollen	52 ⎭	51	34	30	37
4 – 5 Rollen	16	26	42	40 ⎫ 64	37
6 und mehr	5	8	16	24 ⎭	17
	100	100	100	100	100

Spaltenüberschrift: Jugendliche, deren Eltern den folgenden Erziehungsstil praktizieren

Die Fähigkeit, mehrere Rollen zu übernehmen und positiv zu entwickeln, ist ein Aspekt der sozialen Kompetenz. Dies hat Folgen für die Umwelt und die Persönlichkeit selbst. Zwar ist die Rollenkomplexität keine dominierende Variable, weil es von Chancen und Ressourcen abhängt, ob soziale Befähigung zum Zuge kommt, aber es zeigen sich bedeutende Effekte in der vorhergesagten Richtung, wenn man Jugendliche je nach ihrer Rollenvielfalt vergleicht. Rollenvielfalt geht mit steigender Arbeitsmotivation einher und mit mehr Lebensfreude. Umgekehrt führt Rollenarmut zu gedrückter Stimmung.[37] Jugendliche, die nur wenige Rollen positiv besetzen können, erklären in überdurchschnittlicher Zahl, daß die Sorgen die Lebensfreuden überwiegen, sie haben in bedeutender Zahl Verstimmungen und unbequeme Affektlagen. Die folgende Tabelle zeigt die Zusammenhänge.

Tabelle 25: Rollenkomplexität und ihre Auswirkungen

	Jugendliche mit folgender Zahl wichtiger Rollen			
	keine, eine	2-3	4-5	6 und mehr
Es haben eine hohe Arbeitsmotivation (1 + 2)				
Osten	42	52	63	67
Westen	53	61	70	72
Das Leben gefällt sehr gut, gut				
Osten	38	53	63	66
Westen	44	66	80	83
Sorgen überwiegen die Freuden				
Osten	53	39	34	32
Westen	42	35	19	25
Es leiden stark unter negativen Gefühlen (4 + 5)				
Osten	43	45	37	38
Westen	50	38	30	32
Es haben eine altruistische Orientierung				
Osten	33	28	40	48
Westen	21	32	41	48

Der vielleicht faszinierendste Aspekt der Rollenkomplexität ist der, daß die altruistische Orientierung ausgeprägter wird, je mehr der auf Dauer gestellten Beziehungen positiv besetzt werden können. Das heißt umgekehrt, daß in positiven Beziehungen ethisches Verhalten erlernt wird. Da Rollen auch immer den Aspekt der Erwartung enthalten, diese notwendigerweise einen normativen Kern besitzen, gewinnt ein positiv ausgehendes Spiel von Erwartung und Antwort den Charakter eines ethischen Verstärkungssystems. Im alltäglichen Handeln kann also eine bedeutende Quelle

---

37 Amerikanische Untersuchungen zeigen, daß mit der Rollenkomplexität die emotionale Stabilität zunimmt. Patricia W. Linville: Affective Consequences of Complexity Regarding the Self and Others. In: Clark, M. S. and Fiske. S. T (Eds.): Affect and Cognition. Lawrence Erlbaum Associates, Hillsdale, N. J.: 1982. S. 79ff.

ethischer Orientierung liegen, wenn die Erwartungen selber einen ethischen Wert haben. Es ist also nicht gleichgültig, welches ethische Wissen in die Interaktionssysteme eingeht. In einem guten Familienklima kann also Rollenreichtum entstehen, der nicht nur die Handlungsfähigkeit und soziale Wirksamkeit junger Menschen beeinflußt, sondern auch die moralische Qualität der Interaktion. Die Familien mit der Fähigkeit und dem Mut zur Erziehung entlassen nicht nur aktive, sondern auch moralisch motivierte Kinder in die Gesellschaft. Sie wirken dort weiter als Anreger und attraktive Vorbilder. Dies ist der Multiplikatoreffekt der Familien. Es gibt allerdings auch negative Multiplikatoreffekte. Aus gestörten Familien kommen Kinder in die Gesellschaft, deren soziales Handeln gehemmt ist, die dazu tendieren, ihre negativen Affekte auszudrücken, Negatives zu tun, und die ethisches Verhalten nicht sonderlich attraktiv finden.

3.2. Ausbildung und Beruf

Die Bereitschaft zu beruflichem Engagement ist unter Jugendlichen im Osten Deutschlands stärker als im Westen. Das kommt vielfältig zum Ausdruck. Die Frage nach den Lebenszielen ergab, daß von jungen Menschen im Osten ein guter Beruf, interessante Arbeit, finanzielle Sicherung, Lebensleistung und Weiterbildung deutlicher betont werden als im Westen. Faßt man alle Äußerungen im Faktor Leistungen und Wohlstand zusammen, so haben 55 Prozent der Jugendlichen im Osten hohe Motive gegenüber 45 Prozent im Westen (Tabellen A 1 und A 3). In anderen Untersuchungen über die Wertorientierungen Jugendlicher in Ost und West verwischen sich diese Unterschiede zum Teil, weil die Antwortvorgaben nicht differenziert genug sind. So kommt die IBM-Jugendstudie 1992 zu dem Schluß: „Gleichermaßen wichtig in Ost und West sind für die Jugendlichen der berufliche Erfolg, ein guter Verdienst und eine interessante Arbeit". Diese Ähnlichkeitsdiagnose beruht auf einem solchen Verwischungseffekt und darauf, daß nur nach wenigen Aspekten gefragt wurde.[38]

---

[38] Institut für empirische Psychologie: Die selbstbewußte Jugend, Bund-Verlag Köln 1992, S. 74

Die Schülerstudie '90 weist in den Antworten auf die Frage, ob man Wert auf Erfolg im Beruf lege, ebenfalls geringe Unterschiede aus. Es gab nur vier Antwortmöglichkeiten mit dem großen psychologischen Sprung zwischen großem Wert und geringem Wert. Es fehlte die Mittelposition. Die Antworten werden in die eine oder andere Richtung gepreßt. Aber es wurde nach weiteren Werten gefragt, bei deren Einschätzung sich Unterschiede zeigten, und das ist bei dieser Art von Fragestellung dann umso bedeutungsvoller. Erfüllung in der Arbeit finden 44 Prozent der Schüler und Schülerinnen in der früheren DDR sehr wichtig gegenüber 38 Prozent in der Bundesrepublik. Umgekehrt ist Vermeidung von Leistungsdruck für 41 Prozent der Schüler und Schülerinnen in der Bundesrepublik sehr wichtig gewesen, aber nur für 31 Prozent in der DDR. Zitiert wird weiter die Zahl, daß 73 Prozent der Schüler und Schülerinnen in der früheren DDR eine hohe berufliche Qualifikation als lohnende Investition für die eigene Zukunft angesehen hätten im Vergleich zu 56 Prozent in der alten Bundesrepublik. Ob allerdings die schnell zwischen die Ergebnisse geworfene Interpretation richtig ist, daß sich die Jugendlichen im Osten bereits antizipatorisch auf die Anforderungen der westlichen Leistungsgesellschaft eingestellt hätten, muß bezweifelt werden.[39]

Es ist zwar aus westlicher Perspektive vielleicht sympathisch zu denken, daß mit den neuen Verhältnissen über Nacht auch neue Motive in den Osten gekommen sind, aber es wäre falsch anzunehmen, daß die Deutschen in der DDR eine Gesellschaft ohne Tugenden gewesen seien. Im Gegenteil, die intakten Familien und die Arbeitsdisziplin an Schulen und Universitäten, die auch nach der Wende noch beeindruckte, waren ein psychologisches Kapital, das eben gerade unter neuen Verhältnissen wirksam werden konnte und wirksam wurde. So ist die organisatorische Disziplin im Osten eindrucksvoll höher als im Westen, das Blau machen und die Schuleschwänzen waren im Osten sehr viel weniger ein Thema. (Schaubild 16)

---

39 Imbke Behnken, u.a.: Schülerstudie '90, a.a.O., S. 100.

Schaubild 16: Mehr organisatorische Disziplin im Osten

Es haben schon blau gemacht, die Schule geschwänzt

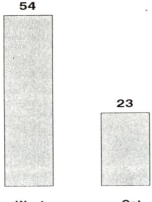

Jugendliche von 15-30   **West**   **Ost**
Antworten in Prozent
Quelle: Jugendumfrage 1993/1994 für das BMFJ
Copyright by IM Leipzig u. Prof. D.Dr. Gerhard Schmidtchen – Uni Zürich

Für die vorliegende Untersuchung hat Harry Schröder einen Test der Sozialpersönlichkeit entwickelt, der im positiven oder negativen Sinne drei Dimensionen des Handlungsvertrauens zeigt: Erstens Verzagtheit und Kontrollverlust, zweitens Selbstvertrauen und drittens Freude an Herausforderung. Dieser Test wird vom Autor im Kapitel 7.1. beschrieben und interpretiert. In unserem Zusammenhang interessiert besonders die Freude an der Herausforderung. Die Testfragen lauten: „Ich finde meine jetzige Lebenssituation aufregend, weil ständig neue Anforderungen auf mich zukommen. – Um mit meiner derzeitigen Lebenssituation fertig zu werden, setze ich mich mit meinen Problemen auseinander, bis sie gelöst sind. – Um meine derzeitige Lebenssituation zu bewältigen, versuche ich meine Schwierigkeiten mit anderen gemeinsam anzugehen." Im Osten besetzen 21 Prozent der Jugendlichen eine hohe Position auf der Skala, im Westen 16 Prozent. Im Mittelbereich befinden sich im Osten 44, im Westen 46 Prozent. Im ganzen ist zu sehen, daß die Jugend im Osten trotz schwierigerer Lebensbedingungen ein akzentuierteres Handlungsvertrauen hat als die im Westen. Die deutlichere Berufsorientierung, die Leistungsbereitschaft, die organisatorische Disziplin der Jugendlichen im Osten kann man nicht, wie es in einigen Studien geschieht, als Konventionalismus abtun, es sind vielmehr Werte, die eine Renaissance erfahren und ihre Modernität dadurch gewinnen, daß sie sich mit dem Motiv verbinden, autonom arbeiten zu wollen. Der Osten wirkt puritanischer, wahrscheinlich eine Hinterlassenschaft der pietistischen Grundorientierung der preußischen Führungsschicht. Der Pietismus kann als die deutsche Spielart des Puritanismus angesehen werden. Die klassische puritanische Verhaltensregel, die Zeit zu nutzen, wird im Osten sehr viel deutlicher betont als im Westen (82 zu 68 Prozent), und auch das Bescheidenheitsgebot finden wir im Osten deutlicher ausgesprochen (46 zu 37 Prozent). Dies mag auch erklären, wieso der andere bereits erwähnte Test des Selbstwertgefühls im Osten nicht so schön ausgeht wie im Westen. Während das Handlungsvertrauen im Osten durchaus intakt ist, ist die Selbstbewertung im Sinne der Selbstzufriedenheit oder Selbstlob weniger ausgeprägt als im Westen (Tabelle 26).

Ohne Eitelkeit, ohne Selbstgefälligkeit, effektiv und mit einer gewissen Durchsetzungshärte gehen die jungen Menschen in Ostdeutschland an den Bau ihrer Biographien. So ausgestattet treffen junge Menschen im Osten Deutschlands auf eine Erfahrungswelt, die ihnen Schwierigkeiten bereitet. Die berufliche Zukunft ist für Jugendliche im Osten, wir sahen es, unklarer als im Westen. Für die Jugendlichen im Westen hat sich die Situation in dieser Hinsicht sogar zwischen 1986 und 1994 gebessert (Seite 107). Der Trend hat sich 1995 jedoch nicht fortgesetzt. Im Osten scheint sich das berufliche Zukunftsvertrauen zu konsolidieren, wenngleich die Tendenzen kaum die Signifikanzgrenzen übersteigen. Von den beruflichen Zukunftsperspektiven hängt im Osten noch stärker als im Westen das Zukunftsvertrauen junger Menschen überhaupt ab.

Tabelle 26: **Steigende Selbstakzeptanz im Westen**
Schwächeres Selbstwertgefühl im Osten
(Test nach Rosenberg)

		Jugendliche von 15 bis 30		
		1986 West	1994 West	1994 Ost
Das Selbstwertgefühl ist	ausgeprägt	19	32	23
	mittel	57	54	57
	schwach	24	14	19
	nicht einstufbar	x	x	1
		100	100	100

Der Test beruht auf 3 Antwortvorgaben, die auf einer 5er-Skala einzustufen waren:
„Ich finde mich so, wie ich bin, in Ordnung."
„Ich komme mit dem ‚Auf und Ab' im Leben ganz gut zurecht."
„Eigentlich bin ich mit mir ganz zufrieden."

Berufsperspektive und allgemeines Zukunftsvertrauen

	Jugendliche, die ihre berufliche Zukunft wie folgt sehen:		
Es haben viel Vertrauen in die persönliche Zukunft	sehr klar	einigermaßen klar	noch unklar
Ost	62	42	25
West	55	36	33

Beispiel zum Lesen der Tabelle:
Von 100 Jugendlichen im Osten, die ihre berufliche Zukunft sehr klar sehen, haben 62 allgemein Vertrauen in die persönliche Zukunft.

Verbraucht sich der Mensch in der Arbeit oder gewinnt er durch sie? Im Jahre 1984 erklärte eine beträchtliche Minderheit von Mitarbeitern und Mitarbeiterinnen in der Metallindustrie, daß der Mensch sich in der Arbeit verbrauche, knapp 60 Prozent meinten, er gewinnt auch. Unter Jugendlichen im Westen wie im Osten ist nahezu allgemeiner Konsens, daß man durch die Arbeit gewinnt (je 70 Prozent). Dies ist auch ein normativer Konsens, es werden Arbeitssituationen gesucht, in denen eine positive Persönlichkeitsentwicklung stattfinden kann. Der Mensch soll sich, nach Ansicht junger Menschen, nicht in der Arbeit verbrauchen. Der Gang in die Berufswelt wird also von hohen Motiven getragen und von anspruchsvollen Normen geleitet (Tabelle A 2). Die hohe Bedeutung des beruflichen Werdeganges für die Gestaltung der eigenen Biographie bedeutet allerdings nicht, daß diese Berufswelt monistisch besetzt wird, alles übrige vergessend. Die Frage, was an erster Stelle im Leben käme, Beruf oder Partnerschaft, ergibt aufschlußreiche und überraschende Antworten. Im Osten sagen 60 Prozent der jungen Menschen und 61 Prozent der Frauen, beides ist gleichrangig. Die Gleichrangigkeit von Beruf und Partnerschaft, die Vereinbarkeit beider so wichtiger Lebensbereiche wird von Männern und Frauen praktisch gleich bewertet. Im Westen ist häufiger zu hören, Partnerschaft sei wichtig, Beruf und Partnerschaft seien gleichrangig erklären 44 Prozent im Westen. Man hätte vielleicht die Vermutung hegen können, die stärkere Berufsmotivation im Osten dränge andere Lebensmotive in den Hintergrund, aber das ist nicht der Fall. Darin liegt das Unerwartete. Die Vereinbarkeit beider Lebensbereiche wurde zu DDR-Zeiten nicht nur postuliert, sondern auch ermöglicht. Einrichtungen zur organisatorischen Entlastung der Familien wie die universell verfügbaren Kindergärten unter fachlicher Leitung auf der einen Seite und die Sicherheit des Berufssystems, wenn auch dessen Immobilität auf der anderen Seite, haben die Kombination von Partnerschaft und Beruf Wirklichkeit werden lassen (vergleiche auch die höhere Bewertung von Beruf und Familie im Osten – Tabelle A 43). Auf diese Lebenserfahrung stützt sich jetzt die Forderung, Beruf und Partnerschaft sollten gleichrangig behandelt werden. (Tabelle 27).

Hohe Berufsmotivation ist nicht gleichbedeutend mit hoher Arbeitsmotivation. Berufliche Motivation entsteht in einem langen Vorgang der Sozialisation in Familien, Schule und Ausbildungsstätten. Die Arbeitsmotivation wird maßgeblich im Betrieb gestaltet. Sie ist verstärkungs- und situationsabhängig. Gerade eine beruflich hoch motivierte Person kann zum Beispiel unter einer falschen Aufgabenstellung, Unfreiheit, Mangel an Anerkennung und einem kommunikationsarmen Führungsstil besonders leiden. Im Osten Deutschlands ist die Berufswelt nicht so, daß die Arbeitsmotivation den hohen beruflichen Impulsen entspricht. Das Freiheitsgefühl am Arbeitsplatz ist geringer, auch die Zahl der Jugendlichen, die ihre Arbeit als interessant empfinden, ist ein wenig kleiner als im Westen (vergleiche Tabelle A 44). Aus beiden Antwortreihen läßt sich eine Skala der Arbeitsmotivation bilden. Auch hier spiegelt sich zusammengefaßt, was die Fragen im einzelnen schon zeigen: im Westen haben 33 Prozent der Jugendlichen eine hohe Arbeitsmotivation, im Osten 26 Prozent (Tabelle A 45).

Tabelle 27: Sind Partnerschaft und Beruf vereinbar?
Frage: Was kommt für Sie an erster Stelle im Leben: Beruf oder Partnerschaft?

	Jugendliche von 15 bis 30		
	1986 West	1994 West	1994 Ost
Beides gleichrangig	40	44	60
Partnerschaft an erster Stelle	36	35	21
Beruf an erster Stelle	23	21	19
keine Angabe	1	x	x
	100	100	100
Frauen			
Beides gleichrangig	39	43	61
Partnerschaft an erster Stelle	41	42	24
Beruf an erster Stelle	19	15	15
keine Angabe	1	x	x
	100	100	100

Arbeit wird nicht als etwas der Person Fremdes aufgefaßt. Auf die Frage „In welchem Maße trägt Ihre Arbeits- und Lernsituation zu Ihrer persönlichen Entwicklung bei?" antworteten 61 Prozent im Osten und 60 Prozent im Westen, sehr viel oder viel. Der Arbeits- und Lernwelt begegnen junge Menschen mit hohen Ansprüchen an das Personsein. Arbeit wird nicht nur deswegen geleistet, weil man eben Geld verdienen muß. So wird die Arbeitswelt erwartungsvoll betrachtet, nicht nur in Bezug auf die Arbeitsinhalte, sondern auch mit einem fragenden Blick auf die psychologische Organisation der Arbeit. (Tabelle 27a).

Zwei Fünftel der befragten Jugendlichen befinden sich in der Ausbildung, etwas mehr sind erwerbstätig. Im Westen haben sich zur Zeit der Untersuchung drei Prozent als arbeitslos eingestuft, im Osten acht Prozent. Unterscheidet sich die Arbeitsmotivation der in Ausbildung befindlichen, jüngeren Auskunftspersonen von den Älteren, die schon im Beruf sind? Die Motivation in den Ausbildungsstätten ist naturgemäß in ihrer Struktur grundlegend anders als im Beruf. Das Verhältnis von Lernen und Anwendung ist verschieden, die Arbeitsziele sind unterschiedlich, ebenso die Belohnungen. Man darf in der Ausbildungssituation ein schlechteres Arbeitsklima erwarten. Das ist auch der Fall, aber die Unterschiede zur Berufssituation sind gering. In den Ausbildungsstätten ist das Arbeitsklima gleich gut und gleich schlecht wie in den Betrieben; und zwar unter den beiden Gesichtspunkten Freiheit und Interesse (Tabellen A 46 und A 47). Die Folgen eines guten oder schlechten Arbeitsklimas beschränken sich nicht auf die Schule und den Betrieb. Mit einem problematischen Arbeitsklima verdunkelt sich die Lebensstimmung. Je schlechter die Arbeitsmotivation, desto weniger sind die Jugendlichen geneigt, zu sagen, das Leben gefalle ihnen gut. Die Schule und die Arbeit sind wichtige Orte der Lebenserfahrung, und die Gefühle, die hier entstehen, werden generalisiert. Auch die Entwicklung der Lebensqualität wird deutlich skeptischer gesehen, wenn Schule, Ausbildungsstätte und Arbeit als konfliktreiche Orte erfahren werden (Tabellen A 48 und A 49).

Tabelle 27a: Arbeit, Lernen und persönliche Entwicklung

Frage: Trägt Ihre Arbeits- oder Lernsituation zu Ihrer persönlichen Entwicklung bei?

	Jugendliche zwischen 15 bis 30	
	West 1995	Ost 1995
sehr viel	18 ⎫	22 ⎫
	⎬ 60	⎬ 61
viel	42 ⎭	39 ⎭
einiges, es geht	30	30
nicht besonders viel	8	6
gar nichts	1	3
keine Angabe	1	x
	100	100

Haben die jungen Menschen das Gefühl, richtig gesehen zu werden, und fühlen sie sich anerkannt? Von der Umwelt, in der Familie, in der Ausbildung, am Arbeitsplatz, im Freundeskreis anerkannt zu werden, ist eine wesentliche Ressource für das Selbstwertgefühl und für die allgemeine Lebensstimmung. Menschen, die keine Anerkennung erfahren, wirken motivationsgeschädigt.

Anerkennung kann man nur durch erfolgreiche Interaktion gewinnen, und dazu gehören die anderen. Das Gefühl, wirklich anerkannt und angenommen zu werden, hat ungefähr die Hälfte der Jugendlichen. Zwischen Ost und West gibt es da keinen Unterschied. 46 Prozent fühlen sich teilweise anerkannt und drei Prozent nicht. Mit der Anerkennung steigt das Interesse an der Arbeit und das Gefühl, die Arbeitssituation trage zur persönlichen Entwicklung bei. Mit fehlender Anerkennung ist das Gefühl verbunden, die Sorgen überwiegen die Freuden im Leben (Tabelle A 50). Wir sind es gewohnt, Anerkennung als ein Ergebnis von Leistung zu betrachten, aber die Jugendlichen sind zunächst einmal da und wollen voraussetzungslos anerkannt werden. Für die Umwelt, für die Organisation bedeutet das, daß Leistung und Anerkennung in eine bestimmte zeitliche Reihenfolge gebracht werden müssen. Vor der Leistung steht die Investition von Vertrauen, dann folgt eine Beobachtungsphase, ob das Vertrauen gerechtfertigt werden kann. Es gehört zum Beispiel zu den unausgesprochenen Prinzipien schweizer Pädagogik, zunächst Vertrauen zu investieren, aber wehe, es wird nicht eingelöst. Diese Vorgänge von Investition von Vertrauen, Anleitung zum Tun und Rückmeldung über positive Ergebnisse sind wichtige Phasen beim Aufbau der Motivation.

Untersuchungen in der Metallindustrie haben gezeigt, daß die Arbeitsmotivation durch drei wesentliche Komponenten bestimmt wird. Erstens die persönliche Berufsmotivation und Kompetenz, die am Arbeitsplatz eingesetzt werden können, zweitens die organisatorischen Ressourcen, zu denen auch das Verhalten des Vorgesetzten zählt, der ja im wesentlichen die Organisationsressourcen für die Mitarbeiter vermittelt und schließlich die Bezahlung.[40]

In einer Untersuchung über die Motivation junger Menschen muß insbesondere der Lehr- und Führungsstil in Schulen und Betrieben interessieren. Er wurde in Analogie zum Erziehungsstil der Eltern ermittelt. Gefragt wurde, ob Lehrer und Vorgesetzte emotionale Unterstützung gewähren, ob man sich bei ihnen mit seinen Meinungen und Anliegen gut aufgehoben fühlt und ob Forderungen gestellt werden. Die gute menschliche Atmosphäre in der

---

40 Gerhard Schmidtchen: Menschen im Wandel der Technik. A.a.O. S. 33ff.

früheren DDR, an die sich junge Menschen zurückerinnern, entstand weitgehend in dem informellen Umgang miteinander, im Privaten. Aber auch in den Betrieben wurde nach allem, was man hört, ein entspannter, vertrauensvoller, kollegialer Umgang gepflegt, der mit den ersten Maßnahmen zum Personalabbau in Verwaltung und Industrie nach der Wende 1990 abrupt endete. Der Führungsstil in der DDR war gekennzeichnet durch Vertrauen und Lenkung, wobei Lenkung natürlich auch eine ideologische Komponente haben sollte, die aber vielen Berichten zufolge gemeinsam von Vorgesetzten und Untergebenen unterlaufen wurde. Die Vorgesetzten in der DDR hatten in erster Linie eine Sachaufgabe und standen sodann in einem Beziehungsverhältnis. Diese Beziehungsverhältnisse brachen mit der Wende weg. Die Vorgesetzten gewannen andere Instrumentarien der Lenkung. Sie konnten fördern oder waren gezwungen zu entlassen, sie konnten aber auch selbst entlassen werden. Als Reaktion auf diese Situation scheinen sie sich sehr auf die Sachaufgaben beschränkt und die emotionale Unterstützung der Mitarbeiter außer acht gelassen zu haben. Die personalpolitische Unsicherheit ließ auch kein vertrauensvolles emotionales Klima aufkommen. Auch die Lehrer scheinen sich in der kulturellen Schrecksituation auf ihre Sachaufgaben beschränkt zu haben. Nun weiß man aus der betriebssoziologischen Forschung, daß ein rein aufgabenorientierter Lehrer oder Vorgesetzter als kalt gilt, als desinteressiert an der Förderung seiner Schüler, seiner Mitarbeiter, er erzeugt jedenfalls kein emotionales Klima, indem man sich gerne aufhält. Genau dieser etwas verschreckte Stil scheint mit der Wende in Schulen und in Betrieben eingezogen zu sein. Allerdings war auch der Führungsstil im Westen längst revisionsbedüftig. Im Jahre 1986 war er kaum besser als gegenwärtig in den östlichen Bundesländern. Aber es ist viel geschehen seitdem. Mehr als früher berichten Schüler und Lehrlinge, Untergebene, daß die Vorgesetzten nicht nur Forderungen stellen, sondern auch emotionale Unterstützung gewähren (Tabelle A 51). Der emotionale Komfort im Westen hat zugenommen, aber die Striktheit, mit der Forderungen gestellt werden, ging zurück. Im Osten fällt die emotionale Unterstützung karg aus, aber es werden sehr deutlich Forderungen gestellt. Im Ganzen sieht man im Jahre 1995, daß 43 Prozent der jungen Menschen im Osten es mit einem preußisch-puritanischen Führungsstil zu tun haben im Vergleich zu 30 Prozent im Westen. Dieser Führungsstil ist die öffentliche Variante des paradoxen Erziehungsstils in der Familie und ebenso schädlich. Aber im Jahre 1986 waren es auch noch 45 Prozent im Westen, die einen Führungsstil erfuhren, der sie aus der Perspektive der Vorgesetzten motivieren sollte, aber das Gegenteil bewirkte (Tabelle A 52). Es sah im Westen so aus, als ob, jedenfalls bis 1994, der Führungsstil in den Industriebetrieben und auch in den Schulen sich verbesserte. Aber inzwischen – 1995 – scheint es eine rückläufige Entwicklung zu geben. Der reife Führungsstil läßt etwas nach und dafür gewinnen die übrigen an Verbreitung, auch der preußisch-puritanische. Es ist, als ob sich hier die beklommene Situation auf dem Arbeitsmarkt und die Durchrationalisierung der Betriebe ausdrücke. Die Produktionsgeschwindigkeit nimmt zu und nach allem, was man sieht, auch der Streß durch ehrgeizige Zielvorgaben. Im Osten ist das Bild innerhalb der für die Ergebnisse geltenden Toleranzen weitgehend konstant (Tabelle A 52). Einen reifen Führungsstil erfahren 35 Prozent der jungen Menschen im Westen, die sich in einer Lern- oder Arbeitssituation befinden, und 32 Prozent im Osten. Ein paradoxer und gleichgültiger Führungs- und Lehrstil läßt das Interesse an der Arbeit und das Gefühl, dabei frei zu sein, deutlich sinken (Tabelle A 53).

Lernen, Arbeiten, berufliche Wanderlust werden angeregt und ermöglicht in einer kulturellen Umwelt, die den jungen Menschen Ressourcen der verschiedensten Art zur Verfügung stellt. Menschliche Zuwendung, Bildungs- und Fortbildungschancen, Berufsaussichten, die aktive Möglichkeit, die Freizeit zu verbringen im Sport oder durch den Besuch kultureller Veranstaltung, auch Einkommens- und Wohnverhältnisse zählen zur kulturellen Umwelt. Um über die Lebensmöglichkeiten junger Menschen etwas zu erfahren, wurde die Frage gestellt: „Der Mensch lebt ja nicht vom Brot allein – es gibt ja auch vieles andere, was wichtig ist" – zu 13 Aspekten wurde gefagt, ob man zufrieden damit sei.

Bereiche großer Zufriedenheit sind die menschlichen Beziehungen, das eigene Leben so führen zu können, wie man es für gut hält, die Liebe der Eltern. In diesen Bereichen sind in Ost und

West die gleichen Antworten zu hören. In anderer Hinsicht wirkt die kulturelle Umwelt im Osten ärmer. Weniger sagen, sie seien zufrieden mit den Möglichkeiten, sich am Leben zu freuen oder mit der Geselligkeit und persönlichen Begegnung. Mit dem eigenen Bildungsweg sind junge Menschen im Osten fast so zufrieden wie im Westen, aber nicht mit den Berufschancen, nicht mit den Angeboten zur Weiterbildung. Mit den Möglichkeiten, Sport zu treiben, zu kulturellen Veranstaltungen gehen zu können, und zwar in der Nähe, sind sehr viel weniger Jugendliche im Osten zufrieden als im Westen. Schließlich das Ökonomische: Einkommens- und Wohnverhältnisse haben nicht ganz den Status wie im Westen. Die Schaubilder 17 und 17a enthalten eine Übersicht und die Vergleichsmöglichkeiten. Die jugendpolitischen Defizitbereiche im Osten treten klar hervor. Im Westen hat sich im Laufe von fast zehn Jahren manches gebessert, so der Bereich der persönlichen Beziehungen, die Geselligkeit, die Berufs- und Bildungschancen, auch mit dem Bildungsweg sind Jugendliche im Westen zufriedener als 1986. Auch kulturell scheint das Leben reicher geworden. Ein reiches kulturelles Umfeld ist wichtig für die Persönlichkeitsentwicklung, die emotionale Stärke und die Intelligenz. Lernfähigkeit, Kreativität, berufliche Motivation hängen auch vom kulturellen Hintergrund ab. Gleichzeitig entstehen hier aber Bindungen, die in einem Kontrast zu den Forderungen nach beruflicher und räumlicher Mobilität stehen. Freilich ist es leicht, auf der Basis von Sicherheiten an Mobilität zu denken, insbesondere dann, wenn der Gedanke der Rückkehr realistisch bleibt. Zur Mobilität gehört Kraft, gehören hohe Erwartungen. Die höhere Mobilitätsbereitschaft der Gebildeten ist ein Hinweis auf solche Zusammenhänge.

Konkret: Wieviele junge Menschen sind bereit, an andere Orte zu gehen, um ihre Bildungs- und Berufschancen wahrzunehmen? Auf der verbalen Ebene, in der Selbstdarstellung, wirken junge Menschen großenteils mobil und flexibel. Einen Wohnortwechsel aus Gründen der Ausbildung, des Studiums oder wegen des Berufs können sich 48 Prozent der Jugendlichen im Westen prinzipiell vorstellen, 42 Prozent im Osten. Dazu kommen im Westen 26 Prozent, die einen Wohnortwechsel für begrenzte Zeit für möglich halten, im Osten sind es 28 Prozent. Minderheiten von 17 bzw.

Schaubild 17: ... Nicht vom Brot allein.

Der Mensch lebt ja nicht vom Brot allein – es gibt ja auch noch vieles andere, was wichtig ist. Wo würden Sie sagen: Da kann ich zufrieden sein?

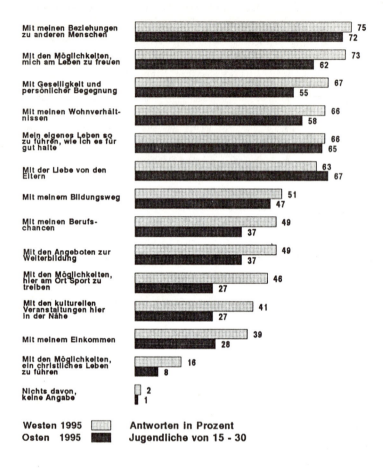

Quelle: Jugendumfrage 1995 für das BMFSFJ
Copyright by IM Leipzig u. Prof. D.Dr. Gerhard Schmidtchen – Uni Zürich

Schaubild 17a: Bereiche der Lebenszufriedenheit
Der Trend im Westen 1986-1995

Der Mensch lebt ja nicht vom Brot allein – es gibt ja auch noch vieles andere, was wichtig ist. Wo würden Sie sagen: Da kann ich zufrieden sein?

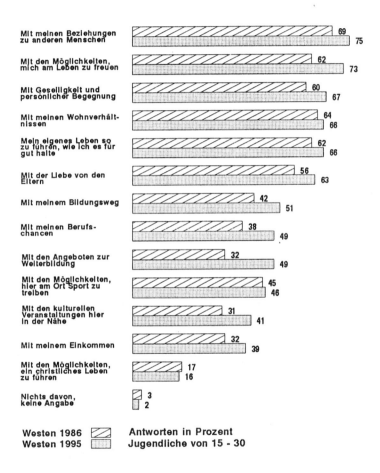

Westen 1986
Westen 1995

Antworten in Prozent
Jugendliche von 15 - 30

Quelle: Jugendumfrage 1995 für das BMFSFJ
Copyright by IM Leipzig u. Prof. D.Dr. Gerhard Schmidtchen – Uni Zürich

15 Prozent erklären, das käme nicht in Frage. Die Realisierung dieser Mobilitätsphantasien sieht bescheidener aus: Nicht überall, wo Mobilitätsbereitschaft signalisiert wird, gibt es auch schon Anlässe und Motive dafür. Auffällig ist aber eine Diskrepanz zwischen ost- und westdeutschen Jugendlichen. Während sich im Westen jeder zweite hohe Mobilitätsbereitschaft bescheinigt, haben nur 21 Prozent schon Umzugspläne; im Osten fällt die Selbstbeschreibung „ich bin mobil" etwas zurückhaltender aus, aber es gibt mehr konkrete Pläne für den Wechsel an einen anderen Ort aus Gründen des Berufes oder der Bildung: 29 Prozent. Die Berufssituation im Osten legt wahrscheinlich diese hohe Mobilität nahe, aber auch das Gefälle der Chancen zwischen Ost und West. Auskunftspersonen im Osten wurden gefragt: „Und möchten Sie in die alten Bundesländer gehen oder denken Sie an einen anderen Ort in Ostdeutschland?" – spiegelbildlich lautete die Frage an Jugendliche in den westlichen Bundesländern. Das Ergebnis ist sehr eindeutig, es gibt nach wie vor eine deutliche Tendenz zur Westwanderung. 23 Prozent der ostdeutschen Jugendlichen, die fortgehen wollen, planen in den Westen zu gehen. Aber von westdeutschen Jugendlichen wollen nur fünf Prozent in den Osten gehen. Im Westen wollen 43 Prozent, wenn sie schon an einen anderen Ort gehen, in den westlichen Bundesländern bleiben, im Osten nur 18 Prozent in den neuen Bundesländern. Mehr als die Hälfte erklärt, beides sei möglich. Hier haben sich die Pläne offenbar noch nicht kristallisiert. Rechnet man die Mobilitätstendenzen nach den bereits konkreteren Plänen hoch, so ergibt sich, daß sich westdeutsche Jugendliche zu 90 Prozent für andere Orte im Westen interessieren, während die Mobilitätspläne ostdeutscher Jugendlicher nur zu 44 Prozent auf andere Orte in den neuen Bundesländern gerichtet sind. Die Mobilitätsbereitschaft sinkt mit dem Alter, fällt nach dem 25. Lebensjahr offenbar deutlich ab, und sie steigt mit der Bildung, je universalistischer die Bildung, desto geringer die Mobilitätswiderstände (Tabellen A 54 und A 55).

Die Vertrautheit mit dem eigenen Wohnort, eingebettet sein in ein Netz von Beziehungen, bremst die Mobilität (Tabelle A 56). Mit der in einer modernen Industriegesellschaft immer wieder geforderten räumlichen Mobilität geben die Individuen etwas von ihrem sozialen Kapital aus der Hand, geben es vielleicht zunächst ganz auf. Sind sie jung genug, so haben sie die Hoffnung und auch die realen Chancen, sich anderenorts wiederum ein soziales Netz aufzubauen, sich in bestehende Kreise einzugliedern. Nach der enthusiastischen Phase der Wanderjahre kann beruflich nahegelegte oder erzwungene Mobilität, auch wenn schöne Gewinnerwartungen mit ihr verbunden sind, zu psychischen Belastungen führen. Diese Lasten trägt zunächst scheinbar nur der Einzelne, aber mit dem Verlust von sozialen Kapital oder gar seiner teilweisen Zerstörung sind auch der Gemeinschaft Folgekosten aufgebürdet. Mit Mobilitätsfragen muß man behutsam umgehen. Am neuen Ort sollten sich nicht nur berufliche, sondern auch soziale Chancen bieten. Die Firmen sollten zum Beispiel Anstrengungen unternehmen, neue Mitarbeiter von auswärts in der Gemeinde, in Vereinen, im sozialen Umfeld, mit Jugendgruppen bekanntzumachen. So können kostspielige Barrieren der Fremdheit und des Außenseitertums vermieden werden.

3.3. Vereine, Cliquen, Jugendgruppen; soziale Integration

Die Mitgliedschaft in Vereinen, wichtige Basis sozialer Aktivität und Sicherheit, ist im Osten weniger verbreitet, weniger intensiv als im Westen. Die Zahl der Vereinsmitglieder unter Jugendlichen ist im Westen zwar nicht gestiegen, aber die Zahl der Doppelmitgliedschaften hat sich erhöht, im Osten ist die Zahl der Mehrfachmitgliedschaften geringer, die der Nichtmitglieder ist größer. 34 Prozent der Jugendlichen im Westen, 41 Prozent im Osten gehören keinem Verein an.

Tabelle 28: Mitgliedschaft in Vereinen

	Jugendliche von 15 bis 30		
	1986	1994	1994
Es gehören an	West	West	Ost
zwei und mehr Vereinen[x)]	31	37	27
einem Verein	36	29	32
keinem	32	34	41
keine Angabe	1	x	x
	100	100	100

x) Angaben nach einer Liste mit 19 Vereinen

Die genaue Erkundigung nach Mitgliedschaften und aufgegebenen Verbindungen zu Vereinen ergibt, daß viele Jugendliche im Osten frühere Mitgliedschaften referieren, die jetzt nicht mehr existieren, so zur Gewerkschaft, zu Schülervereinigungen, Sport-, Freizeit- und Hobbyvereinen und Jugendorganisationen einer Partei. Diese Angaben beziehen sich im wesentlichen auf Organisationen, die nach der Wende weggebrochen sind. Insgesamt war der Organisationsgrad Jugendlicher in der früheren DDR höher.

Tabelle A 57 weist die Mitgliedschaften im einzelnen aus. Die Zahl der Mitglieder von Sport-, Freizeit- oder Hobbyvereinen ist unter jungen Leuten in Ostdeutschland geringer als im Westen, insbesondere auch die Mitgliedschaft in einer aktiven Funktion. Auch in vielen anderen Bereichen des Vereinslebens der politischen und sozialen Organisationen ist die Beteiligung ostdeutscher Jugendlicher etwas geringer. Aber es gibt Ausnahmen. Der gewerkschaftliche Organisationsgrad reicht an den des Westens heran, was angesichts der Beschäftigungssituation erstaunlich ist. Auch kirchliche Vereine und Gruppen haben mit neun Prozent einen fast so großen Zulauf wie im Westen (zehn Prozent). Das Interesse für Schülervereinigungen, für Berufsverbände und Fanclubs ist in den östlichen Bundesländern nicht gering. Jugendorganisationen, die dem deutschen Bundesjugendring angehören, und studentische Vereinigungen schneiden nicht schlechter ab als im Westen. Vereine und Standesvereinigungen sind im Osten Deutschlands relativ rasch aktiv geworden. Die Organisationsdefizite für junge Menschen liegen insbesondere im Bereich der Sport-, Freizeit- und Hobbyvereine. Dieses Defizit hat in der Hauptsache institutionelle Ursachen: das Angebot, die Zahl der Vereine und deren Infrastruktur dürften geringer sein als im Westen der Bundesrepublik.

Vereinsmitgliedschaften fördern nicht nur die Aktivität, so zum Beispiel die regelmäßige sportliche Betätigung, sondern tragen zur weiteren sozialen Vernetzung bei. Je größer die Zahl der Vereinsmitgliedschaften, desto so größer wird auch der Freundeskreis. Auch die Chance, sich einer Gruppe, einer Clique anzugliedern, wächst mit der Zahl der Vereine, in denen junge Leute Mitglieder sind. Die folgende Tabelle zeigt den Zusammenhang.

Tabelle 29: Mitgliedschaft in Vereinen und soziale Vernetzung

	Jugendliche im Osten, die Mitgliedschaften in Vereinen unterhalten:				
	keine	eine	zwei	drei und mehr	insgesamt
Es haben viele Freunde, Freundinnen	29	36	44	44	36
Es gehören zu einer Clique, einer Gruppe	18	28	35	42	27
Es treiben regelmäßig Sport	34	51	62	61	47

Ein Kreis gleichaltriger Freunde und Freundinnen, die Zugehörigkeit zu Gruppen und Cliquen hat im Alter zwischen 15 und 20 Jahren eine herausgehobene Bedeutung. Die psychische Bedeutung des Freundeskreises oder der Clique kann man daran erkennen, daß Jugendliche sich dort genauso gut aufgehoben fühlen wie im Elternhaus, Jugendliche im Westen sogar noch besser als bei den Eltern, im Osten fast so gut (Tabelle A 58). Allgemein scheint die emotionale Bindung an Kreise von Freunden und Freundinnen im Wachsen begriffen. Der Freundeskreis präsentiert auch Forderungen, wenngleich mit weniger Nachdruck als die Eltern. Das Interesse, einer Clique anzugehören, geht mit dem Alter rasch zurück. 40 Prozent der 15-17jährigen findet es sehr wichtig, einer Clique anzugehören, aber nur 16 Prozent der jungen Erwachsenen im Alter zwischen 27 und 30. Auch der Neigung, sich in einem großen Kreis von Freunden und Freundinnen zu tummeln, geht merklich zurück. Die Freundschaften konzentrieren sich dann mehr auf einige wichtige Beziehungen. Freundschaften sind in Ost und West gleichermaßen zahlreich, aber es gibt im Westen mehr Cliquen.

37 Prozent der Jugendlichen und jungen Erwachsenen im Westen gehören Cliquen an und 27 Prozent im Osten. Auch in dieser Beziehung hat sich im Osten das soziale Netz nach dem Fortfall der staatlichen Jugendorganisationen bereits in erstaunlichem Maße regeneriert, ein Prozeß der wahrscheinlich noch weitergehen wird, wie die gegenwärtigen statistischen Marken für den Westen zeigen. Womit übrigens nicht gesagt ist, daß der Westen das Normalmaß oder wünschenswerte Normen repräsentiert. Die folgende Tabelle gibt Auskunft über die Verhältnisse.

Tabelle 30: Freundschaften, Cliquen

	\multicolumn{6}{c}{Jugendliche in folgendem Alter}
	15-17	18-20	21-23	24-26	27-30	Insgesamt
Es haben viele Freunde/Freundinnen						
West	40	43	39	38	31	37
Ost	49	42	33	29	24	35
Es gehören zu einer Gruppe, Clique						
West	46	48	39	32	30	37
Ost	40	36	26	20	16	27
Nur Jugendliche, die einer Gruppe, Clique angehören (37 bzw. 27 Prozent = 100) Es ist eine feste Gruppe, die sich mindestens einmal wöchentlich trifft						
West	54	52	53	43	35	47
Ost	63	65	51	50	45	57

Wie ist die innere Struktur dieser Gruppen beschaffen? Die Zusammensetzung der Gruppen oder Cliquen ist in der Regel geschlechtlich gemischt, und 90 Prozent gehören Gruppen oder Cliquen an, in denen sich junge Leute beiderlei Geschlechts treffen.

Zu reinen Jungengruppen gehören weniger als zehn Prozent, zu reinen Mädchengruppen drei Prozent. Fragt man nur Männer bzw. nur Frauen, so zeigt sich, daß 16 Prozent der Männer reinen Männer- oder Jugendgruppen angehören und sechs Prozent der Frauen reinen Frauengruppen. Es scheint indes auch Männergruppen zu geben, die einzelne Frauen aufnehmen (ein Prozent). In der Regel handelt es sich um feste Gruppen, die sich mindestens einmal in der Woche treffen, im Osten 57 Prozent, im Westen 47 Prozent. Der Gruppenzusammenhalt ist also im Osten im Durchschnitt etwas stärker. Sehr geschlossen ist die Gruppenorganisation insbesondere bei den ganz jungen. Gruppen oder Cliquen, denen Jugendliche im Alter von 21 und mehr Jahren angehören, dehnen tendenziell die Intervalle der Zusammenkünfte aus. Zu einer Gruppe, zu einer Clique dazuzugehören, ist für rund 90 Prozent der Mitglieder wichtig, rund ein Drittel sagt, sehr wichtig. Die

Gruppe erfüllt demnach wichtige emotionale und soziale Funktionen, Kommunikation, Bestätigung, Konsensbildung, Selbsterprobung, Partnersuche. Da die Gruppe wichtiges vermittelt, ist man auch von ihr abhängig. Diese Abhängigkeit ist eine ganz wesentliche Voraussetzung für alle Sozialisationseinflüsse. Die Abhängigkeit muß nicht hierarchisch sein, sie kann auch wechselseitig, gleichgewichtig bestehen wie in einer guten Partnerschaft. Die Erfahrung allein, daß man Wichtiges nur mit anderen erreichen kann, ist von einer großen Sozialisationswirkung.

Damit aber wird die Frage wichtig, welche Ziele eine Gruppe hat, wie sie die Gesellschaft und die Welt interpretiert. Da alle Gruppen zur Exklusivität tendieren, muß ein Unterschied zwischen innen und außen gemacht werden, zwischen Zugehörigen und anderen. Wird diese Dimension radikalisiert, so entstehen Feindbilder. Gruppen sind also nicht generell ein Heilmittel für die Gesellschaft, garantieren nicht ihren Zusammenhang, sondern sie können auch Desintegration herbeiführen, sie können Konfliktherde bilden. Für die Mitglieder und die Umwelt kann das kostspielig werden. Ob Gruppen segensreich für die Gesellschaft und für junge Leute sind oder nicht, kann man erst sagen, wenn man weiß, wes Geistes Kind diese Gruppen sind. Da ein Teil der vorliegenden Untersuchung der Frage gewidmet ist, wie und wo fremdenfeindlich motivierte Gewalt entsteht, wurde der Versuch unternommen, Cliquen durch ihre Mitglieder charakterisieren zu lassen. Ist Deutschsein für die Gruppe ein Thema? 28 Prozent der Cliquenmitglieder im Osten, 18 Prozent im Westen gehören Gruppierungen an, für die Deutschsein ausgeprägt ein Thema ist. Der Zuzug von Ausländern bewegt als Thema in Ostdeutschland Gruppen des gesamten Cliquen-Publikums, denen 41 Prozent angehören, im Westen ist dieser Kreis 34 Prozent groß. Das nationale Thema interessiert im Osten wie im Westen die Männer mehr als die Frauen. Da Männer und Frauen größtenteils in die gleichen Gruppen gehen, scheinen sie dort etwas anderes zu hören und auch sich über andere Themen zu unterhalten. Das gleiche gilt für das Ausländerthema. Auch hier haben mehr die Männer ihre Gesprächsstoffe in den Gruppen (Tabelle A 59). Als Drittes wurde nach der Stimmung gegenüber Staat und Gesellschaft gefragt. Die meisten können ihre Cliquen nicht einordnen. Wo es jedoch geschieht, ist die Stimmung im Osten eher kritisch, im Westen halten sich die Kritiker von Staat und Gesellschaft bei leichtem Übergewicht ungefähr die Waage mit jenen, die positiv zur Bundesrepublik und ihrer Gesellschaft stehen. Mit diesen Gruppencharakterisierungen sind einige Hintergrundsdaten für die Analyse politischer Orientierungen gewonnen.

Tabelle 31: Gibt es nationalistische Cliquen?

	Gruppen- und Cliquenmitglieder	
	West	Ost
	(37 % = 100 %)	(27 % = 100 %)
Deutschsein ist ein Thema	18	28
Zuzug von Ausländern ist ein Thema	34	41
Stimmung gegenüber Staat und Gesellschaft:		
eher bejahend	20	8
eher ablehnend	24	28
schwer zu sagen	56	64
	100	100

Wie beurteilen Jugendliche in Ost und West jene Gruppen, die sich selbst Namen gegeben haben und landesweite Aufmerksamkeit bekommen? Diese Gruppen, von Fußballfans zu Skinheads, haben in ihren Tätigkeitsprofilen, ihrer Kleidung, im Denken und Verhalten Stile entwickelt, die wiederholt für Aufsehen sorgen und Attraktivität wie Ablehnung begründen. Zwölf solche Gruppen wurden mit den Auskunftspersonen anhand einer Liste diskutiert. Sie sollten sagen, ob sie sie überhaupt kennen und wie nahe, wie fern sie diesen Gruppen stünden. Fast alle Gruppen sind den meisten Jugendlichen bekannt, allen voran Diskofans, Motorradfans, Fußballfans, aber auch alternative Gruppierungen, Hausbesetzer, Punks, Popper und Rocker erwecken bei den meisten Befragten genügend präzise Vorstellungsbilder, um sagen zu können, wie nahe, wie fern sie diesen Gruppen stünden. Noch am wenigsten bekannt sind nationale Jugendgruppen für deutsche Traditionen und Interessen und Yuppies. Auch Skinheads und Hooligans haben für ihre Bekanntheit gesorgt. Fast alle Gruppen buchen mehr Ablehnung als Zustimmung. Das läßt sich an der Durchschnittszahl für die Nähe und Ferne ablesen. Vollkommene Ablehnung würde 5 bedeuten, das ist bei Skinheads und Hooligans fast auch der Fall. Aber auch Alternative, Hausbesetzer, Punks, Popper, Rocker und die nationalen Jugendgruppen sowie Yuppies schneiden schlecht ab. Bei der Betrachtung, wie nahe, wie fern die Jugendlichen diesen verschiedenen Gruppen stehen, fällt auch bei den noch beliebtesten Gruppen eine scharfe Polarisierung auf. Den Begeisterten steht immer eine große Gruppe Ablehnender gegenüber. Ein großer Teil der Identifikationen spielt sich also im Negativen ab. Zu wissen, was man nicht will und in der Ablehnung Affekte mobilisieren, verleiht eben auch Orientierungssicherheit (Tabelle 32 sowie Tabelle A 60).

Die Frage nach der Nähe zu verschiedenen Gruppen oder der Distanzierung von ihnen folgt einer grundlegenden psychologischen Dimension, der von Annäherung und Flucht. Attraktiven, lohnenden, freundlichen, Wärme und Schutz gewährenden Objekten versuchen wir uns zu nähern, die in irgendeiner Weise bedrohlichen suchen wir zu meiden. Die Psychologie folgt so gesehen eigentlich dem Schema der räumlichen Orientierung. Nun sind nicht alle Objekte unserer Sympathie und nicht alle, vor denen wir uns fürchten, am gleichen Orte versammelt, sie stehen untereinander nicht in der gleichen Beziehung. Dieser psychische Raum kann vermessen werden. Nach der Einschätzung der zwölf Gruppen, die in die Befragung einbezogen wurden, lassen sich Ähnlichkeitsmaße errechnen, und diese sind die Basis für die Darstellung des psychischen Raumes, den diese Gruppen miteinander oder gegeneinander bilden. Das dafür geeignete Verfahren ist die sogenannte MDS-Analyse (Multidimensional Scaling). Diese mehrdimensionale Skalierung zeigt die Anordnung im euklidischen Raum, wie weiter vorn am Beispiel der Wertvorstellungen schon gezeigt. Unähnlich eingeschätzte Gruppen rücken auseinander, ähnliche zusammen. Das Computerprogramm druckt die Position der Gruppen aus. Die folgende Grafik basiert auf diesem Originalausdruck. Eingezeichnet sind zudem die Ergebnisse einer Clusteranalyse, die noch einmal die engeren Verwandschaftsbeziehungen der einzelnen Gruppen zeigt. Die Ordnungsprinzipien dieses psychischen Raumes, der durch die unterschiedlichen Einschätzungen von Gruppen konstituiert wird, sind durch zwei Achsen darstellbar.

Auf der senkrechten Achse ordnen sich die Gruppen nach der Dimension „plural" und „uniform". Die meisten Gruppen nähern sich dem pluralen Feld. Drei Gruppen gehören deutlich der uniformen und regressiven Richtung an, es sind nationalistische Gruppen, Skinheads und Hooligans. Zu den pluralen zählen so heterogene wie Alternative, Popper und Motorrad-Fans.

Tabelle 32: Jugendgruppen und ihr Ruf

		Bekanntheitsgrad	Es fühlen sich nahe	Durchschnittseinschätzung: (1 bis 5)
Disko-Fans	West	96	31	3,2
	Ost	95	41	2,9
Motorrad-Fans	West	91	20	3,7
	Ost	85	23	3,4
Fußball-Fans	West	93	24	3,6
	Ost	91	21	3,5
Alternative	West	86	10	4,0
	Ost	70	9	3,0
Hausbesetzer	West	79	5	4,4
	Ost	72	5	4,3
Punks	West	81	4	4,5
	Ost	78	6	4,3
Popper	West	83	4	4,4
	Ost	77	4	4,2
Rocker	West	84	3	4,4
	Ost	82	4	4,1
Nationale Jugendgruppen[x)]	West	71	3	4,6
	Ost	63	3	4,4
Yuppies	West	75	3	4,5
	Ost	60	1	4,5
Skinheads	West	78	1	4,8
	Ost	77	1	4,7
Hooligans	West	73	1	4,9
	Ost	73	1	4,7

x) Vollständiger Text: Nationale Jugendgruppen für deutsche Traditionen und Interessen

An dieser Stelle ist eine Zwischenbemerkung am Platz. Die Namensgebung der Dimensionen beruht auf einem Interpretationsvorschlag. Objektiv und unbeeinflußbar ist die Anordnung der Gruppen im Raum, in diesem Falle in der Ebene. Diese Ordnung, die sich ergibt, folgt psychologischen Prinzipien, Motiven, die wir nicht genau kennen, darüber sagt das Programm nichts. Durch die räumliche Anordnung aber kann der Versuch unternommen werden, das Gemeinsame der Positionierung zu erkennen. Bei der senkrechten Dimension war die Überlegung die, daß im oberen Bereich Gruppen vorkommen, die sich zwar durch Interesse und Stil von anderen absetzen, aber ihren Stil nicht unbedingt anderen aufzwingen wollen. Für die Gruppen, die im Raum und nach der Clusteranalyse ein nationalistisches Syndrom bilden, spielen deutlich Kampf- und Herrschaftsideen eine Rolle, die Sehnsucht nach uniformen Verhalten, nach Unterordnung.

Schaubild 18: Determinanten der Vorliebe für Jugendgruppen 1994

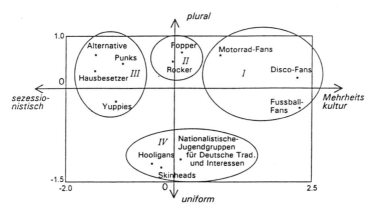

Die waagerechte Achse kann unter dem Gesichtspunkt des Sezessionismus und der Mehrheitskultur betrachtet werden. Zur Mehrheitskultur gehören die Fußball-Fans und die Disko-Fans, zur sezessionistischen gehören neben den schon erwähnten Alternativen, die Hausbesetzer, die Punks, die Yuppies. Es bleiben in der

Mitte zwischen den Freizeit- und Erlebnisgruppen und den alternativen Gruppen die individualistischen Gruppen übrig.

Aus dem Bilde ist ersichtlich, daß die Jugendgruppen sehr unterschiedlichen und voneinander abgesetzten psychischen Räumen zugeordnet sind. Nationalistische Gruppen sowie Skinheads und Hooligans haben das eine gemeinsam, daß die übrigen Gruppen zu ihnen auf große Distanz gehen. Die nationalistisch-uniformen Gruppen sind psychologisch isoliert. Die Orientierungsmuster der Jugendlichen ergeben zugleich Hinweise für Schwerpunkte der Jugendpolitik und präventive Überlegungen. Am wirksamsten wäre es, wenn es gelänge, diese extremen Gruppen aus ihrer Isolierung herauszugeleiten.

Ein Gesamtbild sozialer Eingliederung

Das Elternhaus, die Schule, die Berufswelt, die sozialen Beziehungen in Vereinen und Gruppen schildern junge Menschen sehr unterschiedlich. Gibt es ein Gesamtbild der sozialen Eingliederung? In den Berichten der Jugendlichen spiegeln sich auch frühe Verletzungen und Konflikte, biographisch Belastendes. Die biographischen Belastungen entstehen zwar in einer sozialen Umwelt, aber auf die Qualität der späteren sozialen Integration haben sie fast keinen Einfluß. Diese Unabhängigkeit von biographischen Belastungen und späterer sozialer Eingliederung ist etwas sehr wichtiges: die frühen Belastungen sind kein Verdikt für das spätere Leben und spätere Ereignisse können alte Schäden ausgleichen. So können wir beide Informationsreihen unabhängig voneinander behandeln. Über die Art der Indexbildung berichten Übersichten im Anhang. Die soziale Integration streut gleichmäßig im Sinne einer Normal-Verteilung. Sie setzt sich zusammen aus Auskünften über Arbeitsmotivation, Vereinsmitgliedschaften, Erziehungsstile in Elternhaus, Schule und Betrieb, Rollenkomplexität und Klarheit der Lebensperspektiven. In den Index der biographischen Belastungen gehen drei Arten von Informationen ein: Probleme im Elternhaus, Trennungserlebnisse, Schwierigkeiten während der Ausbildung. Relativ hoch belastet sind 14 Prozent der Jugendlichen in Ost und West, eine mittelhohe Belastung haben 19 Prozent im Osten, 18 Prozent im Westen (Tabellen A 133 und A 134).

Um sehen zu können, wie sich biographische Belastungen und soziale Integration in Kombination miteinander auswirken, wurde eine 9stufige Typologie gebildet mit drei Niveaus biographischer Belastung und je drei Niveaus der sozialen Integration. Der schlechteste Fall ist eine hohe biographische Belastung und eine geringe soziale Integration und der beste: geringe Belastung, hohe Integration. Die Verteilung dieser neun Typen über die Demographie nach Geschlecht, Alter, sozialer Schicht, Stadt/Land ist unauffällig. So kann man davon ausgehen, daß alles, was sich als Folge bestimmter Kombinationen biographischer Belastung und sozialer Integration zeigt, nicht auf irgendwelchen verdeckten Einflüssen beruht. Drücken sich frühe Belastungen und die unterschiedlichen Schicksale der sozialen Integration im Persönlichkeitsgeschehen aus? Wenn es so ist, müßte die subjektive Befindlichkeit, also die Anreicherung zum Beispiel mit negativen Affekten oder die Erlebnisbilanz, ob man mehr Sorgen als Freuden im Leben empfindet, Auskunft geben können. Die Ergebnisse finden sich in der Tabelle 33. Es zeigt sich, daß negative Affekte umso deutlicher hervortreten, je schlechter die Qualität der sozialen Eingliederung ist. Aber auch die biographischen Belastungen leisten ihren deutlichen Beitrag. Mit höherer biographischer Belastung steigt das Niveau negativer Gefühle. Bei sehr hohen biographischen Belastungen scheint sich die kompensatorische Bedeutung einer guten sozialen Integration auch noch etwas abzuschwächen. Biographische Belastungen und soziale Integration interagieren also miteinander.

Tabelle 33: Negativer Affekt vor dem Hintergrund biographischer Belastungen und sozialer Integration

Biographische Belastungen		tief			mittel			hoch		
soziale Integration		hoch	mittel	tief	hoch	mittel	tief	hoch	mittel	tief
Es leiden stark unter negativen Gefühlen (4+5)										
	Ost	25	34	50	29	45	50	42	54	66
	West	23	29	33	19	36	56	23	48	67
Erlebnisbilanz: Die Sorgen überwiegen										
	Ost	21	33	44	22	35	38	38	44	56
	West	14	25	36	20	29	45	17	40	58

Eindrucksvoll sind die Extremfälle: bei tiefer Belastung und hoher Integration ist das Niveau negativen Affektes relativ gering, bei hoher Belastung und geringer Integration sehr hoch (zwei Drittel). Wie steht es mit aktuellen Sorgen? Im Durchschnitt tragen biographische Belastungen zu einer negativen Ertragsbilanz bei, gleichzeitig ist die kompensierende Wirkung guter sozialer Integration deutlich zu sehen. Aus den Beobachtungen sind die folgenden allgemeinen Schlußfolgerungen zu ziehen:

– Aktuelle Einflüsse haben eine größere Bedeutung für das Verhalten und die Persönlichkeitsentwicklung als biographisch weiter zurückliegende.
– Biographische Belastungen können nicht vollständig kompensiert werden.
– Die Grenzen der Kompensation machen darauf aufmerksam, daß es wichtig ist, biographische Belastungen im Frühstadium zu behandeln, so daß zum Beispiel Katastrophen im Elternhaus nicht zu einer Katastrophe in der Schule führen.
– Im Verhältnis der Person zu sich selbst ist die Kompensation deutlich nachweisbar, sie kann schwächer ausfallen für die Beziehungen der Person zur Umwelt. In der Politik und in den sozialen Beziehungen können die biographischen Belastungen unter Umständen stärker durchschlagen.

Im Fortgang der Untersuchung werden wir auf diese Hintergrunddaten analytisch zurückgreifen.

4. Religiöse Situation in Ostdeutschland: Christsein und Kirche, Rationales Weltbild, Aberglaube, Sekten

[...] dern nicht eine [...] an den Westen? [...] gleichung der re- [...] er Regel auf mil- [...] tdeutschen haben [...] unden und folgen [...] Relativierung der [...] Form. Auf religiö- [...] so rasch keine An- [...] tik des DDR-Regi- mes hat [...] len Kirchen geführt. Ist Atheismus die Volksreligion geworden? Ist dies ein bleibender Erfolg der DDR-Gesellschaftspolitik? Die Zahlen über die Kirchenmitgliedschaft in Ost und West scheinen diese Vermutung zu bestätigen. Im Osten gehören rund 80 Prozent der Jugendlichen keiner Kirche an, im Westen 13 Prozent. Welche Familientraditionen stehen hinter der Unkirchlichkeit von heute? Von den 79 Prozent der jungen Menschen im Osten, die heute nicht mehr einer Kirche angehören, haben sechs Prozent die Mitgliedschaft selbst aufgegeben, gehörten also früher einer Kirchengemeinde an. Zehn Prozent berichten, daß sie selbst zwar nicht, aber die Eltern einer Kirche angehören. Weitere 15 Prozent erklären, die Eltern seien früher kirchlich gebunden gewesen, später aber nicht mehr. Und 48 Prozent dokumentieren keinerlei kirchliche Bindung. Für sie hat die Kirchenlosigkeit bereits Tradition. Der Familienanamnese der religiösen Bindungen in den östlichen Bundesländern ist in der folgenden Tabelle die Lage in der alten Bundesrepublik gegenübergestellt.

Tabelle 34: **Anamnese kirchlicher Bindungen in der Familie**

	Jugendliche von 15 bis 30	
	West	Ost
Es sind konfessionell gebunden	87	21
Es waren gebunden, sind aus der Kirche ausgetreten	6	6
Die Eltern sind noch kirchlich gebunden	3	10
Die Eltern waren früher kirchlich gebunden	1	15
keinerlei kirchliche Bindung	3	48
	100	100

Innerhalb Deutschlands sind die neuen Bundesländer eine religionsgeschichtlich besondere Region. Die Kirchenpolitik des atheistischen Staates der DDR traf bereits auf eine weitgehend säkularisierte Ausgangslage. Östlich von Elbe und Saale waren die religiösen Traditionen nie so ausgeprägt wie im Rheinland oder im Süden Deutschlands. Die Entkirchlichung im Osten Deutschlands hat sich nicht erst in den Jahren 1949 bis 1989 ereignet, sie hat in den neuen Bundesländern hat eine viel längere Vorgeschichte. Der Göttinger Religionsgeschichtler Herbert Schöffler hat sich für die Frage interessiert, wo Reformatoren Erfolg hatten.[41] Er zeigte anhand einer europäischen Karte der Christianisierung, daß die Zeitpunkte der erfolgreichen Missionierung wichtig waren. Je früher die Missionierung erfolgte, das war in der Hauptsache südlich des Limes der Fall, desto erfolgloser die Reformatoren. Die Ausnahme: das Überleben der schweizer Reformatoren führt er auf deren geographisch-militärische Unerreichbarkeit zurück, auf die Unmöglichkeit, die Eidgenossenschaft und die zugewandten Orte zu unterwerfen. Im übrigen Europa waren die Reformatoren in Bereichen später Christianisierung erfolgreich. Man muß sich

---

41 Herbert Schöffler: Wirkungen der Reformation. Religionssoziologische Folgerungen für England und Deutschland. Klostermann, Frankfurt /Main 1960. S. 83ff.

9. Jahrhundert christianisiert wurde, Schleswig-Holstein aber, das Land mit den traditionell niedrigsten Kirchenbesucherzahlen, im 10. Jahrhundert, und die Kernlande Preußens östlich der Elbe und Sachsen wurden erst im 11. und 12. Jahrhundert christlich. In diesen spätchristianisierten Bereichen hatte Luthers Reformation Erfolg. Auf wenige Jahrhunderte christlicher Tradition folgte die Reformation und durch sie die Lockerung der institutionellen Kontrolle. Schon lange vor der Ankunft Ulbrichts und der Sprengung der Pauliner-Kirche in Leipzig im Jahre 1968 waren die Gebiete östlich von Elbe und Saale de facto unkirchlich. Es war ein Land, in dem Aufklärungsgedanken mehr Leidenschaften erwecken konnten als kirchliche Frömmigkeit.

Der Erfolg der Schleiermacherschen Predigten beweist nicht das Gegenteil. Er predigte in einer Sprache und Symbolik, die das aufgeklärte Berliner Publikum konfliktfrei aufnehmen konnte. Der Hamburger Philosoph Kurt Leese beginnt die Sichtung des Protestantischen Problems, die Loslösung der Theologie vom Dogma der Kirche, mit einem Hinweis auf Friedrich Daniel Ernst Schleiermacher (1768-1834) und einem Zitat:

„Friedrich Schleiermacher hatte in seinen berühmten Reden ‚Über die Religion' (1799) Dinge gesagt, hinsichtlich derer man sich nur wundern kann, daß sie seiner kirchlichen Laufbahn als Prediger nicht ein plötzliches Ende bereitet haben. So echt protestantisch waren sie, so wenig biblizistisch und reformatorisch. ‚Jede Heilige Schrift ist nur ein Mausoleum, der Religion ein Denkmal, daß ein großer Geist da war, der nicht mehr da ist; denn wenn er noch lebte und wirkte, wie würde er einen so großen Wert auf den toten Buchstaben legen, der nur ein schwacher Ausdruck von ihm sein kann? Nicht der hat Religion, der an eine Heilige Schrift glaubt, sondern der, welcher keiner bedarf und wohl selbst eine machen könnte.' "[42]

Man wird sich fragen, wieso Jahrhunderte zurückliegende Ereignisse heute noch ihre Wirkung haben können. Zwei Überlegungen und Beobachtungen sind für das Verständnis wichtig:

---

42 Kurt Leese: Die Religion des protestantischen Menschen. Federmann Verlag. München 1948. S. 22

Abbildung 19: Schöfflers Karte der Christianisierung

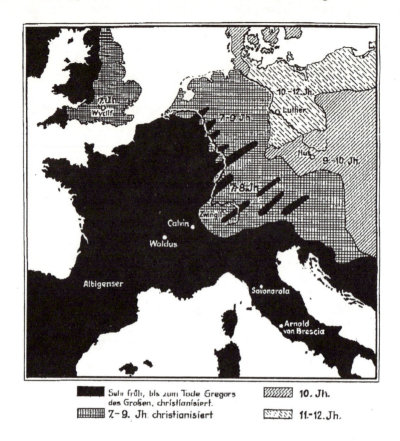

Quelle: Herbert Schöffler: Wirkungen der Reformation.
Religionssoziologische Folgerungen für England und Deutschland.
Klostermann, Frankfurt am Main 1960, nach S. 184

1. Die Kürze der Traditionskette.
Als die Reformation in den spät christianisierten Gebieten die Dominanz römisch-religiöser Herrschaft beseitigte, schreiben wir das Jahr 1521/22, die Zeit des Wartburg-Aufenthaltes Martin Luthers. Seit diesem chronologischen Richtwert sind rund 475 Jahre vergangen. Rechnet man eine Generationsspanne mit durchschnittlich 25 Jahren, so sind vor uns 19 Personen einer Linie, die 19. Person ist Zeitgenosse oder Zeitgenossin Luthers. Diese Person war Zeitzeuge der Reformation. Eine Menschenfolge der Größe kaum einer Schulklasse trennt uns vom dramatischen Geschehen der Reformation. In dieser kleinen Traditionskette können neue Verhaltensformen lange weitergereicht werden, vor allem, wenn sie eine institutionelle Unterstützung erfahren. Dafür sprechen auch Beispiele aus der Bildungsgeschichte.

2. Die regionalen Unterschiede der religiösen Organisation.
Die familiären Tradierungen der Frömmigkeitsformen waren immer eingebunden in das Landesübliche. Die religiöse Organisation des Alltagslebens und der Feste hat in Gebieten früher und später Christianisierung unterschiedliches Gepräge angenommen. So war die Gegenreform am Ende nur im Süden Deutschlands erfolgreich. Deren Relikte und Ausläufer begegnen uns heute noch als atmosphärische Besonderheiten in Ober- und Niederbayern: Die Bedeutung der Heiligen bis in die Alltagssprache hinein, die Wallfahrtskirchen, die Pracht der Kirchenräume als Vergegenständlichung des wahren Glaubens. All dies läßt auch kirchenfernen preußischen Protestanten warm ums Herz werden. Die festliche Ritualisierung des Kirchenjahres, die elegante Koordinierung des Brauereiwesens und des Biersortenausstoßes mit dem Kirchenkalender erzeugt eine Atmosphäre, in die auch Kirchenferne aus dem Norden gern eintauchen ohne zu wissen, daß sie ihre touristische Wallfahrt der Gegenreformation des Papstes Paul III. verdanken.

Auch in den Kirchenbesucherzahlen und ihrer Entwicklung macht sich die alte Limesgrenze bemerkbar: Südlich des Mains sind nach dem zweiten Weltkrieg die Kirchenbesucherzahlen im evangelischen und katholischen Gebieten länger auf einem höheren Niveau geblieben als im Norden. Die religiöse Situation in

Städten wie Amsterdam und Hamburg ist der im Gebiet der früheren DDR nicht unähnlich: die meisten leben kirchenfern, und wiederum der größte Teil davon hat sich auch formell von der Kirche gelöst.

Die evangelisch-lutherische Kirche in der DDR hatte längst aufgehört, eine Massen- und Volkskirche zu sein. Sie wurde zur Kirche einer Minderheit, eine entschiedene Kirche. Sie war keine Kirche der Anpassung und der politischen Anschmiegsamkeit, wie Ernst Troeltsch noch meinte. In ihr konnten Widerstände gegen gesellschaftliche und politische Entwicklungen wachsen, insbesondere gegen weltliche Systeme mit Allmachtsphantasien. Die evangelisch-lutherische Kirche ist die sakramentalere Variante des deutschen Protestantismus. Dies hat zu ihrer Festigkeit in Zeiten der Bedrückung beigetragen.

Die Leipziger Montagsdemonstrationen sind aus den Gebetsandachten dieser Minderheitskirche hervorgegangen. Es waren zunächst kleine Gruppen, die den Mut faßten, in einer Stasiwelt Person zu sein. Von hier ging ein Lauffeuer aus, das den alten Gehorsam verzehrte. Es war eine enthusiastische und insofern religiöse Bewegung. Sie stabilisierte sich in neuen politischen Verhältnissen, nicht aber in einem neuen Verhältnis zur Kirche.

Nach dem Fall der Mauer 1989 und dem formalen Ende des parteikontrollierten Lebens im Jahre 1990 hegten Beobachter im Westen die Befürchtung, die Menschen in der früheren DDR seien orientierungslos geworden und nun anfällig für neue Religions- und Ideologie-Anbieter. Die Aktivität von Sekten in den neuen Bundesländern, ihre ganz offenkundige und gut finanzierte Mitgliederwerbung machte Schlagzeilen. Eine irritierte Öffentlichkeit wurde mit dem Auftreten rechtsradikaler Gruppen und deren Gewalttaten konfrontiert. War also auch die antifaschistische Aufklärung mißlungen? Je ausgeprägter die Beobachter der Vakuumthese anhingen, desto mehr mußten sie befürchten, daß in den leeren Raum die neuen Ideen schneller Verführer eindringen konnten, während sich demokratisches Bewußtsein vielleicht nur langsam heranbildet. Eine Reihe von Fragen über Kirchlichkeit, das Interesse an Sekten, über die Verbreitung magisch-animistischer, also voraufklärerischer Weltbilder sollen darüber unterrichten, ob falsche Propheten Erfolg haben.

4.1. Aktive Gemeinde in atheistischer Umwelt

Eine Gesellschaft ohne lebendige Kirche, in der Gotteshäuser nur noch als Museen vorhanden sind – wie man aus touristischen Gründen Windmühlen pflegt, in denen nichts mehr gemahlen wird –, ist für eine Mehrheit der Jugendlichen im Westen etwas Befremdliches. 42 Prozent erklärten, in einer solchen Gesellschaft möchten sie nicht leben. 1986 war das indessen noch von 55 Prozent zu hören. Die Kirche tritt in der Vorstellungswelt der Jugendlichen auch im Westen zurück. Im Osten sagen 30 Prozent der Jugendlichen, in einer solchen Gesellschaft möchten sie nicht leben. Die aggressive Gegenmeinung, gerade in einer solchen Gesellschaft möchte man leben, ist nur von wenigen zu hören. Die Ablehnung der Kirche hat vielmehr die Form der Gleichgültigkeit.

Tabelle 35: Gesellschaft ohne Kirche?
Frage: Möchten Sie in einer Gesellschaft leben, in der es keine Kirchen mehr gibt, höchstens noch als Museen?

	Jugendliche von 15 bis 30 Jahren		
	1986 West	1994 West	1994 Ost
– nein, möchte ich nicht	55	42	30
– vielleicht ja	10	11	10
– möchte ich gern	3	4	6
– ist mir egal	25	30	43
– weiß nicht	7	13	11
	100	100	100

Die Kirche um sich haben zu wollen, sei es wegen ihrer Kasualiendienste, mit denen sich wichtige Lebenspassagen besser gestalten oder bewältigen lassen, oder wegen der hohen Feste, wegen ihres moralischen Einflusses auf die Politik oder aber überhaupt wegen ihrer atmosphärischen Ausstrahlung auf die Gesellschaft, ist etwas anderes, als sich persönlich im Gemeindeleben zu engagieren. 23 Prozent der jungen Menschen im Westen und elf Prozent im Osten schreiben sich ein aktives Verhältnis zur Gemeinde zu. Die meisten im Westen sagen, sie fühlten sich zwar als Christ, aber die Kirche bedeute ihnen nicht viel. Im Osten Deutschlands ist die Mehrheits-Antwort mit 67 Prozent: Die Kirche ist mir gleichgültig, sie bedeutet mir nichts. So, wie die Frage gestellt war, bedeutet dies, daß sich rund zwei Drittel der jungen Menschen im Osten nicht mehr als Christen betrachten.

Tabelle 36: Christsein und Verhältnis zur Kirche
Frage: Welcher der folgenden Aussagen würden Sie am ehesten zustimmen?

	Jugendliche von 15 bis 30 Jahren				
	West	West		Ost	
	1986	1994	1995	1994	1995
– Ich bin ein gläubiges Mitglied meiner Kirche und stehe zu ihrer Lehre.	9	8	9	5	5
– Ich stehe zur Kirche, aber sie muß sich ändern.	13	13	14	6	6
– Ich fühle mich als Christ, aber die Kirche bedeutet mir nicht viel.	43	38	36	11	11
– Die Kirche ist mir gleichgültig, sie bedeutet mir nichts.	27	34	32	63	67
– weiß nicht	8	7	9	15	11
	100	100	100	100	100

Nicht alle, die sich als engagierte Gemeindemitglieder bezeichnen, gehen regelmäßig zur Kirche. Die Gewohnheiten haben insbesondere im evangelischen Bereich eine gedehnte Periodizität. Im Westen erklärten insgesamt acht Prozent der jungen Generation, sie gingen jeden oder fast jeden Sonntag in den Gottesdienst; im Osten sind es zwei Prozent. Die Gruppe derer, die ab und zu zur Kirche geht, ist im Westen 18 Prozent, im Osten neun Prozent groß. Im Osten lassen sich nahezu 70 Prozent junger Menschen praktisch nie im Gottesdienst sehen, im Westen 36 Prozent. Das Bild bedarf freilich der konfessionellen Differenzierung. Betrachtet man nicht alle, sondern nur diejenigen, die der evangelischen oder katholischen Kirche angehören, so ist das Bild anders: Die jungen Gemeindemitglieder im Osten Deutschlands sind engagiertere Kirchgänger und Kirchgängerinnen als die im Westen.

Tabelle 37: Auskunft über Gottesdienst-Besuch

	Jugendliche von 15 bis 30 Jahren					
	Alle		Protestanten		Katholiken	
	West	Ost	West	Ost	West	Ost
Es gehen zur Kirche						
– jeden Sonntag	3	1	2	1	3	15
– fast jeden Sonntag	5	1	3	4	9	15
– ab und zu	18	9	14	35	27	17
– selten	38	21	46	42	36	38
– nie	36	68	35	18	25	15
	100	100	100	100	100	100

Das Verhältnis zur Kirche zeigt viele Abstufungen und Schattierungen. Die aktive oder jedenfalls enge Beziehung zur Gemeinde ist nur eine Möglichkeit. Sie wird selten gewählt. Die Mehrheit erscheint sporadisch im Blickfeld der Gemeinde, wenn überhaupt, und viele begnügen sich damit, daß sie freundlich über die Kirche denken, ihr eine wichtige gesellschaftliche Funktion zuordnen, oder sie werden von dem beklommenen Gefühl beschlichen, eine Gesellschaft ganz ohne Kirche könnte vielleicht doch ungemütlich werden. Für die große Mehrheit, mindestens der Protestanten und insbesondere der gegenwärtigen und früheren Protestanten im Osten, ist die Kirche weit weg. Diese sehr unterschiedlichen Verhaltensweisen haben unmittelbar mit der Institutionalisierung der Kirche selber zu tun. Die Kirchen bieten an, sie verpflichten nicht. Jeder kann sein Verhältnis zu den Kirchen frei gestalten. Es gibt keine rechtlichen Konsequenzen oder Sanktionen für den einen oder den anderen Fall.

Auch gesellschaftlich ist die Kirchennähe oder -ferne jenseits der positiven oder negativen Sanktionsmöglichkeiten. Die religiöse Toleranz ist radikal. Die formelle Zugehörigkeit zu einer Kirche oder der Austritt haben lediglich steuerrechtliche Konsequenzen. Dies kann zum Motiv werden, den Austritt zu erwägen, wenn alle übrigen Motive, der Kirche anzugehören, nicht mehr tragen. Dies bekommt die Kirche zu spüren. Es gibt sogar Steuerberater, die ihren Klienten, sofern sie viel verdienen, empfehlen, über den Austritt aus der Kirche nachzudenken. Die gesellschaftlich liberale Verkündigungskirche macht alle diese Verhaltensweisen möglich. Ihre Macht ist symbolisch. Das ist ihre Stärke. Es gibt aber gesellschaftliche Entwicklungen, in denen das zur Schwäche werden kann.

Ist die Kirche zeitgemäß? Diese Frage erwies sich als ein empfindliches Barometer für die Beziehungen zur Kirche. In den Antworten auf diese Fragen liegt entweder ein Gefühl von Übereinstimmung oder Ambivalenz und Dissonanz. Passen die Lehren der Kirche zu den heutigen Lebensformen und dem Selbstverständnis der Menschen oder stehen sie im Widerspruch dazu? Ist die Kirche ein Hindernis für die Modernisierung der Gesellschaft oder eine wesentliche Voraussetzung und Korrektur? Was immer in den Antworten mitschwingt, welche Kirchen- und Gesellschaftsbilder, es sind Positionen, von denen aus mit Kontur argumentiert wird. Die Frage nach der Zeitgemäßheit der Kirche wurde zum ersten Mal im Jahre 1972 in einer Untersuchung für die Vereinigte Evangelisch-Lutherische Kirche Deutschlands, damals im Westen Deutschlands, gestellt. Seither ist sie auch von anderen Forschern aufgegriffen worden.[43] Eine Trendübersicht der Antworten auf die Frage zeigt, daß die Zahl derer, die die Kirche für zeitgemäß halten, tendenziell rückläufig ist, von 28 Prozent im Jahre 1986 auf 15 Prozent im Jahre 1994. Aber auch im Osten Deutschlands empfinden 14 Prozent der jungen Menschen die Kirche als zeitgemäß. Die Zahl der ambivalenten Einschätzungen ist im Westen deutlich rückläufig, und zwar über die Jahrzehnte hinweg, aber die negativen Einschätzungen nehmen nicht zu. Stattdessen wächst die Zahl derer, die zu der Frage nicht mehr Stellung nehmen (Tabelle A 61).

Die Bedeutung dieses Nichtantwortens wird klar, wenn man Kirchenbesucher und Kirchenferne miteinander vergleicht. Junge Menschen, die selten oder nie zur Kirche gehen, weichen dieser Frage in großer Zahl, im Extremfall sogar mehrheitlich aus. Das also ist neu: Die Distanzierung von der Kirche ist nicht mehr erläuterungsbedürftig. Die Entfernung von der Kirche hat die Form der Gleichgültigkeit angenommen (Tabelle 38 und A 62).

---

43 Gerhard Schmidtchen: Gottesdienst in einer rationalen Welt. Religionssoziologische Untersuchungen im Bereich der VELKD, Calwer, Herder, Stuttgart, Freiburg 1973, Seite 50ff. und Seite 180

Tabelle 38: **Die Zeitgemäßheit der Kirche – das Bild der Kirchgänger und der Kirchenfernen**

Osten	Jugendliche von 15 bis 30 mit folgenden Gewohnheiten des Kirchgangs				
Die Kirche paßt in unsere Zeit	jeden Sonntag	fast jeden Sonntag	ab und zu	selten	nie
sehr gut (9 – 10)	53	42	17	5	2
	71	75	47	20	6
gut (7 – 8)	18	33	30	15	4
mittel (4 – 6)	12	17	29	36	22
wenig (2 – 3)	17	4	10	16	17
gar nicht (0 – 1)	0	0	2	7	19
	0	4	14	28	55
unentschieden/kein Urteil	0	4	12	21	36
	100	100	100	100	100

Die der Kirche Zeitgemäßheit attestieren, stehen in großer Mehrheit zu ihr, wenn zum Teil auch kritisch und reformorientiert. Das Gefühl der Zeitgemäßheit enthält auch eine Aussage über die Bindung an die Kirche.[44]

Von einer beträchtlichen Minderheit ist indessen zu hören, die Kirche bedeute nicht viel, aber sie sind in der Selbstauffassung christlich. Während sich im Westen diejenigen, die die Kirche wenig zeitgemäß finden, großenteils noch als Christen sehen, ist es im Osten nicht der Fall. Die hier die Zeitgemäßheit der Kirche in Zweifel ziehen, sehen sich auch nicht mehr als Christen. Die Nachweise finden sich im Anhang (Tabellen A 63 und A 64).

Die der Kirche den Rücken kehren, wenden sich auch von ihren Lehren ab. Das ist an volkstümlichen Gottesbegriffen abzulesen. Im Westen gehen bei 80 Prozent der Jugendlichen Gottesbegriffe um, die alle einmal theologisch diskutiert worden sind. Da ist der Schöpfer Gott, daneben der symbolische Gottesbegriff, schließlich der liebenswürdige naturmystische. Orthodoxe Gottesbegriffe sind selten. Während wir im Westen 20 Prozent dezidierte Atheisten zählen, sind es im Osten 64 Prozent. Allenfalls

---

44 Gerhard Schmidtchen: Was den Deutschen heilig ist. Religiöse und politische Strömungen in der Bundesrepublik Deutschland. Kösel. München 1979, S. 86

lassen sich diese Vorstellungen noch mit Ideen von einem Weltschöpfertum und einem symbolischen Gottesbegriff vereinbaren. Diese Antworten zeigen, wie grundverschieden das religiöse Denken und Empfinden im Westen und Osten Deutschlands sind. Der dezidierte Atheismus des Ostens ist eine Entscheidung für die Diesseits-Religiosität. Diese Weltimmanenz zieht zahlreiche andere Betrachtungen und Entscheidungen nach sich. Die Person wird rein innerweltlich definiert, ihr Schicksal letztlich gesellschaftlich verstanden, denn es gibt ja nichts, was diese Gesellschaft transzendieren könnte. Weltimmanenz kann zu einer härteren Gangart der politischen Forderungen führen.

Tabelle 39: Gottesbegriffe

Frage: Es gibt ja verschiedene Vorstellungen von Gott. Welcher Standpunkt auf dieser Liste kommt Ihrer eigenen Ansicht am nächsten? Sie können auch mehreres angeben.

	West		Ost
	1975[x)]	1995	1995
Es gibt keinen Gott. Die Welt, die Natur und was dort alles vor sich geht, kann wissenschaftlich erklärt werden.	12	20	64
Man kann zwar die Natur wissenschaftlich erklären, aber nicht, wie alles entstanden ist. Es muß deshalb einen Weltschöpfer geben, denn der Mensch hat sich nicht selbst erschaffen.	55	43	17
Geist und Seele heben den Menschen über die bloße Natur hinaus. Gott ist ein bildhafter Ausdruck für die Möglichkeit des Menschen, nach dem Guten und Vollkommenen zu streben.	27	25	19
Gott ist überall in der Natur gegenwärtig und in ihren wunderbaren Gesetzen für uns sichtbar.	34	18	8
Wir wissen von Gott aus der Bibel und sollen nach seinem Willen leben.	24	12	5
Gott ist der Herr der Welt, unser Schicksal liegt in seiner Hand.	27	11	4
Gott ist ein strenger und gerechter Richter. Wer nicht nach seinen Geboten lebt, wird beim Jüngsten Gericht bestraft.	13	3	2
Keine Angabe	2	1	2
	194	133	121

x) Erwachsene über 18

Gläubige Mitglieder der Kirchen folgen in erster Linie theologisch konservativen Gottesbegriffen und dem naturmystischen. Gott als Weltschöpfer wird erwähnt und auch der symbolische Gottesbegriff, insbesondere unter den Kirchenmitgliedern im Osten. Personen, die zur Kirche stehen, aber der Auffassung sind, sie müsse sich ändern, denken im Osten mehrheitlich symbolisch und definieren Gott naturmystisch oder als Weltschöpfer. Im Westen steht bei dieser Gruppe der Gedanke an den Weltschöpfer ganz im Vordergrund. Denen die Kirche wenig bedeutet, die sich aber gleichwohl als Christen fühlen, bevorzugen in der Mehrheit Gottesbegriffe, die mit dem Schöpfungsgedanken verbunden sind oder eine symbolistische Fassung haben oder aber der Natur-Mystik verbunden sind. Christsein heißt in der Regel, irgendeinen Gottesbegriff haben, obwohl wir im Osten in dieser Gruppe schon 20 Prozent Atheisten finden. Im Osten scheint atheistisches Chritentum möglich. Wer im Osten erklärt, die Kirche ist mir gleichgültig, ist in der Regel ein Atheist, im Westen jeder zweite. Die übrigen haben Schöpfungsvorstellungen oder symbolistische Ideen, wenn sie an Gott denken. Wenn wir die Trenddaten verfolgen, sehen wir eine allmähliche Verarmung des Gottesbegriffes, und mit der Distanzierung von der Kirche werden die Gottesbegriffe dürftiger, die Rede über Gott einsilbiger. Die Beziehung zu Christentum und Kirche ist um Gottesbegriffe zentriert (Tabellen A 65 und A 66).

Glauben heißt das Leben nach Wahrheiten gestalten, Glaubenswirklichkeit wird zur Lebenswirklichkeit. Umgekehrt tritt in den alltäglichen Lebensstrukturen, in dem was wichtig und unwichtig ist, ein Realkatechismus hervor, der von zentralen, wenn auch vielleicht unbewußten Motiven getragen wird. So erschließt sich moderner Glaube in den Antworten auf die Sinnfrage. Sie lautet: „Man fragt sich ja manchmal, wofür man lebt, was der Sinn des Lebens ist. Worin sehen sie *vor allem* den Sinn des Lebens?" Die Auskunftspersonen erhielten eine Liste mit 19 Antwortmöglichkeiten. Zwei Glaubensdimensionen treten hervor: Eine hedonisch gefärbte Weltleidenschaft kennzeichnet die Antworten, die von großen Mehrheiten zu hören sind. Das zweite aber ist die persönliche Entwicklung. Wenn transzendente Gewißheiten und religiöser Zuspruch schwinden, dann wird es wichtig, die Person stark zu machen, um bestehen zu können. Stärke aus sich heraus wird gesucht, nicht dadurch, daß man sich etwas anderem anvertraut. Die Fixierung auf die Entwicklung der Person scheint wie ein Neo-Renaissancemotiv. Vieles von dem, was 1995 gesagt wird, war 20 Jahre zuvor nicht wichtig, so zum Beispiel das Leben genießen, daran dachten die meisten nicht, oder die Welt kennenzulernen als Sinn des Lebens. Statt dessen stand die Sorge für die Familie und die Kinder im Vordergrund, beides hat sich maßgeblich abgeschwächt. Im Jahre 1974 haben die damals 60 Jahre und älteren Personen nur zu zwölf Prozent erklärt, das Leben zu genießen, betrachteten sie als den Sinn des Daseins. Gut 20 Jahre später, 1995, erklären 75 Prozent der bis zu 30jährigen im Westen, das Leben zu genießen, sei auch sein Sinn, und 71 Prozent der Jugendlichen im Osten pflichten dem bei. Die Selbstauffassung der im Jahre 1974 älteren Personen, der Jahrgänge von 1914 und früher, war betont moralischer Natur: tun was mein Gewissen mir sagt und vor mir selber bestehen können, waren wichtiger als Reisen und Lebensgenuß. Die jungen Menschen sprachen in den 70er Jahren nicht gern vom Gewissen. Das hat sich inzwischen geändert. Auf das Gewissen horchen, vor sich selbst bestehen können, verweist auf den normativen, den moralischen Kern, ohne den eine Persönlichkeitsentwicklung nicht möglich ist. Die Sinngebung durch eigene Persönlichkeitsentwicklung rückt nun deutlich vor die Sorge für Familie und Kinder. Sich für eine bestimmte Idee einsetzen, Mitwirken an der Erschaffung einer besseren Gesellschaft, das hat im Osten wenig Resonanz – gebrannte Kinder. Sich vor dem Schöpfer zu bewähren oder tun, was Gott erwartet, das war im Westen vor 20 Jahren noch ein Thema, aber heute so wenig wie im Osten. Die religiösen Leidenschaften gehen heute den Weg der Weltimmanenz (Tabelle A 67).

In welchen Richtungen Menschen das anstreben, was sie für ein sinnvolles Leben halten, zeigen die Ergebnisse einer Faktorenanalyse. Der erste Faktor ist die Persönlichkeitsentwicklung und das Engagement. Die Person, das zeigten schon die prozentualen Ergebnisse, steht im Mittelpunkt aller Überlegungen, wie man sein Leben sinnvoll organisiert. Diese Person kann sich dann auch definieren durch wertvolles Tun, sich für Ideen einsetzen, die Gesellschaft verbessern, für andere da sein.

Tabelle 40: Dimensionen der Sinnfrage – Ergebnisse einer Faktorenanalyse

	Jugendliche 1995		Faktorladung
	West	Ost	
Faktor 1: Persönlichkeitsentwicklung und Engagement			
Daß ich vor mir selber bestehen kann.	65	62	0,65
Ganz ich selbst sein, stark sein, nicht einfach tun, was andere wollen.	60	57	0,62
Eine unabhängige Persönlichkeit zu werden, ohne Angst und Überheblichkeit.	61	59	0,60
Tun, was mein Gewissen mir sagt.	53	42	0,60
Meine Persönlichkeit zu entwickeln, Fähigkeiten zu erwerben und einzusetzen.	72	68	0,55
Mit allen Kräften mich für eine bestimmte Idee einsetzen.	37	29	0,54
An meinem Platz mitzuhelfen, eine bessere Gesellschaft zu schaffen.	36	26	0,50
Ganz für andere dazusein, anderen zu helfen.	27	28	0,38
Faktor 2: Leistung, Anerkennung, Lebensfreude			
Daß ich von meinen Mitmenschen geachtet werde, Ansehen habe.	45	59	0,62
Daß andere mich mögen, daß ich bei anderen beliebt bin.	41	39	0,61
Im Leben etwas zu leisten, es zu etwas bringen.	63	74	0,61
Die Welt kennenlernen, etwas von der Welt zu sehen.	64	68	0,50
Daß ich es zu einem eigenen Haus, einem Eigenheim bringe.	30	34	0,46
Das Leben genießen.	75	71	0,43
Daß ich glücklich bin, viel Freude habe.	85	79	0,41
Faktor 3: Familie			
Daß es meine Kinder gut haben.	40	48	0,84
Daß meine Familie versorgt ist.	50	54	0,84
Faktor 4: Bewährung vor Gott			
Das tun, was Gott von mir erwartet.	5	5	0,83
Daß ich in meinem irdischen Leben mich bewähre um vor meinem Schöpfer bestehen zu können.	6	6	0,83

Der zweite Faktor kann Leistung, Anerkennung und Lebensfreude genannt werden. Die Einbettung in eine unmittelbare freundliche Umgebung, Anerkennung erfahren, auch durch Leistung, und das Leben zu genießen bilden einen zusammenhängenden psychischen Bereich. Das Leben genießen heißt eben auch, von der Anerkennung anderer mitgetragen zu sein, sich diese Anerkennung durch Leistung und soziale Tugenden zu verschaffen. Auch der Wunsch nach einem eigenen Haus gehört zu Lebensgenuß, Anerkennung, Leistung. Vor 20 Jahren war das anders. Die Leistung und das Eigenheim gehörten zum Faktor Familie. Lebensfreude als eigenes Bewährungsthema, daran dachte damals die Mehrheit noch nicht.

Der dritte Faktor ist klar: die Familie, die Kinder sollen es gut haben, die Familie soll versorgt sein.

Der vierte, in sich hoch konsistente, aber selten hervortretende Faktor ist die Bewährung vor Gott. Religiöses Bewährungsdenken ist gleichsam aufgesogen durch die Bewährung im sozialen Feld und dadurch, daß die Person sich selbst zum Thema wird. Mit dem Wunsch nach höherer Persönlichkeitsentwicklung sind dann auch alle Eitelkeiten und Selbsterhöhungen im Spiel (Tabelle 40).

Früher rechtfertigte sich die Person vor einer als Aufgabe und Pflicht verstandenen Welt, heute soll sich die Welt vor der Person rechtfertigen.

Kirchliches Handeln und Jugendweihe

Trotz eines allgemein sehr losen Verhältnisses zur Kirche, gemessen am Gottesdienstbesuch, haben viele junge Leute auf einer kirchlichen Trauung bestanden – im Westen, aber nicht im Osten. Rund 20 Prozent der in der Untersuchung befragten jungen Leute waren verheiratet. Im Westen haben 61 Prozent das Sakrament der Ehe gesucht, im Osten dagegen 14 Prozent. An der Verbreitung der kirchlichen Trauung kann man das reale religiöse Chisma zwischen Ost- und Westdeutschland am einfachsten ablesen. Für das gesellschaftliche Leben in den neuen Bundesländern scheint die kirchliche Trauung entbehrlich geworden zu sein. Den jungen Leuten fehlt sie nicht. Ob die Zahl der kirchlichen Trauungen auch in Zukunft so gering bleiben wird wie 1994 festgestellt, ist eher unwahrscheinlich. Manche der Paare, die über die Art der Trauung berichtet haben, hatten schon vor 1990 geheiratet. Unter den Jüngeren scheint die Neigung, sich kirchlich trauen zu lassen, zuzunehmen. Auf dem Lande ist zudem die kirchliche Trauung auch im Osten noch relativ stark verankert. 25 Prozent der jungen Leute in kleinen Gemeinden haben berichtet, sie hätten sich kirchlich trauen lassen. In den Großstädten indessen ist die Erosion kirchlichen Lebens am stärksten gewesen, nur fünf Prozent kirchliche Trauungen. Im Westen ist die Zahl kirchlicher Trauungen zwischen 1986 und 1994 beträchtlich gesunken, von 71 auf 61 Prozent, besonders drastisch in den Großstädten (Tabelle 41).

Tabelle 41: Zur Verbreitung kirchlicher Trauungen

	Verheiratete bis 30 Jahre		
	West		Ost
	1986	1994	1994
Von 100 Verheirateten haben sich kirchlich trauen lassen	71	61	14
Gemeindegröße			
bis 4.999	86	75	25
5.000 – 19.999	80	62	10
20.000 – 99.999	63	66	9
100.000 und mehr	74	47	5

Die Konfirmation ist im Osten Deutschlands weitgehend durch die Jugendweihe verdrängt worden. Sie ist heute ein selbstverständlicher Passage-Ritus, rein gesellschaftlicher und dem Ursprung nach atheistischer Prägung. Für die Jugendlichen ist es ein bequemes Fest, es gibt keine Parallele zu dem anspruchsvolleren und zeitaufwendigeren Konfirmandenunterricht. 87 Prozent der jungen Leute haben selbst die Jugendweihe erhalten. Eine 66-Prozent-Mehrheit findet die Jugendweihe eine gute Einrichtung, die beibehalten werden sollte. Ein knappes Drittel ist gleichgültig. Im Westen haben 67 Prozent der jungen Leute inzwischen davon gehört, daß es die Jugendweihe gibt. Für eine Stellungnahme scheint die Information zu spärlich. 77 Prozent stehen der Frage, ob die Jugendweihen beibehalten werden sollen, entweder gleichgültig oder vollkommen uninformiert gegenüber. (Tabelle 42).

Tabelle 42: Jugendweihe

Frage: Auch heute werden ja noch Jugendweihen veranstaltet. Finden Sie persönlich es gut, daran festzuhalten?

	West	Ost
finde ich gut	10	66
ist mir egal	45	30
finde ich nicht gut	13	4
keine Angabe	32	x
	100	100

87 Prozent der Jugendlichen im Osten haben die Jugendweihe erhalten.
67 Prozent der Jugendlichen im Westen haben von der Praxis der Jugendweihe gehört.

In Ostdeutschland scheint die Teilnahme zu sinken. Ein Indiz ist, daß die im Jahre 1994 erfaßten 15- bis 17-jährigen, die ihren 14. Geburtstag nach der Wende feierten, nur zu 61 Prozent die Jugendweihe erhalten haben. In den höheren Altersklassen lag die Quote bei 95 Prozent. Demnach bestehen Chancen, daß die Konfirmation wieder wichtiger wird (Tabelle 43).

Tabelle 43: Sinkt das Interesse an der Jugendweihe?

Frage: Es gibt ja neben der Konfirmation oder auch Kommunion die sogenannte Jugendweihe. Haben Sie selbst die Jugendweihe erhalten oder nicht?

Jugendliche im Osten	Es haben die Jugendweihe erhalten	keine Jugendweihe erhalten
insgesamt	87	13
Männer	87	13
Frauen	87	13
Altersgruppen		
15-17	61	39
18-20	91	8
21-23	95	5
24-26	95	5
27-29	95	5
Protestanten	72	28
Katholiken	70	30
Protestanten mit folgendem Kirchenbesuch		
jeden/fast jeden Sonntag	35	65
ab und zu	62	38
selten	75	25
nie	94	6

Die kirchentreuen evangelischen und katholischen Jugendlichen sind der Jugendweihe überwiegend ausgewichen. Je größer die Distanz zur Kirche, desto weitergehend wird die Jugendweihe akzeptiert. Die kleine Gruppe protestantischer Kirchenmitglieder, die sich nie in der Kirche sehen läßt, beteiligte sich zu 94 Prozent an der Jugendweihe.

Tabelle 44: Neben Konfirmation und Erstkommunion auch die Jugendweihe

	Es haben empfangen				
	Nur Jugendweihe	Nur Konfirmation, Erstkommunion	Beides	keines	
Jugend im Osten	72	10	12	6	= 100
Männer	74	9	11	6	
Frauen	72	10	13	5	
Protestanten	21	37	40	2	
Katholiken	29	42	29	x	
Protestanten mit folgendem Kirchen-Besuch					
jeden, fast jeden Sonntag	5	62	33	x	
ab und zu	9	59	31	1	
selten, nie	28	26	44	2	

Im Jahre 1995 berichteten 20 Prozent der jungen Menschen, sie seien konfirmiert worden, und drei Prozent haben die Erstkommunion empfangen. Im Westen wurden 53 Prozent konfirmiert, und 36 Prozent haben die Erstkommunion empfangen. Rund 90 Prozent sind also in eine Kirchengemeinde aufgenommen worden, im Osten zusammen 23 Prozent. Konfirmation oder Kommunion schließen die Teilnahme an der Jugendweihe nicht aus. Mehr als die Hälfte derer, die zur Konfirmation gehen, die Erstkommunion empfangen, nehmen auch an der Jugendweihe teil. Die Protestanten kombinieren etwas freizügiger als die Katholiken. Gliedert man die Protestanten nach Kirchenbesuch (die Zahl der erfaßten Katholiken ist zu klein dafür), so zeigt sich, daß die Exklusivität der Konfirmation nur bei einem engen Verhältnis zur Kirche angestrebt wird, aber ein Drittel geht auch zur Jugendweihe. Ist die Beziehung nur lose, was dann wahrscheinlich auch die Einstellung der sozialen Umgebung spiegelt, ist die Mehrheit der Konfirmanden und Konfirmandinnen auch bei der Jugendweihe zu sehen (Tabelle 44).

Diese synkretistischen Verhaltensweisen sind möglich, weil die Jugendweihe von den christlich orientierten Jugendlichen offenbar als ein gesellschaftliches und religiös neutrales Ereignis aufgefaßt werden kann. In dieser Kombination liegt natürlich auch eine Relativierung der Bindung an die Kirche, denn die Freimütigkeit, mit der die Aufnahme in eine Kirchengemeinde und die säkulare Jugendfeier nebeneinander benutzt werden, tritt mit nachlassender Bindung an die Kirche besonders deutlich hervor.

Die Chancen einer Minderheitskirche

Das Verhältnis zur Kirche ist facettenreich, differenziert und wirkt auch widersprüchlich. Neben den aktiven Christen gibt es Mehrheiten, die dem kirchlichen Leben fernstehen, die Kirche allenfalls noch durch die Kirchensteuer unterstützen und wenig von ihr wissen. Aber sie wissen soviel, daß sie die öffentliche Präsenz der Kirche schätzen, wenn es z.B. darum geht, Politikern, Unternehmern ins Gewissen zu reden, wenn sie sich für die Schwachen und die Dritte Welt, für Asylsuchende, gegen Ungerechtigkeiten einsetzt. Es ist gut, die Kirche fallweise als Verbündete hinter sich zu wissen oder für die Lösung von Problemen nach ihr rufen zu können, die sich als sehr schwer lösbar erweisen, wie zum Beispiel das des Drogenkonsums. Wenn die Bürger irgendetwas nicht in Ordnung finden, dann rufen sie normalerweise zunächst nach energischer Politik, dann nach der Polizei, und wenn beide keinen Rat mehr wissen, nach der Kirche. Wenn aber diese Kirche normative Anforderungen an das Individuum stellt, dann kann sie mit Entrüstung und Zurückweisung rechnen. Auf manche Religionssoziologen wirkt dieses Verhalten widersprüchlich und schwer zu erklären. Aber es handelt sich nicht um Widersprüche. Dieses Verhalten ist aus sehr einfachen und einheitlichen Prinzipien zu erklären. Man muß dazu eine Theorie des öffentlichen Verhaltens entwickeln. Das Verhalten der Menschen gegenüber den Institutionen folgt nüchternen, ökonomischen Regeln. Wenn die Institutionen Dienste zur Verfügung stellen, ohne die Mitglieder einer Gemeinschaft in die Pflicht zu nehmen, dann werden sie nach diesen kostenlosen, aber im Effekt sehr willkommenen Dienstleistungen rufen. Die Menschen folgen damit einem einfachen Optimierungsprinzip. Man kann sich nach dem Opportunismusprinzip sehr rational verhalten, wenn die Gesellschaft oder die Institutionen die Prinzipienlosigkeit nicht ahnden, wenn sie darauf verzichten, ein Gleichgewicht zwischen Forderung an die Gemeinschaft und Verpflichtung gegenüber der Gemeinschaft herzustellen. Dann wachsen die Chancen für den Trittbrettfahrer, der die Vorteile kassiert, die mit der Moralität der anderen verbunden ist. Aber er selbst ist nicht bereit, eine Einzahlung in die Kasse des Gemeinwohls oder der gemeinsamen Moral zu leisten.[45]

Das Verhalten der Menschen ist keine autonome Größe, nicht unabhängig vom Verhalten der Institutionen, in deren Rahmen die Menschen sich orientieren und leben. So hat Wilhelm Kasch davon gesprochen, daß die Kirchen selbst zur religiösen Desozialisation beitragen. Wenn es so ist, dann kann jene Säkularisationstheorie nicht stimmen, die von der Annahme ausgeht, daß der Modernisierungsprozeß und der Prozeß der Verwissenschaftlichung des Bewußtseins religiöse Institutionen gegenstandslos macht. Es gibt den in der Theologie längst vorgezeichneten Weg der Selbstsäkularisierung der Kirchen und der christlichen Traditionen. Es wird die Möglichkeit gedacht, sich produktiv, kreativ zum Säkularen in Beziehung zu setzen und Wege in eine auch in ihrem religiösen Bewußtsein aufgeklärte Gesellschaft zu weisen. In den Vereinigten Staaten spricht man schon geraume Zeit von einem religious revival. Die religiöse Situation in Ostdeutschland ist für die evangelisch-lutherische Kirche sicherlich eine der größten Herausforderungen ihrer Geschichte. Da ekklesiologisch eine depressive und passiv sich zurückziehende Kirche nicht möglich ist, darf man mit einer Reaktivierung des Gemeindelebens in Ostdeutschland rechnen. So stehen wir einer paradoxen Situation gegenüber. Im Westen läßt die Kirchlichkeit nach, im Osten werden die Gemeinden wahrscheinlich aktiver werden.

---

45 Gerhard Schmidtchen: Religiös-emotionale Bewegungen in der Informationsgesellschaft. Trends und Interpretationen aus religionssoziologischer Sicht. In: Baadte, Günther und Rauscher, Anton (Herausgeber): Kirche heute. Glaube und Weltverantwortung. Styria, Graz 1988, Seite 127-144

Das Interview bot den Befragten vier Gelegenheiten, ihre Beziehungen zur Kirche zum Ausdruck zu bringen: Ob ihnen eine Gesellschaft ohne Kirche wünschenswert erscheine, ob die Kirche zeitgemäß sei (Antworten nach einer Skala, wobei für die folgende Zusammenfassung die Skalenstufen 6-10 als ‚zeitgemäß' eingestuft wurden), ob sie gläubiges Mitglied der Kirche seien bzw. zur Kirche stehen, aber mit dem Wunsch, sie solle sich ändern, und ob sie wenigstens ab und zu am Gottesdienst teilnehmen. Faßt man alle diese Äußerungen zusammen, so zeigt sich, daß 64 Prozent der Jugendlichen im Osten der Kirche ganz und gar fernstehen, und 49 Prozent im Westen. Das ist es, was man den Einzelbefunden bereits entnehmen konnte: Die kirchliche Orientierung in Westdeutschland ist ausgeprägter als im Osten. Betrachtet man jedoch diejenigen, die der Kirche angehören, so kehrt sich das Bild um: Protestanten und Katholiken im Osten haben im ganzen ein engeres Verhältnis zur Kirche als das Gros der Kirchenmitglieder im Westen (Tabelle A 68). Es handelt sich im Osten um engagierte Minderheiten.

Für die aktiven Mitglieder der Kirche wird das gemeinsame Hören der Botschaft, das Sprechen, die Begegnung und das Handeln zu einer wichtigen Quelle der ethischen Orientierung. Je enger die Beziehung zur Kirche, desto deutlicher bildet sich der Typus eines ideellen Altruismus aus, und die Selbstbezogenheit tritt zurück. Es gibt neben der Kirchengemeinde keine andere soziale Organisation, die dem ethischen Denken und Fühlen eine ähnlich deutliche Richtung weist. Diese Zusammenhänge wurden zuerst in der Studie über Ethik und Protest im Jahre 1986 gezeigt. Sie wiederholen sich im Westen acht Jahre später formgleich.[46] Daß nach der ganz andersartigen gesellschaftlichen und kirchlichen Situation im Osten Deutschlands das kirchliche Leben die gleiche Bedeutung für die ethische Orientierung hat, ist vielleicht überraschend, war aber religionssoziologisch zu erwarten (Schaubild 20).

Die Kirchengemeinde bildet durch die aktive Teilnahme ihrer Mitglieder ein System der ethischen Verhaltenslehre und ihrer praktischen Bewährung, also Verstärkung, was ein besonderes

---

46 Zum Test vgl. S. 65 und 66 vorn. Zu den Ergebnissen 1986 Gerhard Schmidtchen: Ethik und Protest, a. a. O., S. 222f.

Schaubild 20: Kirchliche Bindung und Typus ethischer Orientierung
Es zählen zu folgendem Typus ethischer Orientierung:

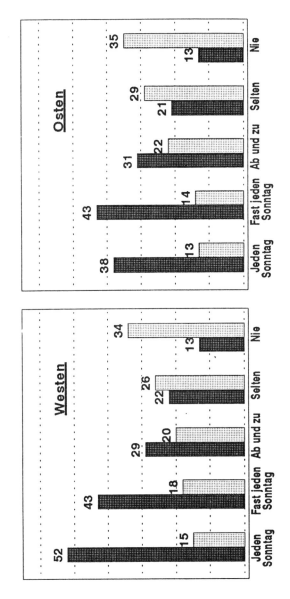

Antworten in Prozent; Jugendliche von 15-30
Quelle: Jugendumfrage 1993/1994 für das BMFJ
Copyright by IM Leipzig u. Prof. D.Dr. Gerhard Schmidtchen – Uni Leipzig

ethisches Verhalten wahrscheinlich macht. Die moralische Reflexion und das Motiv, den Prinzipien nachzuleben, sind aus einem äußeren und einem inneren Grund attraktiv.

Außen: Das Zusammenleben wird besser, leichter, Konflikte lassen sich besser lösen, die Bewußtseinshelligkeit für die Probleme des anderen nimmt zu. Und innen: Die christliche Moral leistet einen Beitrag zur Persönlichkeitsentwicklung. Im Altruismus liegt die Chance der Souveränität der Person gerade durch Verzicht auf Dominanz. Das prosoziale Verhalten ist gekennzeichnet durch einen kreativen Umgang mit eigenen und den Schwächen anderer. Auch das ethische Handeln unterliegt dem Endlichkeits- und Unvollkommenheitsgesetz.

Die Folgen dieser Orientierung sind vielfältig. Sie haben – ganz praktisch gesehen – auch präventive Bedeutung gegenüber Selbstschädigungstendenzen auf der einen Seite und Gewalt auf der anderen. So sind die kleinen aktiven Kirchengemeinden im Osten wie im Westen ein grundlegendes Beispiel für die Struktur sozialer Organisation überhaupt. Nicht die bloße Zugehörigkeit zu einer Gruppe ist entscheidend für die Wohlfahrt des Einzelnen und des Ganzen, sondern der Geist, in dem sich Gruppen konstituieren. Die Soziologie war lange Zeit mit den Formen der Gesellung beschäftigt. Aber es zeigte sich, daß rein formale Zugehörigkeitskriterien wenig Erklärungswert haben. Erst die Analyse der Inhalte, womit Gruppen sich beschäftigen, führt weiter. Daß Max Weber immer versuchte, soziale Organisationen von innen her zu verstehen, ihren geistigen Kern herauszupräparieren, war geraume Zeit in Vergessenheit geraten. Eine realistische Soziologie muß sich mit Spiritualität von Gruppen beschäftigen. Geist und Form prägen das Verhalten.

Jugendpolitisch betrachtet mag die Reichweite kirchlicher Gemeinden gering erscheinen. Ihre Aktivität aber ist überdurchschnittlich, insbesondere im Osten. Und die Strahlungskraft der ethischen Orientierung kann man nicht unbedingt an der Zahl der Kirchenbesucher messen. Die besondere ethische Orientierung ist immer auffällig, wirkt umso leichter als Beispiel und hat insbesondere dort eine große Reichweite, wo sie den Geist von Organisationen beeinflußt. So gesehen, hat die Jugendarbeit in den Gemeinden eine große Bedeutung, auch über sie hinaus.

4.2 Die Rationalität des Ostens: Geringere Verbreitung von Magie und Okkultismus

So alt wie die religionssoziologische Forschung ist das Erstaunen darüber, daß etwa ein Drittel der Bevölkerung weder von der naturwissenschaftlichen, noch von der religiösen Aufklärung durch die Kirchen erreicht wird. Das kann anschaulich dargelegt werden am Beispiel der Astrologie. Gegen 30 Prozent aller Erwachsenen glaubten in den 50er Jahren an einen Zusammenhang zwischen dem menschlichen Schicksal und den Sternen. Anfang der 60er Jahre ging diese Zahl etwas zurück, hielt sich dann aber auf dem Niveau. Ältere Menschen glauben in größerer Zahl an die Astrologie als die jüngeren, Frauen mehr als die Männer. Unter den 1986 und 1994 befragten Jugendlichen im Westen glaubt jeder fünfte an die schicksalsbestimmende Macht der Sterne und ihrer Konstellationen. Die Zurückweisung dieser Glaubenszumutung aber fällt neuerdings schwächer aus. Ein Viertel zweifelt, ob nicht doch etwas daran ist. Jugendliche im Osten glauben indessen nur zu elf Prozent an die astrologisch behaupteten Zusammenhänge, und die Ablehnung dieser Lehre fällt dezidierter aus als im Westen.[47]

Tabelle 45: Astrologie
Frage: Glauben Sie an einen Zusammenhang zwischen dem menschlichen Schicksal und den Sternen?

| | Jugendliche von 15 bis 30 Jahren | | | | |
	West			Ost	
	1986	1994	1995	1994	1995
Ja	19	20	22	11	11
Nein	63	53	51	68	69
Unentschieden	18	27	27	21	20
	100	100	100	100	100

1963/64 glaubten 15 Prozent der Jugendlichen zwischen 16 – 29 an Astrologie.
1691 Fälle, Quelle: Protestanten und Katholiken, S. 417

---

47 Zu den früheren Daten: Gerhard Schmidtchen: Protestanten und Katholiken. Soziologische Analyse konfessioneller Kultur. Francke Verlag, Bern und München 1973, 1979, S. 253 und S. 301ff.

In Westdeutschland ist die Zahl der Jugendlichen, die der Astrologie Wahrheitsgehalt bescheinigen, im Verlaufe von 30 Jahren leicht gestiegen, von 15 Prozent auf rund 22 Prozent im Jahre 1995.

Astrologische Behauptungen stehen zu einem christlichen Weltverständnis zwar im Widerspruch, werden aber auch von Kirchenanhängern unbefangen geglaubt. Diese Glaubensvermischung, der Synkretismus, ist für die attraktiv, die zwar etwas außerhalb des kirchlichen Lebens stehen, aber noch an die Unsterblichkeit glauben möchten. Dieser Unsterblichkeitsglaube wird durch Astrologie abgestützt. Und das erklärt auch, daß wir von älteren Menschen häufiger hören, man glaube das eine und auch das andere.

Animistische Vorstellungen sind verbreitet. Daß Pflanzen eine Seele haben, glauben 36 Prozent der Jugendlichen im Westen, jedoch nur 27 im Osten. Eine beträchtliche Größe hat die Gruppe, die erklärt, sie wisse nicht genau, was davon zu halten ist. Auch das bedeutet, daß ein naturwissenschaftliches Weltbild nicht sehr fest verankert ist. 34 Prozent der Jugendlichen im Westen sagen, das sei doch nicht möglich, und 45 Prozent im Osten (Tabelle 46).

Tabelle 46: Haben Pflanzen eine Seele?

Frage: Ich weiß nicht, ob Sie schon einmal die Ansicht gehört haben, auch Pflanzen hätten eine Seele. Wie denken Sie darüber: Halten Sie es für möglich, daß Pflanzen eine Seele haben, oder halten Sie das nicht für möglich?

	Erwachsene Bevölkerung	Jugendliche von 15 – 30 Jahren				
		West			Ost	
	1959*	1986	1994	1995	1994	1995
Halte ich für möglich	31	32	36	36	26	27
Halte ich nicht' für möglich	63	53	34	35	45	45
Weiß nicht	6	15	30	29	29	28
	100	100	100	100	100	100

*) Quelle: Protestanten und Katholiken, S. 208

Der Glaube an Wiedergeburt, die Möglichkeit der Geistheilung und Hexerei sind die Themen weiterer Testfragen zum Wirklichkeitsbegriff junger Menschen. An die Wiedergeburt glauben 20 Prozent der Jugendlichen im Westen, elf Prozent im Osten. Die Distanzierung von diese Idee fällt im Osten klarer aus als im Westen. 67 Prozent der Jugendlichen im Osten sagen, sie glauben daran nicht, aber nur 46 Prozent im Westen. Geistheilung halten 19 Prozent der jungen Menschen im Westen für möglich, 16 Prozent im Osten. Wenn es um die Frage der Hexerei geht, so sind die Minderheiten, die das für möglich halten, im Osten und Westen ungefähr gleich groß (Tabelle A 69).

Faßt man alle Testantworten, in denen sich die Sicherheit eines rationalen Weltbildes spiegelt bzw. die Hinwendung zu einem magisch-animistischen, so zeigt sich, daß 37 Prozent der Jugendlichen im Westen sehr ausgeprägt zu einem magisch-animistischen Weltbild tendieren, aber nur 22 Prozent im Osten. Hier wird ein solches Weltbild deutlich von 38 Prozent abgelehnt, aber nur von 24 Prozent im Westen. Die folgende 47 Tabelle gibt Auskunft.

Tabelle 47: Magisch-animistisches Weltbild
Skalenartige Zusammenfassung der Antworten auf 5 Testfragen

| | Jugendliche von 15 bis 30 | | | |
	West		Ost	
Die Affinität zu einem magisch-animistischen Weltbild ist	1994	1995	1994	1995
groß (Skalenstufen 10-15)	33	37	22	22
mäßig (Skalenstufen 7-9)	43	39	40	40
kaum vorhanden (Skalenstufen 5 und 6)	24	24	38	38
	100	100	100	100

Die Themen der Testfragen:
Astrologie, Seele der Pflanzen, Wiedergeburt, Geistheilung und Hexen. Bei je drei Antwortmöglichkeiten (Zustimmung, unentschieden und Ablehnung) ergibt sich ein Skalenbereich von 5 – 15.

Frauen wenden sich mehr als die Männer den Möglichkeiten zu, die Welt geheimnisvoller zu verstehen, als es ein naturwissenschaftliches Weltbild oder ein volkstümliches Aufklärungsverständnis ermöglicht. Erstaunlich groß ist die Zahl der Frauen im Westen, die sich von einem rationalen Weltverständnis abgekehrt haben. Am nüchternsten sind die jungen Männer im Osten. Bildung ist keine Garantie für die Entstehung einer naturwissenschaftlich-ontologischen Weltsicht, weder im Osten noch im Westen. Das bedeutet, daß zwar alle möglichen naturwissenschaftlichen Zusammenhänge und Rechentechniken vermittelt werden, aber nicht die ontologischen Grundlagen eines rationalen Weltbildes. Die Seinslehre wird vernachlässigt. Erkenntnistheorie und naturwissenschaftliche Axomatik bleiben fremd. Man darf annehmen, daß das Perpetuum mobile weiter herumspukt trotz des Zweiten Satzes der Wärmelehre (Tabellen A 70 und A 71).

Auch die Kirchen bieten keinen Schutz gegen Aufklärungsrückfälle. Magisch-animistische Weltbilder und verquere Seelenwanderungstheorien finden unter Kirchennahen genauso Anklang wie unter den Kirchenfernen. Im Osten verschränken sich alternative Weltbilder mit kirchlicher Orientierung ein wenig, während die ganz und gar Kirchenfernen mehrheitlich auf dem Boden naturwissenschaftlich-aufgeklärter Seinsdeutung stehen (Tabelle A 72).

Die deutliche Hinwendung der Frauen zu einer magisch-animistischen Welterklärung gibt einen doppelten Hinweis auf die Herkunft dieser Orientierungen. Aus der anthropologischen Forschung ist bekannt, daß Naturvölker magische Riten immer dann anwenden, wenn ihre Unternehmungen gefahrvoll, ungewiß in ihrem Ausgang sind. Ein Moment also ist die Unbeherrschbarkeit der Situation. Man muß geheimnisvolle Kräfte anrufen, um sie beherrschbar zu machen, jedenfalls die Angst davor. Sind Frauen in einer unbeherrschbaren Situation? Auf den ersten Blick scheint es, daß sie sich in der gleichen Situation wie Männer befinden, insbesondere wenn man an die hohe Berufsquote denkt. Aber andererseits sind zahlreiche Frauen doch noch von Familien und Partnerschaften abhängig, vom Schicksal der Männer. Sie haben Kinder und sie wissen, daß sie sie nicht vor allem, vor jeder Krankheit, vor jedem schädlichen Einfluß bewahren können. Das zweite aber ist die bekannte Tatsache, daß Frauen sich mehr für psychische Vorgänge interessieren, für das Schicksal der Seele, der Beziehungen, auch ihr Interesse an Pädagogik ist ausgeprägter. Männer dagegen werden sozialisiert, mit der Objektewelt zu hantieren. Ihre Aufmerksamkeit gilt mehr den Gegenständen. Die Aufmerksamkeit der Frauen ist auch auf das Selbst gerichtet. Um die Geheimnisse der Psyche erklären zu können, bieten sich alternative Deutungssysteme an, die weniger platt und vordergründig erscheinen als naturwissenschaftliche Erklärungen und dem Gefühl für das Seelische besser gerecht zu werden scheinen, ihm bessere Ausdrucksmöglichkeiten geben. Die Chance, sich das existenzielle Geheimnis der menschlichen Seele zu vergegenwärtigen und darüber zu diskutieren, scheint weder der naturwissenschaftliche noch der Ethikunterricht zu geben. Die Stoffe für alternative Interpretationen kommen aus der Märchenwelt und aus der reichlich verbreiteten esoterischen Literatur jeder Provenienz. Die Naturwissenschaften, die historische Forschung, selbst die Sprachwissenschaften dienen der „Entzauberung der Welt". Der Markt der esoterischen und Sektenliteratur lebt vom Zauber der Seele.

Für die Jugendlichen im Osten ist eine nüchterne Rationalität typischer als im Westen. Während im Westen fast von einem Aufklärungsrückschlag gesprochen werden kann, ist die ontologische Sicht der Jugendlichen im Osten durch zwei sich überlagernde Aufklärungsschübe bestimmt: durch den säkularisierten Protestantismus und und durch die Linie des Hegelschen Denkens, vermittelt durch den Marxismus-Leninismus. Wir dürfen nicht übersehen, daß wir auch hier einem Erbe der deutschen Aufklärung und des Idealismus gegenüberstehen.

4.3. Wo die Sekten Zulauf haben

Wer den Marxismus-Leninismus des SED-Regimes für ein weithin in der früheren DDR akzeptiertes Glaubenssystem gehalten hat, muß mit Befürchtung beobachtet haben, wie sich nach der Wende Sekten aufmachten, um Menschen zu indoktrinieren, sie zu sich herüberzuholen. Die Erwartungen auf eine rasche Ausdehnung ihrer Anhängerkreise müssen innerhalb der Sektenorganisationen selbst sehr groß gewesen sein. Die Beunruhigung in der Bevölkerung über Propaganda und Mitgliederwerbung der Sekten ist bis heute noch erheblich. Über das Auftreten der Sekten ärgern sich 47 Prozent der Jugendlichen im Osten, 38 Prozent im Westen. Die Aktivität von Sekten beunruhigt Männer und Frauen gleichermaßen und ist in allen Schichten ungefähr gleichweit verbreitet. Manche Sekten haben aufgrund ihrer Aktivität und der Publizitätsverstärkung durch die Medien einen ansehnlichen Bekanntheitsgrad erreicht, so die Zeugen Jehovas, Scientology, die

Kinder Gottes, die Internationale Gesellschaft für Krishna-Bewußtsein. Aber auch die politische Sekte der EAP, die sich auch Antidrogenkoalition oder Schiller-Institut nennt, ist jedem vierten jungen Menschen bekannt. Es folgen die Transzendentale Meditation, die Vereinigungskirche, also die Moon-Bewegung, die Christliche Wissenschaft. Die Bekanntheit der Zeugen Jehovas dürfte eine Eigenleistung sein. Alle übrigen wurden durch den Nachrichtenwert ihres konfliktreichen Verhaltens sekundär über die Medien bekannt. (Schaubild 20)

Die große Publizität der Sekten und das Ausmaß des Ärgers über sie ist kein Spiegelbild ihrer Wirkung. Der psychologische Einfluß der Sekten ist seit der Studie des Jahres 1986[48] sogar zurückgedrängt worden. Die Distanzierung von den Sekten hat zugenommen, im Sinne einer Polarisierung. Im Westen fühlen mehr als je zuvor, nämlich 80 Prozent der Jugendlichen, den Sekten sehr fern, im Osten sind es 82 Prozent. Im Jahre 1986 war der Konsens der Ablehnung zwar auch groß, aber nicht so schroff. 69 Prozent fühlten sich damals den Sekten sehr fern.

Für die erwachsene Bevölkerung, die 1994 parallel befragt wurde, gelten die gleichen Größenordnungen (Tabelle 48 und Tabelle A 73).

Tabelle 48: Nähe und Distanz zu Sekten

Frage: Einmal ganz allgemein gefragt, wie nahe – wie fern fühlen Sie sich solchen Gruppen? (Liste mit 17 Gruppen)

	Jugendliche von 15 bis 30 Jahren				
	West			Ost	
	1986	1994	1995	1994	1995
sehr nah	1	1	x	1	x
nah	2	2	2	1	1
weder/noch	16	8	10	8	8
fern	12	9	10	8	11
sehr fern	69	80	78	82	80
	100	100	100	100	100

---

48 Gerhard Schmidtchen: Sekten und Psychokultur, Herder, Freiburg 1987

Schaubild 21: Der Bekanntheitsgrad der Sekten

Es haben Kontakte oder kennen dem Namen nach

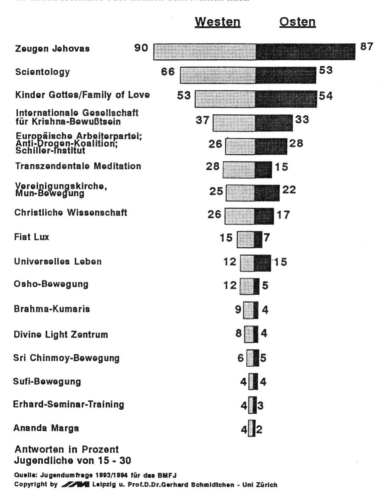

Antworten in Prozent
Jugendliche von 15 - 30

Quelle: Jugendumfrage 1993/1994 für das BMFJ
Copyright by ZA/M Leipzig u. Prof.D.Dr.Gerhard Schmidtchen - Uni Zürich

Wenn die öffentliche Meinung auch überwältigend gegen die Sekten eingenommen ist, so hindert das nicht ihren Erfolg an einem psychischen Saum der Gesellschaft. Sekten sind es gewohnt, in einem Gegenklima zu arbeiten, und ihre Argumentation, ihre Seins- und Gesellschaftsdeutung leben davon. Durch Repräsentativumfragen den Kreis der Sektenmitglieder abzuschätzen, ist schwierig. Viele Jugendliche wissen, daß die Zugehörigkeit zu Sekten von der Öffentlichkeit und höchstwahrscheinlich auch von dem Interviewer insgeheim als unerwünschtes Verhalten angesehen wird, und nicht alle sehen ein Interview als Anlaß, bekenntnishaft die Mitgliedschaft in einer Sekte zu bezeugen. Um diesen möglichen Barrieren entgegenzuwirken, wurde das Thema Sekten als etwas ganz normales eingeführt durch vorauslaufende Fragen zu Animismus, Okkultismus und alternativen Weltinterpretationen. Auch in der früheren schon zitierten Untersuchung über Sekten geschah das in analoger Weise. In der allgemeinen Bevölkerungsumfrage, die hier ebenfalls zum Vergleich herangezogen werden kann, wurde unvermittelter nach der Sektenmitgliedschaft gefragt. Allerdings hat die Frage selbst schon, die Liste der Sekten, ob man jetzt irgendwie Mitglied sei, einer Sekte angehört habe oder Kontakt habe oder sie kenne, ein Flair von Wertneutralität, das ja allgemein in Meinungsumfragen zu erreichen versucht wird. Als Sektenmitglieder gaben sich in den Interviews der Jugendumfrage 0,9 Prozent der jungen Menschen im Westen und 0,5 Prozent im Osten zu erkennen. Zählt man die früheren Sektenmitglieder hinzu, und jene, die engen Kontakt zu Sekten haben, so gibt es einen weitesten organisatorisch berührten Kreis von 4,2 Prozent im Westen und 2,5 Prozent im Osten. In der allgemeinen Bevölkerungsumfrage wurde ebenfalls der Teilquerschnitt der jungen Menschen zwischen 14 und 30 erfaßt. Auf einer statistisch niedrigeren Basis wurden Werte von einer erstaunlichen Vergleichbarkeit gemessen: 0,4 Prozent Sektenmitglieder im Westen und ebenfalls 0,5 Prozent im Osten. Die Gesamtgruppe derer, die überhaupt Kontakt zu Sekten haben oder hatten, ist in der Bevölkerungsumfrage für Jugendliche im Westen mit 4,4 Prozent ermittelt worden und im Osten mit 2,1 Prozent. Mit verschiedenen Umfragen und verschiedenen Vorgehensweisen sind also innerhalb der Toleranzen stabile Auskünfte über die Sektenmitgliedschaft gegeben worden, die man den weiteren Überlegungen und Hochrechnungen zugrundelegen kann. Der Trend des Kontaktes zu Sekten scheint tendenziell rückläufig. Im Westen wurde 1986 unter jungen Menschen bis zum 29. Lebensjahr ein Kreis von 2,7 Prozent aktueller und ehemaliger Mitglieder ermittelt, im Jahre 1994 genau zwei Prozent. Der weiteste Kreis der Sektenmitglieder unter der gesamten Bevölkerung zählte im Jahre 1986 4,1 Prozent und im Jahre 1994 waren es – der allgemeinen Bevölkerungsumfrage zufolge – 2,3 Prozent (Vergleichswert für den Osten 1,8). Die Zahlen mögen unbedeutend und politisch beruhigend wirken. In der statistischen Hochrechnung jedoch wird das Potential der Sekten in der Jugendszene erkennbar. Die Sekten haben es im Westen geschafft, mit 684 000 Jugendlichen Kontakt aufzunehmen oder sie als Mitglieder zu gewinnen. Im Osten beträgt dieser Kreis, der Kontakt mit den Sekten hat oder hatte, 83 500. Die aktuelle Mitgliederzahl ist hochgerechnet rund 137 000 im Westen und 16 700 im Osten.

Jugendliche, die sich vertrauensvoll einer Sekte zuwenden, erhalten dort nicht die Lebenshilfe, die sie suchen. Schädigungen in der Persönlichkeitsentwicklung und Verlust der wichtigen sozialen Bindungen sind die Folge. Die Zahl der Sektenmitglieder mag relativ gesehen klein sein, aber angesichts der Gefahr nachhaltiger Persönlichkeitsschädigungen ist sie zu groß. Also darf man in den Aufklärungsanstrengungen nicht nachlassen. Die wachsende Skepsis der Bevölkerung gegenüber den Sekten ist als Erfolg der Aufklärung zu betrachten. Die Sekten selbst, insbesondere auch die extremen und mörderischen, liefern dramatischen Stoff für Aufklärung und machen Angst, auch vor den harmloseren Varianten. Für seriöse Aufklärungsbemühungen ist das nicht unbedingt ein Vorteil. Pauschale Angst verdeckt die Erkenntnis der Problematik. Aufklärung ist notwendig über die Versprechungen und warum sie nie gehalten werden können, über die Leichtigkeit der Zugangswege und wie schwer man aus der Falle der Mitgliedschaft wieder herauskommt. Die Tatsache, daß es die Sekten fertigbringen, Jugendliche in der Zahl einer Großstadtbevölkerung für sich, wenn auch nicht für immer, zu gewinnen, läßt es nach wie vor wichtig erscheinen, junge Menschen vor den Gefahren des direkten Anschlusses an Sekten zu warnen, denn selten sind diese Vereinigungen eine Hilfe, in der Regel stehen diejenigen, die dort Zugehörigkeit suchen, am Ende ärmer und isolierter da als vorher.

Wie groß ist über die Mitgliedschaft hinaus der weitere Anhängerkreis der Sekten? Diese Auskunft ist insofern interessant, als wir hier nicht organisatorisch, sondern psychologisch abgrenzen. Wieviel zugewandte Jugendliche gibt es? Um dies abschätzen zu können, wurden drei Klassen von Auskünften benutzt. Erstens die Mitgliedschaft, gegenwärtig oder früher, zweitens der Kontakt zu Sekten, drittens das Gefühl, den Sekten sehr nahe oder nahe zu stehen und schließlich aus einem Test der Trotzhaltungen die Auskünfte: „Habe mich schon einmal einer Sekte angeschlossen" oder „Habe daran gedacht, es zu tun". Addiert ergeben diese Auskünfte im Westen einen Anhängerkreis von 9,8 Prozent und im Osten von 6,6 Prozent, gerundet zehn im Vergleich zu sieben Prozent (Tabellen A 74 und A 75).

Woher kommen die Sektenanhänger, was macht sie aufmerksam und interessiert? Der demographische Hintergrund: Geschlecht, Beruf, Bildungsstatus, Stadt, Land verrät so gut wie nichts. Einzig die Gebildeten, so zeigte sich in der früheren Untersuchung von 1986, sind etwas neugieriger und toleranter.[49] Davon ist wenig geblieben, auch die Gebildeten sind vorsichtig geworden. Wenn die statischen, relativ dauerhaften Merkmale, nach denen eine Bevölkerung sich beschreiben läßt, nichts hergeben, wenn keine Nische erkennbar ist, in der die Sektenanhänger lokalisiert werden können, dann muß der Blick sich auf Probleme richten, die überall auftreten können. Die Hinwendung zu Sekten geschieht über Themen und Motive. Ein großer Teil der Bevölkerung blickt interessiert auf die Angebote des Psychomarktes. Ein gutes Drittel (35 Prozent) bekundet Interesse für zahlreiche Therapieformen von autogenem Training bis Aromakosmetik. 37 Angebote wurden zur Diskussion gestellt, das ist in der Untersuchung Sekten und Psychokultur, die andernorts erwähnt ist, geschehen. Die Richtung dieser Angebote ist teils rational-medizinisch, teils aber auch mystisch-biologisch, das wäre der erste Faktor. Weiter waren erkennbar meditative interaktionistische Theorien, drittens gruppendynamische, viertens körperliche, übungs- und ausdrucks-

---

49 Gerhard Schmidtchen: Sekten und Psychokultur, a.a.O.

orientierte Therapien (vorwiegend medizinisch) und schließlich als fünftes die Deutung von Schicksals-Chiffren. Dieser Psychomarkt genügt in sich natürlich nicht schon in allen Angeboten den Kriterien aufgeklärter Wissenschaft.

Ein zweiter Themenbereich sind quasi-religiöse Gestaltungsbedürfnisse weitgehend außerhalb des Hauptstromes christlicher Überlieferung und religiöser Praxis. Ein deutlich esoterischer Einschlag ist erkennbar. Wiederum hat rund ein Drittel der Bevölkerung deutlich esoterisch-religiöse Gestaltungsbedürfnisse gezeigt. Nicht alle, die solche Interessen haben, wenden sich deswegen schon auch den Sekten zu, aber je ausgeprägter das Interesse am Psychomarkt, desto größer die Zahl der Sektenmitglieder, desto freundlicher die Einstellung zu den Sekten, und je ausgeprägter die quasi-religiösen esoterischen Gestaltungsbedürfnisse, desto näher fühlen sich diese Menschen den Sekten.[50]

Ein drittes Thema, das die Menschen zu Sekten hinleitet, ist das Interesse an alternativen Weltbildern und Erklärungsmustern. Astrologie, Animismus, Okkultismus, Seelenwanderungstheorien, Magie und Hexenglaube sind Gegenthemen zu einem aufgeklärten naturwissenschaftlichen Weltbild. In den alternativen Erklärungsangeboten wird nicht nur das Geheimnis der Existenz verständlich gemacht, sondern es geschieht eine massive Ursachenzuordnung. Die Ursache für die als miserabel empfundenen Aspekte der eigenen Existenz wird der Konstellation der Sterne zugeschrieben, dem Status in einem Wiedergeburtszyklus, der Magie und Hexerei oder einer seelischen Mitgift, für die man nichts kann (Tabelle A 76). Das gemeinsame dieser Erklärungen ist, daß die Verantwortung für die eigene Situation nach außen geschoben wird. Das ist entlastend, aber der Einschlag des Wahnhaften verstellt den Blick auf die soziale Realität, führt zur Unterschätzung der persönlichen, der eigenen Ressourcen und so mit hoher Wahrscheinlichkeit zu Fehlentscheidungen, die wiederum die Situation verschlechtern und auf gleiche Weise erklärungsbedürftig machen. Die Menschen begeben sich in die Gefangenschaft ihrer Theorien. Wenn der Zugang zu einer Sekte möglich ist, durch Bekannte oder das Werbeangebot gebahnt, begeben sich viele der so

---

50 Gerhard Schmidtchen: Sekten und Psychokultur. a.a.O. Seiten 48 und 54

Denkenden auch in die Gefangenschaft einer Organisation. Der Kreis der Personen, die sehr ausgeprägt einem magisch-animistischen oder okkultistischen Weltbild anhängen, wendet sich überproportional den Sekten zu. Von den Weltbildern sich entfernen, die in Wissenschaft und Bildung, Politik, Wirtschaft und Kirche herrschend sind, ist wie eine Vorübung für den Ausstieg aus der Gesellschaft. Einem magisch-animistischen Weltbild vertrauen sich insbesondere jene jungen Menschen an, die deutliche Ausstiegs- und Rückzugstendenzen aufweisen. In die Untersuchung wurde eine Skala der allgemeinen Rückzugs- und Selbstschädigungstendenz aufgenommen, deren Vorhersagekraft nachgewiesen ist.[51] In die Ermittlung der Rückzugstendenz gehen folgende Einzelbeobachtungen ein: Selbstisolation, Grübeln, Selbstmitleid, Resignation und Fluchttendenz, das Gefühl, alles hinschmeißen zu wollen und Selbstmordphantasien. Rückzugstendenzen haben ihren Ursprung in Enttäuschungen, Verletzungen, paradoxer Kommunikation, die zu einer Störung der Persönlichkeitsentwicklung und eines gesunden Selbstbewußtseins geführt haben. (Tabelle A 77) Eine zum magisch-animistischen neigende Weltinterpretation signalisiert also Hilflosigkeit und Rückzug.

Aus einem Syndrom („Zusammenlauf") von Befunden ergibt sich allmählich ein schlüssiges Bild der Motive junger Menschen, sich Sekten zuzuwenden, ausgerechnet jenen Organisationen, die für die Lösung ihrer Probleme am ungeeignetsten sind. Die jungen Menschen, die sich zurückgesetzt fühlen, nicht von den Eltern und auch sonstwie nicht recht akzeptiert, befinden sich in akuten Gefühlskrisen, die auf verschiedene Weise zum Ausdruck kommen können. Zwei dieser Möglichkeiten sind in der Studie dokumentiert, die Vandalismus-Tendenz und die Risikobereitschaft. Vandalismus-Tendenz ist die fast zwanghafte Neigung, aus extremen Gefühlen heraus negativ gegen die Gesellschaft und das, was sie repräsentiert, zu handeln: Ausstieg aus der Schule bis hin zu Sprühdosenaktionen oder sich als Punker verkleiden. Die Risikobereitschaft ist ein Ausagieren anderer Art, aber nicht frei von Feindseligkeiten: Der Reiz, Dinge zu tun, die andere für gefähr-

---

51 Gerhard Schmidtchen: Schritte ins Nichts. a.a.O.

man erst dann merke, daß man lebe, der Reiz des Unbekannten, Gefahren nicht aus dem Wege gehen und allgemeine Vergeltungstendenz mit Gewalt. Der zunächst ungewöhnliche Befund lautet, daß die Zahl der Sektenanhänger umso größer ist, je stärker der Vandalismus und je ausgeprägter die Risikobereitschaft. Wie ist das zu verstehen? (Tabelle 49 und Tabelle A 78)

Tabelle 49: Vandalismus und Hinwendung zu Sekten

Es gehören zum weitesten Kreis der Sektenanhänger	Jugendliche, die Vandalismustendenz bekunden				
	kaum	schwach	mittel	ausgeprägt	stark
Osten	3	6	7	11	19
Westen	7	7	10	14	32

Beispiel zum Lesen der Tabelle: Jugendliche im Osten, die stark zum Vandalismus neigen, zählen zu 19 Prozent zum Kreis der Sekten-Anhänger.

Der Weg aus der herrschenden Gesellschaft und ihren Interpretationsmustern hinaus erfolgt in einer Phase extremer Gefühle, in denen die Enttäuschung mit eben dieser Gesellschaft manifest wird. Das Organisationsangebot der Sekten kann nur akzeptiert werden, wo psychische Desorganisation ist. Vor dem Übergang zu fundamentalistischen Sekten leben die meisten Menschen in einer Situation, die sie als sehr unbequem empfinden. Sie haben – so eine amerikanische Forscherin – eine Phase emotionaler Verwirrung hinter sich.[52]

Der Enthusiasmus, der zunächst mit dem Übertritt zu Sekten verbunden ist, beruht auf starken Erlebnissen, auf psychischen Entlastungen und Hoffnungen, die für Bekehrungsvorgänge typisch sind. Die Enttäuschung über die Gesellschaft, in der sie leben, ist ein Hintergrundsmotiv, das die Sekten attraktiv erscheinen läßt (Tabelle A 79). Die Sekten bieten sich als Organisationen an, die den Rückzug aus der Gesellschaft triumphal gestalten wollen. Sie versprechen eine großartige Persönlichkeitsentwicklung, die Entbindung nie erlebter Kräfte, die Möglichkeit, das alte Selbst verlassen und das richtige finden zu können, zur geistigen Elite zu gehören. Hell leuchtet der Stern solcher Erwartungen. Wesentli-

---

[52] Chana Ullman: The Transformed Self: Psychology of Religious Conversion. Plenum Press, New York 1989

ches Moment der Weltinterpretation der Sekten ist die Umkehr der Erfahrung. Die Sekten selbst definieren sich als Ausweg aus einer negativen Gesellschaft. Folgt man ihren Ideen und Praktiken, gliedert sich dienend in ihre Organisation ein, so erscheint alles, was früher war, fremd. Man muß sich nicht schämen, einer Sekte anzugehören, die die Mehrheit verquer findet, vielmehr ist es möglich, überlegen auf den Rest Gesellschaft herabzuschauen. Die an der richtigen Einsicht vorübergehen, wirken auf die Sektenanhänger geradezu bemitleidenswert. Das ist die Melodie der Rattenfänger.

Rationale papierene Aufklärung über die falschen Versprechungen und Irrwege der Sekten wird angesichts der aufgedeckten Motivkonstellationen wenig fruchten. Über Sekten als Jugendproblem brauchte man sich nicht lange aufzuhalten, wenn die Gründe, sich Sekten zuzuwenden, ausschließlich bei diesen selbst lägen. Von ihrem kontraproduktiven Gemeinschaftskonzept, das die Selbstaufgabe als neue Freiheit feiert, ließe sich kaum jemand anlocken. Die Attraktivität des Abseitigen und zum Teil Verqueren hat informationsresistente Gründe, die bei den Adressaten versammelt sind. Freilich kann man aus moralischen Gründen die Warnung vor Sekten nicht unterlassen, aber sie müßte verbunden werden mit der Darbietung von Alternativen. Es müßten Wege eröffnet werden, die junge Menschen gern beschreiten würden, um sich wieder in eine produktive Beziehung zur Gesellschaft zu bringen, und dies müßte von der Einsicht und von praktischen Hilfen begleitet sein, wie man auch als Nonkonformist gut zurechtkommen kann und wie man negative biographische Erfahrungen zur Quelle kreativen Handelns werden lassen könnte.

5. Das Spiel mit dem Feuer
Sozialpsychologie der Aggressivität –
Theorien, die politische Bedeutung haben

Gewalt ist immer von tiefem Erschrecken begleitet. In Märchen und Mythen, Dramen und Tragödien wird die archaische Furcht nachvollzogen. Die Erschütterung des Hörers und des Zuschauers soll zur Umkehr bewegen, Gefühle des Mitleidens und der Zuwendung entstehen lassen. Mythen und Tragödien enthalten Friedenspropaganda.

Das Erschrecken über Gewalt setzt sich in unserer Zeit wissenschaftlich um. Das Bedürfnis, Aggression zu verstehen, entspringt dem Wunsch nach Frieden. Wenn man weiß, wo Gewalt ihren Ursprung hat, wie sie ihren Lauf nimmt, dann kann man ihr entgegenwirken oder überhaupt verhindern, daß sie sich inszeniert und unsere Beziehungen verletzt oder zerstört. In allen wissenschaftlichen Bemühungen, Aggression zu verstehen, steckt die Hoffnung, ihr den Boden entziehen zu können, sie gegenstandslos zu machen, weil es bessere Möglichkeiten gibt, miteinander etwas auszuhandeln.

Die Geschichte der wissenschaftlichen Bemühungen, den dunklen Hintergrund der Gewalt aufzuhellen und anschaulich zu machen, also Theorien über Aggression zu entwickeln, diese in empirische Studien zu überführen, ist in sich selbst von hoher Dramatik. Was wir über Aggression denken, bestimmt persönlich und politisch unser Verhalten. So ist es vielleicht der beste Gesichtspunkt einer Beschäftigung mit Aggressionstheorien und Ergebnissen der Forschung, darauf zu achten, ob sie uns gegenüber Aggressivität, Gewalt und Terror urteils- und handlungsfähig machen. Bei dieser Durchsicht werden wir auf tragische Zusammenhänge treffen: Es gibt gut gemeinte Pläne und Vorkehrungen gegen Gewalt, die jedoch mehr angestachelt als verhindert haben. Was als Beschwichtigung gedacht war, wirkte verstärkend.

Alle großen modernen Gesellschaftssysteme sind in ihrer Selbstauslegung humanitär, friedfertig und liberal. Gerade diese Gesellschaften scheinen gegenüber der wachsenden Bereitschaft zur Gewalt hilflos. Die Hilflosigkeit liegt zunächst in ihren prinzipiellen Erwartungen begründet. Mehr Freiheiten, auch in wirtschaftlicher Hinsicht, müßten doch genügend Anreize zu Kooperation und Verständnis statt zu haßerfülltem Konflikt geben. Die Öffentlichkeit reagiert schnell mit moralischen Ermahnungen und Schuldzuweisungen. Daran ist kein Mangel, beides nutzt nichts, weder für die Diagnose, noch für eine wirkliche Beschäftigung mit den Ursachen. Gewiß werden auch Theorien zitiert, aber in der Regel in so vereinfachter Form, daß sie mehr schaden als nützen. Die Frustrationstheorie schaffte die Erleichterung, alle Ursachen bei dem Frustrator, bei den frustrierenden Verhältnissen versammelt zu sehen. Aber in dieser Weise gehandhabt, führt die Theorie nicht weiter. Weder kann es gelingen, alle frustrierenden Ursachen zu beseitigen, noch beruht alle Gewalt auf Frustration. Eine einfache Modelltheorie machte die Vorbilder im Fernsehen für das Ausmaß der Gewalt verantwortlich und die Verbreitung von gewalttätigen Ausschreitungen durch die Medien, was den Akteuren eine Art von Heldenstatus verlieh. Aber auch für diese Vermutungen konnten am Ende keine Evidenzen beigebracht werden, wohl aber begründete Widerlegungen. Auch die Annahme eines ständig lauernden Aggressionstriebes spielt in der öffentlichen Diskussion eine Rolle und vor allem die zugeordnete Erwartung, daß aggressive Impulse ausgelebt werden müßten, wenn man das Maß der Aggression senken wolle. Wie ein reinigendes Gewitter stellte man sich die Katharsis vor, es sollte sich aber möglichst dort entladen, wo es keinen Schaden stiftet. Dieses Katharsiskonzept, Lieblingsthese einer liberalen Psychologie, ist empirisch, nicht nur in der Forschung, sondern auch im Alltag widerlegt worden.

Die modernen Theorien geben Auskunft darüber, daß Gewalt nicht einfach chaotisch aus einem unbeherrschbaren Grunde kommt, sondern wohl organisiert ist. Gewalt bedarf dieser inneren und äußeren Organisation, sonst würde sie sich nicht ereignen. Es ist aber gerade dieser Organisationscharakter der Gewalt, der uns die Hoffnung gibt, sinnvoll, präventiv eingreifen zu können. Der

Mensch ist mit allem ausgestattet, was zu gewalttätigem Handeln nötig ist. Trotzdem ist er nicht zu Gewalt verdammt, denn das würde bedeuten, daß man ihr nur repressiv begegnen könnte oder dadurch, daß man Ersatzobjekte zur Verfügung stellte. Das Menschenbild einer modernen sozialpsychologischen Theorie dagegen stellt die Subjektivität in ihrer vollen Verantwortung wieder her und die geistige Verantwortung für die gesellschaftlichen Bezüge, in denen sich das Individuum bewegt.

5.1. Was Menschen aggressiv macht

Die Besprechung einiger Theorien und empirischer Ergebnisse der Aggressionsforschung soll eine Handreichung für die Deutung der Daten sein, die im folgenden Abschnitt über persönliche und politische Gewalt in Deutschland vorgelegt werden. Auch die Beschäftigung mit überholten Theorien ist notwendig, weil sie in der öffentlichen Diskussion zuweilen so behandelt werden, als seien sie nach wie vor gültig. Dazu zählen die Triebtheorien und die deterministischen Theorien, denen die Annahme zugrundeliegt, daß bei bestimmten Reizkonstellationen die Menschen zur Aggression geradezu gezwungen seien. Von den Triebtheorien sind die neurophysiologischen Betrachtungen der Aggressionsvorgänge zu unterscheiden. Alle modernen psychologischen und sozialpsychologischen Aggressionstheorien beruhen auf den Erkenntnissen der Neurophysiologie. Die Physiologen sprechen weniger von Aggression als von Abwehr und Flucht sowie Affektivität. Sie stellen dar, wie über die Wahrnehmung das Aktivierungssystem gesteuert wird. Für die Affekte sind die ältesten Hirnformationen zuständig, der Hirnstamm und das umgebende Gebiet. Die affektive Aktivierung läßt sich messen an der Pulsfrequenz, an der Konzentrierung der Aufmerksamkeit auf das als gefährlich wahrgenommene Objekt, an den Zeichen der motorischen Vorbereitung entweder des Abwehrkampfes oder der Flucht. Das bedeutet physiologisch: sinkender Blutdruck in den inneren Organen, beste Blutversorgung der Bewegungsorgane. Die Entscheidung, ob Abwehrkampf oder Flucht, wird durch die sogenannte Fluchtdistanz vollzogen, die bei den meisten Tieren genetisch vorgegeben ist.

Ob Menschen fliehen können oder glauben, kämpfen zu müssen, ist eine Frage der sozialen Konventionen und der Normen der Organisation, der sie angehören. Die Behandlung des Themas Feigheit in unserer Gesellschaft ist ja ein Indiz dafür, daß die Flucht in der Regel verboten ist, obwohl sie oft das Vernünftigste wäre. Nach den Vorgaben der neurophysiologischen Forschung kann man zu der Annahme kommen, daß Menschen wie andere Wirbeltiere über einen neurophysiologischen Apparat verfügen, mit dem Kampfbereitschaft hergestellt werden kann. Aber das ist bei Menschen kein Zwangsmechanismus. Sie sind in ihrem Verhalten nicht Instinkten ausgeliefert, sie haben immer die Wahl. Menschen sind zur Aggression befähigt, aber sie neigen zu friedlichem kooperativen Verhalten, so lange sie nicht Situationen gegenüberstehen, in denen sie glauben, kämpfen zu müssen, sei es um sich oder etwas zu verteidigen oder etwas zu erreichen.

Die Triebtheorien

Allen Triebtheorien der Aggressivität ist der tiefschwarze anthropologische Pessimismus der Puritaner eigen. Die schlechte menschliche Natur kann nur durch Kontrolle und systematische Disziplin zum Besseren geführt werden. Diese anthropologische Skepsis war einerseits ein wichtiges Motiv für die Formulierung einer demokratischen Verfassung, und andererseits stand sie Pate bei einer liberalen Gesellschaftstheorie. Der große Entwurf einer Sozialpsychologie von William McDougall (1908) thematisierte diesen spätpuritanischen Pessimismus so erfolgreich, daß das Werk eine sensationelle Auflagenfolge erlebte. Im angelsächsischen Sprachbereich dachte man so, wie McDougall es vorführte: Die Bestie Mensch kann nur dadurch gebändigt werden, daß man sich eines zuverlässigen Motives bedient, des Eigeninteresses. Dieses Eigeninteresse, in einer Öffentlichkeit zu bestehen, die bürgerliche Existenz nicht verlieren zu wollen, ändert das Verhalten, am Ende auch die Motive so, daß aus den Menschen bessere werden als sie von Natur aus sind. Dies setzt allerdings voraus, daß die öffentliche Meinung und die soziale Kontrolle moralische Prinzipien repräsentieren, und zwar durchgängig. Von solchen Voraussetzungen kann man heute ohnehin nicht mehr ausgehen.

Die psychoanalytische Lehre vom Aggressiontrieb enthält noch vollkommen die theoretische Atmosphäre des 19. Jahrhunderts. Im Menschen ist etwas permanent zum Bösen tendierendes am Werke. Sigmund Freud spricht vom Todestrieb. Mitscherlich weitete aus und nennt die Energie, die auch die Aggressionen hervorruft, „Destrudo". Diese Energien machen sich als permanenter Drang bemerkbar und sind negativ gerichtet. Wenn der Mensch nun einmal mit dieser Energie zum Bösen ausgestattet ist, muß man überlegen, wie Personen und Gesellschaft damit zurechtkommen. Die Auswege werden unter dem Stichwort der Katharsis beschrieben. Die Psychologen des 19. Jahrhunderts waren gute Altphilologen, und so haben sie den Begriff von Aristoteles entlehnt. Der Bezugsrahmen dieser Hypothese ist die Vorstellung, daß aggressive Handlungen die Konsumphase des Triebes sind. Die Handlungen verzehren die Triebe, und die Menschen sind dann friedlicher. Diese Triebverzehrung könne, so dachte man sich, auf zweierlei Weise vonstatten gehen, einmal durch Ausführung der aggressiven Handlungen durch das frustrierte Subjekt, zweitens durch die stellvertretende Teilnahme an aggressivem Handeln. Somit könnten Ersatzhandlungen, auch Schimpfen, den Aggressionstrieb reduzieren.[53]

Aber was geschieht im Laufe der Zeit? Es ist nicht ausgemacht, ob die Ausführung einer aggressiven Handlung, die erfolgreich die Frustration beseitigt und die emotionelle Erregung wieder herabsetzt, überhaupt verhindern kann, daß ein aggressiver Handlungsablauf in der nächsten vergleichbaren Situation nicht genau dieselbe Stärke hat. Nach der Katharsis-Hypothese müßte das Ausagieren von aggressiven Tendenzen die Chance weiterer Aggression verringern. Betrachtet man indessen die Sache nach der Lerntheorie, so würde die Prognose lauten, daß das Ausführen und Beobachtungen aggressiver Handlungen die Chance anschließender Aggressivität vergrößert. Wie fügen sich die empirischen Befunde in dieses prognostische Bild? Die Versuche, einen nachhaltigen Katharsiseffekt zu erzeugen, endeten praktisch ausnahmslos mit Fehlschlägen (Berkowitz, S. 216f.). Die Ausführung

---

53 Leonhard Berkowitz: Aggression: A Social Psychological Analysis, McGraw-Hill, New York, Toronto, London, San Francisco 1962, S. 196 f.

aller auf irgendwie einsehbaren Anreizen beruhenden Aggressionshandlungen würde weder die Gesellschaft noch das Rechtssystem zulassen, auch nicht unter therapeutischen Gesichtspunkten. Also ist es nur sinnvoll, die kathartische Wirkung von sozial ungefährlichen Formen des Aggressionsausdrucks zu untersuchen. Die Masse der Experimente darüber ging nicht nur negativ aus, sie zeigte vielmehr einheitlich, daß die erfolgreiche Ausführung aggressiver Akte verstärkend wirkt und somit die Chance nachfolgender Aggression erhöht. Eine sogenannte stellvertretende symbolische Katharsis, etwa das Beobachten aggressiver Handlungen wird im allgemeinen auch die Aggressivität erhöhen. Im Gegensatz zu den Erwartungen der Katharsis-Hypothese, zeigt sich, daß die Aggressionsbereitschaft durch bloßes Assoziationstraining von aggressiven Worten wesentlich erhöht werden kann (Berkowitz, S. 245f.). Durch aggressive Äußerungen versieht sich das Subjekt mit internen Stimuli, die die Wahrscheinlichkeit nachfolgender offener Aggressivität erhöhen. Feindselige Bemerkungen gegen andere begünstigen die Chance des Ausbruchs offener Feindseligkeit. Damit ist experimentell nachgewiesen, daß die Homerischen Helden vor Troja offenbar Recht hatten, wenn sie sich stundenlang beschimpften, bevor sie aufeinander losschlugen. Durch Schimpfen und Verhöhnung wird die eigene Aggressivität erst richtig angeheizt. So gesehen ist feindselige Sprache ein außerordentlich wichtiges Warnungszeichen. Geraume Zeit vor den eigentlichen Gewalttaten beginnt sich die Sprache mit aggressivem Vokabular anzureichern. Es ist interessant, daß die Gesetzgeber mit Beleidigungs- oder Ehrverletzungsparagraphen versuchen, der Aggressivität schon im Frühstadium einen Riegel zu schieben. Im Rahmen der Terrorismusforschung des Jahres 1980 wurde empirisch nachgewiesen, daß Feindbilder wichtige Voraussetzungen für die psychische Organisation von Illegalität und Gewalttätigkeit sind.[54]

In der öffentlichen Diskussion über Gewalt wird mit den Annahmen der Trieblehre argumentiert und auf Katharsis als Aggressionsabfuhr verwiesen. So heißt es in einem Papier der Berliner Senatsverwaltung für Schule, Berufsbildung und Sport (SSBS),

---

54 Gerhard Schmidtchen: Jugend und Staat, a.a.O. S. 235

Sport böte gesellschaftlich legitime Formen der Aggressionsabfuhr. „Durch sportliche Angebote kann aggressives Verhalten kanalisiert und abgebaut werden, sofern Aggressionsabbau nach fairen sportlichen Regeln passiert."[55] Die Vorstellung, Sportveranstaltungen könnten den Zuschauern eine Gelegenheit der Affektabfuhr bieten, ist in den Fußballstadien gründlich widerlegt worden.[56]

Der Begriff „Aggressionsabfuhr" setzt voraus, daß in der Person ein Reservoire, ein gut gefülltes Lager von Aggression vorhanden ist, das auf sozialverträgliche Weise entsorgt werden sollte. Da es sich aber offenbar regeneriert, muß immer wieder für Abfuhr, für Drainage gesorgt werden. Jugendliche Gewalttäter haben sich längst diesen Sprachgebrauch zu eigen gemacht, um sich und der Öffentlichkeit weis zu machen, sie hätten unter einem unabweisbaren Zwang gehandelt. In Interviews war auf die Frage, was sie bewogen habe Ausländer tätlich anzugreifen, zu hören: „Ich mußte meine Aggressionen abbauen." Der Täter wird in dieser Sicht gleichsam zum Opfer der menschlichen Natur, die eben „Aggression" beherbergt, die egal wie einen Weg nach draußen sucht, so als geschähen Gewalttakte jenseits von Denken und Moral, lägen damit jenseits aller persönlichen Verantwortung. Diese Art der Ursachenzuschreibung führt zur Depersonalisierung des Täters. Triebtheorien und die dazugehörige Katharsis-Hypothese führen zu unwirksamen präventiven Programmen und zu einer falschen Selbstwahrnehmung der Jugendlichen. Angewandte Triebtheorie begünstigt die Irrationalität des Verhaltens.

Ein entscheidender Fortschritt zeichnete sich in einer Studie von Mallick und McCandless ab, die sie im Jahre 1966 im Journal of Personality and Social Psychology[57] veröffentlicht haben. Sie wiesen nach, daß eine positive und vernünftige Interpretation einer Frustrationssituation kathartischen Wert haben könne. Der Begriff der Katharsis ist eigentlich auf eine solche Ausweitung angelegt. Aristoteles hat diesen Begriff im 6. Kapitel seiner Poetik an-

---

55 Bundesministerium für Familie, Senioren, Frauen und Jugend: Neunter Jugendbericht. Bonn 1994, S. 205
56 Gerhard Schmidtchen: Wie unschuldig ist der Fußball? Sozialpsychologische Betrachtungen über Gewalt bei Sportereignissen. Neue Zürcher Zeitung, Nr. 129, 7. Juni 1985
57 A Study of Catharsis of Aggression

ders geprägt als er im psychologischen Forschungsbetrieb viel zu vordergründig gebraucht wurde. Der Musik und der Tragödie schreibt Aristoteles reinigende Macht zu. Furcht und Mitleid vollbringen diese Reinigung. So könne sich die Seele von selbstbezogenen Leidenschaften befreien. Der Prozeß der Katharsis ist also ein Vorgang der Aktivierung psychischer Gestaltungskräfte. Katharsis heißt eigentlich Läuterung, in deren Verlauf miserable Antriebe ausgeschieden werden. Diese Läuterung ist aber durchaus verbunden mit heftiger Emotionalisierung, die von Selbsteinsichten begleitet wird, ist also eigentlich Denkarbeit unter dem Einfluß hochwertiger Gefühle. Katharsis ist geistig-emotionale Bewältigung: der Mensch ist nicht das Opfer geistloser Triebe. Nicht das Ausagieren aggressiver Neigungen hat kathartischen Effekt, sondern die kognitive und emotionale Verarbeitung, die Wandlung. Die modernste Forschung bewegt sich wieder in diesem Feld zwischen Geist und Physiologie und wird damit im eigentlichen Sinne aristotelisch.

Die deterministischen Aggressionstheorien:
Frustrations-und Modelltheorien in der einfachsten Fassung

„Frustration und Aggression" lautet der Titel jener 1939 erschienenen Yale-Studie, die bis heute unser Denken über Gewalt in der Gesellschaft mitbestimmt. John Dollard war der leitende Wissenschaftler unter den Autoren, die die Studie gezeichnet haben.[58] Als John Dollard 1980 starb, schrieb Daniel Patrick Moynihan, US-Senator von New York einen Nachruf. Er erinnert daran, daß die These des Zusammenhangs von Frustration und Aggression so erfolgreich wurde, so sehr in den allgemeinen politischen Sprachgebrauch und das Verständnis von Gewalt einging, daß der Autor darüber nahezu vergessen wurde. Man dachte bis zu dieser Studie, daß die Menschen durch die Erwartung von Lohn und Strafe gesteuert werden, durch Profit und Verlust. John Dollard ging von

---

58 John Dollard, Neal E. Miller, Leonhard Doob, O. H. Mowrer, Robert R. Sears: Frustration and Aggression. Yale University Press, New Haven and London 1939

einem therapeutischen Konzept aus. Er sagte sich, den Menschen ist etwas zugestoßen und sie reagieren darauf.[59]

Die Einsicht in den grundlegenden Zusammenhang von Frustration und Aggression verdanken die Yale-Autoren der Psychoanalyse Sigmund Freuds. Es ist auch in diesem Buch nicht das erste Mal in den Wissenschaften die Rede von Frustration und Aggression, so hat zum Beispiel der nur am Rande zitierte Rosenzweig sich schon im Jahre 1934 mit Reaktionsformen auf Frustration beschäftigt, und er ist es gewesen, der einen Bild-Frustrations-Test entworfen hat. In ihrer radikalen Form aber erscheint die Frustrationsthese erst in dem Buch von Dollard, Doob, Miller, Mowrer und Sears. Sie ist in Form von Postulaten formuliert, in fast naturwissenschaftlicher Kürze und Diktion: „Aggression ist immer die Konsequenz einer Frustration." Und die Gegenposition lautet: „Die Existenz einer Frustration führt immer zu irgendeiner Form der Aggression." Diese Thesen eröffneten nicht nur große Forschungsfelder, sondern auch lang andauernde kritische Debatten. Die wesentlichen Punkte waren, daß nicht jede Frustration zur Aggression führt, und daß es andererseits zu Aggressionen ohne Frustrationen kommen kann. Das erste Argument ist in der Yale-Studie eigentlich schon gegenstandslos gemacht worden, denn hier ist der Aggressionsbegriff sehr weit gefaßt. Nicht immer folge offene Aggression auf eine Frustration, sondern sie bleibe verdeckt, weil der Ausdruck der Aggression durch die Situation behindert wird. So sagen sie, daß wenige Autofahrer, die von der Polizei angehalten werden, beginnen, den Polizisten zu beschimpfen, oder Gäste bei einem formalen Dinner werden sich nicht lauthals beschweren, wenn sie finden, daß das Fleisch zäh ist. Aber trotzdem komme es zur Aggression, die frustrierte Person wird sich ärgerlich fühlen, irritiert oder innerlich wütend.[60] Und an anderer Stelle erklären sie, daß Aggression nicht immer in offenen Bewegungen manifest werden muß, sondern sie kann auch existieren als Phantasie, als Traum, als Racheplan.[61] Da die Autoren Latentes und Manifestes als Aggression bezeichnen,

---

59 Daniel Patrick Moynihan, The New York Times Book Review, November 1980
60 John Dollard u.a.: a.a.O., S. 33
61 John Dollard u.a.: a.a.O., S. 10

gleichsam als ein Verhaltenskontinuum, können sie bei ihrer allgemeinen These bleiben, daß auf Frustration immer Aggression folgt. Diese Ausdehnung und Pauschalierung des Aggressionsbegriffes verstellt die Sicht auf außerordentlich differenzierte Prozesse, die auf eine Frustration folgen. So liegen Ärger, Vergeltungspläne und aggressive Akte auf sehr verschiedenen Ebenen. Damit hat sich die Forschung später beschäftigt.

Die Definition dessen, was Frustration ist, gelang den Yale-Autoren besser. Frustration ist dann gegeben, wenn eine zielgerichtete Handlung eine Behinderung oder Unterbrechung erfährt. Die Stärke des Anreizes zu aggressivem Verhalten variiert direkt erstens mit der Stärke der frustrierten Strebung, zweitens mit dem Grade, in dem diese Strebung behindert wird und drittens mit der Häufigkeit dieser Frustrationssequenzen.

Die theoretischen Darlegungen der Yale-Studie sind knapp gehalten. Sie umfassen nur ein Viertel des gesamten Bandes. Mit ihrem Instrumentarium gehen die Autoren nun daran, die gesellschaftliche und auch weltpolitische Situation zu analysieren: die Erziehung in Amerika, die Jugendsituation, die Kriminalität, Faschismus und Kommunismus. Die verschiedensten gesellschaftlichen Übel werden auf Frustrationen und deren politische Behandlung zurückgeführt. Es wird gezeigt, wie sich faschistische und kommunistische Regimes der Frustration geradezu bedienen, um aus den Schwächen des eigenen Regimes aggressive Antriebe gegen alle möglichen Feinde außerhalb und innerhalb zu gewinnen. Die Studie der Yale-Autoren hat die Aggressivität politischer Systeme entmythologisiert. Man ist ihnen nicht wie einem naturhaften Ereignis ausgeliefert, sondern man kann etwas dagegen tun, wenn man die Ursachen kennt. Man muß sich vergegenwärtigen, daß dieses Buch am Vorabend des Zweiten Weltkrieges veröffentlicht worden ist. Dieses eigentlich politische Buch ist ein Zeugnis des aufgeklärten amerikanischen Optimismus.

Wissenschaft ist noch nie bei allgemeinen Definitionen und Erklärungen stehengeblieben. Der große Wurf der Yale-Autoren wirkte als Anreiz, die Prozesse von Frustration und Aggression gleichsam zu zerlegen, ihre Elemente und Momente zu beschreiben. Erst durch Präzision in der Analyse von Vorgängen werden sie erklärbar und beeinflußbar. Als Beweismittel dienen Experimente. Wenn die vorhergesagten Effekte eintreten, gilt die Theorie als bewiesen. Einige Experimente beweisen jedoch nicht, was sie sollen und andere mehr als sie können. Klarheit ist nur zu gewinnen innerhalb einer großen Forschungskultur. Diese ist auf psychologischem Gebiet hauptsächlich in den USA entstanden, und international hat es große Fortschritte auf dem Gebiet der medizinischen Neurophysiologie gegeben. Angeregt durch die Tierexperimente des Zürcher Nobelpreisträgers Walter Rudolf Hess haben vor allem die Arbeiten von Robert W. Hunsperger große Fortschritte im Verständnis der Prozesse aggressiven oder defensiven Verhaltens in höher organisierten Lebewesens erbracht. Bekannt geworden sind seine Experimente mit Katzen, denen Elektroden an bestimmten Stellen des Gehirns eingepflanzt wurden, so daß man sie über einen Sender reizen konnte. Die Lokalisation von Hirnarealen, die am Aufbau eines defensiven (aggressiven) Verhaltensmusters beteiligt sind, konnten präzise in ihren funktionellen Zusammenhängen erforscht und dargestellt werden. Seit diesen Experimenten, die sich durch hohe Präzision ausgezeichnet haben, und weiteren Experimenten einer Reihe von Kollegen ist der neurophysiologische Funktionskreis der Herstellung der Verteidigungs- oder Kampfbereitschaft eines Organismus im wesentlichen bekannt. Das Verteidigungs- oder Kampfverhalten der Tiere hat, und das ist für das Weitere besonders interessant, auch eine phänomenologische Seite. Zur vollständigen Ausführung eines Abwehrangriffes kommt es nur, wenn das Tier nach einer Gehirnreizung etwas wahrnimmt, gegen das es sich vermeintlich verteidigen muß, also eine vollständige Koordination der Abwehrhandlung kann im Experiment nur dann erreicht werden, wenn zum Beispiel ein Stofftier in einem sonst leeren weißen Raum aufgestellt wird. An der Formung des Verhaltens sind Wahrnehmungsprozesse entscheidend beteiligt.[62]

Aufgrund der neurophysiologischen Forschung läßt sich sagen: Aggressivität ist keine irgendwo gespeicherte Energie, sondern ein neurophysiologisch präformiertes Verhaltenspotential, dessen biologisches Ziel der Schutz und die Erhaltung des Orga-

---

62 Robert W. Hunsperger: Neurophysiologische Grundlagen des affektiven Verhaltens. Sonderabdruck aus dem Boulletin der Schweizerischen Akademie der medizinischen Wissenschaften, Bd. 21 1965, Fasc. 1-2, S. 8-22

nismus ist. Ob dieses Aggressionspotential aktiviert wird, hängt von Außenreizen ab. So erweist sich das Abwehr-Aggressionspotential als ein neurophysiologisches Steuerungsschema, das gleichsam still für gewisse Extremsituation bereitliegt. Treten diese Situationen nicht ein, bleibt es bei der Latenz. Diese Steuerungsvorgänge selbst verbrauchen kaum Energie. Sie selbst steuern allerdings den energiegeladenen motorischen und lautgebenden Apparat, der dann auf die Steuerungsbefehle hin ungeheuer gewalttätig und geräuschvoll werden kann. Der Vergleich mit einer modernen Produktionsanlage ist angemessen, die computergesteuert ist. Der Computer braucht nur Schwachstrom, die ausführenden Teile der Produktionsanlagen indessen enthalten ungeheure Energien. Wir entnehmen den Tierversuchen ferner, daß Bedrohungssituationen für die Aktivierung des aggressiven Verteidigungsschemas die ausschlaggebende Bedeutung haben. Das aggressive (wie Hunsperger es auch nennt, das affektive) Verhalten des tierischen Organismus beruht in seinem Ablauf auf genetisch vorgeformten, also instinktgesicherten Abläufen. Bei Katzen zeigt sich, daß sie das Fell aufstellen, den Rücken zum Sprung krümmen, eine Position einnehmen, um den Gegner mit einem Nackenbiß den Garaus zu machen, die Krallen sind ausgestellt, die Pupillen sind vergrößert, um die Aufmerksamkeit ganz auf den Gegner zu konzentrieren.

Die Ausprägung der Aggressivität beim Menschen ist instinktentbunden. Sie kann über viele grobe und subtile Handlungsparameter laufen, und auch die Auslösung der aggressiven Handlung selbst ist von komplizierten Bedingungen abhängig. Allein die Aktivierung des Organismus zu einer aggressiven Handlungsbereitschaft scheint ähnlich wie beim Tier abzulaufen, wenn der Organismus auf Abwehr umgestellt wird: Erhöhung der Pulsrate, schnelleres Atmen, Senkung des Blutdrucks in den inneren Organen und bessere Blutversorgung des Bewegungsapparates, feuchte Hände, Konzentration auf den Gegner oder das gefährliche Objekt. Diese Vorgänge werden durch Wahrnehmung und Interpretation ausgelöst und laufen über endokrine Vorgänge, also Botenstoffe, die für die Aktivierung sorgen, auch wenn das betreffende Individuum das vielleicht ganz unzweckmäßig findet. Diesen Funktionskreis teilen wir mit einem großen Teil der Schöpfung, mit den Wirbeltieren. Freilich machen die Menschen mit diesem Potential der Kampfbereitschaft vielfältiges, sie setzen sie für Dominanz und Unterwerfung ein, für Frieden und Gleichberechtigung, für soziale und asoziale Zwecke. Die Menschen müssen nicht aggressiv sein. Niemand nimmt physiologisch Schaden, wenn er friedlich bleibt. Aber Menschen sind reizbar.

Dieses Reizbarkeitspotential der Menschen zu verstehen, ist das Ziel der sozialpsychologisch-experimentellen Forschung zur Aggressivität. Einer der großen Forscher auf diesem Gebiet ist Leonhard Berkowitz. Er hat als erster die Yale-Autoren gegen Fehlinterpretationen in Schutz genommen. Er hat dafür gesorgt, daß einer der Co-Autoren dieser Yale-Studie, nämlich Neal E. Miller, nicht in Vergessenheit geriet mit seiner zwei Jahre nach der großen Studie über Frustration und Aggression erschienenen Schrift, in der er den Zusammenhang zwischen Frustration und Aggression differenzierte: „Frustration erzeugt eine Anzahl verschiedener Reaktionstypen, von denen einer der Anreiz zu irgendeiner Form von Aggression ist".[63] Berkowitz formuliert, auch gestützt durch umfangreiche experimentelle Untersuchungen, daß Frustration einen allgemeinen Zustand der Erregung oder ein Antriebsniveau erzeuge, das in der Lage ist, irgendwelche Handlungstendenzen, die in einer Situation naheliegen, mit Energie zu versorgen.[64] Anders ausgedrückt, wenn Menschen erregt sind, machen sie alles prägnanter. Enthält eine Situation deutlich aggressive Signale, dann werden aggressive Antworten durch eine hohe Erregung (strong arousal) energiereicher ausfallen. Berkowitz sagt anderen Orts, daß Frustration nicht notwendigerweise zu Aggression führt, sondern zunächst und mit Sicherheit zu Ärger, also einem Erregungszustand. Was aus dem Ärger gemacht wird, hängt von der Situation ab.[65]

Die Beschäftigung mit Aktivierungsvorgängen und deren Folgen kennzeichnet die weitere Forschung. Einen Wendepunkt markiert die monumentale Studie des amerikanischen Gesundheitsministeriums (U.S. Department of Health, Education, and Welfare)

---

63 zitiert bei Leonhard Berkowitz: Roots of Aggression, Atheron Press, New York 1969, S. 29 f.
64 Berkowitz, a. a. O., S. 115
65 Seine grundlegenden Analysen hat Berkowitz in dem Band vorgelegt: Aggression: A Social Psychological Analysis. New York, McGraw-Hill 1962

über „Television and Social Behavior" (Fernsehen und soziales Verhalten)[66]. In fünf Bänden versuchte die Prominenz amerikanischer Fachwissenschaftler die Frage der Politiker zu beantworten, ob Gewaltdarstellungen im Fernsehen junge Menschen zu gewalttätigem Verhalten motivieren. Gegen Schluß des 5. Bandes ist ein Beitrag von Percy H. Tannenbaum wiedergegeben, der das Gesamtprojekt in ein kritisches Licht rückt. Seine Einwände sind zunächst scheinbar methodischer Natur. Er stellt fest, daß die meisten Untersuchungen so angelegt sind, daß den Versuchspersonen aggressive Inhalte vorgespielt werden und man dann beobachtet, in welchem Ausmaß dies die Aggressionsneigungen begünstigt. Es gibt zahlreiche experimentelle Variationen, frustrierte und nicht frustrierte Gruppen, aber immer geht man davon aus, daß die Darbietung von Gewaltszenen entweder zur Erhöhung der Gewalttendenzen führt oder aber zur Verringerung beiträgt, das gilt dann im allgemeinen als der Nachweis eines Katharsiseffekts. Tannenbaum stellt eine Forschungsalternative vor, mit der er sich 1972, als der Bericht über Fernsehen und soziales Verhalten erschien, gerade an Universität in Berkeley beschäftigte. Er geht davon aus, daß nicht die aggressiven Inhalte als solche zu verstärkter Aggressivität führen, sondern die Erregungsqualität dieser Filme. Er suchte zunächst nach Filmmaterial, das ähnliche Erregungsqualitäten haben könnte wie ein Gewaltfilm. Er benutzte schließlich zum Vergleich zwei grundverschiedene Filme, Szenen aus dem Film „Body and soul", wo es um ein großes Preisboxen ging und im Kontrast dazu einen speziell hergestellten erotischen Film. Als drittes verwendete er einen neutralen Film, niedrig im aggressiven Inhalt und im Erregungswert. Er kam zu dem Ergebnis, daß der unaggressive, aber erregende erotische Film mehr Aggressionstendenzen bei den Zuschauern auslöste als der aggressive, aber etwas langweiligere Film über den Boxkampf. Daß hier keine Katharsis stattgefunden hat, zeigt der neutrale Vergleichsfilm, dessen Zuschauergruppe hat keine Gelegenheit zur Katharsis und war gleichwohl wenig aggressiv. In einem weiteren experimentellen Durchgang wurde die erotische Darbietung mit einem aggressiven Text unterlegt. Tannenbaum erläutert: Es han-

---

66 DHEW Publication Nr. HSM 72/90/57-60, 1972

delt sich um eine mildsinnliche Szene einer jungen Frau, die offenkundig auf ihren Liebhaber wartet. Eine Gruppe sah diese Szene, eine zweite Gruppe bekam dazu einen Text unterlegt, der lediglich wiederholte, was man sehen konnte und in einer dritten Version gab der Text wieder, wie das Mädchen darüber nachdenkt, wie sie ihren Liebhaber umbringen könnte, weil er sich früher ziemlich schlecht benommen hat. Zwischen den beiden ersten Versionen gab es keinen Unterschied in den Ergebnissen, die dritte aggressive Version erzeugte mehr aggressive Tendenzen. Diese Version war, wie dann festgestellt wurde, von einem stärkeren Erregungswert. Es war nicht der Inhalt, sondern die Erregungsqualität dieser kombinierten Darbietung, die zu einer erhöhten Aggressivität führte.

Dieser Beitrag war der Abschied von allen einfachen, am Inhalt orientierten Modelltheorien. Aggressive Inhalte werden nicht 1:1 oder auch nur abgeschwächt in aggressives Handeln übersetzt. Entscheidend ist vielmehr der Erregungswert einer Botschaft und die gesamte Signalsituation. Spricht sie für aggressives Verhalten, dann wird dieses energiereich ausgeführt, spricht sie dagegen oder für ein anderes Verhalten, werden Alternativen gewählt. Die große Fülle nichtaggressiver Inhalte einschließlich sogar des Humors können zu Erregungsniveaus führen, die ihrerseits in Aggressivität münden können, wenn die Situation das nahelegt. Das aber bedeutet, daß die Kontrolle aggressiver Inhalte in den Medien, einschließlich vielleicht des Verbots von Shakespeare Dramen auf den Bühnen, keine wirksame Politik gegen Gewalt in der Gesellschaft wäre. An dieser Stelle kann man den Hahn des Zuflusses an Gewaltmotiven in die Gesellschaft nicht zudrehen. Auch ein vollkommen von Gewaltszenen gereinigtes Fernsehen würde Überfälle junger Menschen auf Ausländer oder Zeltplätze nicht verhindern. Wie differenziert eine Politik gegen Gewalt sein muß und wie erfolgreich sie auch dann sein kann, zeigt der weitere Gang der Forschung.

Erregungstheorien der Aggressivität – Analyse kognitiv-affektiver Prozesse

Wenn Menschen etwas bewegt, wenn Gefühle und Stimmungen das Bewußtsein bestimmen, dann sprechen wir von Emotionen. Die Emotionalität hat immer eine Richtung, ein Thema, Freude und Traurigkeit, Friedlichkeit und Aggressivität. Emotionalität hat also eine beschreibbare geistige Komponente, eine eigene Phänomenologie. Die andere Komponente ist physiologischer Natur. Den Gefühlen entsprechen immer endokrine Prozesse. In der psycho-biologischen Forschung wurde diese Unterscheidung gemacht. Sie sollte weitreichende Folgen haben. Stanley Schachter hat durch empirische Forschung nicht nur nachgewiesen, daß zwei Komponenten an der Emotionalität beteiligt sind, er konnte auch zeigen, daß sie unabhängig voneinander sind.[67] Künstlich durch Einspritzen von Erregungshormonen, wie Adrenalin oder Epinephrin erzeugte Aktivierung macht sich zunächst nur in unspezifischer Erregung und den üblichen körperlichen Begleiterscheinungen erhöhter Aktivierung bemerkbar (Pulsrate, Blutdruck, Hautwiderstand). Welche Form aber diese Erregung schließlich annimmt, hängt von einer anschließenden Reiz- und Interpretationssituation ab. Erst diese bestimmt die Richtung und den Charakter der Emotionalität. Schickt man die Versuchspersonen in eine lustige Umgebung, so interpretieren sie ihren Zustand als fröhlich, schickt man sie in eine traurige Umgebung, so schildern sie ihren Zustand als traurig. Die Emotionalität wird also nicht durch Erregung als solche erzeugt, sondern entsteht erst durch eine kognitive Leistung. Diese Zwei-Faktoren-Theorie der Emotionalität sollte der Aufklärung über psychische Prozesse dienen und war zunächst nicht als Beitrag zum Verständnis der Aggressivität gedacht. Die Sicht der Emotionalität als eines aus zwei Komponenten zusammengesetzten Zustandes wurde aber von der Aggressionsforschung aufgegriffen. Es gibt kaum eine moderne Arbeit, in der Schachter nicht zitiert wird. Es ist das Verdienst Stanley

---

67 Stanley Schachter: The Interaction of Cognitive and Physiological Determinants of Emotional State. In Leonhard Berkowitz (Ed.), Advances in Experimental Social Psychology. Vol-1, Academic Press. New York 1964. P. 49-80

Schachters von der Columbia-University, daß er die Unabhängigkeit zweier Prozesse, die Emotionalität ausmachen, nachgewiesen hat, nämlich die Aktivierung und deren Ausformung und Ausgestaltung durch kognitive Vorgänge, durch Modellreize und Verstärker.

Percy H. Tannenbaum und Dolf Zillmann dachten sich, wenn dies so ist, dann müßte ein in einer bestimmten Situation erzeugter Erregungszustand, so lange er noch nicht abgeklungen ist, auf ganz andersartige, thematisch verschiedene Situationen übertragen werden können. Erste Experimente zum Erregungstransfer hat Zillmann 1971 und 1972 veröffentlicht. Tannenbaum und Zillmann argumentieren dann 1975 gemeinsam, daß die Forschung bisher zu sehr auf die Vorstellung fixiert war, daß aggressive Inhalte aggressives Verhalten auslösen. Sie stellten sich vielmehr vor, daß die emotionale Erregung auch durch ganz andere Medieninhalte zustande kommen könne und daß diese Erregung in einer geeigneten späteren Situation die Wahrscheinlichkeit aggressiven Verhaltens erhöhen werde. Sie gingen in ihren Untersuchungen davon aus, daß die Resterregung ausreicht, um in anderen Situationen überprägnant zu reagieren. Mit ihren Untersuchungen über erotische Filme einerseits und Filme mit Boxkampfszenen auf der anderen Seite haben sie ihr Transfermodell etabliert.[68]

Was aber geschieht, wenn eine Resterregung längst abgeklungen ist? Es zeigte sich, daß geärgerte und unter Streß gesetzte Personen auch sehr viel später, als sie sich nicht mehr aufregten, überdurchschnittlich aggressiv reagierten. Also kann die bloß physiologische Erregung dafür nicht verantwortlich sein. An diesem Problem hat Dolf Zillmann weiter gearbeitet und 1983 eine Grundsatzstudie über Erregung und Aggression publiziert.[69] Die Zwei-Faktoren-Theorie der Emotionalität, wie sie Schachter formuliert hatte, und die dann zu einer Theorie des Erregungstrans-

---

68 Percy H. Tannenbaum and Dolf Zillmann: Emotional Arousal in the Facilitation of Aggression through Communication. In L. Berkowitz (Ed.), Advances in Experimental Social Psychology (Vol. VIII), Academic Press, New York 1975
69 Dolf Zillmann: Arousal and Aggression. In: Russell G. Geen, Edward I. Donnerstein, (Eds.):Aggression. Theoretical and Empirical Reviews. Bd. I, Academic Press, New York 1983, S. 75 - 101

fers wurde, vermag nicht bündig zu erklären, wieso es zu starken verzögerten Reaktionen kommen kann, wenn die Ursprungserregung längst abgeklungen ist. Und umgekehrt: Mit dieser Theorie kann man nicht erklären, wieso die gleichen Reize zu sehr unterschiedlichen Erregungsgraden führen, je nachdem, welches kognitive Material zur Interpretation bereitsteht. Das heißt, daß das Niveau der Erregung selbst überhaupt nicht rein physiologisch, auch nicht durch die auslösende Wahrnehmung, sondern noch durch ganz andere Vorgänge kognitiver Art, also durch Vorgänge der äußeren Hirnrinde beeinflußt werden. Zillmann erinnert daran, daß der interessante Aufsatz von Schachter experimentell gar nicht recht umgesetzt werden konnte. Die Schachtersche Idee war, daß jemand, der sich erregt fühlt, darüber einen internen feedback, eine Rückmeldung bekommt, und er müsse nun erklären, woran es eigentlich liege, daß er erregt ist. Diese Erklärung bzw. kausale Attribution entnehme er den Signalen der Situation, in der sich befindet. Diese Wahrnehmung der emotionalen Erfahrung leite nun das Verhalten. In der Praxis aber habe die Forschung nur gezeigt, daß mehr physiologische Erregung (arousal) zu mehr Aktivität führt, wenn die Zeichen entsprechend gestellt sind. Aber um das zu zeigen, braucht man eigentlich keine Zwei-Faktoren-Theorie, dann reiche ja die einfache Vorstellung, je stärker die Erregung, desto stärker zum Beispiel die Aggressivität. Die spezifische Verbindung zwischen arousal, also physiologischer Aktivierung und Aggression, bedürfe einer weiteren theoretischen Differenzierung.

Zillmann schlägt eine Drei-Faktoren-Theorie der Emotionalität vor. Diese Theorie erklärt erstens das Auslösen der Erregungsreaktion, zweitens die Richtung der motorischen Reaktionen, und drittens schließt die Theorie eine Monitorfunktion ein, die dazu dient, die Richtung und das Energieausmaß des Verhaltens zu modifizieren und zu korrigieren. Diese Monitorfunktion ist der kritische Aspekt, sie entscheidet über die Erfahrung der Emotion, enthält innere und äußere Informationen der laufenden Aktivierung, die integriert werden zu einer Vorstellung, welches Verhalten jetzt angemessen ist. Diese Bewertungs- und Monitorfunktion übt auch eine Kontrolle über das emotionale Verhalten aus, die entweder zu einer Zerstreuung der Erregung führt oder zu einer Steigerung der Erregung, wenn die Bewertung dahin geht, daß die anlaufende Reaktion nicht ausreicht, um mit der Situation fertig zu werden.

Aggression beruht, so Zillmann, auf einer Gefährdung des individuellen Wohlergehens, die einen zeitweiligen Anstieg der Sympathikus-Erregung mit sich bringt. Diese Bedrohungen führen zu einer Notfallreaktion des Organismus (emergency reaction), um ihn für Kampf oder Flucht vorzubereiten. Das ist die Formulierung von W. B. Cannon 1929. Cannon betrachtete diese Funktion unter dem Gesichtspunkt, daß sie einen Überlebenswert für den Organismus hat. In der gegenwärtigen Gesellschaft jedoch, so Zillmann, hätten solche Reaktionen einen zweifelhaften Überlebenswert. Was soll ein Student zum Beispiel tun, der erfährt, daß seine Freundin letzte Nacht mit jemand anders geschlafen hat? Er wird sich sehr darüber aufregen, aber was kann er tun? Die Aufregung kann nur dazu führen, daß seine Wut und Irritation sich noch steigern. Starke negative Emotionen haben keinen Anpassungswert. Wo die Notfallreaktion des Organismus keinen adaptiven Wert mehr hat, wird die emotionale Erregung allein durch diese Überlegung herabgesetzt.

In der Drei-Faktoren-Theorie der Feindseligkeit und Aggression stecken die Annahmen, daß kognitive Prozesse die Erregungsaktivität steuern und umgekehrt die Erregungsaktivität kognitive Vorgänge beeinflussen kann. Schließlich wird im Kontrast zur Schachterschen Zwei-Faktoren-Theorie in der Drei-Faktoren-Theorie der Emotionen nicht angenommen, daß die Sympathikus-Erregung unspezifisch ist. Vielmehr nimmt Zillmann an, daß Erregung in verschiedenen Emotionen redundant, also überschüssig ist, aber die Wahrnehmung der Erregung ist schwach entwickelt.

Was passiert nun, wenn ein, in solcher Weise mit einem Erregungs- und Denkapparat ausgestattetes Wesen, der Mensch, sukzessiv in verschiedene Situationen kommt? Zillmann konnte zeigen, daß Resterregung aggressives Verhalten steigert, aber nur dann, wenn eine Provokation stattgefunden hat. Nach einer allgemeinen Triebtheorie, daß arousal sich in einen Antrieb verwandelt, müßten auch die Nichtprovozierten mit einer Resterregung aggressiver sein, aber das sind sie nicht. Also muß man die Triebtheorie fallen lassen, auch schon deswegen, weil die Erregung ja relativ rasch abklingt. Verschiedene Studien zeigten, daß spätestens nach einer Viertelstunde die physiologische Erregung abgeklungen ist, manchmal reichen wenige Minuten, zum Beispiel wenn man einen Film gesehen hat, in dem Gewalttaten vorkamen. Die Stimulation durch Erotika hält etwas länger an, aber auch nicht viel länger als 15 Minuten. Beobachtungen über verzögerte Aggression, also Tage und Wochen nach Abklingen der Erregung, können durch die Zwei-Faktoren-Theorie überhaupt nicht erklärt werden. Eine Drei-Faktoren-Theorie der Emotionen, wie Zillmann sie vorschlägt, könne zu adäquaten Erklärungen führen: Es wird angenommen, daß akut erfahrene Beeinträchtigungen und Verärgerungen zu Vergeltungsplänen führen und diese Pläne später ausgeführt werden können. Je stärker die unliebsame Erfahrung, desto stärker werden die Vergeltungsphantasien ausfallen, und das bedeutet, daß diese Vergeltungspläne im Gedächtnis gespeichert und später wieder hervorgeholt werden können. Diese Wiederbekräftigung alter Verärgerungen kann dann auch zu einer Wiederbelebung der alten Erregung führen.

Für die kognitive Kontrolle des Erregungszustandes selbst (arousal) legt Zillmann die folgenden Befunde vor: Junge Männer wurden schwer provoziert und hatten später Gelegenheit, am Provokateur Vergeltung zu üben. Unter einer experimentellen Bedingung erhielten sie keine Informationen über die Umstände, die als Entschuldigung für den Provokateur hätten dienen können. In der anderen Gruppe erhielten sie solche Informationen. Einmal erhielten die Testpersonen diese Informationen vor der Provokation, das andere Mal später. Die Ergebnisse zeigen, daß eine vorauslaufende Erklärung, die den Provokateur entschuldigt, im Durchschnitt zu wesentlich geringen Erregungszuständen führt. Kommt die vermittelnde Entschuldigung später, so klingt die Erregung schneller ab. Ohne vermittelnde Erklärung ist die Erregung in der Phase, in der die Vergeltung verübt werden kann, am höchsten.

Die Interpretation: Ohne Vermittlung wird das Verhalten des Provokateurs als Bedrohung aufgefaßt und die Erregung entsprechen hoch eingestellt. Mit vorauslaufender Entschuldigung des Provokateurs jedoch, zum Beispiel mit der Erklärung, er habe eben unter starken Streß gestanden, wird, so Zillmann, die Bedrohung ganz anders eingeschätzt, sie erfordert vom Organismus nur einen geringen Grad von Erregung, es läuft tatsächlich weniger physiologisch meßbare Erregung ab. Gemessen wurde an peripheren Manifestationen wie Blutdruck und Puls. Kommt die vermittelnde Information später, so hat das auch Einfluß auf den Ablauf der Erregung. Der Vorgang wird reinterpretiert und unterbricht die Funktionen, die normalerweise zur Aufrechterhaltung der Erregung beitragen. Hier könnte man, so Zillmann, spekulieren, daß die Katecholamine, die die Erregung steuern, direkt durch kognitive Prozesse kontrolliert werden, wobei die kognitiven Prozesse darauf hinauslaufen, das Ausmaß der Bedrohung abzuschätzen und gewissermaßen dem Organismus mitzuteilen. Entwarnung führt zu einer Herabsetzung der Erregung, gesteuert über endokrine Vorgänge.

Auch die Wirkung von ablenkenden Interventionen konnte gezeigt werden. Je stärker das Interventionspotentials eines Materials nach einer Provokation ist, desto geringer die Erregung und die Neigung zur Vergeltung. Das Interventionspotential wird gemessen durch die Stärke seines Ablenkungscharakters. Den größten Beruhigungscharakter hat eine Quiz-Show. Es folgen an Wirksamkeit ein Bericht über nichtaggressiven Sport oder eine Komödie, ein Naturfilm hat meßbaren, aber nicht sehr großen Ablenkungscharakter und ganz ohne Ablenkungscharakter ist ein monotones Geräusch. Eine sechste Bedingung, nämlich Kontaktsport mit aggressiven Szenen, hat ebenfalls überhaupt keinen Ablenkungscharakter, die Vergeltungspläne und ihre Ausführung bleiben auf einem hohen Niveau. Das heißt, daß die thematische Nähe zum Ursprungsereignis eine große Rolle für die Interventionskapazität spielt, je näher die Interventionsthematik am provozierenden Ereignis, desto mehr eignet sie sich ja gerade dazu, den Ärger zu stabilisieren und damit die Erregung und die Neigung zurückzuschlagen. Wichtig auch hier wiederum ist, daß das physiologische Erregungspotential abhängt von der Natur der Geschichten, die im Ablauf einer Erregungsepisode aufgenommen werden.

Was passiert, wenn die kognitive Kontrolle verlorengeht? Kann die Erregungsaktivität des Organismus die kognitive Kontrolle stören? Es gibt eine in der Forschung seit 1940 belegte u-förmige Verteilung zwischen Verhaltensbefähigung und Erregung. Bei zu geringem arousal ist die Verhaltensmöglichkeit nicht gegeben und bei zu großem arousal wird die Verhaltensbefähigung desorganisiert. Zillman übernimmt diese Beobachtungen und sagt, daß die kognitive Leitung feindseligen und aggressiven Verhaltens auf der Ausführung sehr komplexer Vorgänge beruht, die nur innerhalb eines optimalen Erregungsniveaus störungsfrei ablaufen können. In extremen Erregungszuständen ist die kognitive Vermittlung des Verhaltens gestört, und das Verhalten wird dann durch primitivere Mechanismen gesteuert. Auf hohem Erregungsniveau werden also die aggressiven Verhaltensweisen nicht mehr vermittelt, sondern gehen ins Impulsive über. Das heißt, die Verhaltensweisen werden dann gesteuert durch erlernte Reaktionen von großer Gewohnheitsstärke. Auch ungelernte, defensive Reaktionen werden eine Rolle spielen. Experimentell konnte nachgewiesen werden, daß auf hohem Erregungsniveau eine vermittelnde Intervention, mit der das Verhalten des Frustrators erklärt und relativiert wurde, nichts mehr nützt. Das Niveau der Sympathikus-Erregung scheint also die Befähigung zur Informationsverarbeitung zu beeinflussen, bei zu hoher Erregung eben schädlich.

Die Störungen des kognitiven Funktionierens durch Sympathikus-Aktivierung sind letztlich wahrscheinlich neurophysiologisch zu erklären. Kleine Mengen von Katecholaminen, speziell Norepinephrin, die die Erregung in den peripheren Strukturen steuern, durchdringen auch die Blutbarriere im Gehirn und beeinflussen zentrale Prozesse. Man hat gefunden, daß emotionaler Streß wesentliche chemische Veränderungen im Kortex, Subkortex und Hypothalamus hervorrufen.

Zillmann faßt seine Beobachtungen und Überlegungen in den folgenden Regeln zusammen:

1. Der Energiereichtum der Aggression hängt vom Anreiz zur Aggression ab. Das heißt aber umgekehrt, Aggression wird unwahrscheinlich in Abwesenheit von Provokation und Irritation.
2. Die Zuordnung des Erregungszustandes zu Quellen, die mit der Provokation nichts zu tun haben, verhindert die energetische Aufladung der Aggression.
3. Die Größe der Erregungsreaktionen kann durch Bewertungen verkleinert werden in dem Sinne, es bestehe keine Gefahr.

4. Der Zerfall der Erregung kann beschleunigt werden durch Aktivitäten, die es verhindern, daß man über Beleidigungen oder Vergeltungspläne nachdenkt.
   Die Thesen 3 und 4 enthalten modifizierende Bedingungen: bei einer Verminderung des arousal, der physiologischen Aktivierung, wird man erwarten, daß sich auch das Energiepotential für ein Verhalten verringert.
5. Es ist wahrscheinlich, daß durch hohe Aktivierungsniveaus die kognitiven Funktionen unter 1-4 beeinträchtigt werden, so daß aggressive Impulse nicht mehr modifiziert, nicht differenziert werden können.

Diese Thesen geben die Struktur der Experimente und ihre Ergebnisse wieder. Insbesondere die Thesen 2 und 4 zeigen, wie sich Erregung verringern und damit Aggression verhindern läßt. In der Praxis steht man aber auch vor der Frage, wie sich Eskalation vermeiden läßt. Um darüber etwas zu erfahren, muß man gleichsam die Vorzeichen der Thesen ändern, und man erhält einige Regeln, unter welchen Voraussetzungen es zu einer Eskalation kommen kann:

1. Der Energiereichtum einer Aggression hängt ab von der Art des Anreizes. Im Anreiz stecken Situationsbeschreibungen und geistige Mitteilungen. Der Anreiz selber ist also bereits komplexer Natur und interpretationsabhängig. Im Anreiz können Eskalationsbedingungen stecken (die Vorstellung wachsender Gefahr).
2. Die eindeutige Zuordnung eines Erregungszustandes auf eine Quelle, noch dazu mit negativem Vorzeichen, wird die Aggression steigern.
3. Die Größe der Erregung wird dadurch gesteigert, daß die Quelle der Frustration als besonders gefährlich hingestellt wird.
4. Die Belebung und Verstärkung von Vergeltungsplänen, die Existenz von Vergeltungsplänen überhaupt, es jemand heimzahlen zu wollen, eine Rechnung begleichen zu wollen, verhindert nicht nur den Zerfall der akuten Erregung, sondern erlaubt jederzeit die spätere Reaktivierung, wenn eine Situation sich bietet. In der extremen politischen Polemik spielen Vergeltungspläne immer eine Rolle.

5. Die Aufhebung differenzierten Denkens durch ideologische Vereinfachungen, durch Schwarz-Weiß-Bilder, durch Sündenbockpräparierung, also Projektionsfiguren, einfache Freund-Feind-Schemata beeinträchtigen die differenzierte Bearbeitung von Frustrationen. Die Reaktionen können impulsiv körperlich und vandalistisch werden.

In den Experimenten der Sozialpsychologie wird Frustration im allgemeinen dadurch ausgelöst, daß ein Gehilfe des Forschers Regeln der Höflichkeit, des sozialen Umgangs oder des gerechten Austausches verletzt. Die Erregung wird durch Filme, durch Geschichten oder durch Streß variiert. Zillmann gab Studenten zum Beispiel Aufgaben, die sie unter Zeitdruck lösen mußten. Das resultierende aggressive Verhalten im Anschluß an Frustration und Streß läuft, das war die Analyse von Berkowitz, über eine Phase des Ärgers. Er fragte sich später, was ist Ärger? Darüber gibt es inzwischen eine umfangreiche Literatur, die für die Zwecke der vorliegenden Untersuchung unter zwei Gesichtspunkten interessant ist.

Erstens hat Averill 1982 festgestellt, daß die Hauptquelle des Ärgers Regelverletzungen sind. Es gibt kaum Menschen, die sich im Laufe einer relativ kurzen Periode nicht ärgern. Die Quelle: Irgendetwas läuft nicht so wie sie dachten, andere Menschen halten sich nicht an Normen.[70] Die Universalität des Ärgers bezeugt also die Universalität der Moral im gesellschaftlichen Verkehr.

Zweitens ist es wichtig, die Genese und Struktur negativer Gefühle zu verstehen. Die Frage, wie sich die Gefühlswelten aufbauen, aus denen aggressive Phantasien und Handlungen hervorgehen können, beschäftigt Berkowitz. Er geht davon aus, daß aversive Ereignisse oder Erfahrungen zunächst negativen Affekt auslösen. Dieser allgemeine negative Affekt, ein negativer Gefühlsimpuls löst automatisch zugleich Kampf- oder Fluchtreaktionen aus, und dies wiederum ist assoziiert mit physiologischen Reaktionen, motorischem Ausdruck, Gedanken und Erinnerungen. In der Forschungsliteratur ist reich dokumentiert, daß aversive Reize bei Tieren und Menschen zu erhöhter Aggressivität führen, so zum Beispiel Zigarettenrauch, schlechte Gerüche, hohe

---

70 James R. Averill: Anger and Aggression. An Essay on Emotion. Springer, New York 1982

Raumtemperaturen, ekelhafte Szenen. Sie führen regelmäßig zu einer Erhöhung der Gewaltbereitschaft (in Experimenten gemessen durch die Bereitschaft, Elektroschocks zu erteilen oder sonst in meßbarer Feindseligkeit). Auch historisch lassen sich solche Zusammenhänge belegen. Hohe Sommerhitze war Ende der 60er Jahre offenkundig der Auslöser von großen Ausschreitungen in amerikanischen Städten. Kriminalstatistiken zeigen einen zeitlichen Zusammenhang zwischen hohen Temperaturen, Luftverschmutzung und Verbrechen, auch Familienkonflikten. Zillmann, Baron und Tamborini zeigten, daß unangenehmer Tabakrauch Versuchspersonen feindselig und aggressiv macht, obwohl sie niemand für den Qualm verantwortlich machen konnten.[71] Umgekehrt zeigte sich, daß provozierte Versuchspersonen ihre Feindseligkeit vergessen, wenn sie eine, wenn auch irrelevenate erfreuliche Erfahrung machen. Die Handlungen, die aufgrund des negativen Affektes erfolgen, dienen in solchen Fällen nicht dazu, die Ursachen der Irritation zu beseitigen[72]. Heiße Sommertemperaturen in einer Großstadt kann man nicht dadurch senken, daß man eine Schaufensterscheibe einschlägt.

Auch endogene unangenehme Zustände können die Aggressivität erhöhen. So gibt es zahlreiche Beobachtungen darüber, daß depressive Personen häufiger aggressiv werden und oft ärgerliche Gefühle zum Ausdruck bringen. Auch in Experimenten konnte das festgestellt werden. Man hat Versuchspersonen dadurch zeitweise depressiv gemacht, daß man sie in Situationen brachte, wo sie sich hilflos fühlten. Personen, die sich mit Worten zur Depressivität instruieren, beschreiben sich selbst nach einer Weile als verärgert. Ein wichtiger Hinweis daraus ist, daß man sich in negative Affekte auch hineinreden kann. Berkowitz geht davon aus, daß negativer Affekt ungewollt aggressive Reaktion hervorrufen kann, und zwar über eine Assoziationskette bzw. ein Assoziationsnetz. Gemessen hat er drei Phasen: Störung, Irritation und Ärger. Bei einer leichten Störung ist das Aktivierungsniveau relativ

---

71 D. Zillmann, R. Baron and R. Tamborini: Social Costs of Smoking: Effect of Tabacco Smoke on Hostile Behavior. Journal of Applied Social Psychology 11 (1981), 548-561
72 Vgl. auch: Charles W. Mueller: Environmental Stressors and Aggressive Behavior. In: Russel G. Geen, Edward I. Donnerstein, a.a.O. Vol. 2, S. 517

gering, und es ist sehr stark bei Ärger. Diese rudimentären oder unspezifischen Gefühle bringen nun Ideen und Erinnerungen ins Spiel, die das aggressive Handeln, sei es auch nur die Entrüstung, einleiten können. Eine negative Erfahrung kann über das assoziative Netzwerk auch andere negative Gefühlsmomente aktivieren. In seinen Experimenten hat Berkowitz Versuchspersonen veranlaßt, die Hand, mit der sie nicht schreiben, in kaltes Wasser zu legen (6 Grad kalt). Die Vergleichsgruppen konnten ihre Hand in 23 Grad warmes Wasser legen. Die Personen, die die Hand im kalten Wasser hatten, haben deutlich negativen Affekt protokolliert, und ihre negativen Phantasien wurden beflügelt. So haben sie sich mehr als die anderen über das Thema ausgebreitet, daß Bestrafung ein gutes Erziehungsmittel sei, was ja im Gegensatz zum amerikanischen Erziehungscredo steht.[73] Auch in der vorliegenden Querschnittsuntersuchung ist ein Test negativen Affekts eingesetzt worden. Die Ergebnisse zeigen, daß diese negativen Gefühle ihren Ursprung in Lebenssituationen, auch in Frustrationen haben, deren Einfluß auf persönliche und politische Aggressivität im kommenden Kapitel 6 zu prüfen sein wird.

Der Einstieg in das menschliche Motivationssystem kann von den verschiedensten Stellen her erfolgen. So zeigte sich, daß negative Affekte die Ideen beeinflussen können, und zwar in aggressiver Richtung. Umgekehrt können Gedanken zu Gefühlen führen. Albert Bandura weist darauf hin, daß Menschen sich mit Furcht provozierenden Gedanken selber Angst einjagen können, ebenso wie sie sexuell durch erotische Phantasien erregt werden können.[74] Umgekehrt dämpfen Beruhigungsideen die Emotionalität. Menschen sind über Geist und Körper beeinflußbar, wobei Geist ganz und gar mit der physiologischen Basis verbunden ist. Für die politische Aggressionsforschung bedeutet dies, daß Ideologien, die in feindseliger Sprache Vergeltungs- und Vernichtungs-

---

73 Leonhard Berkowitz u. Karen Heimer: On the Construction of the Anger Experience: Aversive Events and Negative Priming in the Formation of Feelings. Advances in Experimental Social Psychology, Bd. 22. Academic Press, San Diego 1989
74 Albert Bandura: Aggression. A Social Learning Analysis. Prentice Hall. Englewood Cliffs. N.Y. 1973, S. 45

pläne vortragen, die Chance der politischen Aggressivität fördern. Ein Friedensdiskurs dagegen wird die Aggressivität senken.

Die Motivierung der Menschen zu Aggressivität stellt sich als komplexes Geschehen zwischen Geist, Physiologie der Gefühle und Situation dar. Aggressivität ist nicht naturnotwendige Mitgift sondern lediglich physiologisch möglich, und sie wird entlang körperlicher Funktionskreise hervorgerufen durch Erinnerungen, Reize und Pläne in sozialen und politischen Situationen. Aber auch dies führt nicht zwangsläufig zum Ausagieren, denn aggressive Intentionen werden durch „Monitore": die Wahrnehmung der Situation, durch Grundsätze der Selbstinstruktion modifiziert, entweder dramatisiert oder beschwichtigt. Diese Erkenntnisse finden ihren Niederschlag in der vorliegenden Untersuchung: Da die „Ursachen" der Gewalt nicht unmittelbar in der sozialen Lage zu finden sind, wurde der geistigen Dimension, den Risiken, die in der Subjektivität liegen, breiter Raum in der Befragung gegeben. Diese subjektiven Handlungsphantasien führen über Organisation und Situation zur Tat. Die für diese Zusammenhänge entwickelten Test- und Auswertungsverfahren haben eine wesentlich größere Erklärungskraft als alle bisher untersuchten Einflußgrößen.

Die Einsicht, daß aggressives Verhalten – wie Verhalten überhaupt – sozialer und kommunikativer Kontrolle unterliegt, gibt Anlaß zu einer optimistischen Einschätzung präventiver Möglichkeiten. Der Fatalismus der Triebtheorie legt nur den Bau von Spielfeldern für das Ausleben von Aggressions-Surrogaten nahe. Eine kommunikative Lerntheorie dagegen läßt es möglich erscheinen, für Jugendliche Gemeinschaften zu entwerfen, in denen es auch emotional interessanter zugeht als in Gruppen, zu deren Sport Gewalt gehört.

5.2. Gibt es eine aggressive Persönlichkeit?

Jeder Mensch hat die Fähigkeit aggressiv zu werden. Insofern hat es keinen Sinn, von aggressiven und nichtaggressiven Persönlichkeiten zu sprechen. Allerdings ist zu beobachten, daß es einigen Menschen sehr leicht fällt, ihre Aggressivität zu mobilisieren. Die Erklärung ist im allgemeinen die, daß diese Personen eine geringere Aggressionshemmung haben. Das wird als Ergebnis eines sozialen Lernprozesses interpretiert. In Experimenten zeigte sich, daß Frauen oder Mädchen im allgemeinen eine geringere Aggressivität zeigen. Ihr Aggressionsniveau steigt jedoch auf das der Jungen, sobald die Mädchen für ihre Aggressivität belohnt werden oder wenn ihnen gesagt wird, daß es gerechtfertigt sei, aggressiv zu sein.[75] Die konventionell mit der Frauenrolle verbundene höhere Aggressionshemmung kann also relativ leicht beseitigt werden. Auch biographische Analysen im Bereich des Terrorismus geben Beispiele: Frauen spielen in terroristischen Gruppen eine bedeutende Rolle.

Als gescheitert gelten können auch alle Versuche, Aggressivität als zentrales Persönlichkeitsmerkmal nachzuweisen. Die Persönlichkeitsstrukturen, so zeigen Untersuchungen von Herbert Selg, haben keinen Einfluß auf Aggressionsneigungen.[76] Dieser Negativbefund muß positiv so gelesen werden: Aggressivität kann praktisch mit jeder Persönlichkeitsstruktur geleistet werden.

Ist es angesichts dieser Tatsachen überhaupt möglich, von aggressiven Persönlichkeiten zu sprechen? Die Lebenserfahrung sagt uns, daß es leicht reizbare Personen gibt und andere, denen es wenig Freude macht, andere zu attackieren. Zentrale Persönlichkeitseigenschaften spielen für die Erklärung des sozialen Verhaltens im allgemeinen eine geringe Rolle. Aber über die zentralen Persönlichkeitseigenschaften hinaus gewinnen die Menschen im Laufe ihres Leben durch die Erziehung, durch die Lerngeschichte bevorzugte Reaktionsweisen und Verhaltensmuster, die durchaus eine habitualisierte Festigkeit besitzen. Eigenschaften dieser Sozialpersönlichkeit, in der Informationen abgelagert sind: „Wer bin ich? Wer sind die anderen? Wie bedrohlich ist die Umwelt?" können durchaus Unterschiede in der Aggressionsneigung erklären. In der Lerntheorie ist dokumentiert, daß negative Erfahrungen sehr löschresistent sind. Wenn das affektive Gedächtnis viele solche negativen Erfahrungen, die zum Teil bis in die frühkindliche Phase zurückreichen, gespeichert hat, dann werden diese Gefühle

---

75 Albert Bandura: Aggression: a.a.O., S. 66
76 Herbert Selg: Diagnostik der Aggressivität. Hogrefe, Göttingen 1968. Derselbe: Zur Aggression verdammt? Psychologische Ansätze einer Friedensforschung. Kohlhammer, Stuttgart 1971

bei neuen Frustrationen wach und drängen zu negativen Reaktionen. Das biographische Gedächtnis zählt im positiven und negativen Sinne zu den Ressourcen der Person. Frustrationen, Enttäuschungen, Kränkungen werden nicht leicht vergessen. Jede Biographie enthält sie. Also muß man sich mit der Frage beschäftigen, wie negative Erfahrungen gespeichert und verarbeitet werden. Sie bilden ein Reservoir, aus dem heraus Aggressivität zu sehr viel späteren Zeiten mobilisiert werden kann. Ein zwölfjähriger Schüler nimmt Kränkungen in der Schule vielleicht still hin, aber vier Jahre später wird er den Lehrern Schwierigkeiten machen. Die Latenzzeiten zwischen tiefgreifenden Frustrationen und späteren Handlungstendenzen sind lang. Negative Affekte, deren Quellen längst vergessen sind, bilden oft den Anfang einer Karriere der Feindseligkeit, der Aggressivität, der Gewalt und der Destruktion der eigenen Lebenschancen. Daneben gibt es auch pathologische Verhaltensvarianten, gekennzeichnet durch einen Mangel an Verhaltensregulierung.

Erziehung zu einer Welt negativer Gefühle

Untersuchungen im Bereich des selbstschädigenden Verhaltens haben gezeigt, daß der Erziehungsstil eine maßgebliche Bedeutung für die spätere Verfassung der Person gewinnt, bis ins Politische hinein. Jede Erziehung setzt sich aus zwei wesentlichen Komponenten zusammen, der emotionalen Unterstützung und den normativen Anforderungen. Die Typologie des Erziehungsstils, der sich daraus ergibt, ist weiter vorn dargestellt. Insbesondere unter Bedingungen eines paradoxen Erziehungsstils wird das Selbstwertgefühl der Kinder schwer beeinträchtigt. Dies zieht Folgen nach sich. Das Persönlichkeitssystem wird durch starke Unlustgefühle und negative Affekte überschwemmt, man mag sich und die Welt nicht mehr. Die Umwelt wird generalisiert als Quelle negativer Erfahrungen gesehen, eine allgemeine unspezifische Feindseligkeit kann sich aufbauen. Jugendliche, die einen paradoxen Erziehungsstil erlebt haben, müssen immerzu gegen das Gefühl ihrer eigenen Wertlosigkeit ankämpfen und gegen die Sinnlosigkeit des Daseins. Das kann passiv mit Drogen geschehen. Selbstmordphantasien sind häufig. Diese Kinder beginnen sich selber zu bemitleiden. Mit dem Selbstmitleid wächst die Aggressivität.[77] Die Selbstverachtung dieser jungen Menschen wird in Umweltverachtung umgewandelt, so schaffen sie sich Erleichterung. Die Symbole des Verächtlichen, die Gegenstände, aber auch unter Umständen die Personen können zu Zielen der Aggressivität werden. Für unspezifische Aggressivität gibt es zahlreiche Ausdrucksform von der Sprühdose bis zur Zerstörung von Sachen. Aber auch die Störung von Organisationen, Störungen des organisierten Unterrichts, Störungen im Betrieb durch Gleichgültigkeit können diesen Hintergrund haben. Es ist naheliegend, das Persönlichkeitssysteme mit diesen biographisch eingelagerten Frustrationen zu skeptischen Umweltdeutungen tendieren. Wenn diese von Parteien organisiert angeboten werden, finden solche Persönlichkeitsdispositionen auch einen politischen Ausdruck. Auffallend jedenfalls ist, daß Jugendliche, die zur Selbstschädigung tendieren, eine deutliche Vorliebe für die Grünen/Bündnis 90 zeigen. In der rechtsradikalen Szene wird negativer Affekt in eine andere Form der politischen Organisation überführt. Jugendliche, die rechtsradikalen Gruppen anhängen, haben in der Regel bereits eine negativ getönte Sozialkarriere hinter sich. Ihr Status, auch der Bildungsstatus, ist einfach, sie fühlen sich an den Rand gedrängt, besinnen sich auf Stärken ihrer Identität, zum Beispiel das Deutschsein. Wenn die sozialen Verlierer aus ihrer Position heraus wollen, müssen sie selber herrschen, also werden sie einer Partei zuhören, die Dominanz und Unterordnung thematisiert, und Dominanz erreicht man durch Gewalt. In dieser Relation ist man selber stark und die anderen sind schwach.

Diese Hinweise sind nicht als Psychologisierung des Politischen zu verstehen, sondern umgekehrt. Psychische Probleme drängen zu politischem Ausdruck. Darin liegt für Therapie, für Intervention, für Prävention etwas sehr wichtiges.

Wir halten fest: Biographische Belastungen können in eine habitualisierte Aggressivität verwandelt werden, wenn negative Gefühle nicht kompensiert, nicht gelöscht werden können, wenn es Rechnungen zu begleichen gibt, wenn Vergeltungspläne ge-

---

77 Erster Hinweis darauf in Gerhard Schmidtchen: Was den Deutschen heilig ist, a.a.O., 203

nährt werden. All das kann lange Zeit sehr still bleiben, zumal es sich um Personen handelt, die in ihrem Selbstwertgefühl beeinträchtigt sind. In bestimmten Konstellationen aber wird sich dieses emotionale Reservoir als außerordentlich brisant erweisen.

Das Niveau der Verarbeitung von Frustration

Einer der Mitbegründer der Chicago-Schule des Human Development Mihaly Csikszentmihalyi, hat in biographischen Studien festgestellt, welche Struktur hinter großen Karrieren steht. Das erste, was er fand, war, daß jede größere Karriere ein Lebensthema hat, dieses Lebensthema aber wird implantiert durch eine frühe Frustration. Im nächsten Schritt kommt alles darauf an, wie die Frustration verarbeitet wird. Wird sie intellektuell und im Sinne einer Verallgemeinerung verarbeitet, so sind die Aussichten auf eine sozial eindrucksvolle Karriere groß. Wird die Frustration jedoch nur individualistisch verarbeitet, so geht die Entwicklung entweder ins Sonderliche oder auch ins sozial Abweichende. Wenn die Frustration zum Beispiel das Erlebnis der Armut war, dann kann die individualistische Verarbeitung unter dem Prinzip „nie wieder arm" stehen und der Betreffende beginnt, Geld zu scheffeln und/oder durch große Ausgabendisziplin anzuhäufen. Wenn des Thema generalisiert wird, so kann die Karriere in Richtung Sozialpolitik oder Wirtschaftspolitik laufen mit dem Interesse, die Einkommensverteilung im Sinne größerer sozialer Gerechtigkeit zu beeinflussen.[78]

Wenden wir dieses Schema auf die Frage der Aggressivität an, so wird erkennbar, daß mit dem intellektuellen Verarbeitungsniveau, also der Generalisierung des Problems, noch keine Garantie für sozial wohltätiges Verhalten gegeben ist. Wenn jemand mit seiner Familie von sozialer Ungerechtigkeit betroffen worden ist, wenn ihm dieses Thema als frühe Frustration eingepflanzt worden ist, dann kann er natürlich Sozialpolitiker werden oder Sozialanwalt, ein Arbeitsrechtler – er kann aber auch politischer Revolutionär werden und dieses einmal innerhalb, das ande-

---

78 Mihaly Csikszentmihalyi and Olga V. Beattie: Life Themes: A Theoretical and Empirical Exploration of their Origins and Effects. In: J. of Humanistic Psychology Vol. 19. No. 1. Winter, 1979

re Mal außerhalb der demokratischen Ordnung. Das bedeutet zugleich, daß hinter politischer Gewalt ein theoretisches Konzept stecken kann. Die Höhe des geistigen Differenzierungsvermögens also schließt Gewalt nicht aus. Im Gegenteil, die deutsche Protestbewegung bis hin zum Terrorismus ist eine von Intellektuellen getragene Organisation gewesen, und in ihren Modifikationen ist sie es noch. Davon zu unterscheiden ist anomische Gewalt, purer Vandalismus, Freude an der Zerstörung, erhebende Gefühle bei einer Schlägerei mit der Polizei oder im Stadion. Für diese Verhaltensweisen reicht eine unspezifische Feindseligkeit aus und die weitgehend unbewußte Motivation, sich durch Risiko und Stärke der Auseinandersetzung ein positives Empfinden zu verschaffen. Zur subjektiven Klarheit und Überzeugtheit des Handelns trägt bei, daß man einer als negativ empfundenen Welt etwas Schädliches zufügen kann. Nicht die Erregung über alte Kränkungen führt unvermittelt zu Gewalt gegen Sachen und Personen, sondern oft ist es umgekehrt, daß die Situation im Verein mit den Erinnerungen und der Selbstdefinition der Person die Erregung erst hervorruft. Alte Konflikte werden reaktiviert.

Aus dem Bisherigen ist zweierlei zu entnehmen:

Erstens:
Es gibt viele Menschen, die in ihrem biographischen Gedächtnis und in ihrem Selbstwertgefühl ein latentes Aggressionspotential mit sich herumtragen, das in bestimmten Situationen organisiert und aktiviert werden kann.

Zweitens:
Es ist zu sehen, daß Aggressionsakte nicht im eigentlichen Sinn physiologisch gesteuert werden, sondern das Ergebnis von Interpretationsprozessen sind, auch wenn sich diese im Halbdunkel des Unbewußten vollziehen.

Soziale Kompetenz, ethische Orientierung und der Umgang mit Frustrationen

Bei hoher sozialer Kompetenz, die in der Regel auf dem Hintergrund eines reifen Erziehungsstiles entsteht und auch dann später in gut geführten Institutionen erworben und gepflegt werden kann, zeichnet Menschen die Fähigkeit aus, sich mehr positive als negative Erfahrungen verschaffen zu können. Die Ertragsbilanz dieser Persönlichkeitssysteme ist insgesamt positiver, sie haben nicht nur bessere Anpassungsstrategien, sondern betreiben ein aktives Umweltmanagement, mit dem sie sich Anerkennung verschaffen und zugleich positive Gefühle durch Anwendung ihrer fachlichen und kommunikativen Kompetenz. Da das Selbstwertgefühl dieser Persönlichkeiten ständig neue Nahrung bekommt, fällt es ihnen auch leichter, die unvermeidlichen Frustrationen zu ertragen, abzuwehren, umzuwandeln. Der kommunikative Stil dieser Persönlichkeiten wird dazu tendieren, Frustrationen durch entsprechende Bewertungen zu relativieren und anstelle von Vergeltungsplänen neue interessante Aktivitäten zu setzen. Die gesicherte Persönlichkeit wird also zu einer produktiven und prosozialen Macht- und Ressourcenanwendung tendieren und somit die Frustrationsmenge in Konflikten für alle Beteiligten herabsetzen.

Die ethische Orientierung, erworben in der Familie, in der Schule, in Vereinen, in der Arbeitswelt, durch die Mechanismen des täglichen Zusammenlebens, des Gebens und Nehmens gehört zu den stabilen Strukturen der Sozialpersönlichkeit. Es sind im positiven wie negativen Sinne Ressourcen und Vorentscheidungen des Handelns. Die Art der Ethik wirkt sich auf Feindseligkeit und Gewaltphantasien aus. Eine altruistische Orientierung läßt die Bereitschaft, Gewalt als Durchsetzungs- und Selbstbehauptungsmittel zu empfehlen, zurücktreten. Ichlichkeit aber heizt den Gedanken an Gewalt an. Das bedeutet gleichzeitig, daß ichliche, sozial nicht mehr vermittelte Strebungen auch mit dem Gedanken an körperliche Durchsetzungen verbunden sind, weil die Kommunikation offenbar nicht mehr funktioniert. Die Nachweise sind in der Tabellenübersicht 50 enthalten. Die Ergebnisse beziehen sich auf einen Gewalttest, der im folgenden Kapitel erläutert werden wird. Er bestand aus sechs Äußerungen über die Rechtfertigung von Gewalt.

Es gibt also Persönlichkeitssysteme, die in negativen biographischen Erfahrungen ein hohes Aggressionspotential beherbergen. In ganz bestimmten Situationen kann dieses auch bis hin zur politischen Gewalt mobilisiert werden. Andererseits gibt es Personen, die Gewalt als Medium sozialer Kommunikation uninteressant finden. Die ethische Orientierung und der damit einhergehende Kommunikationsstil des Verständnisses für andere, aber auch der selbstbewußten Präsentation der eigenen Ansprüche läßt Gewaltphantasien zurücktreten, weil sie unpassend, unangemessen erscheinen.

Tabelle 50: Altruistische Orientierung als Gegenmotiv zur Gewaltbereitschaft

	Jugendliche von 15 – 30 mit folgender Position auf der Skala des Altruismus				
	hoch	mittel		tief	Insgesamt
	5	4	3	2	1	
Es zeigen deutlich Gewaltbereitschaft (2-6 Äußerungen)						
Osten	24	33	33	44	48	34
Westen	11	14	17	25	36	19

Eigenliebe und Gewaltphantasien

	Jugendliche von 15 – 30 mit folgender Position auf der Skala der Ichlichkeit				
	tief			hoch	Insgesamt
	1	2	3	4	
Es zeigen deutlich Gewaltbereitschaft (2-6 Äußerungen)					
Osten	27	32	42	53	34
Westen	13	18	23	35	19

Drei Zusammenhänge sind für das folgende festzuhalten:

Erstens:
Die Speicherung von Kränkungen und biographischen Frustrationen in Form von negativen Gefühlen, negativen Affekten und unspezifischer Feindseligkeit gehört zu den relativ stabilen Tendenzen in der Dynamik der so betroffenen Sozialpersönlichkeiten.

Zweitens:
Das Niveau der Verarbeitung von Frustration durch Generalisierung, durch Anhebung des Problems auf eine allgemeinere gesellschaftliche Ebene bestimmt die Kultur des Verhaltens.

Drittens:
Die Vermeidung und Wandlung von Frustration durch soziale Kompetenz, deren wesentlicher Teil auch die ethische Orientierung ist, beeinflussen das Ausmaß der Gewalttendenzen in einer Gesellschaft.

5.3. Zur Genese der Aggressivität im sozialen und politischen Zusammenhang

Das, was Menschen bewegt, kommt in der Regel von außen. Abgesehen von rein organisch bedingten Antrieben wie Durst, Hunger, Sexualität, Schlafbedürfnis, das Streben nach körperlichen Komfort, gehören die Motive des Handelns der Außenwelt an. Das klingt zunächst merkwürdig, vermuten wir doch das Geheimnis der Motive im Inneren. Aber Belohnung und Strafe, Verstärkungs- und Löschbedingungen, Erwartungen von Vorteilen oder Nachteilen entstehen in der sozialen Umwelt und haben dort ihre Struktur. Freilich können wir reagieren, und in unserem Streben nach Autonomie suchen wir uns von den Motivatoren unabhängig zu machen, entwickeln Verfahren der Selbstinstruktion. Aber es bleibt auch unter diesen Voraussetzungen dabei, daß die Motivatoren außen sind und uns als außengesteuerte Wesen in Anspruch nehmen. Anders als bei instinktgesteuerten Tieren führen die Anreize beim Menschen nicht zu einer zwangshaften Ausführung von Handlungen. Die Freiheitsgrade, die Menschen gegenüber Anreizen und Motivatoren haben, lassen immer nur Wahrscheinlichkeitsprognosen zu, wenn man ihr Verhalten aus äußeren Bedingungen und organisatorischen Strukturen erklären will.

Grundlegend für das Menschsein ist die Trennung von Denken und Handeln. Menschen sind nicht gezwungen, zu tun, was sie sich ausdenken. Und sie können sich viel mehr Dinge ausdenken, als sie jemals im Handeln einlösen könnten. Typisch für Menschen ist ihr Phantasie-Überschuß. Wäre es anders, müßten die Menschen zwangshaft tun, was sie denken, lebten wir in einem Tollhaus. Geordnete Verhältnisse bekommen die Menschen dadurch, daß sie aus dem Meer der Möglichkeiten immer nur einige Optionen herausfischen, um sie zu verwirklichen. So können sie still im Sessel sitzen und sich das Ungeheuerlichste denken. In der Forschung wird oft beklagt, daß Meinungen mit dem tatsächlichen Verhalten nicht übereinstimmten. Das kann gar nicht anders sein. Allerdings gibt es einen Wahrscheinlichkeitszusammenhang. Der Kreis der Menschen, der politische Gewaltphantasien hegt, wird sie mit einer gewissen, vielleicht auch nur geringen Wahrscheinlichkeit ausführen. Aber auch eine geringe Quote reicht, um ein Gesellschaftssystem in Unruhe zu versetzen. Am Beispiel der Terrorismusforschung, der im Jahre 1980 ermittelten Gewaltbereitschaft und der tatsächlichen Gewalttätigkeit junger Menschen, kann gezeigt werden, daß das Verhältnis von Gewaltphantasien und tatsächlich ausgeübter Gewalt etwa bei 16 : 1 liegt. Die Ausführung von *illegalen* Handlungen ist dagegen, sobald die Phantasie einmal spielt, etwas wahrscheinlicher, das Verhältnis von Phantasie und Ausführung liegt bei 7,4:1.[79] Wir werden auch in der vorliegenden Untersuchung keine 1:1 Relationen zwischen Phantasie und Handeln finden, aber ohne ein vorauslaufendes Denken in Richtung Gewalt und Illegalität würde es jene Handlungen nicht geben. Somit kommt dem Diskurs über Verfahrensfragen gesellschaftlicher und politischer Konfliktregelung eine große Bedeutung zu. Gewaltphantasien, feindselige Sprache sind immer Vorboten tatsächlicher Gewalt. In den Meinungen geben sich Gefahrenzonen zu erkennen.

Motive des Handels nehmen Menschen aus der Umwelt. Sie tragen selber zur Strukturierung dieser Umwelt durch ihr Handeln und Sprechen bei. Kommen schlechte Verhältnisse dabei heraus, die eigentlich keiner will, so sind wir vor die Frage der sozialen und politischen Organisation gestellt. Schlechte psychische Verhältnisse sind das Ergebnis schlechter Organisation. So ist die Aggressionsforschung in der Hauptsache, abgesehen von psychopathologischen Untersuchungen, mit der Frage beschäftigt, wie Gewalt gelernt wird und unter welchen Voraussetzungen es zu gewalttätigen Handeln kommt. Axiomatisch ist dabei vorausgesetzt, daß Menschen auf die Reize und Signale reagieren, die die Umwelt bereitstellt. Zu den Reaktionen auf eine erfahrene Umwelt gehört natürlich auch das finale Handeln, Gewalt kann auch durch

---

[79] Berechnet nach: Gerhard Schmidtchen: Jugend und Staat, a.a.O., S. 227

Zukunftsvorstellungen, durch Erwartungen gesteuert werden. Die enge Beziehung zwischen sozialer und politischer Struktur und Gewalt kann durch drei Theorien dargelegt werden: 1. die Entscheidungstheorie von James T. Tedeschi, 2. die soziale Lerntheorie von Albert Bandura und 3. die sozialpsychologische Theorie öffentlichen Verhaltens.

Zwangsgewalt und Aggression aus der Sicht der Theorie sozialen Einflusses (James T. Tedeschi)

Aggression, so sagt Tedeschi[80], schließt immer den Gebrauch von Zwangsgewalt ein, psychisch oder moralisch. Menschen, die zwingende Gewalt gebrauchen, sind immer sozial motiviert. „Die Sprache der Gewalt zeigt, daß wir es mit sozialen Vorgängen zu tun haben, die mit ‚Aggression' nur schlecht beschrieben sind." Die Einflußtheorie macht die Voraussetzung, daß Menschen von Kooperation abhängig sind, und so werden sie bemüht sein, andere zu beeinflussen, um die Kooperation oder Konformität und die damit zusammenhängenden Belohnungen zu erreichen.

In die Bewertung von Handlungsalternativen gehen die verschiedensten Einschätzungen ein, die Belohnung und das Ansehen, das man sich verspricht, die Wertschätzung, der Status, der Wert der Botschaft, die in der beabsichtigten Handlung liegt. Dieser in sich zusammengesetzte Wert wird nun mit Handlungsalternativen verglichen. Es handelt sich hier um eine Komponentenanalyse eines zum Teil ganz unbewußten Bewertungsprozesses. Tedeschi hat das andern Ortes beschrieben.[81]

Die Frage lautet: Warum entscheiden sich Akteure sich in bestimmten Situationen für die Anwendung von Gewalt anstelle anderer Methoden sozialen Einflusses? Tedeschi analysiert neun Motivkonstellationen, die den Übergang zur Gewalt begünstigen können, den Übergang zu Verhaltensweisen mit denen etwas erzwungen werden soll.

---

80 James T. Tedeschi: Social Influence Theory and Aggression. In: Geen G. Russell/Edward I. Donnerstein, (Eds.): a.a.O., Bd. 1. Theoretical and Methodological Issues, S. 135-162
81 James T. Tedeschi: The Social Influence Processes. Aldine, Atherton, Chicago, New York 1972

1. Mangel an Selbstvertrauen
Wenn Personen nicht darauf vertrauen, ihre Ziele durch Kooperation zu erreichen, so werden sie dazu übergehen, eine Taktik der Drohung und Strafe anzuwenden, um andere zu einem von ihnen gewünschten Verhalten zu zwingen. Mangel an Selbstvertrauen kann darauf beruhen, sich in wichtigen Eigenschaften schwach zu fühlen: keine Kompetenz, kein Status, kein Prestige, ohne Attraktivität. Geringe Artikulationsfähigkeit und wenig Bildung können dazu beitragen, ein Gefühl der Machtlosigkeit zu entwickeln. Machtlose stützen sich eher auf Gewalt, um etwas zu erreichen. Menschen, die sich isoliert und machtlos fühlen, werden im Vergleich mit selbstsicheren Personen als aggressiver wahrgenommen. Tedeschi zitiert hier eine Studie von H. E. Ransford[82]: Wer mit Gewalt Erfolg hat, wird sozial meist nicht bewundert, verliert Vertrauen in seine Kooperationsfähigkeit. Damit wird er aber umso mehr auf Gewalt verwiesen. Ein circulus vitiosus ist etabliert.

2. Verkürzung der Zeitperspektive
Gewalt wird angewendet, wenn die Kosten nicht wahrgenommen werden. Wenn sich die Zeitperspektive auf einen existentiellen Moment zusammenzieht, können die künftigen Folgen und Kosten nicht mehr motivieren. Starke Emotionen, Angst, Furcht können den Blick in die Zukunft verstellen. Wenn das zusammentrifft mit niedrigem Selbstwertgefühl und Dehumanisierung des Opfers (das Opfer wird nicht mehr als menschlich wahrgenommen), so ist die Szene für eine kriminelle Gewalt-Handlung gestellt.

3. Furcht
Die Antizipation schädlicher Akte von anderen führt in der Regel zu dem Versuch, sie präventiv zu verhindern. Die Quelle der befürchteten Akte möchte man abschrecken, kontrollieren oder zerstören. Die Frage ist, ob Bedrohung immer richtig diagnostiziert wird. Am Anfang politischer und auch persönlicher Gewalt steht oft eine Fehlinterpretation der Bedrohungssituation.

---

82 H. E. Ransford: Isolation, Powerlessness and Violence: A Study of Attitudes and Participation in the Watts Riot. American Journal of Sociology, 1968, 73, 581-591

4. Selbstrepräsentation und Wahrung des Gesichts
Gewalt dient manchen Menschen und Institutionen dazu, ihre Identität zu wahren.
- Männlichkeitsbeweise: man muß Autos stehlen, Sachen beschädigen, Schlägereien bestehen. Das kann getan werden, um die Reputation in Subkulturen zu erhöhen. Man will Stärke zeigen, den anderen Furcht einflößen.
- Aufrechterhaltung der Glaubwürdigkeit einer Strafandrohung: Es gibt Situationen, in denen Eltern, die normalerweise ihre Kinder nicht gern strafen, es doch tun, weil sie den Verlust ihrer Autorität befürchten, und sie tun es, obwohl sie wissen, daß sie am Ende keine Folgsamkeit erreichen.
- Kampf um die Selbstdarstellung: Ein unterdrücktes Kind schlägt sich. Es empfindet die darauf folgende Strafe und die damit verbundene Beachtung besser als ignoriert zu werden. Individuelle Angriffe auf Politiker haben häufig diesen Hintergrund: Der Täter will beachtet werden.
- Verteidigung einer positiven Identität, wenn man öffentlich angegriffen wird: In dieser Situation sind oft kostspielige Vergeltungsmaßnahmen ausgelöst worden. Beleidigungen lassen in der Regel einen Konflikt eskalieren. Hier ist auch die Beobachtung interessant, daß Mordopfer häufiger zu Angriffen auf die Identität anderer neigten, zu Drohungen und empfindlichen Bestrafungsstrategien. Tedeschi schließt, daß die Interaktion zwischen Kontrahenten den Gang der Ereignisse mehr bestimmt als Planung, vorauslaufendes Lernen oder instrumentelle Ziele.

5. Aufrechterhaltung institutioneller Autorität
Autoritäten gebrauchen Gewalt, wenn sie mit Insubordination konfrontiert sind. Der Respekt vor Autoritäten kann zum Teil auch mit ihrem Ruf zusammenhängen, hart durchzugreifen. Nichtbefolgung gilt als kostspielig. Ein Konflikt mit der Polizei eskaliert im allgemeinen, wenn die Weisungen nicht umstandslos befolgt werden.

6. *Konfliktintensität*
Je stärker der Konflikt, desto eher werden Drohungen und Strafen eingesetzt statt positiverer Medien sozialen Einflusses. Bei knappen Ressourcen und Nullsummenspiel wird ein Konflikt stärker, wenn die Parteien dasselbe wollen: dasselbe Territorium zum Beispiel, oder ein Ehepaar will mit einem Fernsehapparat zwei verschiedene Programme gleichzeitig sehen, jeder Partner besteht auf seiner Wahl. Das sind Eskalationssituationen.

7. *Normen der Selbstverteidigung und Reziprozität*
60 Prozent der Amerikaner finden, sie hätten das Recht, einen anderen Menschen zu töten, wenn es darum gehe, Familie, Eigentum oder sich selbst zu verteidigen. Jungen, im Gegensatz zu Mädchen, werden trainiert zurückzuschlagen, wenn sie angegriffen werden. Also gibt es stärkeren sozialen Druck, Drohungen und Strafen zur Selbstverteidigung zu nutzen. Inzwischen wird dies aber auch für Frauen mehr und mehr zur Norm. Nicht nur Selbstverteidigungskurse erscheinen angezeigt, auch in Fernsehserien schießen attraktive Frauen für eine gute Sache die Bösen zusammen.

8. *Lernen am Modell*
Wenn Kinder zu Hause erleben, daß Konflikte mit Zwangsmitteln und Gewalt gelöst werden, dann ist es wahrscheinlich, daß sie später ebenfalls zu diesem Stil übergehen.

9. *Die Wahrnehmung von Ungerechtigkeit*
Wer sich ungerecht behandelt fühlt, entwickelt Ressentiments. Diese Reaktion ist mit Prinzipien und Werten verbunden, denen das Individuum und die Gesellschaft folgen. Es sind sogenannte distributive Standards. Belohnungen oder Erträge können innerhalb einer Gruppe zum Beispiel gleichverteilt werden, oder aber sie werden verteilt nach dem Beitrag, den das einzelne Mitglied für die Ziele der Gruppe geleistet hat. Dieses letzte Prinzip der Gerechtigkeit ist typisch für individualistische Kulturen. Das erste Prinzip kennzeichnet die kollektivistischen Gesellschaften. Die Verletzung solcher sozialer Normen liefert in der Regel die Rechtfertigung für kollektive Gewalt.

In der Entscheidungstheorie von James T. Tedeschi wurde der Begriff der Aggression in ein allgemeineres Konstrukt übersetzt: Gebrauch von Zwangsgewalt. Dies muß nicht immer körperliche Gewalt sein, sondern kann auch als symbolische Macht in Erscheinung treten, in Form von Drohungen oder Sanktionen, oder aber durch Zufügen materiellen Schadens. Damit ist der Ausgangspunkt gewonnen, um das Handeln analysieren zu können. Er meinte, daß die Aggressions-Frustrations-Theoretiker ihr Augenmerk hauptsächlich auf die inneren Spannungszustände gerichtet hätten. Aber der Versuch, zwingende Mittel einzusetzen, sei immer sozial in seinen Ursprüngen. Dieses Handeln könne man nun analysieren nach Gründen, Erklärungen, Berichten, Intentionen und Motiven. Damit ist freilich eine Perspektive gewonnen, die über das hinausgeht, was man normalerweise Aggressivität nennt. Und so beschäftigt sich Tedeschi mit der Frage, wann eine Handlung als aggressiv bezeichnet wird. Aggression, so sagt er, ist ein Etikett, ein Label, das einigen Akten der Gewalt, der Drohung, der Strafe gegeben wird, aber nicht allen. Wenn jemand nachts mit der Axt die Tür einschlägt und in das Haus eindringt, wird man das auf Anhieb als aggressiv einstufen, dann allerdings nicht, wenn der Eindringling eine Feuerwehruniform trägt und hinter ihm eine Rettungsmannschaft in das verqualmte Haus eindringt, um den Besitzer und seine Familie zu retten. „Aggression" wird vom Beobachter zugeordnet, wenn dem Akteur, dem Handelnden die Absicht der Schädigung, der Beeinträchtigung unterstellt wird – und wenn es für diese Absicht keine Rechtfertigung gibt.

Aggressiv ist also eine Handlung, wenn Zwang oder Gewalt im Spiel sind (auch in indirekten Formen wie Rufschädigung), wenn auf die Schädigungsabsicht geschlossen werden kann, und wenn die Handlung als normwidrig beurteilt wird. So können Terroristen ihre Handlungen als Dienst an der Humanität interpretieren, und der Staat sie als Verbrechen klassifizieren.

Aggressives Verhalten ist sozial unerwünscht. Der Akteur kann Vorwürfe bekommen, an Attraktivität verlieren, gemieden werden, ein Stigma erhalten. Das alles sind Formen sozialer Strafe, es sind die Kosten seines Handelns. Um sie zu vermeiden wird der Akteur die folgenden Strategien anwenden: die Absicht der Aggression verneinen, leugnen, die Willensbefähigung in Abrede stellen, sich auf Beeinträchtigung der Urteilskraft bzw. mangelnde Zurechnungsfähigkeit zurückziehen, oder schließlich die Tat selbst leugnen.

Aber es ist prinzipiell möglich, die Zurechnung auch umzukehren, die Gewalt zu legitimieren. „Die Verfügbarkeit von Rechtfertigungsnormen und -werten erleichtert und ermutigt den Gebrauch von Gewalt."[83]

Die Betrachtung aggressiven Handelns als eines Sonderfalles der Entscheidungstheorie, die James T. Tedeschi vorschlägt, entläßt uns mit den folgenden Erkenntnissen: Welcher sozialer Einflußmittel sich Menschen bedienen, auch jener, die unter dem Titel Aggressivität laufen, ist eine Frage ihrer Wahrnehmungen und Einschätzungen. Diese Einschätzungen stehen nicht immer im hellen Licht des Bewußtseins, sind aber gleichwohl rational, lassen sich in ihrer unbewußten Rationalität nachvollziehen. Theodor W. Adorno sagte in einem Gespräch: „Das Unbewußte ist sehr schlau". In die Einschätzungen des Akteurs gehen immer gesellschaftliche Größen ein, Momente der Situation. Alle diese Einschätzungen werden unter Aspekten ihres Defizites analysiert: Unterschätzung der eigenen Handlungsmöglichkeiten, Verkürzung der Zeitperspektive, also Fehleinschätzung der Kosten, Furcht, damit falsche Einschätzung der Absichten der Umgebung, Wahrung des Gesichts als Motiv für ein Handeln, das am Ende zu weniger Ansehen führt, Aufrechterhaltung der Autorität um jeden Preis, sich einlassen auf Eskalationssituationen, falsche Normen der Selbstverteidigung, falsche Modelle und schließlich ein gesellschaftliches Defizit: Ungerechtigkeit. Aggressivität und der Gebrauch ungerechtfertigter Gewalt erscheinen also als defizitäre soziale Verhaltensweisen, die auch für den Täter selber nicht produktiv sind. Die Analyse dieser Defizite kann wichtige Hinweise geben, wie man aggressivem Handeln begegnet. Der amerikanische Soziologe Amitai Etzioni unterschied drei Arten von Macht: jene Macht, die sich auf Zwangsgewalt stützt, die Macht, die sich auf Nutzenerwägungen stützt und drittens die symbolische Macht. Wenn die beiden letzten Arten der Macht, also Nutzenmehrung und Verbreitung durch Austausch und Kooperation und symbolische Macht in Form anerkennungswürdiger Prinzipien

---

83 James T. Tedeschi: Sociale Influence Theory and Aggression, a.a.O., S. 157

sich in einer Gesellschaft durchsetzen, werden automatisch die Motive sinken, andere Menschen zu etwas zu zwingen, was sie nicht wollen.[84]

Die Aggressionstheorie von Albert Bandura

Ursprünglich hat sich Albert Bandura für die Frage interessiert, wie Kinder lernen. Vom psychoanalytischen Gedanken der Identifikation herkommend versucht er diesen Prozeß empirisch und experimentell darzustellen. Er fragt sich, wie man Identifikation beobachten kann, und er kommt zu der Lösung, daß man die Übernahme von Modellen sehr wohl beobachten kann. Welche Modelle sind so attraktiv, daß Kinder sie übernehmen? Und wann sind sie attraktiv? Was lernen Kinder von den Modellen? Bandura konnte nachweisen, daß Kinder mehr lernen als sie nach außen zeigen. Sie reproduzieren ein Verhalten, sie ahmen es nach, wenn sie denken, daß es erlaubt ist oder daß sie dafür belohnt werden. Woher nehmen sie die Information darüber? Sie lesen sie unter Umständen am Modell ab. Ein Modell, das Mißerfolg hat und bestraft wird, ist unattraktiv, wird weniger nachgemacht. Aber es wird doch gelernt, was das Modell tut, und die Kinder können dieses Verhalten zeigen, sobald Aussicht besteht, daß sie dafür belohnt werden. Schon früh hat Albert Bandura zusammen mit Walters das Thema Aggression aufgenommen.[85] Er behandelt diese Verhaltensweisen im Rahmen seiner erweiterten Lerntheorie. Nicht nur aggressives Verhalten kann man übernehmen, sondern auch prosoziale Verhaltensweisen. So hat er generell Mechanismen beschrieben, die zum Aufbau eines sozialen Verhaltensrepertoires führen, und zwar durch die Beobachtung von Modellen, entweder in der normalen Lebenssituation oder auch durch die Beobachtung von geschilderten Modellen im Film, in der Literatur. Diese Lernvorgänge haben dann ihre sozialen Verstärker, insbesondere wenn es um die Ausführung des Beobachteten, des Gelernten geht. Hier wartet Bandura mit einer neuen Idee auf, der

---

84 Amitai Etzioni: The Active Society. The Free Press, New York, 1968
85 Albert Bandura, Richard H. Walters: Adolescent Aggression. Ronald, New York 1959
  dies.: Social Learning and Personality Development. Holt, Rinehart and Winston, New York 1963

der symbolischen und stellvertretenden Verstärkung. Man muß nicht selber Erfolge und Mißerfolge erlebt haben, um die Zweckmäßigkeit einer Verhaltensweise zu beurteilen, sondern das kann man alles an anderen beobachten oder durch Geschichten erzählt bekommen. Wenn wir, so sagt Bandura einmal, durch Versuch und Irrtum lernen müßten, wie man heil über eine verkehrsreiche Straße kommt, so würden es viele Menschen schon im Kindesalter gar nicht überleben. Diese stellvertretende Verstärkung, „vicarious reinforcement", funktioniert immer dann, wenn es keine anderen, stärkeren Belohnungen gibt, die solche beobachteten Motive überspielen. Diese Verstärkungen können schließlich übernommen und affektiv besetzt werden, sie können zu Maßstäben werden. Das ist der Prozeß der Internalisierung. So gewinnt das Individuum Unabhängigkeit, es verfügt über ein System der Selbstbelohnung und Selbstbestrafung, also Heraufsetzung oder Herabsetzung des Selbstwertgefühls und hat damit ein Instrument der Selbststeuerung gewonnen. Seine Erkenntnisse über den Aufbau und die Motivation aggressiven Verhaltens hat er unter dem Titel „Psychologische Mechanismen der Aggression" zusammengefaßt.[86]

Bandura will eine Übersicht über alle Einflußgrößen gewinnen, die bei aggressivem Verhalten im Spiel sind. Eine Theorie muß seiner Auffassung nach nicht nur erklären, wie aggressive Verhaltensmuster erworben werden, sondern auch wie sie aktiviert und kanalisiert werden. Aggression beruht nicht nur auf Frustration. Daher hat die Frustrationsthese nur eine begrenzte Erklärungskraft. Neben individuellen müssen auch kollektive und institutionell sanktionierte Formen der Aggression berücksichtigt werden können. Ob Handlungen oder soziale Prozesse als aggressiv eingestuft werden können oder nicht, ist eine Frage der Etikettierung. So gibt es Aggression zur sozialen Kontrolle und Aggression, um soziale Änderungen herbeizuführen. Leute, die durch soziale Änderungen etwas zu verlieren haben, im allgemeinen als Konservative bezeichnet, sehen Gewaltausübung zur sozialen Kontrolle als Pflicht an, während die Benachteiligten von institutioneller Aggression sprechen. Umgekehrt wird jede Aggression

---

86 Bandura, Albert: Psychological Mechanisms of Aggression. In: Russel G. Geen, Edward I. Donnerstein (Eds.); Aggression. Vol. 1, a.a.O., S. 1-40

für das Ziel, soziale Änderungen herbeizuführen und sogar ein harmloser Protest aus der Sicht der Systempatrioten als Gewalt erscheinen, aber nicht nach Meinung der Dissidenten. Bei Machtkonflikten, so sagt Bandura, ist für die einen Gewalt, was für die anderen Wohltat ist.

Bandura unterscheidet in seiner Aggressionstheorie nach den Prinzipien des sozialen Lernens drei Motivationsbereiche: 1. die Quellen der Aggression, 2. die Anreize zur Aggression und 3. die Regulatoren aggressiven Verhaltens. Die Quellen der Aggression sind drei: Beobachten von Modellen, Lernen durch Verstärkung und die sogenannten strukturellen Determinanten, wozu Ungerechtigkeit, falsche Herrschaft gehören. Die zweite Gruppe von Einflußgrößen besteht in den verschiedenen Möglichkeiten des Anreizes zur Aggression. Da gibt es Modelleinflüsse, aversive, also negative, unwillkommene Behandlung, andererseits im positiven Sinne Belohnungen für Aggressivität, Instruktionen (zum Beispiel Militär- und Polizeiinstruktionen) oder schließlich bizarre Verhaltenskontrolle, dazu gehören Verfolgungswahn, Theorien des Bösen, daß die Welt durch Tötung des Bösen geheilt werden müsse usw. Der Erwerb eines aggressiven Verhaltenspotentials, das Vorhandensein von Anreizen zur Aggression reichen nicht aus, um automatisch aggressives Verhalten hervorzurufen. Ob es zu aggressivem Verhalten kommt, entscheiden andere Größen, die als Regulatoren betrachtet werden. Dazu gehören die äußeren, die positiven und negativen Verstärker, Lohn und Strafe. Es gibt die stellvertretende Verstärkung, die Beobachtung von Modellen, die belohnt oder bestraft werden, und schließlich die Selbstverstärkung. Selbstbelohnung und Selbstbestrafung sind wichtige Aspekte bei der Entscheidung, ob die aggressive Handlung ausgeführt wird oder nicht. Die Selbstbestrafung kann durch verschiedene Vorstellungen neutralisiert werden. Dazu gehören moralische Rechtfertigung, der neutralisierende Vergleich: die anderen machen das auch oder sind noch schlimmer, euphemistische Bezeichnungen wie das Wort „aufklatschen" für beabsichtigte schwere Körperverletzung unter Inkaufnahme der Todesfolge oder „ausknipsen" für Töten in der Terroristensprache, die Verlagerung der Verantwortung, die Zerstreuung der Verantwortung, die Dehumanisierung der Opfer, es seien eigentlich keine Menschen, vielmehr Sachen. So hat man am Schluß von Hanns Martin Schleyer gesprochen. Die Opfer werden für den eigenen Tod verantwortlich gemacht. Zu den Regulatoren gehört schließlich eine falsche Vorstellung von den Konsequenzen des eigenen Handelns.

Woher bezieht der Beobachter in unserer Kultur seine Modelle für aggressives Verhalten? Es gibt drei wesentliche Quellen. Die erste ist die Familie. Bandura und Walters haben schon 1959 gezeigt, daß Eltern, die aggressive Problemlösungen bevorzugen, in der Regel Kinder haben, die im Verkehr mit anderen die gleichen aggressiven Taktiken benutzen.[87] Daß familiäre Gewalt gewalttätige Verhaltensstile produziert, zeigen Untersuchungen über das Schimpfwortrepertoire von Kindern und ihre Techniken, andere herabzusetzen, über verschiedene Generationen hinweg. Die zweite Quelle für aggressive Modelle ist die Subkultur, der eine Familie angehört oder jene Jugend-Subkulturen, in die sich Kinder hineinbegeben. Aggressivität findet man bei Kindern jener Subkulturen besonders häufig, die Wert darauf legen, daß Auseinandersetzungen durch aggressives Verhalten entschieden werden. Als dritte Quelle aggressiven Verhaltens nennt Bandura das geradezu unübersehbare symbolische Modellangebot der Massenmedien. Das Fernsehen sei ein „wirksamer Tutor". Bandura überschätzt die Wirkung des Fernsehens, weil er von der direkten Wirksamkeit der Modelle überzeugt ist. Aber seine Theorie der Regulatoren müßte eigentlich eine Warnung sein, den Modellen im Fernsehen allzu große Wirkung zuzuschreiben. Da Gewalt in den Medien in der Regel um das Thema Recht und Unrecht inszeniert wird, ist es wahrscheinlicher, daß das Rechtsbewußtsein eher als die Gewalttätigkeit aktiviert wird. Die bloße Zahl von Gewaltmodellen sagt noch nichts über deren Wirkung.

In den Experimenten, die Bandura zur Etablierung seiner Theorie sozialen Lernens unternommen hat, konnte er zeigen, daß aggressive Handlungen auch ohne Frustration ausgeführt werden. So gibt es zwei große Gruppen von Anreizen zu aggressiven Handeln, die aversiven Erfahrungen, zu denen auch Frustration gehört, und andererseits die Belohnungsanreize. Beides führt zu emotionaler Erregung und gleichzeitig aber auch zu Erwartungen,

---

87 Albert Bandura, Richard H. Walters: Adolescent Aggression, a.a.O.

welche Konsequenzen man antizipieren kann. Das Ergebnis dieses Zustandes können eine Vielzahl von Verhaltensweisen sein. Bandura nennt Abhängigkeit, Streben nach Erfolg, Rückzug und Resignation, Aggression, psychosomatische Reaktionen, die Selbstanästesie mit Drogen und Alkohol, konstruktives Problemlösen. Mit dieser Übersicht wird noch einmal deutlich, daß Menschen in Reiz- und Erregungssituationen, die einen aversiven Ursprung haben, nicht notwendigerweise aggressiv werden müssen.

Bandura beschäftigt sich schließlich mit der Rolle der Selbstregulierung. Das Selbst ist kein psychischer Agent, also keine Person in der Person, die das Verhalten kontrolliert, sondern der Begriff bezeichnet kognitive Strukturen, die Bezugsgrößen zur Verfügung stellen, Normen, gegenüber denen das Verhalten beurteilt wird. Das Selbst-System erfülle eine Reihe von Funktionen für die Wahrnehmung, Bewertung und Regulierung des Handelns. Es sind im wesentlichen drei: die Selbstbeobachtung, die Selbstbeurteilung und die Reaktion darauf. Die Selbstregulierung kann nur funktionieren, wenn es eine Selbstbeobachtung gibt. Das Handeln, die Handlungsoptionen werden einem Bewertungsprozeß unterworfen. Er kann aus persönlichen Standards, also Normen bestehen, aus Bezugsgrößen, die sich auf das soziale System, die Umwelt beziehen, die Bewertung von Aktivität und die Zuordnung von Ursachen für das Handeln. Die Ergebnisse dieses Bewertungsprozesses werden in die Bewertung der eigenen Person überführt, man sagt sich, das hast du gut gemacht, das hast du schlecht gemacht. Die Folge ist, man kann sich selber belohnen und selber bestrafen bzw. korrigieren. In der Regel erfolgt das über Auf- und Abwertung. Die Abwertung wäre das schlechte Gewissen.

Die Theorie Albert Banduras weist noch einmal die große Bedeutung der Wahrnehmung, der Modelle, der Information und der verschiedenen Stufen der Verstärkung für das Zustandekommen oder das Unterbleiben aggressiven Verhaltens nach. Am wirksamsten sind Informationen, wenn sie mit Verstärkungen verbunden sind, und zwar mit glaubwürdigen, seien es Belohnungen oder Sanktionen. Information ist nicht nur eine Frage des Papiers oder der Bilder, sondern auch ein Problem des Verhaltens der Umgebung. Im Verhalten der Mitmenschen stecken viele Informationen. Davon ist Bandura bei seinen erfolgreichen Versuchen ausgegangen, das Aggressionsniveau in Familien und Schulen zu verringern. Das schildert er in seinem Buch „Aggression", das 1973 erschienen ist und 1979 ins Deutsche übersetzt wurde.[88] Was macht man, wenn Kinder, wenn Schüler aggressiv sind, wenn ein Kind ein sogenanntes temper tantrum hat, sich auf den Boden wirft, aggressiv schreit und tobt, bis es den beruhigenden Zuspruch der Mutter lange genug erhalten hat? Man kann nicht einfach hergehen und neue Verhaltensweisen lehren. Auch der größte Aufwand an Selbstexploration und therapeutischen Gesprächen kann nicht dazu führen, ein Selbstbewußtsein zu erreichen, das aggressives Verhalten gegenstandslos macht. Eine positive Selbsteinschätzung ist bei Erwachsenen nur durch den Aufbau beruflicher und sozialer Kompetenz zu entwickeln. Selbstentfaltung ist besser als Selbstprüfung, Selbstprüfung allein erzeugt keine neuen Fähigkeiten.

Für die Problemfälle aggressiver Kinder in Familien und Schulen empfiehlt Bandura das Konzept der *differentiellen Verstärkung,* und er weist dies durch eine Reihe von Untersuchungen nach, in denen die Intervention nach diesem Modell erfolgte. Es ging darum, die Konsequenzen aggressiven Handelns zu ändern und konstruktives Handeln zu belohnen. Dem aggressiven Verhalten dagegen müssen die Belohnungen entzogen werden. Die Befunde verschiedener Interventionsstudien weisen nach, daß das aggressive Verhalten zurückgeht, wenn es nicht mehr belohnt wird. Eltern und Lehrer werden indessen sagen, daß sie aggressives Verhalten doch nicht belohnen, im Gegenteil. Aber eine genaue Verhaltensanalyse, auch unter dem Einsatz von Videoaufnahmen, konnte zeigen, daß das, was als Bestrafung gemeint war, in Wirklichkeit als Belohnung fungierte. Eine Fallstudie ist besonders instruktiv. Ein angriffslustiger, kriegerischer Junge kontrollierte trotz seiner jungen Jahre effektiv den gesamten Haushalt durch aversives Verhalten. Nach der Messung des normalen aggressiven Verhaltens, wie es sich immer wieder zutrug, erhielt die

---

88 Albert Bandura. Aggression. A Social Learning Analysis. Prentice Hall, Englewood Cliffs, N.Y. 1973
   der.: Aggression. Eine sozial-lerntheoretische Analyse. Klett-Cotta, Stuttgart 1979.

Mutter die Instruktion, einfach wie üblich ihren Haushalt weiter zu machen, der Beobachter blieb zugegen. Wann immer der Sohn sich unannehmbar verhielt, gab der Beobachter der Mutter das Signal, ihm zu sagen, er soll aufhören oder sie sollte ihn für kurze Zeit in sein Zimmer bringen. Verhielt er sich aber liebenswürdig, so wurde die Mutter ermutigt, ihr Interesse und ihre Anerkennung zum Ausdruck zu bringen. Die neue Verstärkungspolitik führte bereits nach 15 Sitzungen definitiv zu einer Reduktion des aggressiven Verhaltens. Die Eltern werden als Therapeuten eingesetzt, und dabei erwerben sie zugleich Fähigkeiten, die es ihnen erlauben, auch mit künftigen Entwicklungsproblemen bei ihrem Kind besser fertig zu werden. der Junge verhielt sich in Zukunft überlegt und zugewandt. Die Mutter hatte vorher den Fehler gemacht, dem Jungen nur dann Aufmerksamkeit zu widmen, wenn er sich wild und aggressiv verhielt.

Ein analoges Beispiel aus dem Schulbereich. Tadel kann die störenden Verhaltensweisen bekräftigen, die er eigentlich löschen soll. Wenn Lehrer die Schüler ermahnen, ihre störenden Verhaltensweisen zu unterlassen, dann steigt prompt die Zahl der Schüler, die solche Ermahnung ignorieren. Das Verhalten der Schüler änderte sich erst, als die Lehrer die störenden Verhaltensweisen ignorierten und das Engagement in Schulaktivitäten, in Lernen positiv apostrophierten. Zahlreiche Interventionen, die als Strafen gemeint sind, wirken als positive Verstärker, die gerade das Verhalten, das die Sorgen macht, aufrecht erhalten. Diese ständigen psychologischen Eigentore werden deswegen so schlecht entdeckt, weil die Lehrer mit ihrem augenblicklichen Tadel oder lautstarken Rüffel Erfolg haben, es bleibt ruhig in der Klasse, aber nicht lange. So werden unwillentlich schädliche Beziehungssysteme etabliert und wechselseitig aufrecht erhalten, weil das unerwünschte Verhalten durch die Aufmerksamkeit belohnt wird, die es erhält, und die ineffektiven Kontrolltechniken werden verstärkt, weil sie vorübergehenden Erfolg haben. Der Lehrer belohnt unwillentlich ein Verhalten, das er nicht schätzt, und die Schüler belohnen die Schimpfkanonade des Lehrers durch momentane Folgsamkeit. Aber insgeheim freuen sie sich natürlich, daß er sich aufgeregt hat. Das ist die Belohnung. Das Netto-Resultat dieser falsch laufenden Verstärkungsepisoden ist, daß beide Verhaltensweisen eskalieren, wahrscheinlich könnte man das am Dezibel-Niveau einer Klasse messen.

Menschliche Handlungen sind immer unter externer Kontrolle. Das ist der Grundsatz der Entscheidungstheorie und der entwickelten Lerntheorie. Die sich daran anschließenden Analysen und die praktischen Interventionsstudien zeigen, daß wir weder individuell noch kollektiv gegenüber dem Problem der Aggression hilflos bleiben müssen.

Die Motivation und Organisation illegitimer politischer Gewalt. Ein Beitrag zur Sozialpsychologie öffentlichen Verhaltens

Aggressionsforschung hat sich im wesentlichen der Aufgabe verschrieben, zu klären, wie Individuen gewalttätig werden, symbolisch oder körperlich. In der Beschreibung der Reizkonstellationen und Prozesse, die im Individuum ablaufen, in der Analyse des Ineinanderwirkens von Wissen, Psyche und Körper hat die Forschung einen hohen Grad von Präzision erreicht. Auch die Darstellung, was Menschen hindert, aggressiv zu werden, wenn sie es eigentlich möchten, hat keinen wesentlichen Aspekt ausgelassen. Gleichwohl können diese Experimente und die sich darauf stützenden Theorien nicht erklären, wie und wann es zu politischer Aggressivität und Gewalt kommt. Menschen reagieren nicht nur auf ihre unmittelbare Umgebung, ihre kleine soziale Welt. Sie sind auch sensibel gegenüber dem Zustand des größeren Gemeinwesens und dem Verhalten seiner Institutionen. Politische Nachrichten, Gespräche und der Augenschein der Zustände der eigenen Gemeinde und des Landes bewegen die Menschen, motivieren sie zu Meinungen und Handlungstendenzen, wenn auch manchmal anders als die Regierenden sich das vorstellen.

Handeln aber kann man gegenüber dem politischen System nur in einer irgendwie organisierten Form. Auch das Wählen vollzieht sich ja in einem gewaltigen öffentlichem Organisationsangebot. Politische Gewalt, die sich gegen demokratische Institutionen und Ordnungen richtet, wirkt chaotisch und aus der Perspektive einer freien Gesellschaft eigentlich unerklärlich. Aber gerade diese Gewalt ist immer organisiert. Es gibt, von wenigen Ausnahmen abgesehen, keinen politischen Einzeltäter. Wenn junge Menschen, die bei Ausschreitungen oder politischen Gewaltakten gefaßt wurden, vor Gericht wenig Zusammenhängendes über ihre Motive und die politischen Ziele zu sagen wissen, so heißt das nicht, daß ihr Verhalten deswegen schon einen geringen Organisationsgrad aufweist. Er hat ausgereicht, um ein extremes und so gesehen unwahrscheinliches Verhalten zu ermöglichen. Politische Aggressivität, vom Vandalismus, über Einschüchterung, Gewalt gegen Sachen und schließlich gegen Personen, ist nie aus den individuellen Motiven heraus zu verstehen, sondern nur unter Hinzunahme des organisatorischen Modells, in dem sich der Einzelne bewegt. Dazu gehört immer auch etwas Geistiges, gehören Definitionen, Pläne, Erwartungen, Überlegungen, wie man verfährt. Dieser „Geist" kann natürlich auch die Form einer nebelhaften Ideologie annehmen, was ihrer Wirksamkeit nicht notwendigerweise im Wege steht.

Der Staat als Aggressionsobjekt

Zur Logik symbolischer oder direkter Gewaltanwendung gehört es, das Opfer, oft als Feind definiert, einzuschüchtern, nachhaltig zu schädigen, handlungsunfähig zu machen, festzusetzen, in die Flucht zu schlagen oder zu töten. Dazu ist erforderlich, daß der Aggressionsgegenstand erreichbar ist. Die Schwierigkeit des politischen Aggressors besteht darin, daß der Staat in seiner Abstraktheit unerreichbar ist. Seine reale Macht ist in Institutionen präsent und in der Selbstverständlichkeit, mit der sich das Leben, der Austausch in den von der Gemeinschaft gesetzten Regeln vollzieht. Wie kann man dieses komplexe System überhaupt angreifen? Wenn die politischen Gewaltphantasien sich auf Personen richten, auf Repräsentanten, so ist es zwar eine die Gemeinschaft in Schrecken versetzende Option, aber der Staat kann als Ganzes und auch in seiner Funktionsfähigkeit dadurch nicht getroffen werden. Die amerikanische Demokratie hat im Laufe ihrer Geschichte zahlreiche Morde und Mordanschläge auf ihre Präsidenten überlebt. Gleichwohl spielt in den Phantasien politischer Gewalttäter und gewalttätiger Gruppen der Anschlag auf Personen des öffentlichen Lebens eine große Rolle, offenbar weil sie der Ansicht sind, man könne ein System dadurch destabilisieren. Die Wahl der politischen Aggressionsobjekte wird wahrscheinlicher, je niedriger die Hemmungen sind, die Tat auszuführen. So ist eine öffentliche Auseinandersetzung mit der Polizei wahrscheinlicher als der Angriff auf Politiker, die tätliche Auseinandersetzung mit einer politisch gegnerischen Gruppe leichter zu bewerkstelligen als eine Auseinandersetzung mit einer Einheit des Bundesgrenzschutzes; mißliebige Gruppen sind noch leichter anzugreifen, Gewalt gegen Sachen ist häufiger als dieses, und schließlich finden wir verbreitet die Ergebnisse von Sprühdosenaktionen. Dies folgt dem Kalkül, daß die Täter die Schwelle des Entdecktwerdens niedrig halten wollen und gegenüber Strafverfolgung immun bleiben möchten. Aber andererseits ist die Repräsentativität für das Ursprungsziel der Aggression, nämlich für den Staat, recht gering, so daß keine unmittelbaren Systemänderungen aufgrund dieser Taten erwartet werden können. Die Verschiebung der Aggressivität gegenüber dem Staat auf andere, für den Täter zugänglichere und ungefährlichere Objekte läßt sich durch die Anwendung des Miller-Theorems über die Verschiebung von Aggressivität erläutern. (Schaubild 21). Die Auswahl politischer Aggressionsobjekte geschieht nach Repräsentation und Hemmung. Je repräsentativer die Objekte, desto so größer der Aggressionswunsch, aber desto größer auch die Hemmung. Bei sinkender Repräsentativität möglicher Aggressionsobjekte sinkt die Hemmung unter das Niveau der Aggressionswünsche, und so kommt hier zur Ausführung, was in zentralen Bereichen in den meisten Fällen unterbleibt. Das Beispiel dient der Veranschaulichung. Die Gradienten der Aggressionswünsche und der Repräsentanz können sich verschieben, mit Folgen für das Verhalten.

In einer Gewaltpolitik, also einer terroristischen Politik gegenüber dem Staat gibt es indessen auch eine Verschiebung der Mittel. Es werden in der Regel solche Formen der Gewalt angewendet, die eine Verfolgung der Täter sehr erschweren oder ausschließen. Entführungen können für die Entführer sehr gefährlich werden. So beobachtet man den Übergang zu Methoden, die eine gut ausgebaute staatliche Abwehr unterlaufen können. Die Nachrichten über die Detonation von Autobomben und Schüsse aus dem Hinterhalt sind häufiger geworden. Der Bombenterror gegen die Zivilbevölkerung zielt direkt auf ein Element staatlicher Ordnung: seine Garantie für die Sicherheit der Bürger. Extreme Gruppen benutzen ihn als Mittel gegen Friedensordnungen und Friedensverträge. Die Hemmungsschwelle gegen politischen Mord kann nur durch die Bildung von hochideologisierten Untergrundgruppen abgebaut werden.

Die Wahl politischer Aggressionsobjekte geschieht nach Repräsentanz und Hemmung
(Anwendung des Miller-Theorems über Verschiebung *)

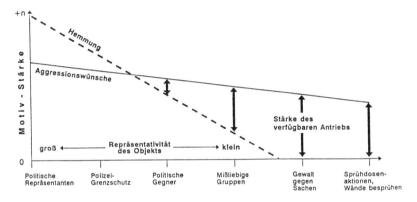

* Neal E. Miller: Experimental Studies in Conflict. In Hunt (Ed.) Personality and the Behavior Disorders. New York 1944.

Es bleibt die Frage, wieso sich der Staat überhaupt als Aggressionsobjekt qualifiziert? Unzufriedenheit mit den Lebensverhältnissen, auch mit den Ordnungen allein, ist noch kein Grund, sich gegen den Staat zu wenden. Es gäbe vieles andere zu ändern und zu verbessern. Warum muß in bestimmten Fällen der Staat für alle Defizite des Lebens herhalten? Diese Frage kann durch die Attributionstheorie beantwortet werden. Die Menschen versuchen, die Ursache ihrer negativ empfundenen Situation zu erklären oder erklärt zu bekommen. Wenn sie sich sagen, sie selbst sind die Ursache für ihre Situation, werden sie versuchen, ihr Verhalten und Elemente der Situation zu ändern.

Wenn sie dagegen der Meinung sind, nicht sie, sondern die Umwelt trage die Verantwortung für ihre Situation, und wenn sie meinen, daß der Staat diese für sie schädliche Umwelt bestimme, dann ist die Szene für Aggressionswünsche gegenüber dem Staat gestellt. In den umfangreichen Untersuchungen zum Terrorismus, die von der Ständigen Konferenz der Innenminister (IMK) angeregt und vom Bundesminister des Inneren in Auftrag gegeben wurde, ist in repräsentativen Bevölkerungsumfragen in den Jahren 1979 und 1980 festgestellt worden, daß die Neigung zu politischer Illegalität und die tatsächliche Beteiligung an solchen Aktionen in dem Maße zunehmen, in dem der einzelne sein Schicksal von der Gesellschaft her begreift. Wer sich einzig als Produkt der Gesellschaft sieht, kann seinen eigenen Zustand nur dann ändern, wenn er die Gesellschaft ändert. Also wird jedes persönliche Unbehagen tendenziell zu einem Politikum. Das Schaubild 22 zeigt die Zusammenhänge, wie sie im Jahre 1980 festgestellt wurden.[89]

Schaubild 22: Attributions-Verschiebung und Illegalität

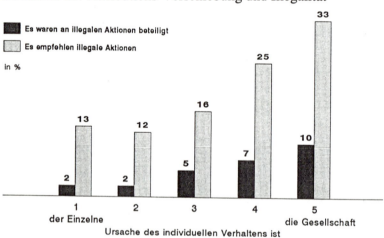

Quelle: Gerhard Schmidtchen: Jugend und Staat, in Matz, Schmidtchen: Gewalt und Legitimität. Westdeutscher Verlag, Opladen 1983

Mit der Ursachenzuordnung in Richtung auf den Staat macht die Person natürlich auch etwas mit sich selbst. Wer sich ganz von der Gesellschaft her versteht, kann sich im negativen Fall als Opfer definieren, im positiven Fall als Begünstigter. Es gibt aber in

---

89 Gerhard Schmidtchen: Jugend und Staat, a.a.O., S. 231

der Zuschreibung der Ursachen für Willkommenes und Nachteiliges kein Gleichgewicht. Man wird negative Tatbestände eher nach außen zuordnen und positive Verhältnisse sich selbst zuschreiben. Im Ursachenzuordnungsgeschäft zieht der Staat also leicht den Kürzeren. Die Person, die Negatives zu verarbeiten hat und sich als Opfer der Verhältnisse sieht, neigt zum Selbstmitleid, und damit wird automatisch ein Gefühl der Aggressivität mobilisiert. Nicht nur Theorien über den Staat entscheiden über das Ausmaß, in dem Legalitätsgrenzen überschritten werden, sondern auch Philosophien über das Personsein. In den letzten Jahrzehnten hat sich die Meinung ausgebreitet, daß die gesellschaftliche Umwelt in größerem Maße die Ursache für die eigene Existenz sei als die persönliche Leistung. Diese Attributionsverschiebung mündet in ein Personverständnis, das zu politischen Belastungen führt. Was in der zweiten, der gesellschaftlichen Aufklärung einmal emanzipatorische Einsicht war, wird zur Schwäche. Gegenüber den Kräften der Gesellschaft kommt man sich klein und hilflos vor. Wenn die Gesellschaft der allmächtige Schöpfer der Persönlichkeit ist, so hat das zwei Konsequenzen: die Gesellschaft bekommt sakralen Charakter, alles menschliche Heil und Unheil vollzieht sich in dieser Gesellschaft, nichts transzendiert sie. Und das zweite hat sich bereits empirisch niedergeschlagen: Jedes Unbehagen wird umstandslos ins Politische projiziert.[90]

Das Handlungssystem des Angreifers

Alles Handeln, auch das unverständlich und chaotisch wirkende, unterliegt einer mentalen und sozialen Organisation. Gerade das unwahrscheinliche und gegen einen breiten Konsens verstoßende Handeln muß außerordentlich prägnanten Ordnungsprinzipien folgen, damit es sich überhaupt ereignen kann. Was von außen unverständlich und chaotisch erscheint, ist für den Handelnden selbst folgerichtig und zwingend. Nur dann, wenn wir das Handlungs- und Motivsystem illegaler politischer Aktionen verstehen,

---

90 Vergleiche dazu auch Gerhard Schmidtchen: Der Aufstand der Person. Neue Grenzziehungen zwischen Mensch und Institution. Kongreß der Heines-Stiftung: Menschsein in unserer Zeit – Der Zeitgeist auf dem Prüfstand. Bremen, Oktober 1994

kann der Rechtsstaat sinnvoll und präventiv reagieren. Ein Akteur, sei er Politiker, Polizist oder Demonstrant, braucht zum Handeln drei Dinge: Er muß eine Orientierungsleistung vollbringen, und er muß über Ressourcen verfügen, benötigt handlungsleitende Systeme.

Die *Orientierungsleistung* vollzieht sich wesentlich in drei Bereichen:

1. Handlungsziele müssen definiert werden können in Form konsensfähiger Werte. Sie geben auch die Sicherheit, daß der Handelnde Partner findet, sorgen für die Erwartungsstabilität im Sozialsystem oder in einer Subgruppe.
2. Wirklichkeitsbeschreibungen – sie bestehen aus Informationen über das politische System und aus normativen Regeln. So kann sich der Handelnde orientieren, über das, was empfehlenswert und möglich ist. Das politische System wird im wesentlichen nach seiner Legitimität und seinen Repräsentationsleistungen bewertet. Aus der Perspektive des Bürgers lautet die Legitimitätsfrage: Warum soll ich dem Staat die Treue halten? Und die Repräsentationsfrage heißt übersetzt: Wie behandelt das politische System meine Interessen oder die Interessen meiner Gruppe?
3. Identität – jeder Akteur muß sich selbst einen Ort geben können, muß einen Standort wählen und bezeichnen. Da er dies nur im Verhältnis zu anderen und den Objekten der Umwelt tun kann, gehen Informationen über andere Menschen, andere Institutionen in die eigene Identität ein. Identität ist eine Informationsmatrix über das Verhältnis von sich und den anderen und dem Staat, mit dem der Akteur sowohl identisch als auch nichtidentisch ist. In ihrer Nationalität geht die Person nicht auf.

Die *Ressourcen* setzen sich aus intern und extern verfügbaren Mitteln oder persönlichen Befähigungen zusammen.

1. Interne Ressourcen sind Erwartungen und Kompetenz. Man weiß aus der Wirtschaftstheorie, daß Erwartungen zu den mächtigen Motivationen des Investierens zum Beispiel gehören.

Hohe Erwartungen und Zuschreibung hoher Kompetenz ist im allgemeinen das Kennzeichen des politisch unruhigen, aber auch leicht zu enttäuschenden Bürgers. Treffen hohe Erwartungen mit dem Gefühl der Machtlosigkeit zusammen, die eigenen Bedürfnisse oder die der Gruppe würden vom System überhaupt nicht wahrgenommen oder man könne den Gang der Politik in den bisherigen Mitwirkungsformen nicht beeinflussen, dann werden Grenzüberschreitungen wahrscheinlicher.
2. Zu den externen Ressourcen zählen Sicherheit und Beweglichkeit sowie Zeit und mobilisierbare Mittel. Dazu gehören nicht nur ökonomische Mittel, sondern auch die Liquidierung von Konsens in Form praktischer Unterstützung.

Die *handlungsleitenden Systeme*, die der Akteur braucht, bestehen aus fünf Arten mentaler und sozialer Organisation.

1. Ertragserwartung des eigenen Handelns. Die Einschätzung einer Ertragsbilanz ist eine wesentliche Voraussetzung dafür, politisch und sonstwie aktiv zu werden. Diese Einschätzungen sind vorgefertigt in Ideologien enthalten. Es sind Organisationslehren, die darüber Auskunft geben, welche politischen Ziele oder Güter attraktiv und erreichbar sind.
2. Thematisierung und Aktivierung. Der Akteur braucht eine Agenda. Was ist zuerst zu tun, was ist das Wichtigste? Nur so ist ein punktuelles und organisatorisches Engagement überhaupt möglich. Thematisierung und Aktivierung ist das, was Lenin unter Agitation verstanden hat.
3. Rechtfertigungssysteme. Für sein Tun braucht der Akteur subjektive Sicherheit, also ein gutes Gewissen. In der Praxis haben Rechtfertigungstheorien oft die primitive Gestalt der Einteilung von Gut und Böse, zusammen mit der Identifikation von Feinden. Indem der Akteur einer Rechtfertigungstheorie folgt, hat er zugleich das Gefühl, etwas zu leisten, sich im Sinne einer Idee zu bewähren. Ein System der Selbstbelohnung wird in Gang gesetzt.
4. Handeln ist, wenn auch nur minimal, organisationsbedürftig. Auch wenn ein Akteur nicht das ganze Konzept, innerhalb dessen er handelt, selber beherrscht, so kann er es durch Anschluß an eine Gruppe praktisch erwerben. Der Anschluß an

extreme Gruppen wird erleichtert durch soziale Destabilisierung und negative Gefühle. Eine kritische Bewertung der eigenen Lebenssituation macht junge Menschen, die zugleich das Gefühl der Ausweglosigkeit haben, verführbar zu Gefolgschaft und Mitläufertum. Durch Delegation ihrer Probleme an eine radikale Gruppe gewinnen sie wiederum das Gefühl der Handlungssouveränität.

5. Ausdrucksmedien. Für den Akteur, wozu wir auch eine agierende Gruppe zählen, ist die Wahl der Ausdrucksmedien wichtig. Wir können darunter die wahrnehmbaren und sozial wirksamen Formen des Handelns verstehen. Das politische Gespräch, der Wahlzettel oder auch Kommissionspapiere sind Ausdrucksmedien für den, der politischen Einfluß in den vom politischen System vorgesehenen Bahnen nehmen will. Es ist aber auch möglich, sich an nicht genehmigten Demonstrationen zu beteiligen, sich in Straßenschlachten einzulassen, Molotowcocktails in Ausländerunterkünfte zu werfen oder gezielte punktuelle Gewaltanwendung zu wählen. Diese Handlungen sind nicht mehr als eine direkte Umsetzung ursprünglicher Hintergrundsmotive zu verstehen, sondern sie sind das Ergebnis organisierten Vorgehens, die Loyalität zu einer Gruppe wiegt dann unter Umständen stärker als die mögliche Einsicht in die Unrechtmäßigkeit des Tuns.[91]

Die Grundmuster der Motive öffentlicher Aggression

Wenn aus aggressiven Phantasien gegenüber dem Staat und seinen Einrichtungen, gegenüber der Gemeinschaft, öffentliche Handlungen werden, so vergegenständlichen sie sich in der Übertretung von Regeln des Anstands und der Gesetze, Sachbeschädigungen, Bewaffnung und Angriffe auf Personen. Wie alles aggressive Verhalten ist auch dies auf Veränderung gerichtet. Die Motivation ist entweder reaktiv, instrumentell (machiavellistisch) oder expressiv. Reaktiv kann das Aggressionsverhalten im Gefolge von Frustrationen verstanden werden. Die final eingesetzte machia-

---

91 Eine ausführlichere Diskussion einer handlungstheoretischen Betrachtung illegalen Verhaltens findet sich in Gerhard Schmidtchen: Jugend und Staat. a.a.O.,Kapitel – Der „Bauplan" illegalen politischen Handelns, S. 108f.

vellistische Aggression dient der Machtverschiebung. Ziele, der Erwerb von Macht und Einfluß stehen im Vordergrund. Allein die attraktive Aussicht, mächtiger zu werden, ist ausreichendes Motiv, Frustration ist nicht erforderlich. Zur Begründung solchen Handelns können Frustrationen zur Entlastung vorgebracht werden, aber sie sind dann nicht das Motiv. Die expressive Aggressivität dient dem Ausdruck eines Leidens. Sie hat Hinweischarakter, soll soziale Probleme vergegenständlichen helfen. Aggressivität, ganz gleich, wo ihr Ursprung angesiedelt ist, steht immer im Dienst von etwas. Charakteristisch für die instrumentelle Aggressivität ist eine Bemerkung von Möhring, seinerzeit Anwalt am Bundesgerichtshof in Karlsruhe. Im privaten Gespräch machte er sich feurig für einen bestimmten Standpunkt stark. Dafür bewundert, erklärte er bescheiden relativierend: „Sie sollten einmal erleben, wie ich vor Gericht meine bezahlte Wut aufdrehe."

Frustrationen setzen sich nicht 1:1 in politischen Protest oder gar Illegalität um. Auch wenn diese Frustrationen einen öffentlichen Ursprung haben, wenn Menschen sich über Umweltschäden, Arbeitslosigkeit, falsche Sicherheits- und Verkehrspolitik aufregen, dann führt das nur unter ganz bestimmten Umständen zu politischen Reaktionen und politischer Aggressivität. Auch soziale Deprivation, häufig als politischer Sprengstoff klassifiziert, setzt sich nicht unmittelbar in Aktionen um, die das System überlasten oder die Legalitätsgrenzen überschreiten. Im allgemeinen ist es sogar so, daß die Deprivierten die geringsten Möglichkeiten haben, auf das polititische System einzuwirken, es sei denn, ihre Situation wird von anderen artikuliert und politisch organisiert. Wenn sich indessen negative Bewertungen mit Organisationsressourcen verbinden, dann kann es zu illegalen Protesten kommen, wenn es keine attraktiveren oder wirkungsvolleren Einflußmöglichkeiten aus der Sicht der Akteure gibt. Frustration benötigt also Filter und Verstärker, ehe sie in die politische Arena tritt. Freilich steht ein friedlicher Weg immer offen: die Meinungsbildung und negative Meinungen können sich bei Wahlen sehr deutlich zum Ausdruck bringen.

Nicht nur politische Frustrationen haben ihre Wirkungen, sondern auch die Enttäuschungen im persönlichen Bereich. Auch höchst individuelle Belastungen gehören dazu, wie Liebeskummer. Aber was hat Liebeskummer mit Politik zu tun? Ein negativer Affekt tendiert zur Generalisierung. Wenn die persönlichen Lebensperspektiven sich verdunkeln, wird man die Welt nicht mehr sehr freundlich betrachten. Diese unspezifische Feindseligkeit kann auch ihren politischen Ausdruck finden, zunächst als Handlungsphantasie. So zeigte sich, daß Mitarbeiter in der Metallindustrie, die mit ihrer Firma und der Arbeitswelt in Konflikt liegen, zu einem hohen Anteil progressiv-nonkonforme Änderungsstrategien bevorzugen, sie wollen weitreichende politische Änderungen mit außerparlamentarischen Mittel durchsetzen. Prägnanter noch tritt diese Tendenz zutage bei Mitarbeitern, die politisch interessiert sind.[92]

Ein Ergebnis der Jugendstudie von 1986: Biographische Frustrationen fördern einen dramatischen politischen Durchsetzungsstil. Die Vorstellung, man könne durch zivilen Ungehorsam etwas erreichen oder durch Gewalt, steigt bemerkenswert an.[93] Der Anreiz zu aggressiven Ideen gegenüber dem politischen System kann also auch aus dem persönlichen Bereich kommen. Die Übersetzung verläuft über einen diffusen negativen Affekt, eine negativ getönte Lebensstimmung. Auch diese Gefühle sind politisch organisierbar, obwohl deren Ursprung im klassischen Sinne nun gewiß nicht zum Politischen gehört. Die Generalisierung dieser Gefühle in die Politik hinein erfolgt über Thematisierungen, Stilbildungen und Organisation. Vandalismus ist eine der adäquaten Ausdrucksformen für negative Empfindungen. Wenn die Gefühle sich verdunkeln, werden die Gesellschaft oder das politische System angeschwärzt, wenigstens die Mauern.

Instrumentelle, machiavellistische Aggressivität gegenüber dem Staat ist daran erkennbar, daß als klar formuliertes Ziel eine Machtverschiebung, eine Machtveränderung angestrebt wird. Diese Machtveränderung kann sich auf Ergebnisse der Politik beziehen, um die Entscheidungsträger unter Druck zu setzen, etwas anderes zu tun als sie ursprünglich vorhatten. Die Ergebnisse der Politik sollen beeinflußt werden. Es gibt indessen Gruppen, die der dokumentierten Auffassung sind, daß sie ihre Ziele nur in ei-

---

92 Gerhard Schmidtchen: Neue Technik, neue Arbeitsmoral. a.a.O., S. 180
93 Gerhard Schmidtchen: Ethik und Protest. a.a.O., S. 137/138

nem anderen Staat, mit einer anderen Verfassung erreichen können. Aggression zur Systemumwandlung bedeutet für alle Gruppen, die nicht auf einen breiten Wählerkonsens hoffen können, daß sie sich tarnen oder in den Untergrund gehen müssen. Freie und prosperierende Gesellschaften werden immer wieder von kleinen Kontereliten heimgesucht werden, die davon träumen, ein Regierungssystem zu destabilisieren, um die Macht im Staate zu erobern. Gruppen, die Gewalt und Terror einsetzen, um die Regierung zu erobern, werden die Gesellschaft terrorisieren, sobald sie an der Macht sind.

Die Masse politischer Regelverletzungen, der Überschreitungen von rechtlich gesetzten Grenzen und auch mit Gewalt, des Inkaufnehmens der Konfrontation mit der Polizei sind nicht auf die Destabilisierung des Staates gerichtet, sondern auf die Änderung der Regierungspolitik. Die Ereignisse um die Castortransporte nach Gorleben zeigen das deutlich. Es gab nicht nur Proteste demokratisch engagierter Bürger, sondern auch Illegales. Bei solchen Anlässen sind Verfahrenskoalitionen nicht auszuschließen. Allgemeine Demonstrationen werden von gewalttätigen Minderheiten benutzt, um eine ganz andere Saat aufgehen zu lassen.

Die verbreitete Neigung junger Menschen, bei der Durchsetzung politischer Ziele mit Illegalität und Gewalt zu spekulieren, wird vielerorts als Ergebnis eines Werteverfalls interpretiert. Die verschiedenen Werteuntersuchungen, über die wir inzwischen verfügen, zeigen, daß einem Rückgang von Werten immer auch ein Anstieg anderer Werte gegenübersteht. Die jüngere Generation ist zwar skeptisch gegenüber einigen, nicht mehr funktionellen Werten, aber im Ganzen wirkt sie geradezu werteenthusiastisch. Entwicklung einer humanen Welt, Freiheit und Gerechtigkeit sind ihre Anliegen. Von einem Wertezerfall kann nicht die Rede sein. Die Übertragung von Werten auf die jüngere Generation ist nicht mißlungen, sondern war sehr erfolgreich. Die betonte Steigerung der humanitären und der Gerechtigkeitswerte führte zu einer Krise des Denkens über die Institutionen. Die Vermittlung der Werte ist gelungen, aber sie werden anders als erwartet angewendet: als Normen, als Maßstabgrößen für die Bewertung der politischen Umwelt. Entspricht die Politik in ihren Ergebnissen, in ihrem Stil nicht diesen Werten, so kommt es zu Enttäuschungen, die sich in die Meinung umsetzen können, nur radikale Änderungen können helfen, und dies wiederum führt zu Grenzüberschreitungen im Politischen. Aus der bisherigen Werteforschung kann man verallgemeinern: Neu aufsteigende Werte werden zu kritischen Rückfragen an die Institutionen führen und bei Radikalisierung zu Gewalt von unten. Die Angst vor Verlust konservativer Werte und der Versuch, sie stärker als bisher das Leben der Gesellschaft bestimmen zu lassen, führen tendenziell zu einer Gewalt von oben oder mindestens zu den Versuchen einer repressiven Politik.

Legitimitäts- und Repräsentationsschwächen laden zu aggressiver Politik von unten ein

Macht-, Rang- und Reichtumsunterschiede sind ein Ärgernis, solange die Menschheit von sich zu berichten weiß und immer wieder die Quelle für heftige Konflikte. Unterschiede von Macht und Einfluß sind also prinzipiell etwas Gefährliches. Unterschiede an Macht und Status werden nur hingenommen, wenn sie vor dem Gleichheitspostulat bestehen können. Es geht nicht nur um Austauschgerechtigkeit, etwa in dem Sinne, daß der, der mehr in seine Fähigkeiten investiert, auch mehr Ansehen und Geld bekommt, die Bewertung geschieht vielmehr nach dem Gesichtspunkt des Dienstes für die Gemeinschaft. Wenn alle besser leben, dadurch daß es Status- und Machtunterschiede gibt, dann sind sie gerechtfertigt, legitimiert, dann empfindet man die Zustände als gerecht. Gerechtigkeit ist legitimierte Ungleichheit. Der Machtgebrauch im Dienste der Gemeinschaft muß universell sein; kein Mensch darf ausgeschlossen werden. Er muß auf humanitäre Werte bezogen sein, sonst wird Macht böse. Die Beziehung des staatlichen Handelns auf humanitäre Werte ist nicht fraglos gegeben, wird nicht nach dem Verfassungstext beurteilt, sondern nach der Alltagswirklichkeit. Ein beträchtlicher Teil der jüngeren Generation schätzt die Wertinstrumentalität des Staates gering ein. Unter den Studierenden bildeten die Skeptiker und Skeptikerinnen im Jahre 1980 die Mehrheit, daran wird sich bis heute nicht viel geändert haben.[94] Je geringer die Wertinstrumentalität des Staates, desto größere Sorgen macht man sich über dieses Wertedefizit. Die Werte-

---

94 Gerhard Schmidtchen: Jugend und Staat, a.a.O., S. 331

blindheit des Staates beunruhigt. Das, was man über den Staat denkt, setzt sich um in Empfindungen über den Staat. Die Identifikation mit der Bundesrepublik wurde in der Untersuchung über Jugend und Staat ebenso wie in der vorliegenden mit zwei Fragen gemessen: Wie weit man sich mit der politischen Ordnung identifizieren kann und ob man sich in der Bundesrepublik wohlfühle. Je positiver die Verfassungswirklichkeit gewürdigt wird, desto bessere Noten erhält die deutsche Demokratie, und desto stärker ist auch die persönliche Identifikation mit der politischen Ordnung. Diese Zusammenhänge wurden im Jahre 1980 zum ersten Mal für die alte Bundesrepublik festgestellt. An dieser verfassungspsychologischen Regel hat sich seither nichts geändert, und für die gesamte Bundesrepublik haben sich nach der Wiedervereinigung die Dinge noch verschärft. Je stärker die subjektive Seite der Legitimität ausgeprägt ist, desto größer das Wohlbefinden in der Bundesrepublik. Beträchtliche Minderheiten stehen aber der Bundesrepublik mit gemischten bis negativen Gefühlen gegenüber. Zwar fließt auch rein Persönliches in die Stimmungslage ein, aber diese Alltagserfahrungen werden generalisiert und in gewissem Umfang dem Gemeinwesen angelastet.

Negative Stimmungslagen haben im allgemeinen für den Organismus Warnungscharakter. Sie können unter bestimmten Voraussetzungen eine Veränderungsaktivität, auch politischer Art, einleiten. Negative Affekte finden wir in großem Umfang bei thematisch engagierten Gruppen, wie den Grünen und unter den Anhängern extremistischer Parteien und Gruppen. In die Stimmungslagen gehen nicht nur unmittelbare Erfahrungen, sondern auch Theorien über die Verhältnisse ein. Die negativen Bewertungen und Empfindungen, die sie im Gefolge haben, dienen dann wieder im Zirkel der Evidenz für die Untragbarkeit der Verhältnisse. Wir müssen also in der Bundesrepublik Deutschland mit informations- und ideologiegesteuerten Befindlichkeiten und Empfindlichkeiten rechnen.

Ein wesentlicher Teil der Legitimität des politischen Systems wird durch seine Repräsentationsleistung erzeugt. Ein politisches System muß die Ansprüche der Bürger sinnvoll aufnehmen, behandeln und ihren über die Tagesgeschäfte hinausgehenden Willen repräsentieren können. Wirksame Repräsentation ist gegeben, wenn die Bürger sich mit ihren Anliegen und Lebensansprüchen gut aufgehoben fühlen. Dies setzt Vertrauen voraus, das in einer vorgeordneten politischen Kultur entsteht. Vertrauen wird durch vergangene Erfahrungen und Geschichten über Erfahrungen abgesichert oder aber durch Hoffnungen, durch Ideologien, in jedem Falle durch eine Selbstauslegung des Staates. Ist dieses Vertrauen da, so kommt es selten zu einer Überlastung der politischen Einrichtungen, der Repräsentationskanäle. Erst dann, wenn die Problemlösungsfähigkeit des staatlichen Systems nicht mehr als gesichert gilt, tendieren die Staatsbürger dazu, ihren Einfluß zu erhöhen, ihre Einflußmöglichkeiten auszuschöpfen und neue zu suchen.

Fragt man in der Bundesrepublik Deutschland, ob es demokratische Traditionen gibt, auf die man stolz sein könne, so bleibt die Hälfte der jungen Generation stumm. Für die meisten beginnt die Demokratie nach dem Zweiten Weltkrieg. Die Geschichte der Freiheit in Deutschland ist eine Geschichte von Niederlagen gewesen, nationale Feiertage waren bis 1990 Trauertage, wie der 17. Juni, der Gedenktag an die gewaltsame Niederschlagung des Arbeiteraufstandes in der DDR 1953. Erst die Geschichte der Botschaftsflüchtlinge und der Leipziger Montagsdemonstrationen könnte den Keim eines neuen Freiheitsmythos enthalten. Wenn man die Demokratie nicht historisch begründen kann, dann muß sie andere Anker haben. Sie finden sich in Ideologien und Zukunftshoffnungen, das heißt, es gibt in der Bundesrepublik Deutschland keinen aus der Geschichte erwachsenen Gemeinschaftskonsens, keinen gültigen Ursprungsmythos des Demokratieideals. Das rein theoretische, geschichtlich ungebundene politische Bewußtsein ist radikal in der Kritik und Praxis. Warum soll man nicht aus Einsicht alles besser machen können, wenn es keine bedenkenswerten Traditionen gibt? Diese politische Theoriearroganz ist in Demokratien mit langer geschichtlicher Tradition weniger leicht möglich. Ein historisch begründeter Basiskonsens wirkt wie ein Puffer gegen Erschütterungen der Legitimität. Die deutsche Demokratie wird, anders als etwa die englische oder die schweizerische und die amerikanische, nicht von der Geschichte getragen, sie trägt immer noch die Last der Geschichte.

Zur politischen Heimat zählt nicht nur der Staatsverband und seine Geschichte, sondern auch die unmittelbare gesellschaftliche

Umgebung. Je stärker die organisatorische und affektive Einbindung der Menschen in primäre und sekundäre Organisationen, also Familie, Vereine, Beruf, Kirche, desto wohler fühlen sie sich auch im Staat. Das Gruppenleben, beginnend in der Familie, ist also eine wesentliche Voraussetzung für die psychologische Funktionsfähigkeit der Demokratie.

In einer Mediengesellschaft werden Repräsentationsdefizite als Gesellschaftskritik greifbar. Überraschend tritt zutage, daß Gesellschaftskritik sogleich immer in Staatskritik übesetzt wird. Von Kritikern müßte der demokratische Staat ja gerade wegen seiner Beeinflußbarkeit, seiner Reaktionsfähigkeit auf soziale Probleme geschätzt werden, aber das ist nicht immer der Fall. Verständlich ist das bei Marxisten, die den bürgerlichen Staat als Exekutivorgan einer falschen Gesellschaft betrachten. Verständlich auch bei Rechtsextremen, deren Autoritäts- und Dominanzbedürfnisse in einer freien Gesellschaft nicht zum Zuge kommen können. Aber auch die Nichtideologisierten generalisieren die Gesellschaftskritik. Diese negativen Affekte, die sich in der Gesellschaftskritik vergegenständlichen, haben wiederum eine Tendenz zur Verallgemeinerung.

Die praktische Repräsentationsfähigkeit eines politischen Systems wird an seiner Flexibilität oder Responsivität gemessen[95], diese wird allerdings in sehr unterschiedlichem Licht erscheinen, je nachdem wie viele Ansprüche an den Staat gestellt werden. Anspruchsinflationen überlasten das politische System.

Zwischen dem Legitimitätsniveau und der Strategie, die Bürger einschlagen möchten, um ihre Ansprüche repräsentiert zu bekommen, gibt es enge Zusammenhänge. Je geringer die Identifikation mit dem Staat, desto deutlicher wird die Neigung zu radikalen Änderungsstrategien. Das heißt in umgekehrter Lesart, daß die Bürger die Zustimmung zum Staat von einer weitgehend konfliktfreien Repräsentation ihrer Interessen abhängig machen. Die Enttäuschten gehen erstaunlich schnell zu einer Politik der engagierten Minderheiten über. Das bedeutet, daß die Bundesrepublik eine Art von Schönwetter-Legitimität besitzt, die in Krisen ernsthaft bedroht ist.

---

95 Amitai Etzioni: a.a.O.

Aus diesen Beobachtungen lassen sich fünf Legitimationsregeln ableiten.
1. Die Legitimation des Staates ist nur dort fraglos gegeben, wo es keine Repräsentationskonflikte gibt. Ungelöste Repräsentationskonflikte verbrauchen die Legitimität. Frauen zum Beispiel fühlen sich großenteils nicht ausreichend repräsentiert. Ihre politische Unruhe nimmt deswegen zu.
2. Legitimität wird daran gemessen, ob der Staat politische Ansprüche erfüllen kann. Dies hat einen quantitativen und einen qualitativen ordnungspolitischen Aspekt. Der quantitative: Die Größe der Ansprüche ergibt sich aus dem ideologischen Zielvorstellungen und aus einer Vorstellung von der Macht des Staates. Gilt er als allmächtig, so werden utopische Wünsche als politisch realistisch eingestuft. Der ordnungspolitische Aspekt: Die Menschen suchen nicht Gütervermehrung bei Verschlechterung der Sozialstruktur und der Umwelt. Entscheidend ist die Wohlfahrtsfunktion und die Verteilungsgerechtigkeit. So kommt der ordnungspolitischen Tätigkeit des Staates eine große Bedeutung für die Erhaltung seiner Legitimität zu.
3. Eine Steigerung der politischen Ansprüche im Zuge des sozialen Wandels, und zwar eine Steigerung nicht nur der materiellen, sondern auch der ideellen Ansprüche, wird die Legitimation eines Staates regelmäßig strapazieren.
4. Die politisch wirksame Steigerung der Ansprüche geschieht über einen Kommunikationsprozeß. Die Medien sind wesentlich an der Steigerung der politischen Ansprüche beteiligt. Die Medien verteilen auch Zensuren, somit setzen sie Urteilsnormen. Erwartungen und Normen sind wichtige Größen, die über das Legitimitätsdenken entscheiden. Somit sind die Medien sowohl an der Produktion als auch am Verzehr der Legitimität des Staates beteiligt.
5. Die Tendenz, bei Repräsentationskonflikten nonkonforme politische Ausdrucksmittel zu wählen, wird umso größer sein, je schwächer die Legitimität im Bewußtsein der Bürger verankert ist und je einflußloser sie sich fühlen. Umgekehrt wirkt gelungene Legitimation und die zugeordnete Repräsentation als ein Puffer gegen nonkonforme politische Einflußstrategien.

Wie der Übergang zu Illegalität und Gewalt geschieht wird

Die Neigung, zur Durchsetzung politischer Ziele illegale Methoden und Gewalt anzuwenden, ist bei einem Fünftel bis einem Viertel junger Menschen spürbar. Das bedeutet, das in großem Umfang die Neutralisierung solcher Verhaltensweisen in einem psychologischen Sinne stattgefunden hat. Es fehlt nicht nur das schlechte Gewissen, wenn man zur Illegalität und Gewalt übergeht, sondern es stellt sich offenbar ein besonders gutes Gewissen ein. Man hat etwas wichtiges getan. Sonst wäre die Überzeugungsstärke, mit der so gedacht und gehandelt wird, nicht zu erklären.

Illegalität und Gewaltphantasien steigen, nach den bisherigen Forschungen zu urteilen, unter den folgenden Voraussetzungen auf:

1. Die Eigenschaften des politischen Systems haben wesentlichen Einfluß auf die Verhaltensweisen der Bürger. Auch bei großen politischen Ansprüchen, bei starken Änderungsanliegen verhalten sich die Bürger ruhig, wenn die Konversionsrate des Systems entsprechend groß ist. Wird bei steigenden Ansprüchen die Verarbeitungsfähigkeit des Systems als zu gering veranschlagt, so steigt die Radikalität.
2. Einen nachhaltigen Einfluß haben Sozialisationsbedingungen und die Organisation in den politischen Subkulturen. Je größer die Diskontinuität der Sozialisation, je mehr Jugendliche ihr Elternhaus ablehnen, je ungewisser ihre Sozialisationsperspektive ist – sie haben für ihren Bildungs- und Berufsweg nicht die Unterstützung der Eltern und wissen nicht, wohin sie beruflich gehen werden – desto ausgeprägter ist die Neigung zu politischem Aktionismus und zur Teilnahme an illegalen Handlungen.
Je größer die organisatorische Absicherung einer negativen Bewertung der politischen Umwelt, je ausgeprägter gleichsam eine systemkritische Lebensform in radikalen Gruppen ist, desto wahrscheinlicher wird der Übergang zu Gewalt und Illegalität.
3. Wesentliche Bedeutung für den Übergang zur Illegalität haben Rechtfertigungs- und Zuordnungstheorien. Die Verschiebung aller Verantwortung für Mißstände und persönliches Versagen

auf die Gesellschaft und den Staat führt tendenziell zu radikalen Phantasien und dann auch zu radikalen Verhaltensweisen. Der einfachste Ausdruck von Ideologien sind Feindbilder. Mit der Zahl der Feindbilder steigt die Neigung zu Gewalt und Illegalität. Für diesen Zusammenhang gibt es einen dramatischen Nachweis aus der Studie über Jugend und Staat (siehe Schaubild 23).

Schaubild 23: Feindbilder als Rechtfertigung von Illegalität und Gewalt

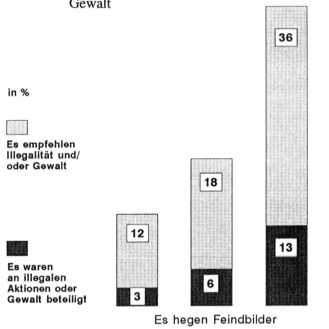

Quelle: Gerhard Schmidtchen: Jugend und Staat, in: Matz, Schmidtchen: Gewalt und Legitimität. Westdeutscher Verlag. Opladen 1983. S. 235

4. Je weniger die Regeln des Systems internalisiert sind, je verächtlicher sie erscheinen, je geringer die Ordnungsakzeptanz, desto so größer wird ceteris paribus die Neigung zur Überschreitung von Legalitätsgrenzen. Dieser selbstverständlich klingende Zusammenhang muß ins Bewußtsein gerufen wer-

den, denn die Markierung der Legalitätsgrenzen und die Eintrittspreise in die Illegalität spielen eine wesentliche Rolle für die Entscheidungen, die in aktionistischen Gruppen diskutiert werden.
5. Legitimität, Ideologisierung und biographische Belastungen gehören zu den Motivgruppen, die sich auf die Tendenz zu Illegalität und Gewalt auswirken. Es sind Wahrnehmungen (realistisch oder verzerrt), Zuordnungen und Ressourcen, die in bestimmten Situationen durch aktive Gruppen wirksam werden können. Aus empirischen Überprüfungen der Interaktion zwischen diesen drei Bereichen ergeben sich zwei Erkenntnisse:
– Biographische Belastungen werden nicht in jedem Fall zu einem politischen Motiv und Risiko. Sie bilden eine Kontingenzvariable, die gleichsam schlummert, so lange sie nicht durch besondere Umstände geweckt wird. Biographische Belastungen treten erst in Aktion, wenn andere Dinge nicht mehr stimmen. Für sich allein, wenn sonst alles in Ordnung ist, bleiben biographische Belastungen unauffällig. Sehr wirksam werden sie bei einer Ideologisierung, zusätzlich nach Schwächung der Legitimität. Biographische Belastungen sind wie Sprengstoff, er bleibt ruhig, so lange es keinen Zünder gibt, der betätigt wird. Die Zündung der biographischen Belastungen geschieht durch Ideologien und durch feindselige Beschreibungen der Institutionen, durch Delegitimierung des Staates.
– In Extremfällen belasten nicht nur Legitimitätsdefizite, Lücken der politischen Organisation und systemkritische Ideologien ein politisches System, sondern auch die zahlreichen negativen Erfahrungen und falschen Problemlösungsbilder, die sich in den Biographien Jugendlicher ansammeln. Je sorgloser Erziehungsfragen in der Familie, im Schulsystem, in der beruflichen Bildung behandelt werden, je mehr die Lehrpläne nur die inhaltliche Kompetenz fördern und nicht auch die praktischen Fähigkeiten im Umgang mit Menschen und der politischen Organisation, desto mehr gerät ein demokratischer Staat in die Zwangslage, seine Gesetze auf der Straße verteidigen zu müssen.

Warum Menschen in die Eskalationsfalle geraten

Angesichts der Verbreitung und des Andauerns von Illegalität und Gewalt im politischen und auch sonst öffentlichen Raum muß die Frage interessieren, wie es zur Stabilisierung dieses Konfliktverhaltens kommt. Auskunft kann ein neuer Zweig der sozialpsychologischen Entscheidungstheorie geben, den man als Theorie der Eskalationsfalle bezeichnen könnte.

Die Fragestellung lautet, wieso Menschen ihre Anstrengungen aufrecht erhalten oder sogar noch steigern, obwohl abzusehen ist, daß sie ihre Ziele nicht erreichen können und auch dann noch, wenn die Ziele vollkommen unerreichbar sind. Brockner und Rubin veröffentlichten 1985 eine Studie über die Verwicklung in eskalierende Konflikte.[96] Die Grundidee ist die, daß ein Akteur im Zuge einer Serie von Entscheidungen dann in eine Eskaltionsfalle gerät, wenn er die bisherigen Investitionen in einen Konflikt rechtfertigen will. Er steigert seine Investitionen, er ist unfähig, die bisherigen Investitionen als Kosten zu sehen und abzuschreiben. Wesentliche Bedeutung hat also die Rechtfertigung, die Rationalisierung der bisherigen Aufwendungen. Dem Akteur selbst kann das weiter eskalierende Vorgehen sehr rational und folgerichtig erscheinen; von außen betrachtet kann es völlig irrational wirken. Das hängt zusammen mit der unterschiedlichen Ziel- und Risikoabschätzung des Akteurs und des Beobachters.

Wesentlich für die Entscheidung, ob weitere Eskalation oder Rückzug, ist der Zeitpunkt. Je früher der Akteur darauf aufmerksam gemacht werden kann, daß er in eine Eskalationsfalle gerät, daß er investiert und investiert, ohne etwas zu erreichen, desto leichter wird es ihm fallen, die bisherigen Investitionen abzuschreiben und umzukehren. Ob eine Aufwendung als praktisch nicht abschreibbare Investition im Sinne eines Ziels aufgefaßt wird oder einfach als ein Ausgabenposten, um mögliche Wege und Ziele zu testen, entscheidet maßgeblich über Eskalation oder Abbruch. Das aber bedeutet, daß die Investition in ein Handeln eine Frage der Interpretation ist. Brockner und Rubin betrachten

---

96 Joel Brockner, Jeffrey, Z. Rubin: Entrapment in Escalating Conflicts. A Social Psychological Analysis. Springer, New York. 1985

drei Investitionen, die nur schwer abschreibbar sind und den Akteur immer weiter in die Eskalation treiben.

Die Investition negativer Erfahrungen
Was investieren politische Gewalttäter eigentlich in einen Konflikt? Zunächst einmal investieren sie negative Ressourcen. Sie haben vielfältige negative Erfahrungen mit der Gesellschaft gemacht und haben diese dann ideologisiert. Mit der Ideologisierung haben sie dann zugleich ein attraktives Ziel, nämlich die Umgestaltung der Gesellschaft gewonnen. Für sie persönlich ist dieses Ziel auch deswegen attraktiv, weil sie auf diese Weise in die Rolle einer geschichtlichen Avantgarde hineinkommen können.

Betrachten wir diese Anfangsinvestition. Wäre es nicht präventiv möglich, Kindern und Jugendlichen familiäre Frustrationen zu ersparen? Gewiß wird man durch Familien- und Schulpolitik manches erreichen können; aber ein gewisses Maß an Frustration ist unvermeidlich, auch unter anderem deswegen, weil das Ausmaß der Frustration interpretationsabhängig ist. Die sich wandelnden Maßstäbe für das, was akzeptabel und unakzeptabel ist, die Normen für eine gute Lebensführung legen zugleich historisch immer erneut die Frustrationsgrenzen fest. Menschliche Verbesserungsphantasie erzeugt also zugleich höhere Frustrationsvolumina. Das Ausmaß erlebter Frustration, eben auch politischer Frustrationen ist kommunikationsabhängig.

Somit gewinnt der Diskurs über Daseinsenttäuschungen und ihre Verarbeitung, gewinnt das Ausmaß emotionaler geistiger und materieller Hilfe in Situationen, unter denen junge Menschen leiden, zweifellos eine große Bedeutung für das Umweltvertrauen, das für eine positive soziale Interaktion notwendig ist. Trotzdem wäre es eine Utopie zu glauben, man könnte das Leiden am Dasein und an der Gesellschaft prinzipiell aufheben. Es wird sich auf immer neuen Niveaus wieder einstellen. Daher kommt der Verarbeitung tiefgreifender Frustrationen und der sozialen Sensibilisierung eine wesentlich größere Bedeutung zu als den Frustrationen selbst. Sinnvoller und ressourcenreicher Umgang mit Frustrationen sollte ein Thema der Pädagogik sein, aber auch der politischen Institutionen. Ihre Orientierungsleistung bleibt hinter den Bedürfnissen zurück.

Investition ideologischer Rechtfertigung
Die zweite Investitionsphase ist die Ideologisierung. Ideologien liefern nicht nur Zielprioritäten, sondern auch Umweltbeschreibungen und Lehren über die Mittel und Wege zum Ziel zu kommen. Nach den Maßstäben einer wie immer gearteten humanitären Utopie wird dem vorfindlichen Staatswesen jede Repräsentationsfähigkeit für soziale Probleme abgesprochen: Dieser Staat werde immer der gleiche bleiben, er könne sich nicht ändern, er reagiere nicht. Bei dieser Interpretation kommt es zu einer Umkehrung der Erfahrung. Der Staat wird samt seiner auch attraktiven gesetzgeberischen Leistung als Organisation des falschen Bewußtseins, als Medium der Repression und von rechts als eine Institution angesehen, die keine Ordnung schafft. Wenn es so ist, kann der Staat nichts mehr richtig machen und das einzige richtige ist dann seine Beseitigung.

Was macht diese Gedankenfalle so attraktiv? In Ideologien sind drei Arten von Belohnungen enthalten. Die erste Belohnung ist der Komfort einer ökonomischen Orientierungsleistung, die zweite Belohnung ist mit der Umbewertung von Erscheinungen verbunden. Wenn der Ideologisierte etwas negatives sieht, wo die meisten in seiner Umgebung etwas positives zu erkennen glauben, fühlt er sich in der Rolle des überlegenen Diagnostikers der Zeit. Ihm fliegen dauernd Erkenntnisse zu, während die anderen verblendet sind. Dieser Bewertungstausch ist auch beim Übergang zu Sekten zu beobachten. Die dritte Belohnungsart liegt in der Rollenzuschreibung. Mit einer Ideologie, die nur von wenigen geteilt wird, ist eine heroische, kämpferische Existenz möglich an der vordersten Front der geschichtlichen Entwicklung.

Damit wird erkennbar, wieso eine bloß informative Ideologiekritik angesichts dieser Verstärkungssituationen nicht verfängt, und zugleich wird einsichtig, das äußere staatliche Kontrollen, wie die Konfrontation mit der Polizei, auf den Ideologisierten nicht korrigierend, sondern bekräftigend wirken. Was von außen als Löschsituation gedacht ist, wirkt auf Ideologisierte in der Regel als Verstärkungsereignis. Diese, zum Teil gesuchten Konfrontationen mit der Polizei haben dazu geführt, daß die weiteren Investitionen in die Eskalation erhöht wurden. Dies trifft sich mit der allgemeinen Beobachtung aus der Forschung, das angesichts von Opposition eine Eskalationsentscheidung wahrscheinlicher wird.[97]

Investition von Identität
Sobald das ideologische Konzept in politisches Handeln übersetzt wird, entsteht eine Identität; zunächst die des Gesellschaftskritikers, dann des militanten Demonstranten und schließlich des Gewalttäters. Je präziser diese Identität, desto wahrscheinlicher die Eskalation. Das Bemühen, die Identität bzw. das Gesicht zu wahren, begünstigt die Entscheidung, weiter in einen aussichtslosen Konflikt zu investieren.[98] Die Autoren reflektieren zu Recht darüber, ob unsere Kultur vielleicht nicht zu sehr das Beharrungsvermögen und die Konsistenz des Verhaltens belohnt. So blieben Entscheidungsträger häufig bei ihren Entscheidungen aus Angst, sie könnten Ansehen verlieren. Es muß immer alles richtig bleiben, was sie früher gemacht haben und so beharren sie, obwohl es immer kostspieliger wird. Die Öffentlichkeit täte besser daran, gerade auch einen sinnvollen Rückzug aus einer bestimmten Entscheidungsrichtung mit Erhöhung des Ansehens zu belohnen. Das geht jedoch nicht, wenn die breite Öffentlichkeit mehr vergeltungsorientiert statt kommunikations- und kooperationsorientiert ist.

Sobald es einmal zu einer Fahndungs-Identität kommt oder zur Inhaftierung, ist der Rückzug aus der Handlungsstrategie besonders erschwert. Dies erklärt die Beobachtung, daß politische Gewalttäter auch aus dem Gefängnis heraus ihre Aktivität fortzusetzen versuchen. Die Wahrung der Identität, des Gesichts ist hier das Wesentliche. Auch die Umkehrer der Terrorismusszene sind ganz wesentlich mit dem „face saving" beschäftigt. Sie leisten das dadurch, daß sie zwar der Gewalt absagen was von der Öffentlichkeit belohnt wird –, aber nicht ihrem besonderen humanitären gesellschaftskritischen Konzept.

---

97 Joel Brockner, Jeffrey Z. Rubin: Entrapment. a.a.O., S. 246
98 ebendort. S. 216

6. Illegalität und Gewalt in Ost und West

Wenn junge Menschen den Staat kritisieren, und noch dazu grundsätzlich, wenn sie sich von der realen politischen und gesellschaftlichen Ordnung der Bundesrepublik distanzieren, so wird ihnen schnell mangelnder Verfassungspatriotismus vorgeworfen. Für die Aufrechterhaltung der Kommunikation mit jungen Menschen dürfte es besser sein, diese Verhaltensweisen anders zu lesen: Es ist ihnen nicht gleichgültig, in welchem Staat sie leben. Wie der Staat und die Gesellschaft gesehen, erlebt und empfunden werden, hat Konsequenzen für die politischen Verhaltensweisen und die Wahl der Ausdrucksmedien. Es interessieren hier insbesondere die Übergänge zu Illegalität und Gewalt. Es sind Minderheiten, die dazu tendieren, aber sie schaffen der Mehrheit Probleme und sie gefährden die demokratische Kultur politischer Auseinandersetzungen. Wenn Gewalt ausbricht, ist die Öffentlichkeit alarmiert und hat den Eindruck, mit der Ordnung sei etwas nicht in Ordnung, irgendwelche Verhältnisse bedürften der Reorganisation und Betreuung.

In die politischen Verhaltensweisen geht viel Vorpolitisches und Unpolitisches ein, einerseits persönliche Probleme und andererseits erlernte Strategien, wie man mit Konflikten umgeht. Schließlich gibt es aktuelle politische Motive, ungelöste Fragen, Gefühle der Zurücksetzung, Gerechtigkeits- und Entwicklungsprobleme, die am Anfang eines Übergangs zu engagierten Minderheiten stehen können, die dann vielleicht auch in Illegalität und Gewalt münden. So erscheint es zweckmäßig, den Stoff der empirischen Untersuchung, die hier über Illegalität und Gewalt vorgelegt wird, in drei Themenbereiche zu gliedern: Die Legitimität und Staat und Gesellschaft, die Bereitschaft zu persönlicher

Gewalt und schließlich politische Illegalität und Gewalt als degenerative Formen der Partizipation.

6.1. Zeichen der Legitimitätsschwäche und des gesellschaftspolitischen Unbehagens

Menschen sind empfindsam registrierende Wesen. Mit quasi-statistischer Beobachtungsfähigkeit werden viele Einzeleindrücke zu einem bilanzierenden Gefühl verarbeitet. Alle Einzelheiten, die Menschen erleben, erfahren oder mitgeteilt bekommen, haben einen affektiven Wert, einen positiven oder negativen Akzent. Diese Informationen werden gespeichert, und die affektiven Notizen sind löschresistenter als die Einzelgeschichten, die sie hervorriefen. So ist das Gesamtgefühl ein sicheres Zeichen für die Bewertung der Situation, und diese Stimmungslagen, über die man Auskunft geben kann, bilden die Motivationsbasis für die Aufnahme neuer Nachrichten oder die Aufforderung, zu handeln. So stecken in den Antworten auf pauschale, unpräzis wirkende Fragen solide Informationen über psychische Ausgangslagen.

Um über das Lebensgefühl in der Bundesrepublik Deutschland etwas zu erfahren, wurde die Frage gestellt: „Wenn Sie sagen sollten, wie wohl Sie sich in unserer Gesellschaft fühlen, in der Bundesrepublik von 1994 (bzw. 1995), was würden Sie sagen?" Die Auskunftspersonen konnten ihre Antworten fünffach abstufen, von sehr wohl bis gar nicht wohl. In solche Beurteilungen geht vieles ein. Die Hauptkomponenten sind die Erwartungen, wie das Lebens in der Bundesrepublik und wie der Zustand des Gemeinwesens aussehen sollte und wie man dies wirklich wahrnimmt. Die Saldierung ist negativ, insbesondere im Osten der Bundesrepublik. 49 Prozent der Jugendlichen im Westen sagen, sie fühlen sich in der Bundesrepublik von 1994, recht wohl, aber nur 26 Prozent der Jugendlichen im Osten können dem beipflichten. Im Osten hat sich die Stimmungslage der jungen Generation zwischen Frühjahr 1994 und September 1995 zwar merklich gebessert, ohne aber das Niveau des gesellschaftspolitischen Wohlbefindens im Westen zu erreichen (Schaubild A 3 und Tabelle A80).

Schaubild 24: Diskrepanzen zwischen persönlichem und gesellschaftspolitischem Wohlbefinden

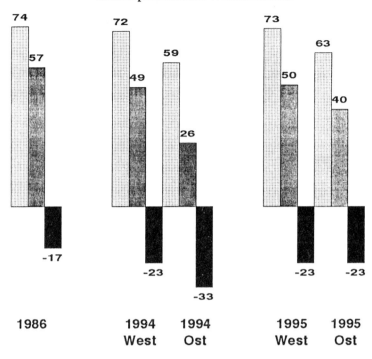

Jugendliche von 15-30

Persönliches Leben gefällt sehr gut/ gut bzw. gesellschaftlich fühlen sich sehr wohl und wohl:

□ persönlich ▒ gesellschaftspolitisch ■ Differenz
(gesellschaftspolit. Wohlbefinden unter dem persönl.)

Quelle: Jugendumfrage 1993/1994 und 1995 für das BMFSFJ
Copyright by IM Leipzig u. Prof. D.Dr. Gerhard Schmidtchen – Uni Zürich

Diese Aussagen über die Bundesrepublik handeln vom gesellschaftspolitischen Wohlbefinden, nicht vom persönlichen. Die Jugendlichen machen einen sehr deutlichen Unterschied zwischen der Bewertung der eigenen Lage und der des Gemeinwesens. Die eigene Situation wird sehr viel positiver gesehen als die des Gemeinwesens. Zwischen der Bewertung der eigenen Situation und der des Gemeinwesens tut sich eine Schere auf (Schaubild 24 und Tabelle A81). Im Osten hat sich diese kritische Gefühlslage seit 1994 etwas abgeschwächt, aber die Diskrepanz der Urteile über die eigene Situation und über die Gesellschaft von 1995 tritt immer noch mit gleicher Klarheit hervor wie im Westen. Gerade die Mischung von persönlichem Wohlergehen und unguten Gefühlen gegenüber dem Gemeinwesen aktiviert junge Menschen.

Um ihr Gemeinwesen ist die Jugend der Jahre 1994/1995 besorgt: Während im Jahre 1980 genau 70 Prozent der Jugend in den alten Bundesländern erklärten, unsere Gesellschaft sei eigentlich weitgehend in Ordnung, man müsse aufpassen, daß alles so bliebe oder allenfalls Schritt für Schritt Verbesserungen der Verhältnisse herbeiführen, pflichteten dem 1986 noch 62 Prozent bei. Dann aber kam der Bruch. 1994 sagten nur 31 Prozent der Jugendlichen im Westen, maßvolle Änderungen seien angezeigt und 25 Prozent im Osten. Die Mehrheit aber ist für radikale Änderungen, energischere Formen und sogar eine Veränderung der Verhältnisse von Grund auf, 63 Prozent im Westen und 69 Prozent im Osten (Tabelle A82). Einen solchen politischen Wettersturz haben wir in der Bundesrepublik bisher nicht verzeichnet. Die jungen Leute sind nicht politisch verdrossen, sondern politisch alarmiert. In Verbindung mit der Größe der Probleme meldet sich aber das Gefühl, man könne nichts machen. Von unzureichenden politischen Einflußmöglichkeiten sprachen 23 Prozent im Jahre 1980, 14 Jahre später 56 Prozent und im Osten 64 Prozent. Ein Jahr darauf, 1995 hat sich nach den Bundestagswahlen das Gefühl, einflußlos zu sein im Ost und West etwas abgeschwächt, aber es bestimmt für Mehrheiten immer noch die politische Perspektive. Man muß berücksichtigen, daß von wenigstens „ausreichendem Einfluß" nur 16 Prozent der Jugendlichen im Westen und zehn Prozent im Osten sprechen. Sich angesichts großer Probleme ohnmächtig zu fühlen, ist eine heikle Motivmischung. Politische Aggressivität ist nicht mehr weit entfernt (Schaubild 25 und Tabelle A83). Die Möglichkeiten über Parteien und Bürgerinitiativen Einfluß zu nehmen, geraten entweder außer Sicht oder die Zugangskosten werden als zu hoch erachtet (opportunity costs). Diese Organisationsformen gelten überdies als nicht sehr wirksam, um politische Anliegen einiger Größenordnungen oder grundlegender Modernisierung durchsetzen zu können. Es hat sich fortgesetzt, wovor 1980 schon anhand von Befunden gewarnt wurde. Die politische Aktivierung ist an den Parteien vorbeigegangen[99] (Schaubild 26 sowie Tabellen A84 und A85).

Schaubild 25: Aufsteigendes Ohnmachtsgefühl

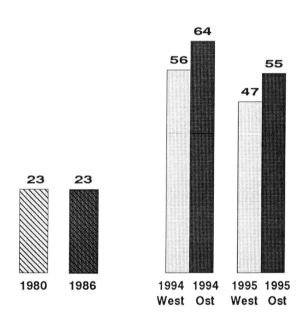

Es empfinden den politischen Einfluß des Bürgers als unzureichend

Jugendliche von 15 - 30

Antworten in Prozent

Quelle: Jugendumfrage 1993/1994 und 1995 für das BMFSFJ
Copyright by IM Leipzig u. Prof.D.Dr. Gerhard Schmidtchen – Uni Zürich

---

99 Gerhard Schmidtchen: Jugend und Staat. a. a. O., S. 200

Schaubild 26: Parteien verlieren an Interesse
Um politischen Einfluß auszuüben, würden in eine Partei eintreten und dort aktiv werden

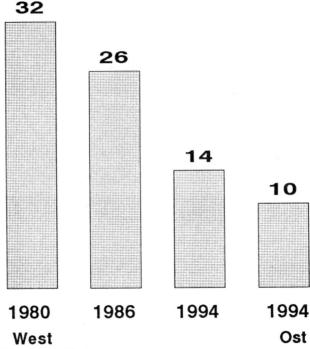

Jugendliche von 15-30; Antworten in Prozent
Quelle: Jugendumfrage 1993/1994 für das BMFS
Copyright by IM Leipzig u. Prof.D.Dr. Gerhard Schmidtchen – Uni Zürich

Die Mehrheit der Jugendlichen im Osten und auch eine relative Mehrheit im Westen leben in dem Gefühl, mit den eigenen Interessen in Bonn nicht zum Zuge zu kommen. Ein Repräsentationsdefizit haben junge Menschen immer schon empfunden, aber nicht in diesem Ausmaß (Tabelle A86). Zur Repräsentationsrolle eines Regierungssystems gehört auch dessen Fähigkeit, Probleme zu lösen, um das künftige Wohlergehen des Gemeinwesens zu sichern. gerade in dieser Hinsicht blicken junge Menschen nicht sehr vertrauensvoll zur Regierung. Damit stehen die jungen Leute indessen nicht allein. Manager in der Metallindustrie und in den

Medien geben der deutschen Demokratie auch nur zu 36 Prozent Kredit, die Zukunftsaufgaben befriedigend lösen zu können. Deutlicher noch als die Jugendlichen mahnen die Manager das Regierungssystem, es müsse den Bürgern eine sichere Orientierung geben. Die Orientierungsansprüche der Wirtschaft und der Medien sind hoch, und so fällt das Urteil über die politische Orientierungsleistung kritisch aus. Junge Menschen wie Manager fühlen sich großenteils mit ihren Orientierungswünschen allein gelassen und fassen zum Teil aus diesem Grund kein Vertrauen in die Problemlösungskapazitäten des Regierungssystems (Tabelle 51). Die politischen Institutionen müßten zu einer aktiven Selbstauslegung übergehen oder mindestens ihren Kommunikationsstil ändern. Das wurde im Anschluß an die Untersuchungen zum Terrorismus schon gefordert.[100]

Tabelle 51: Vertrauen in die Problemlösungsfähigkeit der Demokratie?

Frage: Haben Sie Vertrauen, daß die deutsche Demokratie die Probleme der Zukunft meistern kann, im Innern und nach außen hin?

	Jugendliche 1995 West	Jugendliche 1995 Ost	Manager 1994[x]
kaum Vertrauen	6 ⎫ 30	15 ⎫ 45	6 ⎫ 27
nicht besonders viel	24 ⎭	30 ⎭	21 ⎭
es geht	35	33	36
im großen und ganzen	24	13	32
volles Vertrauen	3	1	4
unentschieden	8	8	1
	100	100	100

Frage: Finden Sie, daß die führenden Leute in der Politik, in Regierung und Opposition, klare Ziele ansprechen und den Bürgern eine sichere Orientierung geben, oder ist das nach Ihrem Empfinden nicht der Fall?

ist nicht der Fall	30	40	56
teilweise	64	58	43
geben Ziele und Orientierung	6	2	1
	100	100	100

x) Gerhard Schmidtchen: Lebenssinn und Arbeitswelt. Orientierung im Unternehmen. Verlag Bertelsmann Stiftung. 1996

---

100 ebd. S. 259ff.

In die Bewertung der gesellschaftlichen Situation der Bundesrepublik spielen Frustrationen, auch persönlicher Art, deutlich hinein. Je ausgeprägter das Frustrationsniveau, desto deutlicher sinkt das Wohlbefinden und steigt das allgemeine Unbehagen. Im Osten und unter politisch Interessierten ist dieser Zusammenhang besonders markant. Die 5-stufige Frustrationsskala basiert auf zehn Testäußerungen, die teils persönliche Widrigkeiten, teils den Unmut über gesellschaftliche Zustände und Politik wiedergeben: Vom Verhalten der Eltern und Vorgesetzten, über Berufsaussichten bis zur Ausländer- und Jugendpolitik, auch der Egoismus der Wettbewerbsgesellschaft ist ein Frustrationsthema (zur Erläuterung des Tests und der Skala vergleiche Kapitel 2). Die folgende Übersicht (Tabelle 52) zeigt die Zusammenhänge zwischen Frustration und gesellschaftlichem Unbehagen. Die Detailbefunde sind im Anhang wiedergegeben (Tabellen A87 und A88).

Tabelle 52: Frustration und Unbehagen in der Bundesrepublik

	Jugendlichen mit folgendem Frustrationsniveau				
	tief			hoch	Insgesamt
	0	1-2	3-4	5 und mehr	
Es fühlen sich wohl in der BRD					
politisch Interessierte					
Ost	41	41	36	11	29
West	62	47	36	28	43
politisch weniger Interessierte					
Ost	44	32	28	17	27
West	69	55	48	35	54

Ganz gleich, welche Quelle die gesellschaftlichen und politischen Frustrationen und Enttäuschungen haben (unser Frustrationstest ist nur eine thematische Stichprobe), ein Unbehagen ist nie unbegründet, und es bleibt nie ohne Folgen. So ist die Bewertung der Bundesrepublik im positiven oder negativen Sinne politisch nicht neutral. Die schnellste und kostengünstigste Verarbeitung gesellschaftlicher oder politischer Frustration ist die Meinungsänderung. Bei einer positiven Bewertung der Bundesrepublik, einem guten Lebensgefühl in den heutigen Zuständen werden sich junge Menschen den Parteien zuwenden, die diese Bundesrepublik und ihre politischen Prioritäten in Sache und Stil repräsentieren. Diejenigen aber, die das Leben in der Bundesrepublik unbehaglich finden, werden sich jenen Parteien anvertrauen, aus der die gesellschaftskritischen Töne zu hören sind. Man sucht sich Repräsentanten der eigenen Empfindungen. Vergleicht man Jugendliche, die sich in der Gesellschaft der Bundesrepublik wohl, weniger wohl oder gar nicht wohl fühlen, so zeigen sich die Folgen in der parteipolitischen Orientierung. Betrachten wir zunächst den Westen. Je kritischer die Jugendlichen, desto mehr wählen sie nicht mehr die CDU. sondern die Grünen. Im Extremfall spielen die Republikaner noch eine Rolle als Oppositionspartei bzw. andere links oder rechts stehende Parteien. Im Osten ist die Situation anders. Junge Menschen, die ihre oppositionellen Gefühle unterbringen wollen, wählen die Grünen, Bündnis 90 oder die PDS. Bei den sehr Unzufriedenen erreicht die PDS eine außerordentlich hohe Quote von 47 Prozent. Vergleicht man die Zahlen der SPD, so zeigt sich, daß sie bei jungen Menschen ihre Rolle als Oppositionspartei eingebüßt hat. Mindestens bei Jugendlichen hat ein großer Wechsel in der prinzipiellen parteipolitischen Orientierung stattgefunden. Man nennt dies in der amerikanischen Forschung political realignment. Die SPD gehört zu den klassischen Parteien, die ebenfalls das bestehende System repräsentiert, aber nicht mit den politischen Akzenten, die diejenigen überzeugen können, die eine radikalere Änderung wollen. Die Oppositionsparteien des Ostens sind die Grünen/Bündnis 90 und die PDS. (Schaubild 27 und die ausführliche Dokumentation in zwei Anhangtabellen, A89 und A90.)

Gesellschaftspolitisches Unbehagen drückt sich nicht nur in parteipolitischen Vorlieben, sondern auch in der Wahl politischer Verfahrensweisen aus. Die politischen Besorgnisse und das Motiv, Politik in die eigene Reichweite zu holen, führen dazu, daß die Mitwirkung bei Selbsthilfegruppen, Bürgerinitiativen, Wohn- und Arbeitskollektiven, auch einer Bürgerwehr, im Durchschnitt der Bundesrepublik größer ist als das Interesse, sich den Parteien zuzuwenden (Tabellen A84 und A85). Aber auch die Bürgerinitiativen haben an Anziehungskraft eingebüßt (Schaubild 28).

Schaubild 27: Gesellschaftliche Befindlichkeit und Parteivorlieben – Zur Oppositionsrolle von PDS und Bündnis 90/Grünen im Osten

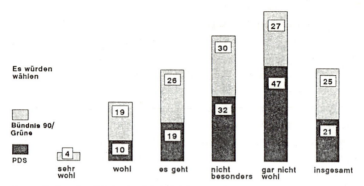

Jugendliche von 15-30; Antworten in Prozent
Quelle: Jugendumfrage 1993/1994 für das BMFJ
Copyright by IM Leipzig u. Prof.D.Dr. Gerhard Schmidtchen – Uni Zürich

Schaubild 28: Kommen Bürgerinitiativen aus der Mode?
Um politischen Einfluß auszuüben, würden in einer Bürgerinitiative mitarbeiten

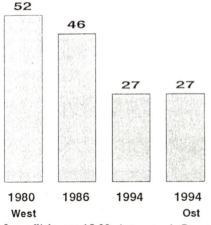

Jugendliche von 15-30; Antworten in Prozent

Quelle: Jugendumfrage 1993/1994 für das BMFJ
Copyright by IM Leipzig u. Prof.D.Dr. Gerhard Schmidtchen – Uni Zürich

Tabelle 53: Legitimitätsschwäche

Frage: Für wie demokratisch halten Sie die folgenden vier Staaten? Die Bundesrepublik, die Schweiz, die USA und die (frühere) DDR?= Könnten Sie mir das nach dieser Skala hier sagen?
10 würde bedeuten: „Eine bessere Demokratie ist kaum möglich",
0 würde bedeuten: „Von Demokratie kann keine Rede sein".
Mit den Worten dazwischen können Sie Ihre Meinung abstufen.

	1980	West		Ost	
		1994	1995	1994	1995
BRD					
sehr gute Demokratie (8-10)	64	53	53	16	18
mittelmäßig (3-7)	32	45	45	75	69
undemokratisch (0-2)	x	2	1	8	11
keine Angabe	4	x	1	1	2
	100	100	100	100	100
SCHWEIZ					
sehr gut	64	69	56	40	32
mittel	25	30	42	35	57
undemokratisch	x	1	1	5	4
keine Angabe	11	x	1	20	7
	100	100	100	100	100
USA					
sehr gut	40	46	36	20	18
mittel	51	52	61	53	67
undemokratisch	2	2	2	12	11
keine Angabe	7	x	1	15	4
	100	100	100	100	100
Die (frühere) DDR					
sehr gut	x	2	6	8	9
mittel	15	25	16	46	48
undemokratisch	79	72	77	43	41
keine Angabe	6	1	1	3	2
	100	100	100	100	100

Aus der Perspektive junger Bürger – große Probleme, geringe Mitwirkungsmöglichkeiten – erscheint der Staat inkompetent. Dies führt zu einer Erosion der Legitimität. Die Bundesrepublik, die Schweiz, die USA und die DDR wurden 1980 nach Legitimitätsgesichtspunkten eingestuft, wie gut diese Demokratien seien. Die Schweiz bekam immer die besten Noten, sodann folgte die Bundesrepublik. 14 Jahre später stellen die Jugendlichen im Westen der Bundesrepublik kein so gutes Zeugnis mehr aus; die Schweiz und die USA bekommen ein besseres als früher und auch die frühere DDR erscheint in milderem Licht als zu der Zeit, als sie noch existierte. Die Legitimität der Demokratie in der Bundesrepublik wird von den Jugendlichen im Osten nur sehr mittelmäßig beurteilt, kaum ein gutes Wort. Die frühere DDR aber ist bei gut der Hälfte der Jugendlichen in nicht ganz schlechter Erinnerung, was die demokratischen Qualitäten des Lebens angeht (Tabelle 53). An der Einschätzung der Legitimität der Bundesrepublik hat sich in dem kurzen Zeitraum vom Winter 1993/94 bis Herbst 1995 kaum etwas geändert. Zwar verbesserte sich das gesellschaftspolitische Wohlbefinden im Osten, aber daraus erwuchs noch nicht mehr Vertrauen in die politische Ordnung. Das Bild anderer Demokratien aber hat sich verändert. Die Schweiz wird nicht mehr so rückhaltlos idealisiert wie noch kurz zuvor. Die Europa-Abstimmung hat offenbar außenpolitisches Ansehen gekostet. Die Qualität der amerikanischen Demokratie wird im Westen der Bundesrepublik mit mehr Zurückhaltung betrachtet als früher. Jugendliche im Osten beurteilen die Legitimität der deutschen und der US-Demokratie sehr ähnlich, in beiden Fällen mit wenig Enthusiasmus.

Verfassungen werden nie nur formell verstanden, sondern auch zugleich immer materiell. Sie müssen etwas leisten für die tatsächliche Bewältigung der Probleme der Gemeinschaft und die Lebensprobleme des Einzelnen. Das materielle Verfassungsverständnis hat Schaden genommen im Westen, und es ist im Osten noch nicht gewachsen. Dazu gehören z. B. nach Auffassung der Bevölkerung die soziale Sicherung, die Beweglichkeit, das Reisen können, die Freiheit der Eltern, ihre Kinder nach eigenen Vorstellungen zu erziehen, der humane Fortschritt der Gesellschaft, menschenfreundliche, verständnisvolle Behörden, eine freiheitliche Wirtschaftsordnung und Brüderlichkeit: daß einer nicht auf den anderen herabsieht, technischer Fortschritt und eine breite Streuung der Einkommen und Vermögen.[101] Von dieser Demokratie wurde im Osten – abgesehen von Reisefreiheit und Güterversorgung – noch zu wenig erlebt, und so sagen viele ganz pragma-

---

101 Gerhard Schmidtchen: Jugend und Staat a.a.O., S. 129

tisch: früher haben wir nach bestimmten Regeln gelebt, heute leben wir nach neuen Regeln. Welche nun besser sind, müssen wir erst mal sehen. Das Verfassungsverständnis ist relativistisch.

So wird die Qualität der politischen Ordnung der Bundesrepublik Deutschland zurückhaltend beurteilt. Jugendliche im Westen haben geringfügig mehr Vertrauen gewonnen als 20 Jahre zuvor, aber es bleiben nur 34 Prozent, die sich zu der Ansicht bekennen, in einer guten politischen Ordnung zu leben. Im Osten ist nur wenig Lob zu hören (17 Prozent). Die gleiche Frage wurde einmal anläßlich der Nationalratswahlen 1972 in der Schweiz gestellt. 66 Prozent der Schweizer Bürger meinten, die Schweiz, das sei doch eine gute politische Ordnung.

Tabelle 54: Zur Qualität der politischen Ordnung

Frage: Wenn Sie alles in allem nehmen: Haben wir in der Bundesrepublik eigentlich eine gute politische Ordnung oder keine gute?

	Bevölkerung ab 18 1974	Jugendliche 1995 West	Ost
sehr gute	1 ⎫ 29	3 ⎫ 34	x ⎫ 17
gute	28 ⎭	31 ⎭	17 ⎭
es geht	40	44	43
nicht besonders	19	13	23
schlechte	7	4	6
kein Urteil	5	5	11
	100	100	100

Junge Menschen, und insbesondere in einer Umbruchsituation wie im Osten, sind in betontem Maße gegenwartsorientiert. Sie interessieren sich für die Demokratieprobleme heute und nicht so sehr für die rechtliche Aufarbeitung der DDR gestern. Die DDR-Vergangenheit interessiert politisch jedoch insofern, als die Hinterlassenschaften des sozialistischen Systems heute zu sozialen Problemen werden und zu Gerechtigkeitsfragen zwischen Ost und West führen. Zum Legitimitätsmalaise der deutschen Jugend trägt bei, daß sie die gegenwärtigen politischen Akzentsetzungen in Bezug auf die DDR-Vergangenheit und die Gegenwartspolitik nicht versteht. Probleme der heutigen Demokratie und der Wirtschaftskriminalität gehören auf die ersten Plätze ihrer Prioritätenliste. 63 Prozent der Jugend im Osten denken so, aber auch 50 Prozent im

Westen. Nur fünf Prozent der Jugend im Osten fänden es überzeugend, Stasivergehen und die Auseinandersetzung mit der SED-Zeit auf die ersten beiden Plätze zu rücken (acht Prozent im Westen). (Tabelle A91)

Diese Gegenwartsbetonung junger Menschen ist in Wirklichkeit ein Zukunftsanliegen. Es geht um die Gestaltung des demokratischen Gehäuses, in dem sie ihr Leben haben werden. Der Verdacht ist verbreitet, daß die Vergangenheitsbewältigung, z.B. durch Mauerschützenprozesse, von den realen Legitimitätsproblemen der deutschen Demokratie ablenke.

Der Test, aus dem dies hervorgeht, verlangte von den befragten Jugendlichen, eine Rangordnung zwischen vier politischen Zielen herzustellen, was auf den ersten und schließlich auf den letzten Platz gehöre. Bei einem solchen Test geht eine andere Information verloren, nämlich wie wichtig den Jugendlichen diese vier Themen überhaupt sind. So wurde in einer weiteren Befragungswelle 1995 die Frage anders gestellt. Jedes dieser innenpolitischen Ziele konnte nun je für sich nach seiner Bedeutung eingestuft werden. Die Ergebnisse zeigen, daß die Einschätzung erhalten bleibt. (Tabelle A92)

Die Jugend im Osten betont dezidert die Gegenwartsanliegen, verspricht sich wenig von einer Auseinandersetzung mit der SED-Herrschaft. Im Westen wird der Aufarbeitung der Vergangenheit etwas größeres Gewicht beigemessen, aber auch hier ist die Gegenwartsorientierung dominierend. Wie weit denken Jugendliche ausschließlich in Gegenwartskategorien, wie weit sehen sie den Vorrang der Vergangenheitsbewältigung – und wie viele vereinen beide Orientierungen?

Eine kombinierte Auswertung der Antworten ergibt einen großen Gegensatz zwischen ost- und westdeutscher Sichtweise. Im Osten wollen sich 62 Prozent der jungen Leute nicht mit der SED-Vergangenheit sondern mit Gegenwartsfragen der Demokratie beschäftigen, 24 Prozent betonen Vergangenheitsbewältigung und die Auseinandersetzung mit Gegenwartsfragen in gleicher Weise. Im Westen sind 51 Prozent an politischer Aufarbeitung sowohl der Vergangenheit als auch der Gegenwartsfragen interessiert, und nur 31 Prozent fänden es richtig, die Vergangenheit des SED-Regimes ruhen zu lassen. Ausschließlich vergangenheitsorientiert sind sehr kleine Minderheiten. Die übrigen haben die Tendenz, beiden Fragestellungen auszuweichen (vergl. Tabelle 55).

Tabelle 55: Wie wichtig sind Gegenwartsprobleme der Demokratie und die Auseinandersetzung mit dem SED-Regime ?
Auswertung eines Tests mit je zwei gegenwarts- und vergangenheitsbezogenen Äußerungen

	Jugendliche 1995	
	West	Ost
Es sind		
radikal gegenwartsbezogen	31	62
an Gegenwart und Vergangenheit interessiert	51	24
radikal vergangenheitsbezogen	2	1
Es finden beides unwichtig	16	13
	100	100

6.2. Die Bereitschaft zu persönlicher Gewalt und ihre Hintergründe

Gewalt steht prinzipiell im Dienste der Selbstbehauptung. Dagegen spricht nicht, daß viele Menschen bessere Methoden finden, sich im Dasein zu behaupten. Wenn Gewaltphantasien aufsteigen, so sind mit ihnen immer Situationsbeschreibungen verbunden, aus denen hervorgeht, daß Selbstbehauptung das grundlegende Motiv ist. Die Notwendigkeit, zur Selbstbehauptung Gewalt einzusetzen, sehen viele Menschen in Bedrohungssituationen, andere aber auch, wenn es um Dominanz geht. Bedrohung und Dominanz kennzeichnen das Kontinuum, auf dem die Motive angesiedelt sind für die Phantasie, hier helfe nur Gewalt. Bedrohungssituationen sind entweder Angriffe persönlicher Art oder die Furcht vor Statusverlust, Angriffe auf den Status. Angriffe auf das Selbstwertgefühl, das Selbstkonzept einer Person führen in aller Regel zu aggressiven Reaktionen, im Grenzfall auch zu Gewalt. Beleidigungen seien die wirksamste Art, aggressive Reaktionen hervorzurufen, das ist die Meinung der amerikanischen Forscher. Angriffe auf das Selbstkonzept, Beleidigungen, Herabsetzungen gehören zu den geläufigsten gesellschaftlichen Aggressionsfiguren. Die Diffamierung, die Beleidigung ist nicht ohne Grund vom Gesetzgeber als strafbarer Akt behandelt worden. Der sogenannte Beleidigungs- oder Ehrverletzungsparagraph hat friedensstiftende Wirkung. Am Ende der Beleidigungen steht häufig die Gewalt. Verlust an sozialem Status ist ebenfalls ein Vorgang, der Gewaltphantasien beflügeln kann. Gewalt kann aber auch im Dienste des Dominanzstrebens stehen. Viele Familienkonflikte, Gewalt gegen Frauen haben diesen Motivhintergrund. Kritisch wird es für die Gruppe und die Gesellschaft, wenn sich Angst vor Statusverlust mit Dominanzstreben verbindet: wenn die Hoffnung gehegt wird, man könne mit Gewalt die Machtverhältnisse so ändern, daß man selber auf der mächtigen Seite steht und die anderen sich auf der ohnmächtigen finden. Extremistische Gruppen haben in der Regel diese Motivstruktur.

Bedrohungssituationen können allgemein sein. Wenn trotz des staatlichen Gewaltmonopols Sicherheiten für die Bürger verlorengehen, wenn der moralische Konsens brüchig wird, wenn man sich nicht mehr auf die kooperativen Motive anderer Menschen verlassen kann, wenn Mißtrauen sich ausbreitet, dann werden Gewaltphantasien wach, und die Menschen gehen in einem psychologischen wie materiellen Sinne zur Selbstbewaffnung über. Das ist ein unbequemer Zustand. Mit sinkenden Sicherheiten, einem sich auflösenden moralischen Konsens steigen für den Einzelnen die Transaktionskosten. Jeder muß wachsam sein, mißtrauisch. Es entstehen Orientierungen, die für die Aufrechterhaltung sozialer Kooperation und für die Politik kostspielig werden.

Instrumentelle Gewaltbereitschaft

Stärker als im Westen wird von Jugendlichen im Osten Gewalt als Mittel der Selbstbehauptung betrachtet. Man müsse zur Gewalt bereit sein, um sich persönlich zu schützen, meinen 54 Prozent der Jugendlichen im Osten und 32 Prozent im Westen. Man müsse die eigene Gruppe verteidigen, wenn sie angegriffen werde, 29 Prozent im Osten halten das für richtig und 16 Prozent im Westen. Weitere Äußerungen: „um jugendpolitisch etwas zu erreichen (braven Jugendlichen gibt man nichts)" oder „um nicht ins soziale Abseits geschoben zu werden", „um seine Interessen zu verteidigen" lösen bei Minderheiten ebenfalls Gewaltphantasien aus, ver-

Schaubild 29: Gewalt als Instrument

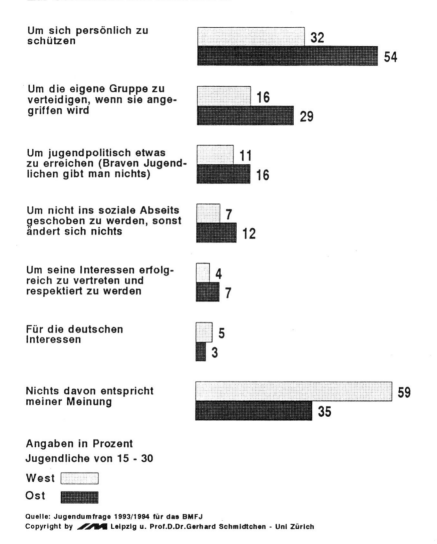

Angaben in Prozent
Jugendliche von 15 - 30

West
Ost

Quelle: Jugendumfrage 1993/1994 für das BMFJ
Copyright by ZUMA Leipzig u. Prof.D.Dr.Gerhard Schmidtchen - Uni Zürich

stärkt bei Jugendlichen im Osten. 59 Prozent der Jugendlichen im Westen lehnen Gewalt in solchen Situationen ab und nur 35 im Osten (Schaubild 29). Skaliert ergibt sich, daß 34 Prozent der Jugendlichen im Osten eine hohe instrumentelle Gewaltbereitschaft im persönlichen Bereich hegen gegenüber 19 Prozent im Westen. Die Motive werden durch eine Clusteranalyse deutlich. Gewalt soll entweder als Schutz gegen Statusverlust dienen oder zur Statusbalance, also um sich persönlich zu schützen, die eigene Gruppe zu verteidigen oder um jugendpolitisch etwas zu erreichen. Statusverlust oder Statusbalance oder um ein Ziel zu erreichen, das sind die Kontingenzen, die Bedingungen, die für einen Teil der Jugend Gewalt rechtfertigen. Die anderen Jugendlichen denken offenbar an bessere Methoden der Selbstbehauptung.

Die demographische Prüfung, in welchen Gruppen Gewaltphantasien besonders verbreitet sind, ergibt ein bekanntes Bild: Frauen sind in dieser Beziehung etwas zurückhaltender (aber nur ein wenig), und für die jüngsten Altersgruppen unter 20 scheinen Gewaltphantasien eine besondere Bedeutung zu haben, besonders im Osten macht sich das bemerkbar. Schließlich sind Schüler, die mit einem kurzen Bildungsweg abschlossen, etwas überdurchschnittlich mit Gewaltphantasien beschäftigt. Im übrigen aber ist das demographische Portrait der latenten Gewaltbereitschaft unspezifisch (Tabellen A93 bis A95). Gewaltphantasien kennen keine Standesgrenzen.

Illegales Verhalten

Die Duldung illegalen Verhaltens und das Einverständnis mit Grenzüberschreitungen gesetzlich markierter Verhaltensregeln ist im Osten im allgemeinen größer als im Westen, insbesondere wenn es um das Thema des Selbstschutzes geht. Wenn Bürger sich zu einer freiwilligen Polizei zusammentun, um nachts auf Streife zu gehen, oder bei einer Bürgerwehr mitmachen, um Chaoten in die Schranken zu weisen oder sich bei Demonstrationen gegen die Polizei zur Wehr zu setzen, das erscheint ostdeutschen Jugendlichen akzeptabler als jungen Menschen im Westen. Hausbesetzungen und Parolen auf Wände sprühen markieren Grenzüberschreitungen, die im Westen genauso vielen oder so wenigen einleuchten wie im Osten. Gegen Ausländer vorgehen, sie ausgrenzen und Randale im

Fußballstadion finden bei Jugendlichen im Osten, wenn es auch Minderheiten sind, ein wenig mehr Resonanz. Das Schaubild 30 vermittelt einen Überblick. Auch die Skalierung dieser Testantworten[102] zeigt deutlich das Übergewicht der Duldung nicht autorisierter Selbstbewaffnung und Gewalt unter ostdeutschen Jugendlichen (Tabellen A96 und A97).

Schaubild 30: Zur Duldung illegalen Verhaltens

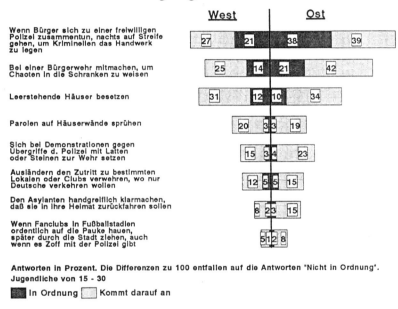

Quelle: Jugendumfrage 1993/1994 für das BMFJ
Copyright by IM Leipzig u. Prof.D.Dr. Gerhard Schmidtchen – Uni Zürich

Der Test enthielt noch zwei Äußerungsangebote, die nach einer sogenannten Itemanalyse (wie weit einzelne Testäußerungen mit den übrigen zusammenhängen) nicht in die Skalierung einbezo-

---

102 Die Skalierung dieser acht Testantworten erfolgte additiv. Die Antwort „In Ordnung" erhielt den Code 2, „Kommt darauf an" den Code 1 mit „Nicht in Ordnung" den Code 0. So ergibt sich eine Skala von 0-16. Sie wurde wie folgt eingeteilt: 0+1 wurde zur Skalenstufe 1 zusammengefaßt (Ablehnung der Illegalität); die Codes 2+3 zu 2; die Codes 4,5 + 6 zu 3; die Codes 7-16 zur Skalenstufe 4 (größte Zustimmung zu Illegalität).

gen wurden: Wenn Polizeikräfte nach mehrmaliger vergeblicher Aufforderung eine unfriedliche Demonstration auflösen und: schnell noch über die Kreuzung fahren, wenn die Ampel gerade auf Rot gesprungen ist. Diese Verhaltensweisen stehen nur schwach mit den Illegalitätstendenzen in Verbindung, deren Thema irgendeine Form der Selbstbehauptung ist (Schaubild 31). Wiederum zeigt die demographische Analyse, daß die Tendenz, die Überschreitung von Rechtsregeln zu dulden oder für sich selber zu akzeptieren, bei Männern höher ist als bei Frauen, in den jüngsten Altersgruppen ausgeprägter als über 20 und in den einfachsten Bildungsschichten ein wenig hervorgehoben. Im allgemeinen aber ist die Tendenz, illegales Verhalten in bestimmten Situation für sich selbst in Anspruch zu nehmen oder generell auch bei anderen zu dulden, in allen demographischen Gruppierungen ungefähr gleich weit verbreitet. Klassische Herkunftsbeschreibungen geben also für die Erklärung der Motivation fast nichts her.

Schaubild 31: Zur Duldung illegalen Verhaltens
Skalierte Darstellung

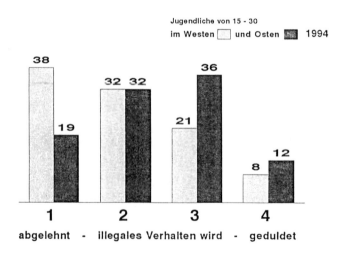

Quelle: Jugendumfrage 1993/1994 für das BMFJ
Copyright by IM Leipzig u. Prof.D.Dr. Gerhard Schmidtchen – Uni Zürich

Vergeltungstendenz und Kampfbereitschaft

Vergeltungspläne und eine habituelle Vergeltungstendenz gehören zu den bekannten Vorläufern von tatsächlicher Gewalt. Drei Testantworten sind charakteristisch: ‚Wenn jemand gemein zu mir ist, zahle ich es ihm heim', sagen 23 Prozent der Jugendlichen im Westen und 28 Prozent im Osten. ‚Ich würde mich nicht scheuen, eine Waffe zur persönlichen Verteidigung zu gebrauchen', erklären 18 Prozent im Westen und 26 Prozent im Osten. ‚Wenn mir jemand quer kommt, würde ich es auf eine Schlägerei ankommen lassen', bekräftigen zehn Prozent im Westen und zwölf Prozent im Osten. Die Skalierung ergibt, was die Prozentzahlen schon zeigen: eine höhere Vergeltungstendenz in den östlichen Bundesländern, 16 Prozent im Vergleich zu zwölf. Aber auch Andeutungen einer Vergeltungstendenz sind im Osten verbreiteter, 29 Prozent im Vergleich zu 22 Prozent.

Ein demographisches Porträt der Vergeltungstendenz in Ost und West zeigt, daß nunmehr schon Vertraute: höhere Neigung zur Vergeltungstendenz bei Männern, Personen mit einfacher Bildung und ganz jungen Leuten im Osten. Aber die Unterschiede sind nicht dramatisch. Der Erwerb eines aggressiven Verhaltensrepertoires und das latente Proben von Aggressionsepisoden, die in Gewalt münden können, ist nicht schichtgebunden, sondern entsteht in anderen sozialen Kommunikationszusammenhängen (Tabellen A98 und A99).

Selbstbewaffnung

Wenn Sicherheiten schwinden und Ordnungen bedroht sind, steigt die Tendenz zur Selbstbewaffnung, tatsächlich und mental. Im Osten besaßen im Winter 1993/94 mehr Frauen und Männer Waffen als junge Menschen im Westen. Die Minderheit im Osten, die Verständnis für das Waffentragen hatte, war größer als im Westen. Ein Jahr später, 1995 hat sich die Situation wesentlich geändert, nicht im Osten, sondern im Westen. Im Westen ist das Waffentragen inzwischen verbreiteter, es ist das Niveau des Ostens erreicht (Schaubild 32). Aber die öffentliche Meinung wendet sich mehr und mehr gegen das Waffentragen, im Westen wie in Osten (Tabelle A 109). Demographisch betrachtet ist die Streuung des

Waffenbesitzes nicht spezifisch, abgesehen von dem Unterschied zwischen Männern und Frauen. Wie sind die Ergebnisse zu deuten? Das Waffentragen ist in jedem Fall der Ausdruck einer intensiven Beschäftigung mit dem Gewaltthema. Aber die Waffen werden meistens in defensiver Absicht angeschafft. Mehr Selbstbewaffnung kann ein Bumerang-Effekt der Gewaltdiskussion sein. Nicht Aggressionslust, sondern Angst ist der Grund, warum junge Menschen, junge Männer insbesondere, sich Waffen zulegen. Aber die Existenz von Waffen ist gefährlich. Dahinter steht der Wunsch im Konfliktfall der Stärkere zu sein. Sonst harmlose Konflikte können durch die Präsens von Waffen katastrophale Folgen haben.

Schaubild 32: Höherer Grad der Selbstbewaffnung im Osten?

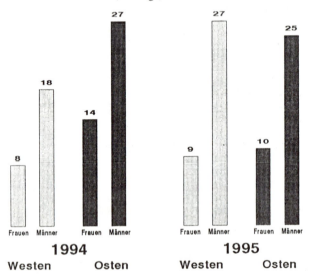

Es besitzen Schuß-, Schlag-, Stichwaffen oder anderes

Jugendliche von 15-30; Angaben in Prozent
Quelle: Jugendumfrage 1993/1994 für das BMFSFJ
Copyright by IM Leipzig u. Prof.D.Dr. Gerhard Schmidtchen – Uni Zürich

Die Trendbewegungen des Waffentragens zeigen das wechselnde Ausmaß von Bedrohungsgefühlen in der Jugendkultur. Die Neigung, sich selber zu bewaffnen, scheint weniger ein stabiles Ausdrucksmerkmal für die Gewaltorientierung zu sein als die grundsätzlichen Einstellungen zur Gewalt. Wie noch zu sehen sein wird, hängt die Selbstbewaffnung weniger deutlich mit den zentralen Einstellungen gegenüber Gewalt zusammen.

Das Gewebe der Gewaltphantasien

Die Absicht Gewalt anzuwenden, in Phantasie oder Tat, kommt in der Regel mit großen Rechtfertigungen daher oder bedarf dieser Rechtfertigung im nachhinein. Gewalt bleibt nie unschuldig. Rechtsregeln und andere Grundsätze des Zusammenlebens werden verletzt, und die potentiellen Täter wissen das. Die Tendenz, Gewalt instrumentell einzusetzen und die Duldung der Überschreitung von Rechtsregeln gehen Hand in Hand. Der Zusammenhang ist von eindrucksvoller Stärke. Die folgende Tabellenübersicht enthält die Nachweise. Für den Westen errechnet sich ein Gamma-Koeffizient von 0.6, für den Osten 0.5 (Tabelle 56).

Tabelle 56: Gewaltphantasien und Illegalitätstendenzen

		Jugendliche mit folgender Stärke instrumenteller Gewaltbereitschaft			
		nicht erkennbar	schwach	mittel	hoch
		0	1	2	3 – 6
Ost					
Illegales Verhalten wird abgelehnt					
	1	33	15	10	3
	2	38	34	29	15
	3	25⎫	40⎫	45⎫	44⎫
		⎬28	⎬49	⎬59	⎬81
geduldet	4	3⎭	9⎭	14⎭	37⎭
nicht einstufbar		1	2	2	1
GAMMA = 0.5					
		100	100	100	100
West					
abgelehnt					
	1	52	26	14	6
	2	33	31	27	19
	3	12⎫	34⎫	40⎫	30⎫
		⎬14	⎬42	⎬56	⎬75
geduldet	4	8⎭	8⎭	16⎭	45⎭
nicht einstufbar		1	1	3	0
GAMMA = 0.6					
		100	100	100	100

Wer Phantasien hegt, die auf Gewalt und Illegalität hinauslaufen, dessen Gedanken kreisen auch um die Logik der Vergeltung. Als Ausgleich für das, was einem zugefügt wird, Vergeltung zu üben, ist für die Gewaltbereiten sehr viel selbstverständlicher als für die, denen es fernliegt, Gewalt als Medium sozialen Einflusses zu betrachten (Tabellen A100 und A101). Das Phantasierepertoire von kontingenter Gewaltbereitschaft, die Duldung von Illegalität und Vergeltungstendenz leisten in kritischen Situationen ihren Beitrag zur Verhaltenssteuerung. Dieses latente Denk- und Gefühlsschema kann aktiviert und verstärkt werden. Die um Gewalt und Transgression kreisenden Phantasien, diese bereitliegenden Handlungsmuster beruhen auf einer bestimmten Interpretation der sozialen Welt und auf einem beschränkten Handlungsrepertoire für die Bewältigung von Konfliktsituationen. Das Schema der Gewalt ist in den Köpfen einer beträchtlichen Zahl von Jugendlichen emotional gut etabliert.

Hinweise auf die Entstehungsgeschichte einer Motivation zur Gewalt

Wenn wir Ärgernisse, wie Gewaltbereitschaft, Illegalität und Vergeltungstendenzen erklären wollen, folgen wir im allgemeinen den Wegweisern der klassischen Soziologie, die uns zu Defekten der sozialen Eingliederung führen, zu irgendeiner Sorte von Armut. Fehlende oder gute soziale Einbindung kann manches erklären, aber die Genese der Gewaltbereitschaft kann hier nicht festgemacht werden. Der Soziologismus führt nicht weiter. Das Gewebe der Motivation zu Gewalt und Vandalismus ist feiner gewirkt, ergibt sich nicht nur aus der „Kette" der sozialen Verhältnisse, sondern wird erst zu einem vollständigen Handlungsbild durch den „Schuß" des Geistes – wenn wir einen Augenblick im Bilde der Webkunst weitersprechen wollen. Es gibt Gruppen, die ihre Mitglieder, die jungen Menschen, fest im Griff haben. Sie sind so gesehen gut integriert, aber die Gruppen selbst verweigern sich mit ihrer Kultur der Feindseligkeit und Gewaltbereitschaft der Integration in den demokratischen Kommunikationsstil der Gesellschaft. Man muß immer fragen, wo sind die Jugendlichen integriert. „Integration" für sich allein schützt weder vor Gewalt noch vor anderer Torheit.

Biographische Belastungen gelten als Risikofaktor für eine Reihe auffälliger und unerwünschter Verhaltensweisen von Vandalismus bis Selbstschädigung. Daran ist vieles richtig, wie man leicht nachweisen kann. Aber das Erklärungspotential der biographischen Belastungen allein ist nicht sehr groß, und unter bestimmten Voraussetzungen verschwinden die Wirkungen biographischer Belastungen in den späteren Lebensjahren, wenn sonst alles in Ordnung ist. Hohe biographische Belastungen gehen vermehrt mit negativen Gefühlen einher und einer ausgeprägteren Neigung zu Vandalismus. Insofern ist es schon wichtig, sich mit biographischen Belastungen präventiv oder kompensierend zu beschäftigen. Sie allein erklären aber nicht alles. Eine Biographie kann Entwicklungen nehmen, durch die frühe Belastungen entweder neutralisiert oder sogar in prosoziale Motive verwandelt werden können (zum Zusammenhang von biographischen Belastungen und negativem Affekt sowie Vandalismustendenz vergleiche Tabelle A102). Biographische Belastungen sind im Westen ausgeprägter als im Osten: hohe Belastungen tragen 24 Prozent im Westen, 20 Prozent im Osten. Schon aus diesem Grunde können biographische Belastungen nicht zur Erklärung des höheren Gewaltpotentials im Osten herangezogen werden.

Vor- und Nachteile der sozialen Situation, Erhebendes und Bedrückendes können auf einer subjektiven Ebene gemessen werden. Der weiter oben erwähnte Index der Belastungen und Ressourcen gibt die Einschätzungen wieder, und zwar aufgrund ausführlicher Aufzählung einzelner belastender und förderlicher Ereignisse. Die Gewaltbereitschaft steigt mit Belastungen. Hohe Ressourcen senken die Gewaltbereitschaft aber nur, wenn keine überdurchschnittlichen Belastungen vorhanden sind, sie akzentuieren vielmehr die Gewaltbereitschaft bei Belastungen. Die Gewaltbereitesten sind also Belastete, die genügend Ressourcen haben, um handlungsfähig zu sein. Bei denjenigen, die in der schlechtesten Situation sind, also hohe Belastungen erfahren aber keine Ressourcen haben, müßte die Gewaltbereitschaft theoretisch am größten sein. Sie sinkt aber wieder. Belastete Menschen ohne Ressourcen wehren sich nicht mehr (Tabelle A103). Aufmerksamkeit verdient die Tatsache, daß die Gewaltbereitschaft junger Menschen im Osten auch ohne Belastungen und mit guten Ressourcen relativ hoch ist, in der Extremgruppe der am besten gestellten (geringe Belastungen, hohe Ressourcen) drei mal so hoch wie im Westen. Wiederum sind wir darauf verwiesen, für das Niveau der Gewaltbereitschaft im Osten andere Gründe als rein soziologische zu suchen.

Gewaltphantasien, Vorläuferinnen tatsächlicher persönlicher Gewalt werden nicht nur durch unmittelbare Frustration, sondern auch mit Dominanzmotiven wach. Der Nachweis kann mit einem Dominanztest geführt werden. Er enthält fünf Äußerungen, zu denen die Auskunftspersonen zustimmen konnten oder ihre Zustimmung verweigern. Es sind fünf Handlungsgrundsätze, bereitliegende Reaktionsschemata, die man anwenden könnte, wenn es darauf ankommt. Es sind kontingente Handlungsphantasien. Am verbreitetsten ist die Empfindung bei Jugendlichen, es komme nicht darauf an, was andere sagen. Es folgt sogleich die Vorstellung, man werde machen, was man wolle, auch wenn den anderen das nicht passe. Über 70 Prozent aller Jugendlichen erklärten, diese Empfindungen hätten sie oft oder manchmal. Härter ist die Testfrage: „Wenn mir jemand komisch kommt, dann mache ich ihm klar, wer der Meister ist." Über 30 Prozent haben solche Handlungsphantasien. Etwas zu tun, was andere ärgert oder in einer Gruppe sein zu wollen, vor der andere Angst haben, sind zwar Minderheitsphantasien, aber gerade dies zählt im Extremfall. Die Tabelle A104 gibt Auskunft über die Testergebnisse. Aus den Angaben läßt sich eine Skala des Dominanzstrebens bilden, sie hat fünf Ausprägungen. Gut ein Viertel der Jugendlichen weist deutliche Dominanzstrebungen auf. Unter jungen Männern sind Dominanztendenzen verbreiteter als unter jungen Frauen. Ein Dominanzgebahren ist unter den pubertierenden Gruppen (im Alter von 15-17 Jahren) am verbreitetsten. Demographische Übersichten im Anhang geben darüber Auskunft (Tabellen A105 und A106). Der Test gibt zum Teil wieder, was in der amerikanischen Schulpsychologie als bullying bezeichnet wird, sich durch starkes Auftreten jeder Unterordnung verweigern, und die Unterordnung der anderen sichern. Dominanzstrebungen sind unter westdeutschen Jugendlichen ausgeprägter als unter jungen Leuten im Osten. Biographische Belastungen nähren offenkundig das Bedürfnis, in der unmittelbaren Umwelt zu dominieren. Es sind verletzte Jugendliche, die sich auf keinen Fall noch einmal unterkriegen lassen wollen. Jugendliche in Ostdeutschland wachsen mit weniger Belastungen auf und sind in den Familien geschützter. Damit fällt aber auch das Dominanzstreben als Erklärungsgrund für die größere Gewaltbereitschaft im Osten wiederum aus.

Unabhängig davon aber ist das Dominanzstreben einer der wichtigen Vorläufer für Gewaltphantasien, Illegalitätstendenzen, die Vergeltungstendenz und die tatsächliche Bewaffnung. Dieser Einfluß ist im Osten stärker als im Westen und überhaupt liegt im Osten das Niveau der Kampfbereitschaft, sich verteidigen wollen, durchsetzen, nicht unterkriegen lassen wollen, höher ist als im Westen (Tabelle 57).

Tabelle 57: Dominanzstreben und Aggressionsbereitschaft

	Jugendliche mit folgendem Dominanzstreben				
	tief				hoch
	1	2	3	4	5
Ost					
Es sind gewaltbereit	18	24	37	46	62
Es zeigen Illegalitätstendenz	31	39	52	61	72
Es zeigen Vergeltungstendenz	4	9	15	30	46
Es besitzen Waffen	12	17	21	29	35
West					
Es sind gewaltbereit	8	12	18	28	37
Es zeigen Illegalitätstendenz	11	22	28	41	55
Es zeigen Vergeltungstendenz	5	4	12	20	33
Es besitzen Waffen	5	9	10	24	19

Das Dominanzstreben hat einen klar definierten Anker, die eigene Person, sie soll geschützt werden oder durch Anwendung verschiedener Einschüchterungstechniken das Umfeld beherrschen. Die Motivdimension steht in eindeutiger Beziehung zur Gewaltbereitschaft. Es genügt aber auch schon ein allgemeiner unspezifischer negativer Affekt, um Gewaltphantasien aufsteigen zu lassen. Der Zusammenhang ist etwas weniger ausgeprägt als der mit dem Dominanzstreben. Erstaunlich ist aber, daß trotz ihrer relativen Ungerichtetheit negative Affekte Gewaltphantasien und die Vorstellung, man würde Grenzen überschreiten, auch Vergeltungstendenzen in so deutlicher Zahl nach sich ziehen (Tabelle A108). Um das Ausmaß der Zusammenhänge abschätzen zu können, sind in der Tabelle 58 dieGamma-Koeffizienten zusammengestellt. Sie zeigen, daß Dominanzstreben im Osten wie im Westen mit Gewaltphantasien deutlicher korreliert als ein allgemeiner negativer Affekt.

Tabelle 58: Dominanzstreben, negativer Affekt und Gewaltphantasien: Zusammenhänge

	Dominanzstreben	negativer Affekt
Gewaltphantasien		
Ost	0,31	0,21
West	0,34	0,28
Illegalitätstendenz		
Ost	0,32	0,21
West	0,32	0,24

Negative Affekte, die übrigens auch im Dominanzstreben zum Teil schon präsent sind (Gamma 0.27 im Osten, 0.19 im Westen) bedürfen der Organisation und einer richtungweisenden Zuordnung von Ursachen für die eigentliche Befindlichkeit. Erst wenn mit einer Organisation, die sich kritisch gegenüber der Umwelt verhält oder sogar feindselig, die Motive eine Fassung erfahren und gegen die Gesellschaft oder das politische System gerichtet werden, dann wird aus nebelhaften Empfindungen eine klare Militanz. So gesehen enthalten negative Gefühle immer ein Verhaltensrisiko. Die Chancen im positiven und negativen Sinne liegen in ihrer Gestaltbarkeit. Unzufriedenheit kann je nach der Definition der Umwelt und der Handlungsmöglichkeiten in Kreativität übersetzt werden oder aber in destruktive Verhaltensweisen.

Die subjektive Gewalt-Doktrin

In den verschiedenen Testäußerungen zur Gewalt, zur Illegalität, zur Vergeltung, zur Selbstbewaffnung, zum Dominanzstreben, zur vandalistischen Schädigung der Umwelt ist etwas Übergeordnetes enthalten; das zeigen die Zusammenhänge der Testreihen. In allem liegt der Glaube, daß Gewalt für die Selbstbehauptung nützlich und vertretbar sei. Was gehört zu diesem Gewalt-Credo?

Die allgemeine Gewaltbereitschaft wurde durch einen Test erkennbar, unter welchen Bedingungen und in welchen Situationen Gewalt als eine sinnvolle Strategie betrachtet wird. Konditionale oder kontingente Gewaltbereitschaft ist zweitens mit dem Gedanken verbunden, Legalitätsgrenzen zu überschreiten. Zum Syndrom der subjektiven Lehre von der Zweckmäßigkeit der Gewalt gehört drittens das Vergeltungsmotiv und schließlich als viertes eine allgemeine und unspezifisch wirkende Vandalismustendenz. Eine philologische Durchsicht der Testantworten deutet bereits auf etwas hin, daß sich statistisch einlösen läßt. Es gibt eine abstrakte Gemeinsamkeit: die des sinnvollen Einsatzes von Gewalt. In diesen Äußerungen steckt eine bestimmte Philosophie, die zur Basis der Selbstinstruktion wird: Wie man mit Problemen umgehen müsse, wem sie anzulasten sind und in welcher Weise man auf die soziale Umwelt einwirkt, nämlich unter Umständen mit Gewalt. Die folgende Übersicht zeigt zunächst die Interkorrelation der vier Testreihen. Gewaltbereitschaft und Illegalität (Regelmißachtung) gehen die engste Verbindung ein, aber auch Vandalismus und Vergeltungsbereitschaft gehören eng zu diesem subjektiven Denk- und Empfindungsschema. Wir können es nennen: Die subjektive Gewalt-Doktrin.

Tabelle 59: Subjektive Gewalt-Doktrin
vier Indikatoren und ihr Zusammenhang (GAMMA-Werte)

	Gewalt	Illegalität	Vergeltung
Illegalität	.52		
Vergeltung	.51	.43	
Vandalismus	.42	.44	.42

Zwei weitere Testverfahren zeigen die exklusive Zusammengehörigkeit der vier Dimensionen Gewalt, Illegalität, Vergeltung und Vandalismus. In der mehrdimensionalen Skalierung rücken diese Bereiche zusammen, während Dominanzstreben und insbesondere auch Waffenbesitz weiter außerhalb liegen, also auch noch anders motiviert sind. Eine weitere Überprüfung durch die Clusteranalyse bestätigt noch einmal den exklusiven Zusammenhang dieser vier Größen (Schaubild A 4).

In der subjektiven Gewalt-Doktrin unterscheiden sich Jugendliche in Ost und West deutlich voneinander. Eine hohe Position, 4 und 5 auf der insgesamt 5-stufigen Skala, nehmen 21 Prozent der jungen Menschen im Westen und 33 Prozent im Osten ein. Gering ausgeprägt ist die subjektive Gewalt-Doktrin bei 33

Prozent Jugendlicher im Westen, aber nur bei 16 Prozent im Osten. Eine demographische Übersicht zeigt das inzwischen gewohnte Bild. Junge Männer haben eine ausgeprägtere Gewalt-Doktrin als junge Frauen, in den jüngeren Altersgruppen und den einfachen Bildungsschichten ist die Gewalt-Doktrin verbreiteter. Die geschlechtsspezifische Sozialisation und entwicklungspsychologische Probleme sind in ihrer Wirkung erkennbar (Tabellen A110 und A111).

Die Herkunft der Gewalt-Doktrin ist mit einfachen soziologischen Mitteln nicht faßbar. Sie ist das Ergebnis einer sozialen Kommunikation, die freilich ihre Motive braucht. Menschen, die sich in einem allgemeinen gesellschaftspolitischen Malaise befinden, also einer weitgehend negativen Bewertung ihrer Lebensumstände, die sie bis ins Politische hineinprojizieren, entwickeln mit größerer Wahrscheinlichkeit eine Gewalt-Doktrin. Auch biographische Belastungen, frühere Verletzungen spielen eine Rolle und die Ansammlung negativer Affekte, ganz gleich woher sie kommen. Die Nachweise finden sich im Anhang (Tabellen A112 bis A114). Negativer Affekt kann eine Durchgangsstation für vieles sein, für Rückzug und Aggressivität, aber auch für Selbstbehauptung und dann bessere Anpassung. Es ist immer die Frage, wie negative Affekte geistig bearbeitet werden. Eines der wesentlichen Schemata ist die Ursachenzuordnung.[103] Ein Ereignis gibt zu negativen Gefühlen Anlaß, wenn es negative Auswirkungen für den Beobachter hat und er denken kann, daß man ihn absichtsvoll schädigen will. Der negative Affekt wird sich dann aggressiv auswirken gegen die Quelle der vermeintlichen Schädigung, wenn sie als die Ursache gesehen wird. Das kann sehr generell geschehen, z. B. durch eine Gesellschaftstheorie, der zufolge alle Misere auf falsche Konstruktionen der Gesellschaft zurückgeführt werden kann. Diese Vorstellung führt gleichzeitig zur Abwertung, zu einer Negativ-Bewertung bzw. einem Feindbild von Gesellschaft, und dann kann man sie oder ihre Repräsentationen auch angreifen. Dieser geistige Vorgang geschieht nicht isoliert, er braucht Unterstützung und Verstärkung. Sie wird in Gruppen

---

103 Dazu Bernard Weiner: An Attributional Theory of Motivation and Emotion. Springer Verlag, New York 1986

gesucht. Je ausgeprägter die Gewalt-Doktrin, desto mehr wenden sich junge Menschen radikalen Gruppen zu, sei es im rechten oder linken politischen Spektrum. Die Tendenz, sich überhaupt radikalen Gruppen zuzuwenden, wächst in atemberaubendem Maße mit der Ausprägung einer subjektiven Gewalt-Doktrin. Umgekehrt wird die Gewalt-Doktrin in den Gruppen gelehrt und eingeübt. Die Tabelle 60 zeigt die Zusammenhänge. Die Vorliebe für linken oder rechten Radikalismus wurde im Zuge einer allgemeinen Frage nach politischen Partizipationsformen und -vorlieben ermittelt. Die Tendenz-Angaben werden eingelöst durch die tatsächliche Zugehörigkeit zu Cliquen nationalistischer Couleur.

Tabelle 60: Subjektive Gewalt-Doktrin und Anschluß an radikale Gruppen

	Jugendliche mit folgender Ausprägung der Gewalt-Doktrin				
	sehr gering				sehr stark
	1	2	3	4	5
Ost					
Es würden sich radikalen Rechten anschließen	4	8	12	17	32
Es würden sich radikalen Linken anschließen	5	11	17	26	39
Es würden sich überhaupt Radikalen anschließen[x]	**9**	**18**	**28**	**39**	**60**
Es gehören einer betont nationalistischen Clique an	4	7	11	17	31
West					
Es würden sich radikalen Rechten anschließen	2	12	9	19	31
Es würden sich radikalen Linken anschließen	2	9	18	27	42
Es würden sich überhaupt Radikalen anschließen	**4**	**19**	**25**	**38**	**57**
Es gehören einer betont nationalistischen Clique an	8	12	17	20	35

[x] Einige Befragte haben sowohl rechte als auch linke Gruppierungen als attraktiv angegeben. Deswegen addieren die Zahlen auf weniger als die Summe aus linken und rechten Anschlußpräferenzen.

Eine Gewalt-Doktrin entsteht nicht als individuelle Reaktion auf schlechte Zustände. Junge Menschen, die eine Gewalt-Doktrin zum Ausdruck bringen, haben sie zunächst in einem sozialen Kommunikationszusammenhang erworben. Hier werden Lehren ausgetauscht, wie man sich im Konfliktfall erfolgreich verhalten kann. Diese Orientierung wiederum macht Jugendgruppen und auch politische Gruppen attraktiv, die dieses Gewaltcredo bestätigen. Andererseits handelt es sich hier nicht nur um einen Vorgang der Selbstselektion. Vielmehr werden die jungen Menschen, die sich solchen Gruppen anschließen, in ihrem Denken Gestaltungseinflüssen ausgesetzt, und zwar ideologischer Art. Eine Ideologie ist immer eine Lehre von politischen Zielen, also Prioritäten, und wie man sie durchsetzen kann. Ideologien können also auch das Gewaltverständnis prägen, ebenso wie sie eine Friedensphilosophie enthalten können. Die Tendenz zur Gewalt-Doktrin ist an den Rändern des politischen Spektrums sehr viel ausgeprägter als in der Mitte. Wir sehen eine u-förmige Verteilung der Gewalt-Doktrin im Links-Rechts-Spektrum. Hier drücken sich politische Vorlieben und Ideologien aus, ohne deswegen schon das ganze Umfeld und Denken der Jugendlichen zu beherrschen. Dies geschieht in linksradikalen und rechtsradikalen Gruppen. Jugendliche mit einer starken Tendenz, sich solchen Gruppen anzuschließen, sind in überwiegender Zahl von einer Gewalt-Doktrin durchdrungen. Die folgende Übersicht (Tabelle 61) zeigt die Dramatik der Befunde.

Tabelle 61: Radikale Ideologien und Gewalt-Doktrin

	Es vertreten ausgeprägt eine Gewalt-Doktrin (4 + 5)	
	Ost	West
Jugendliche mit folgendem Standort im politischen Spektrum		
weit links (0 - 25)	41	29
gemäßigt links (30 - 45)	29	23
Mitte (50)	25	17
gemäßigt rechts (55 - 70)	48	27
weit rechts (75 - 100)	71	40
Jugendliche mit deutlicher Tendenz zu		
linksradikalen Gruppen[x]	79	62
rechtsradikalen Gruppen[x]	89	100
Jugendliche insgesamt	33	21

x) Indikationswerte. Diese Gruppen sind nur drei bzw. ein Prozent stark.

Beispiel zum Lesen der Tabelle: Von 100 Jugendlichen, die sich als weit links einstufen, vertreten im Osten 41 ausgeprägt eine Gewalt-Doktrin.

Eine ethische Motivation, wie sie in einer altruistischen Orientierung zum Ausdruck kommt, drängt die Gewalt-Doktrin deutlich zurück (Tabelle A115). Damit erweist sich die Gewalt-Doktrin als abhängig von der sozialen Kommunikation. Die Verbreitung verschiedener Ausprägungen der Gewalt-Doktrin ist beträchtlich. Das Denken in Gewalt-Kategorien ist keineswegs nur ein Problem von Randgruppen. Die Verbreitung einer Gewalt-Doktrin in all ihren ideologischen Schattierungen, die sie dann annehmen kann, bedeutet praktisch, daß ein großer Teil von Jugendlichen extrem betroffen ist: ein Drittel im Osten und ein Fünftel im Westen hegen Phantasien mit destruktiven Handlungsmustern. Diese habituelle Kampfbereitschaft oder Verteidigungsbereitschaft ist nicht etwa nur symbolisch, sondern als körperliche Gewalt gemeint. Darin liegt die Destruktivität.

Die Diagnose verweist darauf, daß Gewalt in der Gesellschaft zu einem überragenden Teil geistige Ursachen hat, und daß der geistigen Auseinandersetzung, der Vermittlung von Handlungsorientierung eine größere präventive Bedeutung zukommt als der Beschäftigung mit den sogenannten primären Ursachen der Gewalt, die in Deprivationen sozialer Art gesucht werden bis hin zur Großstadtarchitektur. Wichtiger ist die geistige Architektur der Gesellschaft.

Offen ist die Frage geblieben, warum das Ausmaß der habituellen Kampfbereitschaft oder Verteidigungsbereitschaft, der Aggressivität im Osten Deutschlands unter Jugendlichen größer ist als im Westen. Die soziologischen Erklärungsgründe haben versagt. Die persönlichen Schwierigkeiten sind im Westen zum Teil sogar noch größer als im Osten, das Dominanzstreben verbreiteter. Nur das Frustrationsniveau ist im Osten höher. Aber auch darauf kann höhere Gewaltbereitschaft im Osten nicht zurückgeführt werden. Frustrierte im Westen zeigen weniger Gewaltbereitschaft. So sind wir auf Erklärungen einer anderen, globalen Größenordnungen verwiesen. James T. Tedeschi gibt den Hinweis, auf eine interkulturelle Studie von Textor aus dem Jahre 1967: Er berichtet, daß es eine positive Beziehung zwischen der Glorifizierung des Militärischen und der Rate persönlicher Kriminalität gibt.[104]

Wenn wir Kriminalität als einen Indikator für eine generelle Bereitschaft zur Grenzüberschreitung und zu Gewaltbereitschaft ansehen, dann wäre die Schlußfolgerung erlaubt, daß in militarisierten Gesellschaften das Niveau der Aggressivität und der per-

---

104 James T. Tedeschi: Social Influence Theory and Aggression. a. a. O., S. 157

sönlichen Gewaltbereitschaft höher liegt. Dies muß nicht unmittelbar zum Ausdruck kommen, es wird nur situationsspezifisch ausgelebt werden. Die DDR war eine militarisierte Gesellschaft in diesem Sinne. Aber andererseits war sie auch eine hoch kontrollierte Gesellschaft, was wiederum den Ausdruck von Kriminalität und Gewaltbereitschaft niedrig hielt. Gleichwohl rückte mögliche Gewaltanwendung nach außen in den Erfahrungshorizont der Jugend. Die Gesellschaft für Sport und Technik, in der sich Jugendliche ab dem 14. Lebensjahr betätigen konnten, diente mit ihrem vielfältigen Angebot natürlich auch der vormilitärischen Ausbildung, dem Erwerb von Fähigkeiten, die dann später in der militärischen Ausbildung (MA) gebraucht werden konnten. Die Zivilverteidigung (ZV) war ein weiterer Bereich paramilitärischer Ausbildung zur möglichen Verteidigung sozialistischer Errungenschaften. Generell stand hinter allem ein ideologisches Konzept, das die Welt in Freund und Feind aufteilte. Die Übungen, so wird berichtet, wurden keineswegs immer ernst genommen, aber sie bildeten doch ein Erfahrungsschema, das in ganz anderen Situationen plötzlich aufleben konnte. Nach der Wende, mit dem Fortfall der totalen Kontrolle des Staates, lag ein Verhaltens- und Denkschema bereit (formale Kampfbereitschaft und Einteilung von Menschengruppen in Freund und Feind), das nun in ganz anderer Weise wirksam werden konnte. Die neuen Feinde sind jetzt vor die Haustür gerückt in Form von Kriminellen und Ausländern, die man zum Teil als Wettbewerber um Jobs und Frauen betrachtet. Und es gibt institutionelle Feinde, gegen die man zu Felde ziehen kann.

So ist die Szene gestellt für den Ausbruch von Gewalttätigkeiten, die politische Folgen haben, und für die Neigung, sich Gruppen anzuschließen, die die Welt in Freunde und Feinde aufteilen.

So weit ist die These also die, daß wir in der erhöhten Kampfbereitschaft junger Menschen im Osten historischen Formungen gegenüber stehen, die in einer neuen Situation manifest werden. Wahrscheinlich können sozialhistorisch nur Verhaltensanteile erklärt werden.

Man könnte die Verhaltensmuster ostdeutscher Jugendlicher eben auch reaktiv verstehen, nicht nur aus der Vergangenheit erklären. Zu den vergangenheitsbedingten Verhaltensprägungen ist noch eine weitere Überlegung wichtig: Haben wir es nur mit den Prägungen und psychischen Hinterlassenschaften der Geschichtsphase der DDR zu tun?

Die erhöhte Kampf- und Gewaltbereitschaft ostdeutscher Jugendlicher auf die 40 Jahre DDR zurückführen zu wollen, greift historisch wahrscheinlich zu kurz. Die östlichen Bundesländer repräsentieren auch die Kernlande Preußens. Hinzu kommt, daß zahlreiche Umsiedler aus preußischen Gebieten östlich der Oder auf dem Gebiet der früheren DDR blieben. Wie viele es waren, darüber gibt es keine Statistik. Preußen war, wie die Geschichte der Militärausgaben zeigt, ein weitgehend militarisierter Staat, eine militarisierte Gesellschaft. Das galt noch im 19. Jahrhundert bis zum 1. Weltkrieg hin und wurde dann noch einmal durch den Nationalsozialismus gesteigert. Ostdeutschland ist aus Gesellschaftssystemen, die dem Militärischen den Primat einräumten, erst 1990 entlassen worden. Die Prägungen wirken weiter.

Eine Alternative oder auch ergänzende Interpretation ist, daß die erhöhte Aggressionsbereitschaft ostdeutscher Jugendlicher durch den politischen und gesellschaftlichen Umbruch in der Gegenwart hervorgerufen worden ist. Entscheidend für die Erfahrungswelt nach der Wende war die Verschiebung der Kontrollen vom Staat auf das Individuum. Der dirigistische und gleichzeitg bergende Staat verschwand. Die Jugendlichen erlebten den Übergang von schützender Außenkontrolle zu der Notwendigkeit individueller Kontrolle. Dies führt über einzelne Frustrationsthemen hinaus zu einem Gefühl genereller Bedrohung. Die Reaktion darauf ist ein agitierteres Verhalten. Das Gefühl steigt auf, daß man in dieser Lage zu kämpfen bereit sein muß. Hinter dieser generell höheren Aggressions- oder Kampfbereitschaft im Osten könnten also reaktiv bedingte und falsch verstandene Verhaltensnotwendigkeiten stehen. Die historische Erklärung und das gegenwartsbezogene reaktive Modell schließen sich nicht aus. Beide Erklärungen können gelten, zum Teil in Kombination.

Kampfbereitschaft ist im Prinzip nichts Negatives, wenn man dabei an den Aspekt der Aktivierung denkt. Aktiv bleiben in Schwierigkeiten ist eine soziale Tugend; sich für etwas einsetzen, kampfbereit sein, auch in einem Leistungssinne, im symbolischen Sinne, können prosoziale Tugenden sein. Wenn es gelänge, diese

Kampfbereitschaft junger Menschen auf neue und wichtige Themen zu lenken, die das Engagement wert sind, könnte aus den ursprünglichen Impulsen, die aus Unzufriedenheit und Kritik stammen, eine Kultur besserer sozialer Antriebe werden. Dazu braucht es aber attraktive Aufgaben und die Eröffnung von Bewährungsfeldern. Das wäre vielleicht der wichtigste Ausweg aus der subjektiven Gewalt-Doktrin. Ein nur repressiver Umgang mit Gewaltphantasien führt nicht zum Ziel und würde wichtige Motive zerstören, die zum gesellschaftlichen Engagement gehören.

6.3. Partizipation und öffentliche Gewalt. Die Politisierung von Erwartungen und Enttäuschungen. Die zentrale Rolle der subjektiven Gewalt-Doktrin.

Für die Politisierung persönlicher Erfahrungen sind zwei Zusammenhänge maßgebend.

Erstens: Persönliche Erfahrungen, Erfreuliches und Enttäuschendes. Gute Erfahrungen und widerwärtige haben die Tendenz zur Generalisierung. Die Übertragung negativer Erfahrungen in die Politik geschieht noch wirksamer als die der positiven. Dem liegt ein einfacher psychologischer Mechanismus zugrunde: man kann sein Selbstgefühl am besten dadurch pflegen, daß man positive Ereignisse sich selber zuordnet und die Ursachen für negative nach außen schiebt.

Zweitens: Die Glaubwürdigkeit der Institutionen, das Vertrauen in ihre Funktionsfähigkeit und menschliche Kompetenz wirken als Puffer gegen die Neigung, aus jedem persönlichen Problem sogleich ein politisches zu machen. Beide Zusammenhänge sind seit der Terrorismusforschung von 1980 bekannt und dokumentiert.[105]

Bisher übliche Trendfragen zur politischen Partizipation scheinen nicht mehr allzu gut geeignet, die neue Phänomenologie und Motivation der politischen Gewalt darzustellen. Das klassische Repertoire illegaler Aktionen nach 1968 oder auch der Gewalt gegen Personen und Sachen wird im Osten nicht ausgeprägt häufiger

---

[105] Gerhard Schmidtchen: Jugend und Staat. a.a.O., S. 140ff.

als Mittel zur politischen Einflußnahme befürwortet als im Westen. Die Teilnahme an verbotenen Demonstrationen, an einem wilden Streik, an Hausbesetzungen oder bei Demonstrationen so Krach schlagen, daß etwas zu Bruch geht, dem eigenen Standpunkt Nachdruck verleihen, auch wenn es zu einer direkten Konfrontation mit der Staatsgewalt kommen sollte, schließlich Gewalt gegen politisch Verantwortliche – in diesen Handlungstendenzen tun sich die Jugendlichen im Osten nicht wesentlich stärker hervor als im Westen. Um diesen Trendvergleich zu ermöglichen, wurde in die Frage zur politischen Partizipation auch einbezogen, was den Auskunftspersonen in früheren Untersuchungen als Handlungsmöglichkeiten vorgelegt worden ist (A116 und A117). Mit bisherigen Trendfragen, so zeigte sich auch in der Untersuchung der Gewaltkommission[106], kann die rechte Motivation nicht hinreichend erfaßt werden. Gewalt von Rechts bedient sich anderer Stilisierungen. So wurden für die vorliegende Studie neue Testfragen formuliert: „Als disziplinierte, nationale Gruppe durch die Straßen marschieren, um zu zeigen, daß wir stark sind und respektiert werden müssen" – neun Prozent der Jugendlichen im Osten befürworten dies, um politisch etwas durchzusetzen, und fünf Prozent im Westen. Das Modell von Fulda scheint populär. „Mit etwas Gewalt dafür sorgen, daß Asylanten verlegt werden", befürworten fünf Prozent im Osten und vier im Westen. Es gibt natürlich auch Gegengruppen, die bei einer alternativen und bewußt linken Gruppierung mitmachen würden, – sieben zu fünf Prozent oder bei der PDS/Linke Liste, sieben zu zwei Prozent. Direkt bei einer nationalen rechten Gruppierung mitmachen zu wollen, scheint für zwei Prozent im Osten und ein Prozent im Westen attraktiv, der Unterschied ist nicht signifikant, es handelt sich um Minderheitsanliegen. Das Schaubild 33 zeigt die Reichweite der Vorstellungen, auf welche Weise man politisch aktiv werden könnte.

---

106 Hans Dieter Schwind/Jürgen Baumann u.a. (Hrsg.): Ursachen, Prävention und Kontrolle von Gewalt. Duncker und Humblot, Berlin 1989. Insb. Band IV. S. 19. Nur drei Prozent konnten als Anhänger „rechter Gewalt" ausgewiesen werden.

Schaubild 33: Zwischen Gespräch und Gewalt

Tendenzen der politischen Partizipation in Ost und West

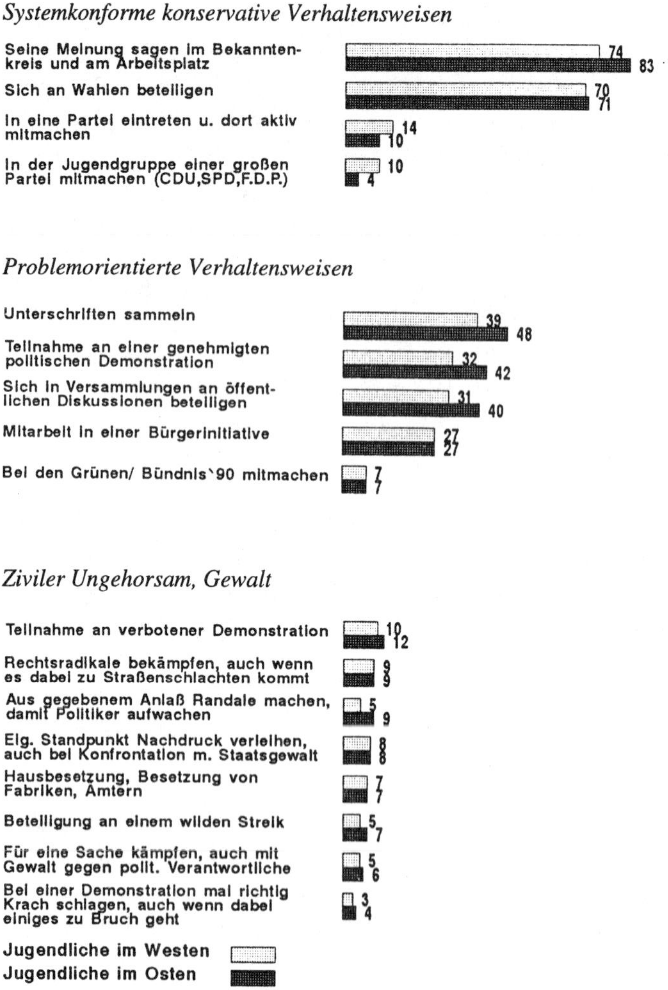

Systemkonforme konservative Verhaltensweisen

Seine Meinung sagen im Bekanntenkreis und am Arbeitsplatz	74 / 83
Sich an Wahlen beteiligen	70 / 71
In eine Partei eintreten u. dort aktiv mitmachen	14 / 10
In der Jugendgruppe einer großen Partei mitmachen (CDU,SPD,F.D.P.)	10 / 4

Problemorientierte Verhaltensweisen

Unterschriften sammeln	39 / 48
Teilnahme an einer genehmigten politischen Demonstration	32 / 42
Sich in Versammlungen an öffentlichen Diskussionen beteiligen	31 / 40
Mitarbeit in einer Bürgerinitiative	27 / 27
Bei den Grünen/ Bündnis'90 mitmachen	7 / 7

Ziviler Ungehorsam, Gewalt

Teilnahme an verbotener Demonstration	10 / 12
Rechtsradikale bekämpfen, auch wenn es dabei zu Straßenschlachten kommt	9 / 9
Aus gegebenem Anlaß Randale machen, damit Politiker aufwachen	5 / 9
Eig. Standpunkt Nachdruck verleihen, auch bei Konfrontation m. Staatsgewalt	8 / 8
Hausbesetzung, Besetzung von Fabriken, Ämtern	7 / 7
Beteiligung an einem wilden Streik	5 / 7
Für eine Sache kämpfen, auch mit Gewalt gegen polit. Verantwortliche	5 / 6
Bei einer Demonstration mal richtig Krach schlagen, auch wenn dabei einiges zu Bruch geht	3 / 4

Jugendliche im Westen ☐
Jugendliche im Osten ■

Quelle: Jugendumfrage 1993/1994 für das BMFJ
Copyright by ▰▰ Leipzig u. Prof.D.Dr.Gerhard Schmidtchen - Uni Zürich

Sich radikalen Linken anschließen

In einer alternativen u. bewußt linken Gruppierung mitmachen
5
7

Bei der PDS/ Linke Liste mitmachen
2
7

Sich radikalen Rechten und deren Aktionen anschließen

Als disziplinierte nationale Gruppe durch die Straßen marschieren, um zu zeigen, daß wir stark sind u. respektiert werden müssen
5
9

Mit etwas Gewalt dafür sorgen, daß Asylanten verlegt oder zurückgeschickt werden
4
5

Bei den Republikanern, der DVU u.ä. mitmachen
3
2

Linke Treffpunkte und Clubs hochgehen lassen
2
2

In einer nationalen, rechten Gruppierung mitmachen
1
2

Jugendliche im Westen
Jugendliche im Osten

Quelle: Jugendumfrage 1993/1994 für das BMFJ
Copyright by IM Leipzig u. Prof. D.Dr. Gerhard Schmidtchen – Uni Zürich

Klassische Dimensionen des Politischen

Mit Hilfe einer mehrdimensionalen Skalierung kann man den psychischen Raum vermessen, in dem sich die Partizipationswünsche ordnen; er gibt zugleich zwei große Motivdimensionen der Politik wieder.

In der Waagerechten wird der Raum einerseits durch bewußt linke Gruppierungen definiert und durch die Republikaner auf der anderen Seite. Die senkrechte Dimension wird oben begrenzt durch das Sammeln von Unterschriften und unten durch Empfehlung, politischen Einfluß durch Krach bei Demonstrationen zu nehmen. Die waagerechte Dimension ist progressiv-konservativ und die senkrechte kommunikativ und körperlich, physisch. Damit haben wir ein Koordinatensystem, das dem von Hans-Jürgen Eysenck ähnelt, der schon in den 50er Jahren die politischen Motive empirisch einordnen konnte nach progressiv und konservativ sowie tender- und tough-minded[107], das wäre unsere senkrechte Dimension (Schaubild 34).

Die weitere Klärung durch die Clusteranalyse zeigt, daß sich die politischen Verhaltenswünsche vier Quadranten zuordnen lassen. Das sind einmal die systemkonformen Verhaltensweisen wie wählen, seine Meinung sagen, der Jugendgruppe einer Partei beitreten oder überhaupt in einer Partei aktiv werden. Das ist der Quadrant rechts oben. Er ist definiert durch Kommunikation und Tradition. Progressive Kommunikation leisten Bürgerinitiativen, Unterschriftensammlung, die öffentliche Diskussion, Grüne/Bündnis 90, genehmigte Demonstrationen. Auch die PDS, Linke Liste und bewußt linke Gruppierungen bewegen sich im Feld progressiver Kommunikation. Harte progressive Politik ist erkennbar im Wunsch nach Hausbesetzungen, Rechtsradikale bekämpfen, wildem Streik. Gewalt gegen Sachen und Personen, Randale machen, Krach bei Demonstrationen, an verbotenen Demonstrationen teilnehmen, sind Verhaltensweisen, die an der Nahtstelle zwischen links und rechts stehen: Es sind generell radikale Ausdrucksformen. Die konservative Gewalt ist schließlich rechts unten im Quadranten ange-

---

107 Hans-Jürgen Eysenck: The Psychology of Politics. Frederick A. Praeger, New York 1955.

siedelt, Republikaner, nationale rechte Gruppierungen, Gewalt gegen Asylanten, linke Clubs hochgehen lassen, als disziplinierte nationale Gruppe durch die Stadt marschieren.

Schaubild 34: Zwei grundlegende Dimensionen politischen Verhaltens: Veränderungswünsche und Durchsetzungsstile

Ergebnisse einer MDS und Clusteranalyse politische Aktionsphantasien, Jugendliche in Deutschland 15-30 Jahre

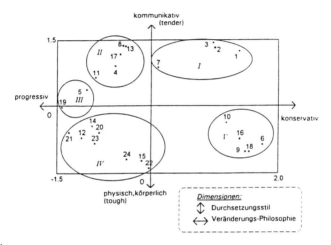

Legende:

Cluster I: Systemkonforme, formale Verhaltensweise
1 seine Meinung sagen im Bekanntenkreis und am Arbeitsplatz
2 sich an Wahlen beteiligen
3 in einer Jugendgruppe einer großen Partei mitmachen (CDU, CSU, SPD, F.D.P.)
7 in eine Partei eintreten und dort aktiv werden

Cluster II: Progressive, aktionsorientierte Kommunikation
4 bei den Grünen, Bündnis 90 mitmachen
8 Mitarbeit in einer Bürgerinitiative
11 Teilnahme an einer genehmigten politischen Demonstration
13 Unterschriften sammeln
17 sich an Versammlungen, an öffentlichen Diskussionen beteiligen

Cluster III: Linke Gruppierungen
5 bei der PDS/Linke Liste mitmachen
19 in alternativen und bewußt linken Gruppierungen mitmachen

Cluster IV: Ziviler Ungehorsam und Gewalt
12 Teilnahme an einer verbotenen Demonstration
14 Rechtsradikale bekämpfen, auch wenn es dabei zu Straßenschlachten kommt
15 aus gegebenem Anlaß Randale machen, damit Politiker aufwachen
20 Beteiligung an einem wilden Streit
21 Hausbesetzung, Besetzung von Ämtern und Fabriken
22 bei einer Demo mal richtigen Krach schlagen, auch wenn dabei einiges zu Bruch geht

23 dem eigenen Standpunkt Nachdruck verleihen, auch wenn es dabei zu einer direkten Konfrontation mit der Polizei, mit der Staatsgewalt kommen sollte
24 für eine Sache kämpfen, auch wenn dazu Gewalt gegen politisch Verantwortliche notwendig ist

Cluster V: Gewalttätiger Nationalismus
6 bei den Republikanern, der DVU u.ä. mitmachen
9 mit etwas Gewalt dafür sorgen, daß Asylanten verlegt oder zurückgeschickt werden
10 als disziplinierte nationale Gruppe durch Straßen marschieren, um zu zeigen, daß wir stark sind und respektiert werden müssen
16 linke Treffpunkte und Clubs hochgehen lassen
18 in einer nationalen, rechten Gruppe mitmachen

Die Stilmittel der Gewalt und Illegalität, die von extrem Linken oder extrem Rechten bevorzugt werden, sind zum Teil offenbar verschieden. Dies kann noch einmal deutlich gemacht werden in einer zusammenfassenden Darstellung, welche Gewalt- und Illegalitätsphantasien die extrem Rechten und die extrem Linken umtreiben. Zu diesem Zweck wird geprüft, wie verbreitet Illegalitäts- und Gewaltbereitschaft im politischen Links-Rechts-Spektrum sind, und zwar thematisch nach Stilrichtungen geordnet. Die Rechten, wie schon erkennbar war, bevorzugen den Marsch durch die Städte, die Vertreibung von Asylanten, linke Treffs angreifen und bei Demos Krach schlagen. Die extrem Rechten wirken bei solchen Aktionsthemen außerordentlich elektrisiert (Schaubild 35). Wilde Streiks, Hausbesetzungen und natürlich Rechte bekämpfen sind Stilbildungen der Linken. Aber nicht nur bei diesen Themen horchen auch die Rechtsradikalen zum Teil auf (Schaubild 36). Daneben gibt es generell extremistische Stilbildungen der politischen Aktion, nämlich Randale, verbotene Demo, Konfrontation mit der Staatsgewalt; das finden Rechte wie Linke attraktiv, also Extremisten überhaupt. Auffällig ist, daß diese Stilbildungen im Westen eher bei Linken eine deutliche Anziehung haben, im Osten eher bei Rechten (Schaubild 37). Eine detaillierte Übersicht über die Aktionsformen, die von links und rechts bevorzugt werden, findet sich in einer Übersicht im Tabellenteil (A118).

Das Gesamtbild der Bereitschaft zu Illegalität und Gewalt im politischen Spektrum von links nach rechts weist deutliche Asymetrien auf. Links ist die Bereitschaft zu illegalen Aktion größer als rechts, rechts aber ist die Neigung zu direkter Gewalt doppelt so hoch wie bei den extremen Linken (Schaubild 38). Die hohe Gewaltbereitschaft im rechten politischen Spektrum ist neu. Im Jahre 1980 wirkte die Rechte unspezifisch, Gewalttendenzen fand man

Schaubild 35: Von Rechten bevorzugte Stilrichtungen der Illegalität

Marsch durch Städte, Asylanten vertreiben,
Linke Treffs angreifen, bei Demos Krach schlagen

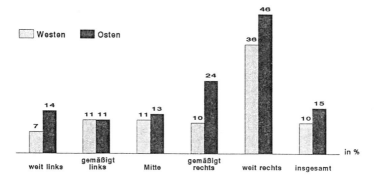

Quelle: Jugendumfrage 1993/1994 für das BMFJ
Copyright by IM Leipzig u. Prof.D.Dr. Gerhard Schmidtchen

Schaubild 36: Von Linken bevorzugte Stilrichtungen der Illegalität

Rechte bekämpfen, wilde Streiks, Hausbesetzungen

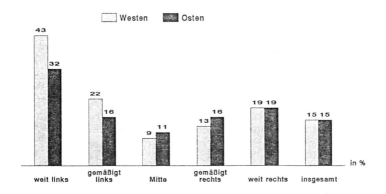

Jugendliche mit obigen politischen Standorten

Quelle Jugendumfrage 1993/1994 für das BMFJ
Copyright by IM Leipzig u. Prof. D.Dr. Gerhard Schmidtchen – Uni Zürich

Schaubild 37: Extremistische Stilrichtungen der Illegalität

Randale, verbotene Demo, Konfrontation mit Staatsgewalt

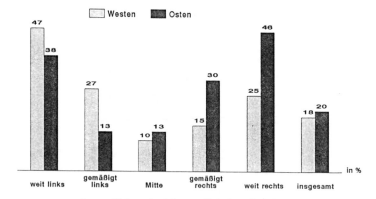

Jugendliche mit obigen politischen Standorten

Quelle: Jugendumfrage 1993/1994 für das BMFJ
Copyright by IM Leipzig u. Prof.D.Dr. Gerhard Schmidtchen

Schaubild 38: Illegalität und Gewalt in West und Ost 1994

Tendenzen im politischen Spektrum

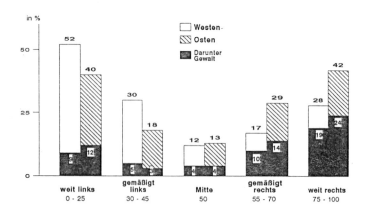

Jugendliche mit obigen politischen Standorten

Quelle: Jugendumfrage 1993/1994 für das BMFJ
Copyright by IM Leipzig u. Prof.D.Dr. Gerhard Schmidtchen

Schaubild 39: Die Rechten entdecken die Gewalt
Vergleiche 1980 und 1994

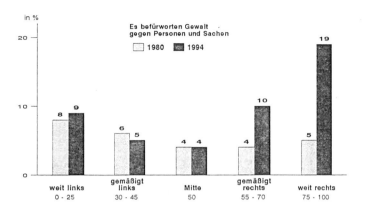

Jugendliche mit obigen politischen Standorten

Jugendliche von 15-30 im Westen
Quelle: Jugendumfrage 1993/1994 für das BMFJ
Copyright by IM Leipzig u. Prof.D.Dr. Gerhard Schmidtchen

vermehrt bei der Linken. 1994 findet man im rechten politischen Spektrum jedoch eine hohe Gewaltbereitschaft. Dieser Trendvergleich ist nur für den Westen möglich. Die Rechten haben die Gewalt entdeckt. Eine so deutliche Entwicklung ist ohne einen organisatorischen Hintergrund nicht denkbar. 1980 war die Rechte kaum organisiert, jetzt aber ist sie es. Es gibt Gruppenzusammenschlüsse und ein Kommunikationssystem, ein Schrifttum. Die Gewaltbereitschaft etabliert sich in Gruppen und deren Philosophien (Schaubild 39).

Aufgrund der Äußerungen über die Bereitschaft zu Illegalität und Gewalt läßt sich die Gruppe derer identifizieren, für die rechtsradikales Auftreten attraktiv erscheint und die sich unter Umständen einer solchen Vereinigung anschließen würden. Das gleiche gilt für die linksextreme Szene. Es ist hier die Frage, ob man sich der PDS, der Linken Liste anschließen würde, ob man Rechtsradikale bekämpfen möchte, ob man in alternativen, bewußt linken Gruppierungen mitmachen würde und ob man Hausbesetzungen richtig findet. Aktionen gegen Rechtsradikale und Hausbesetzungen sind der Neigung, sich extrem linken Gruppen wie PDS oder Alternativen anzuschließen, benachbart. Die Skalierungskriterien für diese vier Testäußerungen sind statistisch gut. So ist eine Basis geschaffen, links- und rechtsradikales Potential abzuschätzen. Dies geschieht nach einem additiven Modell, wobei eine Äußerung als leichte Tendenz zu einem Anschluß angesehen wird, zwei und mehr als eine Affinität zu solchen Gruppen. Das linksradikale Potential in der Bundesrepublik Ost wie West scheint etwas größer zu sein als das rechtsradikale. Sieben Prozent in Ostdeutschland geben sich deutlich als linksradikal Interessierte zu erkennen und sechs Prozent in Westdeutschland. Im Osten haben vier Prozent eine deutliche Affinität zu rechtsradikalen Gruppen, im Westen sind es drei Prozent. Nimmt man die hinzu, die immerhin ein gewisses Ohr für solche Sirenenklänge haben, dann zählen 19 Prozent zur Gruppe mit linksradikalen Sympathien im Osten und 14 Prozent im Westen. Nach rechts hören 14 Prozent im Osten und elf Prozent im Westen. Die folgende Tabelle zeigt das Gesamtergebnis.

Tabelle 62: Zum Potential des Links- und Rechtsradikalismus

	Es haben folgende Tendenzen zum Anschluß'			
	keine	Tendenz zum Anschluß	Affinität zum Anschluß	
Radikale Rechte				
Ost	86	10	4	=100
West	89	8	3	
Radikale Linke				
Osten	81	12	7	
Westen	85	9	5	

In den demographischen Gliederungen ist wenig Spezifisches zu erkennen. Die Unterschiede nach Geschlecht sind nicht auffällig, allenfalls wirken die jüngsten Altersgruppen fasziniert von den extremen Gruppierungen. Die Linksorientierung steigt mit höherer Bildung, die Rechtsorientierung sinkt tendenziell mit zunehmender Bildung. Ein regelmäßiges Stadt-Land-Gefälle gibt es nicht, jedoch ist zu bemerken, daß die Linksorientierung in den Großstädten verbreitet ist (27 Prozent). Die demographischen Übersichten für Ost und West finden sich im Anhang (Tabellen A119 bis A122).

Wie zuverlässig ist die Einstufung linksradikaler und rechtsradikaler Publikumskreise nach ihren Vorlieben des öffentlichen Auftretens, um politisch Druck zu machen? Die Angaben lassen sich durch eine direkte Frage kontrollieren und verifizieren. Die Erkundigungen lauten: In welchen Bereichen man sich gerne politisch betätigen würde, um seinen eigenen Standpunkt einzubringen? Acht Gruppierungen wurden genannt, von etablierten bis zu kleineren Parteien und betont nationalen Gruppierung. Junge Leute mit linksradikalen Neigungen möchten sich in großer Zahl entweder in Wohn- und Arbeitskollektiven und eben in kleineren Parteien wie Bündnis 90 und PDS engagieren. Aber es gibt auch eine Neigung, in Bürgerwehren und Selbsthilfegruppen mitzuwirken, wenn gleich nicht so ausgeprägt.

Wie sieht es bei den Rechtsradikalen aus? Die Rechtsradikalen bevorzugen als ihre Domäne die Bürgerwehr, die Aktionsgruppe, die sich für Deutsche und gegen Überfremdung einsetzt und für betont rechte Gruppierungen wie Republikaner, FAP, DVU usw. Wichtig wiederum ist, daß auch die Rechtsradikalen Selbsthilfegruppen interessant finden, sowie Wohn- und Arbeitskollektive. Zwei Tabellen im Anhang zeigen die Zusammenhänge (Tabellen A123 und A124). Daraus ergibt sich, daß der Bürgerwehr im gewissen Umfang ein überparteiliches Flair innewohnt, und daß mit den Themen von Selbsthilfegruppen auch die Rechten anzusprechen sind. Über solche Gruppen und Themen kann man Personen erreichen, die sich in der Gefahr befinden, sich in radikalen Gruppen gegen andere abzuschließen. Konkurrenzthemen zur radikalen Gruppierung können also gefunden und attraktiv gemacht werden.

Für den Umgang mit Parteiungen und Aktionsgruppen ist es wichtig zu wissen, in welchem politisch-psychologischen Koordinatensystem sie sich befinden. Eine multidimensionale Skalierung klärt uns darüber auf. Wir finden im zweidimensionalen Raum links Selbsthilfegruppen, Arbeitskollektive, Bürgerinitiativen und auch Bündnis 90 sowie PDS, rechts finden wir die betont nationalistischen und ausländerfeindlichen Gruppen, im oberen Raum sind die klassischen Parteien angesiedelt und unten die Bürgerwehr. So kann man den Dimensionen einen Namen geben. Die Links-Rechts-Achse bezeichnet die sozialistisch-nationalistische

Dimension, oben haben wir eine universelle Repräsentation und unten sind die partiellen Anliegen versammelt (Schaubild 40). Es fällt auf, daß der Raum zur Mitte hin und oben schwach besetzt ist. Es fehlen, abgesehen von den Parteien, Gruppen mit universellen gesellschaftlichen Anliegen. Wenn die Parteien diesen Raum nicht füllen, werden andere versuchen, mit attraktiven Themen die Mitte universalistisch zu besetzen. Die Grünen sind auf dem Wege.

Schaubild 40: Dimensionen der Vorlieben für politische Gruppen

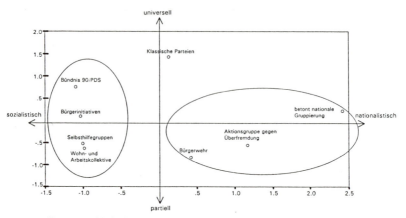

Eingetragen sind die Ergebnisse einer zusätzlichen Clusteranalyse

Radikale Gruppen, links oder rechts, tendieren zur Gewalttätigkeit. Damit bewirken sie etwas, aber sie begrenzen auch ihr Handlungsfeld, weil die Gesellschaft das nicht duldet. Ob sich ein Methodenwandel allerdings innerhalb dieser Gruppen vollzieht, ist fraglich. Ihre Anhänger müssen sich für andere Dinge entscheiden, für andere Optionen des politischen Handelns. Das wäre der Weg, radikalistische gewalttätige Gruppen auszutrocknen.

Die Motive politischer Gewalt

Die Suche nach den Motiven politischer Gewalt ist auf drei wesentliche Bereiche gerichtet. *Erstens*: Die negativen Erfahrungen der politischen Akteure, der Bürger, *zweitens* die Eigenschaften des politischen Systems, seine Legitimation und seine Repräsentationsfähigkeit und *drittens* die Organisation des Handelns gegen den Staat.

Die negativen Erfahrungen der Bürger werden meistens als Frustration oder soziale Defizite aufgefaßt. Obwohl die Analyse benachteiligter Gruppen nicht viel hergegeben hat, wird weitgehend daran festgehalten. Sehr benachteiligte Gruppen sind zum Teil so schwach, daß sie sich nicht wehren können, also treten sie als Gewaltakteure weniger in Erscheinung. Schon deswegen sind die Ergebnisse nicht überzeugend.

Subjektive Erfahrungen und deren Ansammlung in Form negativer Gefühle werden nicht als „zentrale Einflußgröße" betrachtet, so in der Studie, die von der Gewaltkommission in Auftrag gegeben worden ist.[108] Der Test negativen Affektes, negativer Empfindungen gibt wieder, daß sich im emotionalen Gedächtnis der Person die verschiedensten negativen Erfahrungen und Verletzungen angesammelt haben. Diese Notizen bestimmen das Lebensgefühl. Es zeigt sich nun prägnant besonders bei denen, die politisch interessiert sind, daß ziviler Ungehorsam und Gewalt mit zunehmend negativen Gefühlen auf das Deutlichste ansteigen. Die folgende Tabelle 63 vermittelt einen Überblick.

Tabelle 63: Negativer Affekt und politische Gewalt

	Jugendliche, die unter negativen Empfindungen leiden				
	kaum		mittel		stark
	1	2	3	4	5
Es tendieren zu zivilem Ungehorsam und Gewalt					
Politisch Interessierte					
Ost	15	14	33	42	44
West	10	20	32	37	35
Politisch Desinteressierte					
Ost	10	9	14	24	35
West	6	7	15	23	21

Die Tatsache, daß negative Affekte bei politischem Interesse deutlicher in Gewalt übersetzt werden, zeigt, wie sehr Gefühle politisch kanalisiert werden können. Sobald ein Projektionsobjekt

---

108 Schwind/Baumann (Hrsg.): Ursachen, Prävention und Kontrolle von Gewalt. a.a.O., S. 35

gefunden ist, die vermeintliche Ursache der negativen Empfindungen, ist die Umsetzung in feindselige Akte wahrscheinlich.

Ein weiterer Motor politischer Gewalt sind Frustrationen. Scheinbar überraschend spielt hier die Unterscheidung nach politischem Interesse keine Rolle mehr. Die Frustrationen selbst stammen größtenteils aus dem politischen Bereich, so daß der Gegenstand der Feindseligkeit auch für die politisch Desinteressierten bereits gegeben ist. Die folgende Tabelle 64 enthält den Nachweis.

Tabelle 64: Frustration und politische Gewalt

	Jugendliche mit folgender Zahl von Frustrationen			
	keine	1-2	3-4	5 und mehr
Es tendieren zu zivilem Ungehorsam und Gewalt				
Politisch Interessierte				
Ost	4	18	30	48
West	9	28	31	32
Politisch Desinteressierte				
Ost	3	17	31	49
West	7	25	33	35

Wie wirken sich Legitimation und Repräsentation auf das Ausmaß politischer Gewalt aus? Als praktische Legitimation können wir die Antwort auf die Frage betrachten, ob man sich in der Bundesrepublik von heute, dem Staat von 1994 bzw. 1995, wohl fühle. Drei Gruppen können gebildet werden, die Jugendlichen, die sich wohlfühlen, eine Mittelgruppe und Jugendliche, die sich unwohl fühlen in der Bundesrepublik. Jede dieser Gruppen wird dann noch einmal unterteilt nach den Antworten auf die Frage, ob die Bürger ausreichend Einfluß hätten. Die Ergebnisse zeigen, daß ziviler Ungehorsam und Gewalt mit dem gesellschaftlichem Malaise, also mit sinkender Legitimität im subjektiven Sinne, ansteigen. Gleichzeitig aber ist zu sehen, daß die Repräsentation einen deutlichen Dämpfungseffekt hat. Wo sich die Bürger repräsentiert fühlen, tendieren sie etwas weniger zu auffälligen politischen Verhaltensweisen und zur Gewalt, auch wenn sie mit dem Zustand der Bundesrepublik nicht einverstanden sind. Die Entwicklung im Osten und Westen ist hier erstaunlich parallel (Tabelle 65).

Tabelle 65: Eigenschaften des politischen Systems und Gewalttendenzen

Wohlbefinden in der BRD	sehr gut, gut		es geht		nicht besonders gar nicht,	
Repräsentation	+	-	+	-	+	-
Es tendieren zu zivilem Ungehorsam und Gewalt						
Ost	15	17	18	22	31	42
West	13	12	12	26	33	42

Den größten Einfluß auf das Ausmaß der politischen Gewalt hat die subjektive Gewalt-Doktrin der potentiellen Täter. In diese Doktrin gehen sowohl negative Erfahrungen ein als auch die geistigen Einflüsse und die Unterstützung eines Umfeldes. In den extremen Gruppen Jugendlicher, die einer Gewalt-Doktrin folgen, ist auch ein organisatorischer Verstärkungshintergrund vorhanden. Die Gewalt-Doktrin hat stärkeren Einfluß auf den Wunsch, politische Gewalt auszuüben, als jede andere erklärende Variable.

Schaubild 41: Subjektive Gewalt-Doktrin und die Bereitschaft zu zivilem Ungehorsam und politischer Gewalt

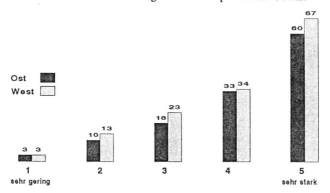

Jugendliche mit obiger Position auf der Skala der Gewalt-Doktrin

Quelle: Jugendumfrage 1993/1994 für das BMFJ
Copyright by IM Leipzig u. Prof.D.Dr. Gerhard Schmidtchen – Uni Zürich

Auch die Korrelationsrechnung veranschaulicht das Erklärungspotential der Gewalt-Doktrin: Der Zusammenhang mit zivilem Ungehorsam und politischer Gewalt beträgt im Westen Gamma 0.68, im Osten 0.62. In großen Sprüngen steigt die Bereitschaft zu politischer Gewalt mit zunehmender Stärke der Gewalt-Doktrin von drei Prozent auf 60 und mehr Prozent an.

Angesichts der Verbreitung eines Denkens, das man als Gewalt-Doktrin bezeichnen kann und der Bereitschaft dieser jungen Menschen, ihre Doktrin auch politisch umzusetzen, stellt sich die dringliche Frage nach einer politischen Pädagogik und Aufklärung, die sich nicht nur auf Extremgruppen beschränkt. Das Gewalt-Credo ist viel verbreiteter. Gewalt durch Kommunikation zu ersetzen, sollte für junge Menschen attraktiv gemacht werden. Dazu bedarf es nicht nur des Appells – Appelle verrauschen im allgemeinen –, sondern es sind Institutionen nötig, mit und in denen man kommunikative Erfahrungen machen kann. Es sind neue Formen der politischen Unterrichtung notwendig, in denen dargetan werden kann, daß der Verzicht auf gewalttätige Durchsetzung nicht ein Verlust, sondern ein Gewinn ist. Der physische Durchsetzungsstil gehört nicht zur Demokratie, und er gehört nicht zu einer kreativen, kulturell leistungsfähigen Gesellschaft – und in einer solchen Gesellschaft möchten ja die meisten jungen Menschen leben.

7. Handlungsvertrauen und Verhaltensstörungen

Jede Jugend hat ihre Schwierigkeiten und auch ganz eigene Perspektiven von grau bis hell. Die ältere Generation ist im allgemeinen nicht gut gerüstet, die Probleme junger Menschen zu verstehen. Sie hat eine andere historisch-biographische Perspektive. So sind Ältere erstaunt darüber, zu erfahren, daß so viele junge Menschen das Leben schwer finden. Wo sind die Schwierigkeiten, fragen sich die Älteren. Ihre Schwierigkeiten bestanden in Knappheit, in Not, das ist doch vorüber. Die Jugend lebt im Wohlstand, jedenfalls nicht in Not. Aber für die neuen Nöte hat die ältere Generation deswegen nur schwer Verständnis. Nicht Güter, andere Dinge sind knapp geworden. Trotz der Bildungsexpansion sind die Möglichkeiten begrenzt, sich so ausbilden zu lassen, daß man einen Beruf findet, der in die Zukunft trägt. Numerus clausus, Lehrstellenknappheit sind nur ein Aspekt. Die Unsicherheit über das künftige Beschäftigungssystem bereitet die größere Sorge. Die Änderungsschübe einer Transformationsgesellschaft erreichen die Lebensentwürfe in all ihren Teilen: der Wandel der Geschlechterrollen, die Herausforderung räumlicher und sozialer Mobilität, die Aussicht, sich von primären Bindungen lösen zu müssen, die Entmachtung der Familie, aber die Sehnsucht nach Schutz in ihr, und in alles hinein ragt die Endzeitstimmung durch die Umweltproblematik. Müssen Wohlstand und Wohlergehen neu definiert werden? Streben wir nach den falschen Dingen? Junge Menschen fragen und erleben radikaler. Sie müssen die Zukunft leben, nicht die Alten. Wichtiges ist in der Wohlstandsgesellschaft knapp geworden, die Geborgenheit, die Rollensicherheit in der Familie, die Fraglosigkeit der Autoritäten. Verfügt die junge Generation über Ressourcen, die es ihr gestatten, mit den Herausforderungen und Enttäuschungen fertig zu werden, die in den Zukunftsbildern vielleicht nicht enthalten sind, aber doch mit Sicherheit kommen werden? Haben die Familien, die Bildungsinstitutionen, das soziale Umfeld junge Menschen mit jenen Ressourcen ausgestattet, die sie benötigen, um ein aktives Leben gestalten zu können? Große Bedeutung kommen nicht allein äußeren, sondern den Ressourcen der Person zu, die in einem verständnisvollen Erziehungsklima entstehen. Wieviel Jugendliche haben das Glück einer solchen Kindheit und Schulzeit gehabt, wieviele sind mit Schäden an ihrer Person daraus hervorgegangen? Wo liegen die Quellen für solche Schädigungen und die Entstehung persönlicher Stärken andererseits? Gibt es Unterschiede zwischen ost- und westdeutschen Jugendlichen? Das sind die allgemeinsten Themen der drei Kapitel, die nun folgen. Das erste stammt aus der Feder von Harry Schröder, Ordinarius für klinische Psychologie an der Universität Leipzig. Es handelt von den Grundzügen der Sozialpersönlichkeit. Um darüber etwas sagen zu können, hat er einen Test zusammengestellt bzw. entworfen, der kurz genug war, um ihn in einer repräsentativen Umfrage anwenden zu können. Im Gegensatz zu sonstigen psychologischen Testgewohnheiten, die viel Information über wenig Leute erzeugen, sind wir hier umgekehrt verfahren, relativ knappe Information über viele Menschen. Damit eröffnen sich andere Auswertungsverfahren, die in der Individualpsychologie kaum angewendet werden können.

Das zweite Kapitel handelt von Selbstschädigungstendenzen, von Jugendlichen auf dem Rückzug. Im Sinne einer Trendkontrolle und um Einblick in bisher nicht gesehene Zusammenhänge zu erhalten, wurden Kernfragen einer Studie über Selbstschädigungstendenzen unter Jugendlichen aus dem Jahre 1986 weitergeführt.[109]

Das dritte Kapitel ist einem Thema gewidmet, das in den USA in den letzten Jahren jugendpolitische Aufmerksamkeit bekommen hat: die Entstehung von Biographie-Risiken. Wann und warum treffen Jugendliche Entscheidungen, die sich verhängnisvoll auf die Biographie in einer Bildungs- und Kommunikationsgesell-

---

[109] Gerhard Schmidtchen: Schritte ins Nichts. Selbstschädigungstendenzen unter jungen Menschen. Leske + Budrich, Opladen 1989. Diese Untersuchung wurde im Auftrage des damaligen Ministeriums für Jugend, Familie und Gesundheit durchgeführt.

schaft auswirken? Wann machen Jugendliche etwas falsch in der Überzeugung, das Richtige zu tun?

7.1. Selbstverständnisse und psychische Verfassung
(Harry Schröder)

Auskunft über die persönliche Lage und damit auch Befindlichkeit von Personen erhält man, wenn man nach ihrer augenblicklichen Lebensbewältigung und den Chancen für die Zukunft fragt. Das persönliche Spannungsfeld zwischen Lebensanforderungen und eigenen Bewältigungsmöglichkeiten drückt sich zunächst in speziellen Denkinhalten aus, wird dann aber zunehmend zur emotionsgetragenen persönlichen Welt- und Selbstsicht und bestimmt von daher das eigene Planen, Entscheiden und Handeln aktiv mit. Diese sogenannten individuellen Umwelt- und Selbstkonzepte der Persönlichkeit sind einerseits ein verdichtetes persönliches Abbild des Lebensalltags. Andererseits sind sie zugleich zu Persönlichkeitsbestandteilen geworden, die überaus aktiv die weitere Lebensgestaltung bestimmen. Das fängt bereits bei der Bewertung von Dingen an, die jeden Tag auf einen zukommen, und endet bei prinzipiellen Entschlüssen für das weitere Leben.

Von daher sind Informationen über die subjektive Lage der Lebensbewältigung, sofern sie resumeehafte Schlüsselbefindlichkeiten betreffen, keine fluktuierenden Szenen-Blitzlichter, sondern geben über stabilere Persönlichkeitsdispositionen Auskunft. In unserer Erhebung zielten wir mit speziellen Fragen auf psychologische Sachverhalte, denen in der Persönlichkeits-, Streß- und Gesundheitspsychologie eine handlungsleitende Funktion zugeschrieben wird. Als markante Begriffe stehen dafür:

– Bedrohung (als potentielle Handlungsnot, Handlungsunsicherheit)
– Herausforderung (akzeptierende Annahme der Situation i.S. von Chance zur persönlichen Bewährung)
– aktives Coping (Problemlösung als bevorzuges Mittel für schwierige Situationen)
– soziales Coping (Schwierigkeiten mit Hilfe sozialer Ressourcen meistern)

- emotionales Coping (in schwierigen Situationen negative Gefühle mildern)
- Depressivität (resignative Hoffnungslosigkeit: meine Mühen haben bisher nichts eingebracht und lassen auch für die Zukunft nichts anderes erwarten)
- Hilflosigkeit (meine Handlungmöglichkeiten/-fähigkeiten reichen angesichts der Anforderungen, vor denen ich stehe, nicht aus)
- Optimismus (es wird auf jeden Fall wieder aufwärts oder positiv weitergehen)
- Selbstwert (ich bin insgesamt ein wertvoller Mensch)
- Selbstwirksamkeit (wenn es problematisch wird, fällt mir etwas Wirkungsvolles ein)
- Aggressivität (Tendenz zur impulsiven Affektentladung bei emotionaler Belastung).

Als erstes stellt sich die Frage nach der psychischen Verfassung und Dispositioniertheit der untersuchten Jugendlichen und jungen Erwachsenen generell – unabhängig von deren Zugehörigkeit zu Teilgruppen oder der Abhängigkeit von speziellen Bedingungen. Als einzige differenzierende Unterscheidung soll zunächst die zwischen der Ost- und West-Population Berücksichtigung finden.

Ein globaler Befundüberblick über die untersuchten Gruppen bescheinigt für die gesamte Population ein weitgehend günstiges Zustandsbild (Schaubild 42). Wir wissen zwar, daß solche Grobsichten bestehende Problemlagen nivellieren und damit auch mögliche Risikogruppen im Gesamtpanorama untergehen lassen können. Sie geben dennoch eine erste Bestandsaufnahme über den Grundtenor der Befindlichkeit und damit auch der subjektiven Handlungsplattform:

Vorgegebene ungünstigere Selbstbeschreibungen werden weitgehend abgelehnt und im Gegensatz dazu Formen einer offensiv-zupackenden Lebenshaltung als eher zutreffend bejaht. In der Gesamtschau erleben sich junge Menschen in Ost und West als durch die Lebensumstände kaum bedroht, nahezu ohne erfahrene Einbußen und „nicht" bis „kaum" depressiv bedrückt. Gleiches trifft für die Kategorie „Hilflosigkeit" zu. Die Befragten beschreiben sich im Gegenteil als recht optimistisch, auf aktives Bewältigen von Lebensanforderungen ausgerichtet und von eher gutem Selbstwerterleben erfüllt. Aggressionstendenzen werden zwar angegeben, fallen im Schnitt der Gesamtgruppe mit etwas mehr als „kaum" in den Antworten nicht deutlich ins Gewicht. Bei Teilgruppen können kumulierte Aggressionen allerdings zum Problem werden (Kap.6).

Schaubild 42: Einzelmerkmale der psychischen Verfassung im West-Ost-Vergleich

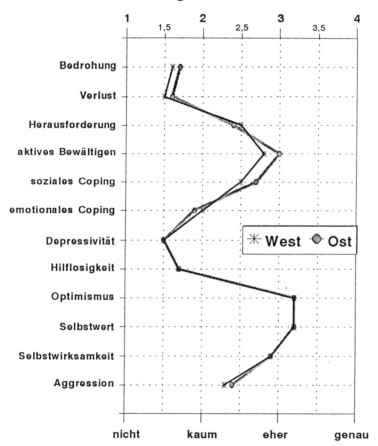

Arithmetische Mittel-Gesamtstichproben

Quelle: Jugendumfrage 1993/1994 für das BMFJ
Copyright by IM Leipzig u. Prof.D.Dr. Gerhard Schmidtchen

Im Vergleich der Gruppen aus Ost und West sind die Befindlichkeiten recht ähnlich. Unterschiede deuten sich vor allem im Bewältigungsverhalten an, wobei sich die ostdeutschen Jugendlichen etwas aktivierter darstellen und dabei auch vermehrt Rückgriffe auf soziale Formen der Problemlösung angeben. Insgesamt jedoch wirkt das Bild aus dieser globalen Draufsicht (quasi aus „großer Höhe") recht homogen. Ein differenzierteres Bild der persönlichen Lage ergibt sich, wenn mit einem näheren Zugehen auf die Gesamtgruppe Bildungswege, Altersgruppen, Geschlecht usw. in die Betrachtung mit einbezogen werden.

Solche differentiellen Befunde belegen zunächst einen Einfluß des erreichten Bildungsniveaus auf die persönliche Lage (Schaubild 43). Mit zunehmender Bildungsstufe wird die Lebenssituation von jeweils mehr Personen als völlig bedrohungsfrei erlebt, treten weniger Verluste ein, wird die Lebenssituation in größerem Maße als herausfordernd erlebt. Eine dazu äquivalente Abstufung gibt es bei dem Grad erlebter Streßbelastung (Schaubild 44). Danach fühlen sich Hauptschul-Absolventen noch am ehesten in einer persönlichen Belastungssituation. Dieser Trend zeigt sich gleichsinnig beim Erleben von Optimismus und Selbstwirksamkeit.

Die Tendenz, sich unter Belastung emotional unkontrolliert zu entladen, läuft parallel zum erlebten Belastetheitsgrad, hat somit eine vergleichbare Bildungsabhängigkeit und auch Differenzen im Ost-West-Vergleich (Schaubild 45). Höhere Belastetheitsgrade der Ost-Population sind mit einem größeren Anteil von Personen verbunden, der solche Labilisierungen ihrer Selbstkontrolle angibt. Vergleichsweise höhere Werte weisen Befragte der Kategorie „Abiturienten" auf, deren Lebensposition gleichfalls noch als weitgehend unbestimmt angesehen werden kann und von daher auch ein höheres Belastungspotential ausmacht. Insgesamt betrachtet wird der jeweils erreichte höhere Bildungsgrad als persönliche Ressource gewertet und als größere Chance für die Lebensbewältigung erlebt.

Das Alter der einbezogenen Personen, variierend zwischen 15 und 30 Jahren, differenziert das Erleben der eigenen Lebenslage gleichfalls (Schaubild 46). Dabei treten höhere Belastetheitsgrade in der jüngsten Altersgruppe auf und verringern sich mit der weiteren beruflichen Festgelegtheit und Konsolidierung der eigenen Situation. Bestehende Unterschiede zu Lasten der Befragten aus

Ostdeutschland nivellieren sich in der ältesten Gruppe nahezu. Die größten Belastetheitsdifferenzen zwischen Ost und West gibt es in der Altersspanne von 18 – 26 Jahren, in der die größten Unsicherheiten hinsichtlich der beruflichen Perspektive auch objektiv gegeben sein dürften.

Schaubild 43: „Nicht bedroht": West-Ost

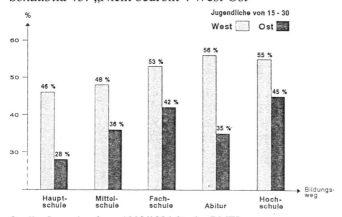

Quelle: Jugendumfrage 1993/1994 für das BMFJ
Copyright by IM Leipzig u. Prof.D.Dr. Gerhard Schmidtchen

Schaubild 44: Belastetheitsgrad von west- und ostdeutschen jungen Erwachsenen nach Bildungsweg

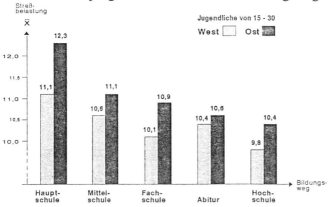

Quelle: Jugendumfrage 1993/1994 für das BMFJ
Copyright by IM Leipzig u. Prof.D.Dr. Gerhard Schmidtchen

Schaubild 45: Labilisierung emotionaler Selbstkontrolle unter Belastung in Abhängigkeit vom Bildungsweg in West und Ost

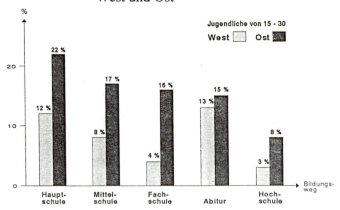

Quelle: Jugendumfrage 1993/1994 für das BMFJ
Copyright by IM Leipzig u. Prof.D.Dr. Gerhard Schmidtchen

Schaubild 46: Streßbelastung von west- und ostdeutschen jungen Erwachsenen nach Altersgruppen

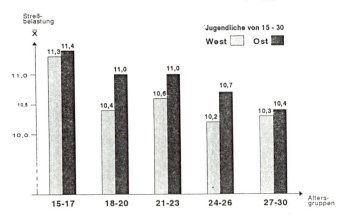

Quelle: Jugendumfrage 1993/1994 für das BMFJ
Copyright by IM Leipzig u. Prof.D.Dr. Gerhard Schmidtchen

Bezieht man das Geschlecht der Untersuchten als differenzierendes Merkmal ein, so zeigen sich zwar Unterschiede, doch nur punktuell. Kaum unterscheiden sich junge Männer und Frauen im Osten in der prinzipiellen Bewertung ihrer Lebenslage und in der Abschätzung von Bewältigungsmöglichkeiten. Signifikante Differenzen zeigen sich allerdings im Gefühl des Bedrohtseins, im Erleben von Verlusten sowie in der summierten Streßbelastung. Das fällt alles zu Ungunsten des weiblichen Geschlechts aus. Zugleich präsentieren sich die jungen Frauen in Ostdeutschland ebenso aktiv-zupackend und ihre Lebenschancen wahren wollend wie die Männer. Sie weisen tendenziell sogar mehr Optimismus, höheres Selbstvertrauen und eine ausgeprägtere Bereitschaft zu aktivem und zugleich sozialem Coping auf als die gleichaltrigen Männer. Bemerkenswert bei Frauen ist eine stärkere Labilisierung der emotionalen Selbstkontrolle.

Stellt man die Befunde aus den alten Bundesländern daneben, so zeigen sich dort die gleichen allgemeinen Trends, wenn auch mit etwas anderem Ausprägungsgrad der Merkmale. Zwischen Männern und Frauen sind keine nennenswerten Differenzen im Erleben der eigenen Lebenssituation zu verzeichnen. Das widerspiegelt sich auch in den Schaubildern 47 und 48 für die Merkmale „Streßbelastung" und „emotionale Selbstkontrolle". Von daher stehen offenbar größere Teile der ostdeutschen jungen Erwachsenen unter emotionalem Druck. Frauen sind dabei in größerem Maße betroffen als Männer.

Der allgemeine Aussagetrend der Befunde zur psychischen Disponiertheit entspricht partiell vergleichbaren Untersuchungen (etwa von Becker, Hänsgen und Lindinger 1991, Brähler und Richter 1995), die zu anderen Zeitpunkten bzw. mit anderen Methoden arbeiteten. Sie widerspiegeln in den ermittelten Unterschieden zwischen Ost und West die Reaktion auf reale Anforderungs- und Bewältigungskonstellationen in unterschiedlichen Lebenskontexten und geben zugleich einen (letztlich optimistisch stimmenden Einblick) in die psychische Verfaßtheit und Befindlichkeit einer jungen Population, die zumindest in ihrer Majorität „unterwegs" und „in Aktion" ist.

Schaubild 47: Streßbelastung von west- und ostdeutschen jungen Erwachsenen im Vergleich: Männer und Frauen

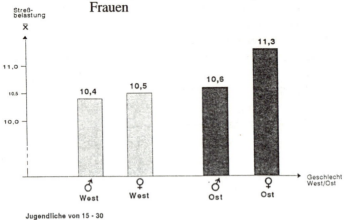

Quelle: Jugendumfrage 1993/1994 für das BMFJ
Copyright by IM Leipzig u. Prof.D.Dr. Gerhard Schmidtchen

Schaubild 48: Labilisierung emotionaler Selbstkontrolle unter Belastungsdruck: Männer und Frauen in West und Ost

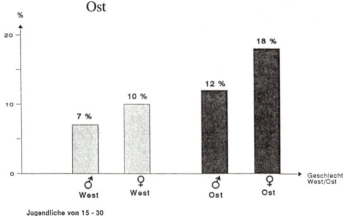

Quelle: Jugendumfrage 1993/1994 für das BMFJ
Copyright by IM Leipzig u. Prof.D.Dr. Gerhard Schmidtchen

Das bisher skizzierte Mosaik von punktuellen Befindlichkeiten stellt eine vor allem additive Bestandsaufnahme dar. Sie ist verhaltens- und erlebensnah sowie stark situationsgebunden. Dahinter stehen grundlegende Haltungen. Sie kennzeichnen Menschen in ihrer charakterlich-dispositionalen Struktur. In unserem Fall verbergen sich hinter der Befindlichkeitsfassade relativ stabile Persönlichkeitsdimensionen des individuellen Selbstverständnisses und des Umgehens mit der Welt als äußerlichem Aktivitätsfeld. Um diese in ihrer populationsspezifischen Charakteristik zu ermitteln, nutzten wir als dafür geeignete mathematisch-statistische Analysemethoden die Faktoranalyse und die Multidimensionale Skalierung.

Die Ergebnisse brachten bei separater Analyse für die beiden Ausgangsgruppen der West- und Ostdeutschen eine absolut äquivalente Grundstruktur: Die aktuelle psychische Verfassung läßt sich im hier genutzten Merkmalsausschnitt auf drei identische Persönlichkeitsdimensionen zurückführen:

I. Selbstvertrauen: das Selbstverständnis der eigenen Existenz mit Annahmen über das eigene Können, Wirken und den sich selbst zugeschriebenen Wert („Selbstwert"). Diese Dimension repräsentiert die individuelle Selbstorganisation.
II. Existenzbedrohung: das subjektive Konzept über die Verletzbarkeit (Vulnerabilität) des eigenen Lebens; dabei wird i.S. depressiver Verzagtheit der Grad von Hilfs- und Hoffnungslosigkeit reflektiert.
III. Aktives Coping: diese Dimension repräsentiert den Grad aktiven Lebensbezuges, des sich Einlassens auf die Dinge und Probleme des Lebens, die Bereitschaft zur offensiven Anforderungsbewältigung durch engagiertes Tun.

Diese personale Grundstruktur für die hier einbezogene ost- und westdeutsche Population und die berücksichtigten Merkmale sind in ihrer Merkmalsorganisation nahezu identisch. Die zweifellos vorhandenen jahrzehntelangen Sozialisationsunterschiede der Ost- und Westdeutschen schlugen sich demnach nicht in differenten psychischen Basisdimensionen nieder. Zumindest gilt das für die hier untersuchten Personbereiche und ergänzt und differenziert damit auch Befunde aus ähnlich gelagerten Untersuchungen (Schauenburg, Kuda, Rüggeberg & Palussek 1993, Becker, Hänsgen & Krieger 1994, Heyse & Seifert 1994, Geyer, Brähler, Plöttner & Scholz 1995).

Es fragt sich aber, ob diese Ähnlichkeit in der Merkmalsstruktur so weit geht, daß auch in der inhaltlichen Feincharakteristik und damit in der Ausgestaltung der psychischen Basismerkmale eine so weitgehende Identität besteht. Folgt man landläufigen Beobachtungen und einigen Beschreibungen des Verhaltensprofils „typisch" Ost- und Westdeutscher, so stößt man vor allem auf Unterschiede, die im Selbstbild und Selbstwerterleben ausgemacht werden. Danach bescheinigt man Ostdeutschen neben Labilisierungen des Selbstbewußtseins eine verhaltenere Selbstpräsentation und weniger konfrontative Elemente bei dennoch hohen Graden von Selbstüberzeugtheit. Andererseits soll deren Selbstbewußtsein durch stärkere Handlungsbereitschaft und soziale Aktivitätsorientierung gekennzeichnet sein (vgl. zu Unterschieden in Selbstbild-Fremdbild-Differenzen Brähler und Richter 1995).

Mit dem vorliegenden Datenmaterial lassen sich für die Population der 15-30-jährigen keine zwingenden Belege für derartige Akzentuierungen des Selbstbewußtseins beisteuern. Die Befundlage spricht eine andere Sprache. Schaubild 44 veranschaulicht das Merkmalsmuster der Persönlichkeitsdimension „Selbstvertrauen" für beide Gruppen. Die dargestellten Profile lassen für die Interpretation kaum einen Auslegungsspielraum: die Merkmalsmuster sind nahezu identisch. Danach ist hohe Selbstüberzeugtheit sowohl bei jüngeren West- und Ostdeutschen mit Handlungsnähe und der Nutzung sozialer Ressourcen verbunden, wogegen konfrontative bzw. latent aggressive Tendenzen für beide Gruppen nicht zur Feincharakteristik von „Selbstvertrauen" gehören.

Aggressive Reaktionsimpulse und Formen der Regulation emotionaler Betroffenheit sind im Gegensatz dazu an das Erleben von Hilfs- und Hoffnungslosigkeit, an Verlust des Zukunftsbezuges, Erleben von Bedrohung und eingetretenen Schäden gebunden. Das untermauert die Befunde und Interpretationen in Kapitel 5 dieses Buches über Aggressivität in substantieller Weise. Die oben angeführten Merkmale konstituieren eine eigene Dimension der Existenzbedrohung. Sie stellt sich im Ost-West-Vergleich gleichfalls als äquivalent dar. Dabei liegen die Aggressivitätswerte der Ostdeutschen nicht über oder unter denen der westdeutschen Population und sind ausschließlich an die geschilderte psychosoziale Lage gebunden.

325

Schaubild 49: Merkmalstruktur der Dimension „Selbstvertrauen" im West-Ost-Vergleich

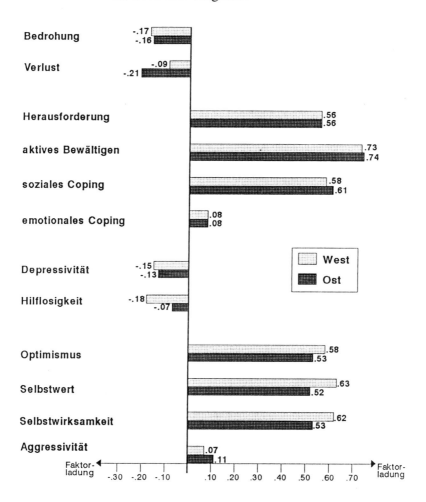

Jugendliche von 15 - 30
Quelle: Jugendumfrage 1993/1994 für das BMFJ
Copyright by IZM Leipzig u. Prof.D.Dr.Gerhard Schmidtchen - Uni Zürich

Interpretationen des Faktorenmusters „Selbstvertrauen" (Schaubild 49) in die Richtung von Selbstbild-Unterschieden von Ost- und Westdeutschen lassen lediglich die Variablen „Selbstwert" und „Selbstwirksamkeit" zu. Sie fallen bei substantiellen Ladungen für beide Persongruppen für die Population „West" höher aus. Das spricht für einen Akzent mehr an Selbstüberzeugtheit in puncto sich selbst zugeschriebener Wichtigkeit, Bedeutsamkeit und Ausstrahlung. Dieser Befund liegt zwar im Trend der angedeuteten Fremdbilder und Vorurteile, sollte aber angesichts der geringen numerischen Differenzen nicht als Lupeneffekt hochinterpretiert werden. Das auch schon deshalb nicht, weil es auf der hier gewählten komplexeren faktoriellen Betrachtungsebene lediglich um den Grad an „Beimischung" dieser Merkmale zum generellen Selbstvertrauen geht, nicht um dessen quantitative Größe im Vergleich der Gruppen. Bezüglich der numerischen Ausprägung der Einzelmerkmale „Selbstwert" und „Selbstwirksamkeit" gab es ja zwischen jungen Erwachsenen in West und Ost keine Unterschiede.

Die hier ermittelten Befunde zum Selbstwerterleben der jungen Ost- und Westdeutschen scheinen ob ihrer unspektakulären Identität im Widerspruch zu Ergebnissen anderer Untersuchungen und damit im Gegensatz zu den noch aktuellen Klischees von den überheblichen und arroganten „Wessis" und den eher bescheidenen, selbstwertbeeinträchtigten „Ossis" zu stehen. Man kann sich hier auf den Standpunkt stellen und behaupten, daß diese Charakteristik eben für die untersuchten jüngeren Leute nicht oder nicht mehr zutreffe. Auch das wäre ein optimistisches Resümee. Es lohnen sich an dieser Stelle jedoch einige vertiefende Überlegungen dazu.

„Selbstbewußtsein" und „Selbstwert" sind nicht nur zentrale Kategorien der Persönlichkeitspsychologie. Im „Selbst" und seinen Qualitäten drückt sich neben der allgemeinen seelischen Gesundheit so etwas wie das Gelingen oder Mißlingen von Persönlichkeitsentwicklung überhaupt aus. Habituelle Selbstwertzweifel und gar Minderwertigkeitsgefühle kennzeichnen u.a. Psychotherapiepatienten und deuten auf Persönlichkeitsstörungen hin. Das Selbstwertsystem eines Menschen steht nicht nur für den Grad gelungener und lebensbewährter Selbstorganisation eines Menschen, sondern zugleich für die Qualität seiner Sozialisationsbedingungen. Von daher nimmt es nicht wunder, wenn dieses Beurteilungs-, ja letztlich Bewertungskriterium, in der Nachwende-Zeit im psychologischen Vergleich der Ost-West-Populationen eine führende Rolle einnahm und weiter stark beachtet bleibt. Dazu kommt, daß sich jeder Mensch unter „Selbstwertgefühl" auch etwas vorstellen kann – hat doch jeder diese zentrale und sensible Gefühlskategorie in den unterschiedlichsten Schattierungen erlebt. Sie begleitet unser Tun ein Leben lang und signalisiert uns akutell und habituell unseren Stellenwert im Sozialverbund und der Gesellschaft als unmittelbares Erleben.

Nun hat aber dieses „Selbst" viele Aspekte und Strukturbestandteile. Die Persönlichkeits- und Sozialpsychologie sprechen u.a. von Selbst-, Ideal-, Norm- und Fremdbildern. Unterscheidbar sind Gegenwarts-, Vergangenheits- und Zukunftskonzepte. Es gibt Aspekte der mehr oder minder kritischen Selbstreflexion, Formen von Selbstdialogen, von kognitiven, emotionalen und behavioralen Aspekten der Einstellung zu sich selbst. Man vollzieht auf dem Hintergrund generalisierter Selbstkonzepte aktuelle Selbstwertschätzungen und greift dabei auf verschiedene Quellen selbstwertrelevanter Daten zurück. Es ist also nicht so leicht, alles unter den schlichten Begriff „Selbstwert" zu bringen. De facto wird immer wieder auch Unterschiedliches untersucht, dann aber letztlich mit dem eingängigen Label vom Selbstwert an die Öffentlichkeit gebracht.

In der vorliegenden Untersuchung ergaben sich z.B. zum habituellen Selbstwerterleben (also dem grundlegenden Erleben und Überzeugtsein vom Wert der eigenen Person) zwischen jungen Erwachsenen aus beiden untersuchten Landesteilen keine Unterschiede. Im Kapitel 3 dieses Buches wird jedoch von Differenzen berichtet, die auch etwas mit dem Selbstwert-Bereich zu tun haben. Ist das nicht ein Widerspruch in den Untersuchungsergebnissen? Wenn wir genau hinsehen, wird dort aber von Selbstbewertungen gesprochen und zwar „im Sinne der Selbstzufriedenheit" oder von „Selbstlob". Es geht hier also nicht um eine grundlegende Selbstwertschätzung der eigenen Person (und damit um die Einstellung zu sich selbst), sondern um eine aktuelle Zufriedenheit und darin verborgen auch um (noch) nicht erreichte Selbstansprüche. Ist das aber nicht angesichts der vielfach in Veränderung und Entwicklung begriffenen Lebensumstände der ostdeutschen Population eine ausgesprochen realistische, angemessene Reflexion? Wir entnehmen diesem Befund zugleich, daß es wohl aus der Sicht der Befragten im Vergleich zur westdeutschen Referenzgruppe weniger Anlaß zur Selbstzufriedenheit gibt und wohl auch nicht zu ausgeprägterem Eigenlob. Das Konstatieren solcher intrapsychischer Ungleichgewichte weist in diesem Fall eher auf ein gut funktionierendes Selbstbild-System hin, das offenbar realitätsoffen ist und keine gröberen Formen der Abwehr unangenehmer Information nötig hat. Von dieser Befund- und Argumentationslage ausgehend gibt es keinen Anlaß, den Ostdeutschen ein depraviertes Selbstwert-Gefühl zu bescheinigen.

Ein anderes Beispiel: Brähler und Richter (1995) berichten in einer überaus differenzierten und informativen Studie an 1.022 Ostdeutschen und 2.025 Westdeutschen auch über Befunde aus dem Selbstwertbereich. Danach unterscheiden sich „Ost- und Westdeutsche markant in ihrem Selbstwertgefühl" (S. 9). Ostdeutsche seien selbstkritischer, da sie sich mehr Selbstvorwürfe machen als Westdeutsche und sich eher schlechter sehen als sie meinen, von ihrer Mitwelt eingeschätzt zu werden. Die Befunde der westdeutschen Vergleichspopulation kontrastieren dazu. Auch hier geht es primär nicht um das habituelle Selbstbewußtsein, um die genuine Selbstsicherheit, sondern um Ausschnitte aus dem selbstbezogenen Regulationsgeschehen. Vielleicht können sich die Ostdeutschen, gerade weil sie ein gesichertes Selbstwert-Gefühl haben, partiell und situativ eher in Frage stellen. Vielleicht sehen sie sich aufgrund der ihnen gleichfalls bescheinigten stärker sozialen Orientiertheit auch mit den Augen der anderen und konstatieren dabei, daß ihre Selbstansprüche höher sind als offenbar die Standards der anderen. Betrachtet man dazu die für das Item „Selbstvorwürfe" ermittelten numerischen Unterschiede zwischen den beiden Untersuchungsgruppen, so ergibt sich auf einer 7-Punkte-Skala eine Mittelwertdifferenz von 0,23, die bei der gegebenen Stichprobengröße natürlich signifikant sein muß. Reicht das aber aus, um daraus zu ersehen, daß die Ostdeutschen stärker „an Selbstzweifeln leiden", sich „häufiger Selbstvorwürfe machen" und „mit der eigenen Wesensart weniger zufrieden sind"

(S.9)? Vermutlich kann als Interpretation auch gelten: die Ostdeutschen sind in ihrer Gesamtheit eine kleine Idee selbstkritischer – und das aus gutem Grund.

Übrigens gibt es eine empirische Untersuchung an gleichfalls jüngeren Erwachsenen (Studierenden) aus Halle und Göttingen, die auch den in der gerade zitierten Untersuchung verwendeten Gießen-Test (Beckmann u.a. 1991) einsetzten (Schauenburg 1995). Zu den Items „Minderwertigkeitsgefühle" und „Selbstvorwürfe" gab es ebenso keine Differenzen zwischen den untersuchten Gruppen wie auch nicht auf Skalenniveau zu den Bereichen Selbstwert, Kontrolliertheit, Depressivität, Kontakt- und Durchsetzungsfähigkeit. Es zeigte sich sogar, „daß Mediziner oder Mathematiker in Ost und West untereinander ähnlicher sind als die Studierenden verschiedener Fächer in einer Stadt" (S. 186). Damit korrelierte die Motivation für ein bestimmtes Studienfach stärker mit Persönlichkeitsvariablen als die Zugehörigkeit zu einer west- oder ostdeutschen Universität.

Wirft man einen synoptischen Blick auf die mitgeteilten Befunde, so zeigen sich in der psychischen Verfassung und im Selbstverständnis der Jugendlichen und jungen Erwachsenen im Ost-West-Vergleiche Unterschiede und Gemeinsamkeiten. Die Unterschiede beziehen sich ausschließlich auf graduelle Ausprägungen einzelner Merkmale der aktuellen Befindlichkeit. Die Ostdeutschen fühlen sich durch die Lebensumstände etwas bedrohter, sind aktivierter usw. Das scheint eine anforderungsgemäße Interpretation der Lebenslage zu sein und auch für eine adäquate Mobilisierung von Handlungspotenzen zu sprechen. Innerhalb der Gesamtpopulation verbergen sich natürlich auch zugespitzte Problemlagen, Risikogruppen und schicksalshafte Einzelfälle, die sich in der repräsentativen Gruppenbeschreibung nicht konturieren.

Das vielleicht für manche Überraschende ist jedoch, daß sich die Unterschiede im Ost- West-Vergleich lediglich in den aktuellen Befindlichkeiten und Situationsinterpretationen ausmachen lassen, nicht aber in der grundsätzlichen Organisation der Merkmale auf dem Niveau von Basisdimensionen der Persönlichkeit. Das zeigt sich im zentralen Persönlichkeitsfaktor „Selbstvertrauen" besonders eindrucksvoll. Um dieses Untersuchungsergebnis über einen anderen methodischen Auswertungsweg nochmals zu prüfen, wurde über die Methode der Multidimensionalen Skalierung eine räumliche Darstellung versucht. Die einzelnen Merkmale lassen sich damit in ihrem strukturellen Zueinander in Form von Nähe und Distanz darstellen.

Schaubild 50: Untersuchte Personenvariablen im zweidimensionalen Merkmalsraum (West/Ost-Vergleich)

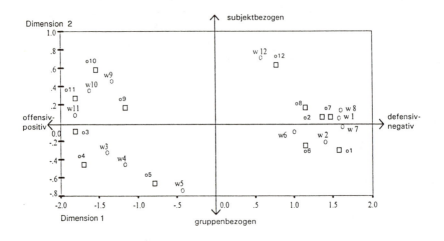

1 = Bedrohung
2 = Verlust
3 = Herausforderung
4 = aktives Coping
5 = soziales Coping
6 = emotionales Coping

7 = Depressivität
8 = Hilflosigkeit
9 = Optimismus
10 = Selbstwert
11 = Selbstwirksamkeit
12 = Aggressivität

w = West
o = Ost

Schaubild 50 zeigt eine zweidimensionale Lösung mit den entsprechenden Positionierungen der Einzelmerkmale für die ost- und westdeutsche Population. Die Merkmalsgruppen präsentieren sich auch hier wiederum in weitgehend analoger Form.

Offenbar gab es in der Sozialisation der jungen Ost- und Westdeutschen über die politischen System-Besonderheiten hinausgehend substantielle Gemeinsamkeiten, die letztlich gleichartige psychische Erlebens- und Verhaltensdispositionen hervorbrachten. Bei einiger Besinnung auf die Wesensart menschlicher Existenz und die Determination psychischer Sachverhalte kommen einem die Befunde allerdings nicht mehr so überraschend vor. Kulturhistorische Gemeinsamkeiten scheinen sich hier über die zeitweilig unterschiedlichen politischen und ideologischen Inhalte und Systembedingungen hinweg als die eigentlichen bestimmenden Bedingungen für psychische Basisstrukturen durchgesetzt zu haben. Dazu kommt eine nunmehr schon mehrere Jahre anhaltende Erfahrungsbildung unter den für die Ostdeutschen neuen Lebensbedingungen, die mit den erforderlichen Adaptationsaktivitäten Neulernen und Umlernen bedeuteten und die in das hier ermittelte Zustandsbild integrativ eingegangen sein dürfte.

Literatur

Becker, P., Hänsgen, K.-D. & Lindinger, E. (1991): Ostdeutsche und Westdeutsche im Spiegel dreier Fragebogentests. In: Trierer Psychologische Berichte 18 (3)

Becker, P., Hänsgen, K.-D. & Krieger, W. (1994): Persönlichkeitsvergleiche von Ost- und Westdeutschen in Indikatoren der seelischen Gesundheit und der Verhaltenskontrolle. Report Psychologie, 19, 28 – 41

Beckmann, D., Brähler, E., Richter, H.-E. (1991): Der Gießen-Test (GT), (4. Auflage). Huber: Bern, Stuttgart, Toronto

Brähler, E. & Richter, H.-E. (1995): Deutsche Befindlichkeiten im Ost-West-Vergleich. Psychosozial „Ossis und Wessis: Psychogramm deutscher Befindlichkeiten", I/18, 7 – 20

Geyer, M, Brähler, E., Plöttner, G. & Scholz, M. (1995): Gesellschaftlicher Umbruch – individuelle Antworten. In: Brähler, E. & Wirth, H.-J. (Hg.) Entsolidarisierung. Westdeutscher Verlag: Opladen, 201 – 216

Heyse, V. & Seifert, P. (1994): Zur sozialen Situation westdeutscher Führungskräfte in ostdeutschen Unternehmen. Z. f. Arbeits- und Organisationspsychologie. Themenheft Werte und Verhalten im Ost/West-Vergleich. Hogrefe: Stuttgart, 45 – 48

Schauenburg, H. (1995): Selbstbild, Werthaltungen und psychische Befindlichkeit von Studierenden in Ost- und Westdeutschland nach der Wende. In: Brähler, E. & Wirth, H.-J. (Hg), Entsolidarisierung. Westdeutscher Verlag: Opladen, 169 – 189

Schauenburg, H., Kuda, M. Rüggeberg, J. & Palussek, R. (1993): Selbstbilder und ideale Selbstbilder im Gießen-Test bei Studierenden in Ost- und Westdeutschland. In: Psychotherapie, Psychosomatik, Medizinische Psychologie, 12, 439 – 445

7.2. Der Weg in die Selbstschädigung

Personen mit geringen Ressourcen, aber hohen Belastungen, junge Menschen, die durch ihre Erziehungsumwelt in ihrer Fähigkeit eingeschränkt wurden, sich selbst die Ressourcen zu beschaffen, die sie haben möchten, durch Zusammenarbeit, durch Freundschaft zum Beispiel, tendieren zu einem Fehlverhalten der eigenen Person gegenüber. Diese Zusammenhänge wurden in einer Untersuchung des damaligen Ministeriums für Jugend, Familie und Gesundheit anhand einer großen Testserie dargestellt.[110]

Psychologische Eigentore

Die Messung der Selbstschädigung besteht aus fünf Skalen und zwei Testfragen. Es sind Skalen zur Resignation, zur Fluchttendenz, zum Selbstmitleid, zum Grübeln, zur Selbstisolation, Selbstmordphantasie und alles hinschmeißen wollen. Die vergleichbar erhobenen Ergebnisse zeigen: die Selbstschädigungstendenzen im Westen sind zwar leicht rückläufig, aber ein Viertel der Jugendlichen (26 Prozent) zeigt starke Tendenzen, sich bei Problemen zurückzuziehen und Wege der Selbstschädigung zu betreten. Im Osten gibt es 23 Prozent mit ausgeprägten Selbstschädigungstendenzen, also eher weniger, keinesfalls aber mehr als im Westen (Tabelle A125).

Selbstschädigungsneigungen entspringen negativen Gefühlswelten, sie sind gleichsam eingetaucht in diese. So sind negative Stimmungslagen, ist negativer Affekt zugleich ein wichtiges Symptom, eine Möglichkeit, auch im individuellen Fall eine Tendenz zur Selbstschädigung zu diagnostizieren. Die Korrelation zwischen negativen Affekten und Selbstschädigung ist sehr straff. Der GAMMA-Koeffizient beträgt im Osten wie im Westen 0.54 (zum Zahlenbild vergleiche Tabelle A126). Negative Gefühle entstehen durch Serien widriger Erfahrungen. Der Kommunikationsstil im Elternhaus spielt eine große Rolle. Konflikte mit den Eltern tragen in erheblichem Maße zu Selbstschädigungstendenzen bei (GAMMA 0.27 im Osten und 0.33 im Westen). Die Konflikte

---

110 Gerhard Schmidtchen: Schritte ins Nichts., a. a. O.

mit den Eltern werden in negative Empfindungen übersetzt, je stärker der Konflikt mit den Eltern, desto deutlicher der negative Affekt (GAMMA 0,30 im Osten und 0,36 im Westen, Tabelle A127). Erlebnisbilanzen, ganz gleich, wie sie zustande kommen, sind ein Vorläufer für negative bzw. umgekehrt positive Gefühle. Wenn die Sorgen die Freuden überwiegen, wird die gesamte Gefühlswelt in Mitleidenschaft gezogen, die Lebensstimmung verdunkelt sich (Tabelle A28 und Text dazu in Kapitel 2.3). Der Zusammenhang zwischen der Erlebnisbilanz und der Bewertung des gegenwärtigen Lebens ist sehr eng: GAMMA 0.59 für den Osten und 0.66 für den Westen.

Selbstschädigungstendenzen haben einige für die Jugendlichen selbst und für die Umgebung kritische Verhaltensfolgen. Mit der Tendenz zur Selbstschädigung steigt der Gedanke an Selbstmord deutlich an. Das Lebensgefühl wird durch die Vorstellung der Ausweglosigkeit bestimmt. Diese Zusammenhänge, die großenteils auch schon in der Untersuchung von 1986 dokumentiert werden konnten, haben eine gesetzmäßig wirkende Unverrückbarkeit. Für diejenigen, die im Osten Deutschlands eine ganz andere Mentalität für wahrscheinlich hielten, eine andere Psychologie, wird es überraschend sein, daß auch hier die Grundstruktur und die Dynamik der Selbstschädigung die gleiche ist. Es handelt sich um allgemeine psychologische Gesetzmäßigkeiten, die keine Regimegrenzen gekannt haben. Wenn diese gesetzmäßig wirkenden Zusammenhänge auch die gleichen sind, heißt das nicht, daß in Ost und Westen die gleiche Mentalität herrscht. Hier gibt es Unterschiede, die Verteilungen sind verschieden, die Randbedingungen sind anders.

Selbstschädigung wird in Ost und West gleichermaßen in einem erheblichen Umfang begleitet von Dominanzstreben und subjektiver Gewalt-Doktrin. Die Selbstschädiger ziehen sich nicht still, und nicht ohne Groll gegen die Gesellschaft zurück, nicht ohne Versuche, durch dominantes Auftreten die Herrschaft über ihre Situation wieder zu gewinnen. Die Person auf dem Rückzug ist mit aggressiven Gefühlen angefüllt, mit Herrschaftsvorstellungen. Die Selbstschädigungsphantasien zeigen natürlich auch das Gegenbild, daß die Person sich aus allen Konflikten herausnehmen möchte. Im Ganzen handelt es sich um eine prekäre hochbrisante Situation, die insbesondere dann, wenn sich Selbstschädigungstendenz, Einsicht in Hilflosigkeit und Schwäche mit Gewaltphantasie und Dominanzwünschen paart, unberechenbar und gefährlich werden kann. Die folgende synoptische Übersicht zeigt die Zusammenhänge.

Tabelle 66: Selbstschädigung: Ihre Begleiter und ihre Folgen

	Jugendliche, die Selbstschädigungstendenzen haben					
	kaum				stark	GAMMA
	1	2	3	4	5	
Die subjektive Gewalt-Doktrin ist gering.						
Ost (1 + 2)	64	43	37	28	21	0.27
West (1)	53	42	26	21	18	0.28
Das Dominanzstreben ist ausgeprägt (4 + 5).						
Ost	15	22	29	38	45	0.28
West	18	26	31	38	38	0.19
Selbstmordphantasien						
Ost	4	8	19	44	71	0.63
West	3	9	17	38	62	0.64
Es kennen das Gefühl der Ausweglosigkeit						
Ost	14	35	52	69	92	0.51
West	14	32	40	63	80	0.51

Verlockend für diese Gefühlsdispositionen sind die Angebote des Drogenmarktes. Im Westen war die Reichweite des Drogenmarktes 1995 wesentlich größer als im Osten. 27 Prozent der Jugendlichen im Westen sagen, ihnen sei öfter schon mal Marihuana oder Haschisch angeboten worden, und zehn Prozent der Jugendlichen im Osten kommen häufiger in Kontakt mit dem Drogenmarkt. Ein einmaliges Angebot referierten 17 Prozent im Westen und 15 Prozent im Osten. Somit ist die gesamte Reichweite des Drogenmarktes im Westen bei 44, im Osten bei 25 Prozent der Jugendlichen (Tabelle A129). Der Trend ist steigend. Im Westen hat sich das Drogenangebot seit 1986 intensiviert. Damals berichteten nur 16 Prozent, ihnen sei häufiger Stoff angeboten worden. Der Osten holt rasch auf. Von Frühjahr 1994 bis September 1995 stieg die Zahl der Jugendlichen, die von Drogenmarketing berührt wurden, von 16 auf 25 Prozent.

Der Kreis der Drogenkonsumenten betrug 1994 im Osten vier Prozent (genau 3,7), im Westen nach einer Messung aus dem Jahre 1986 sieben Prozent. Im Laufe von gut einem Jahr ist der Kreis der Drogenkonsumenten im Osten jetzt auf acht Prozent angestiegen. Im Westen stieg die Gesamtzahl der Konsumenten dramatisch auf 20 Prozent an. Auch andere psychoaktive Substanzen kommen ins Blickfeld der Selbstschädiger. So steigt mit zunehmender Tendenz zur Selbstschädigung der Gebrauch von Schlaf-, Schmerz- oder Anregungsmitteln. Auch der Alkohol wird zum Krisenmanagement benutzt[111].

Für die Minderheiten junger Menschen auf dem Rückzug sieht die Welt nicht sehr verlockend aus. Ihre Erlebnisbilanz ist negativ, von ihrem Leben berichten sie als einem großen Malaise. Man fragt sich, warum diese jungen Menschen sich nicht Mühe geben, die widrigen Umstände zu verlassen und sich andere Erfahrungen zu verschaffen. Das Ziel wäre verlockend, aber sie können es ohne Hilfe von außen nicht mehr erreichen. Das angeschlagene, das kranke Selbst kann aus sich heraus keine Selbstheilungskräfte mobilisieren. Handreichungen und organisatorische Hilfen sind wichtig, attraktive Alternativen zur gegenwärtig gewählten Lebensform.

7.3. Wege zu einer verpfuschten Biographie: Verhaltensweisen, die spätere Risiken bergen

Wenn Jugendliche sich ganz und gar augenblicklichen Vorlieben und Abneigungen überlassen und aus ihren Stimmungen und Verstimmungen Konsequenzen ziehen, besteht die Wahrscheinlichkeit, daß sie Risiken für ihre Biographie aufbauen. Die Schule schwänzen, Lernunlust, die Abwertung der Bildungsanstrengung, Aufwertung eines bildungsfernen Lebens in der Clique, schnell Geldverdienen und nicht auf der Schule bleiben – das sind Verhaltensweisen, die mit Sicherheit die künftigen Lebenschancen begrenzen. Es handelt sich um destruktive Verhaltensweisen, die oft im Gewande der Verführung daherkommen, und so werden die

---

111 Gerhard Schmidtchen: Schritte ins Nichts. a.a.O., S. 53ff.

Folgen von den Jugendlichen zunächst nicht erkannt. Mit dem Problem biographiezerstörender Verhaltensweisen beschäftigt sich die amerikanische Jugendforschung und wissenschaftliche Sozialarbeit. Als Risikoproduzenten gelten Verhaltensweisen, in deren Gefolge Fähigkeiten zerstört oder aber überhaupt nicht erworben werden. Als Fähigkeiten werden Kompetenzen in drei Bereichen betrachtet: eine gelingende Elternschaft, die produktive Teilnahme im Beschäftigungssystem und die informierte und motivierte Teilnahme am politischen Leben. Joy G. Dryfoos[112] schätzt, daß 25 Prozent der amerikanischen Jugendlichen mit dem Risiko aufwachsen, inkompetente Erwachsene zu werden, die sich und die Gesellschaft später mit ihren Verhaltensweisen belasten, und sie geben mit hoher Wahrscheinlichkeit ihr belastendes Verhalten an die nächste Generation weiter. Gegen den Vorwurf, dies sei doch eine pessimistische Schätzung, weist sie auf andere Untersuchungen hin, die 30 Prozent der amerikanischen Jugendlichen mit hohen Risiken für die eigene Biographie behaftet sehen. Zu den Verhaltensweisen, die Risiken konstituieren, gehören Delinquenz, Drogenkonsum, teenage-Schwangerschaft, Schulversagen und Verlassen der Ausbildung. Die Schwierigkeit besteht darin, daß sich diese Verhaltensweisen bei vielen Jugendlichen häufen, wo eine dieser kritischen Verhaltensweisen auftritt, gibt es meist auch andere Probleme. Die Risikogruppe zeigt zugleich Symptome von Streß und Depression.

Die vorliegende breit angelegte Untersuchung macht es möglich, abzuschätzen, wieviel Jugendliche Risiken für die eigene Biographie herstellen. In diesen Index flossen sechs Gruppen von Beobachtungen ein: 1. die Schule schwänzen oder die Ausbildung abbrechen, 2. verfrühte Schwangerschaft, 3. Delinquenz, 4. hohe Bereitschaft zur Gewalt, 5. Selbstmordtendenz sowie 6. das Ausscheren aus der Rationalität in Form eines magisch-animistischen Weltbildes.

Die Risikoabschätzung beruht auf etwas anderen Kriterien als denen, die in den USA angewendet wurden. Der Drogenkonsum und das Schulversagen wurden nicht aufgenommen, dafür aber

---

112 Joy G. Dryfoos: Common Components of Successfull Interventions with High-Risk Youth. In: Nancy J. Bell and Robert W. Bell: Adolescent Risk Taking. Newbury Park, 1993. S. 131-147

das Schule schwänzen (neben dem Abbruch der Ausbildung), ein hohes Maß von Gewaltbereitschaft, Selbstmordphantasien und die Bereitschaft, aus einer aufgeklärten Gesellschaft auszusteigen, meßbar in der Überzeugtheit von magisch-animistischen Theorien. Eine Übersicht im Anhang zeigt zunächst die Ausprägung dieser Kriterien in Ost und West. Dabei fällt auf, daß das Schule schwänzen im Westen geläufig ist, im Osten dagegen weniger, Übertretungen und Vorstrafen sind im Osten leicht häufiger, auch die Gewaltbereitschaft. Andererseits ist im Osten eine ausgeprägte Abneigung zu verspüren, sich von einem aufgeklärten Weltbild zu verabschieden. (Tabelle A130)

Diese Angaben erlauben es, das Risikoverhalten additiv zu skalieren und auf diese Weise abzuschätzen. Wer von den aufgeführten Risiken vier und mehr auf sich vereinigt, kann als ziemlich gefährdet angesehen werden, dazu kann man auch noch die rechnen, die drei Risiken zu Protokoll gegeben haben. Insgesamt gehören demnach im Westen 18 Prozent zu den Risikogruppen, im Osten 13 Prozent, darunter im Westen neun Prozent mit vier und mehr Risiken, im Osten sechs Prozent. Die demographische Analyse zeigt, daß junge Frauen in Ostdeutschland weniger risikoreiches Verhalten an den Tag legen als die jungen Männer (11 zu 15 Prozent). In Westdeutschland haben junge Männer zu 18 Prozent einen hohen Risikostand, junge Frauen zu 19 Prozent. Junge Menschen mit einfacher Bildung haben im Osten wie im Westen eine relativ hohe Risikoquote. Frei von Risiken dieser Art sind 40 Prozent der jungen Menschen im Osten und 25 Prozent im Westen. Definiert man die Gruppe der Risikofreiheit großzügiger, nimmt man die, die nur ein Risiko zu Protokoll gegeben haben, hinzu, so sind 70 Prozent im Osten unbelastet und 60 Prozent im Westen. Die demographischen Übersichten finden sich im Anhang A131 und A132.

Die Größenordnungen massiver Biographierisiken, wie sie in den USA bestehen, werden nach den vorliegenden Schätzungen in Deutschland offenbar nicht erreicht. Aber man muß sich auch vergegenwärtigen, daß wir hier keine vergleichbaren Erhebungen vorlegen. Das effektive Schulversagen wurde zum Beispiel nicht erfaßt. Wenn man sich andererseits aber vergegenwärtigt, daß ein Viertel der jungen Menschen ausgeprägt zu Selbstschädigungstendenzen neigt, dann kommen wir an die von Dryfoos geschätzten amerikanischen Größenordnungen heran. Selbstschädigungstendenzen und ein für die eigene Biographie riskantes Verhalten gehen Hand in Hand. Gerade weil beide Meßgrößen auf sehr verschiedene Weise entstanden sind, ist der Zusammenhang sehr bedeutsam. Die Tabelle 67 veranschaulicht ihn.

Tabelle 67: Selbstschädigungstendenzen und Risiko-Verhalten gehen Hand in Hand

| | Jugendliche, die Selbstschädigungstendenzen haben | | | | | |
| | kaum | | | | stark | Insgesamt |
	1	2	3	4	5	
Ost						
Es zeigen die folgende Zahl von Biographie-Risiken						
keines	60	50	39	23	9	40
1	28	28	35	32	21	30
2	8	16	15	25	25	17
3	2⎫	4⎫	7⎫	11⎫	25⎫	7⎫
	⎬ 4	⎬ 6	⎬11	⎬20	⎬45	⎬13
4 und mehr	2⎭	2⎭	4⎭	9⎭	20⎭	6⎭
	100	100	100	100	100	100
West						
Es zeigen die folgende Zahl von Biographie-Risiken						
keines	40	35	20	15	8	25
1	39	37	38	26	21	35
2	14	18	25	28	25	22
3	4⎫	4⎫	9⎫	15⎫	29⎫	9⎫
	⎬ 7	⎬10	⎬17	⎬31	⎬46	⎬18
4 und mehr	3⎭	6⎭	8⎭	16⎭	17⎭	9⎭
	100	100	100	100	100	100

Rückzugstendenzen sind demnach auch mit der Zurückweisung gesellschaftlicher Mitwirkungsangebote, der Bildungsangebote zum Beispiel, verbunden, und auch mit der Zurückweisung von Regeln, die nicht nur das Zusammenleben reibungslos ermöglichen, sondern auch die Kooperation sichern. Beim Rückzug werden immer soziale Brücken abgebrochen.

Jugendliche wählen riskante Verhaltensmuster nicht aus Vorliebe für eine elende Biographie, sondern weil sie sich augenblicklich aus einer unbequemen Lage befreien wollen. Sie sehen nicht die langfristigen Kosten. In ihrem Familienhintergrund haben sie nicht gelernt, Bedürfnisse aufzuschieben und auf kleine Belohnungen jetzt zugunsten größerer später zu verzichten. Dies wird deutlich, wenn man sich den sozialen Hintergrund vergegenwärtigt. Jugendliche mit schwacher sozialer Integration und zudem hohen biographischen Belastungen in Elternhaus und Schule tendieren tragischerweise wiederum genau zu solchen Verhaltensweisen, die ihre weitere Biographie belasten können, wenn nichts anderes dazwischentritt. Biographische Belastungen werden insbesondere dann lebensbestimmend, wenn eine gute soziale Eingliederung mißlingt. Wenn die Gegenwart nicht freundlich ist, werden die frühen Gefühle handlungsleitend: Es ist der Vorgang der Regression. Das Schaubild 51 verdeutlicht den Zusammenhang. Über die Bildung der Indizes für biographische Belastung und soziale Integration orientiert eine Übersicht im Anhang (Tabellen A133 und A134).

Schaubild 51: Biographische Belastungen, soziale Integration und Risiko-Verhalten gegenüber der eigenen Biographie

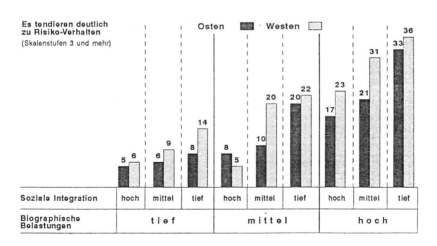

Jugendliche von 15-30; Antworten in Prozent
Quelle: Jugendumfrage 1993/1994 für das BMFJ
Copyright by IM Leipzig u. Prof.D.Dr. Gerhard Schmidtchen

Biographierisiken und Selbstschädigungstendenzen sind Jugendprobleme, die in der Bundesrepublik der Größe nach wahrscheinlich alle anderen überragen. Diese Probleme bleiben nicht bei den Jugendlichen, sie werden über einen Multiplikatoreffekt in die nächste Generation weitergereicht und durch gesellschaftsverachtende Organisationen, die dann entweder zu einem kriminologischen oder politischen Problem werden. Es gibt beladene Jugendliche in unserer Gesellschaft, die mit nur schwacher Hoffnung in die Zukunft schauen. Gerade auch in den kritischen Befunden dieser Untersuchung scheinen die Konturen einer Jugendkultur auf, in der Vertrauen und Kreativität wachsen können. Wir brauchen die Demokratisierung der Chancen für eine gute Persönlichkeitsentwicklung. Das wäre ein Deutschland, in dem viele gern leben möchten.

8. Wie weit ist der Weg nach Deutschland?

8.1 Der Osten zwischen Hoffnung und Enttäuschung – Die Ergebnisse in Stichworten

Der Sondierung und Analyse jugendpolitischer Problemfelder gilt die vorliegende Untersuchung. Das diagnostische Interesse richtete sich insbesondere auf die neuen Bundesländer. Die Untersuchung umfaßt ein weites thematisches Spektrum: 1. Orientierungsprobleme: Werte und Moral 2. Verarbeitung der Umbruchsituation von 1990 3. Die psychische Verfassung der Jugendlichen 4. das soziale Netz: Familie, Beruf, Vereine und Cliquen 5. religiöse Orientierung: die Chance der Sekten 6. die Bereitschaft zu Illegalität und Gewalt sowie deren Hintergründe 7. Handlungsvertrauen und Verhaltensstörungen: Persönlichkeitsdiagnose, Selbstschädigungstendenzen und Drogenkonsum, Aufbau von Biographie-Risiken. Die Breite der Thematik erlaubt es, Querbeziehungen herzustellen. So wird das Wechselspiel von sozialer Integration und geistiger Orientierung für das Verhalten sichtbar.

Warum kein Orientierungsvakuum?

Nachdem die ersten Untersuchungen über die Wertorientierung ostdeutscher Jugendlicher bekannt wurden, hat es viele Beobachter überrascht, daß die Werte denen im Westen recht ähnlich waren. Diese Überraschung basiert auf einen bestimmten Bild des Ostens. Wenn man voraussetzt, daß der gesamte Osten monolithisch durch eine Partei und ihre Ideologie organisiert war, dann schien nach dem Fortfall dieser Machtstrukturen die Vakuumthese plausibel. Mindestens konnte man einen hohen Grad von Desorientierung erwarten. Angesichts der überraschenden Ähnlichkeit der Werte spekulierte man darüber, ob dies das Ergebnis einer schnellen Anpassung oder überhaupt schon das des Westfernsehens gewesen sei. Beides ist nicht der Fall. Jenseits aller Ideologie und deren Kontrollorgane war die DDR ja auch eine Gesellschaft mit den Institutionen Familie, Bildung und Beruf. Um sich hier einzugliedern, war es für den einzelnen und in den Familien notwendig, einen ganz ähnlichen Wertekanon zu entwickeln wie im Westen. Auch der Wertewandel verlief schon zu DDR-Zeiten ähnlich wie im Westen: die Person wurde wichtiger.

Wie konnte in einer atheistischen Gesellschaft eine christliche Moral entstehen?

Auch die Moralvorstellungen in Ost und West sind einander mehr ähnlich als unähnlich. Als die großen Sozialisationsinstanzen für Moral galten immer die Kirchen. Aber wie kann bei den Unkirchlichen und zum Teil überzeugten Atheisten im Osten eine christliche Moral entstehen? Das Alltagshandeln erzwingt mit der Notwendigkeit, zuverlässig zu sein, ein Eingehen auf den anderen. Die Erwartungen des Alltagslebens in der Familie, im Freundeskreis, in der Schule, im Beruf moralisiert das Verhalten. Für die Orientierung des einzelnen und seine Motivation ist es dann das zweckmäßigste, die moralischen Normen zu übernehmen. Gleichzeitig wird man damit urteilsfähig, was die Verhaltensweisen anderer angeht.

Bei allen Ähnlichkeiten sind die Abweichungen in den Werten und den moralischen Zielen interessant. Familie, berufliche Leistung und die damit einhergehende finanzielle Sicherung werden von Jugendlichen im Osten im Durchschnitt für etwas wichtiger gehalten als im Westen. Aber auch im Westen sind diese Werte zwischen 1986 und 1994 wichtiger geworden. Daneben aber auch Werte des allgemeinen Engagements und der Welterfahrung. Moralisch wirken Jugendliche im Osten etwas preußisch-puritanischer. Die Zeit nutzen, höflich und bescheiden sein, aber auch sich durchsetzen, sind Grundsätze, die im Osten mehr Anklang finden.

Die Wertorientierung der Jugend im Osten und ihr moralisches Empfinden stehen dem Leben in einer modernen Gesellschaft nicht im Wege, im Gegenteil. Genau wie im Westen schon festgestellt, ist es das Hauptmotiv junger Menschen, sich an wichtigen Aufgaben gesellschaftlicher Wertschöpfung, materiell wie ideell, zu beteiligen.

Die Verarbeitung der Wende

Jugendliche in Ost und West betrachten die Zeit seit der Wiedervereinigung mit einem unterschiedlichen Zeitgefühl. 1994 sagte die Mehrheit der jungen Menschen im Osten, die Wiedervereinigung, der Fall der Mauer, das sei lange her, aber nur 37 Prozent im Westen. Etwa anderthalb Jahre später stürzen die Ereignisse schon weiter ins Geschichtliche zurück, 63 Prozent im Osten sagen, die Wiedervereinigung ist lange her und 46 Prozent im Westen. Für Jugendliche im Osten war die Zeit also angefüllter, hatte eine höhere Ereignisdichte, erschien deswegen länger. Das ist ein erster Hinweis darauf, daß junge Menschen im Osten den Prozeß der Wiedervereinigung als aufregender, auch anstrengender wahrgenommen haben. Im Erlebnis der Wende mischten sich positive und negative Empfindungen. 45 Prozent haben die Wende weitgehend positiv erlebt, aber doch 42 Prozent waren ambivalent. Nur für 14 Prozent hat die Wende etwas Negatives gehabt. Viele Jugendliche haben ihr Leben in der DDR als recht positiv beschrieben, die Kindergärten, die soziale Sicherheit, geringe Kriminalität, die menschlichen Beziehungen, die berufliche Bildung, auch die Jungen Pioniere schneiden nicht schlecht ab. Je positiver die Erinnerung an das Leben in der DDR ist, desto ambivalenter wird die Wende beschrieben und desto größer sind die Chancen der Grünen und der PDS. Als Gewinn der Wende wird in erster Linie die Reisefreiheit erwähnt, die besseren Möglichkeiten sich zu kleiden, das Auto, die bessere Ernährung, die politische Meinungsfreiheit, die Freizeitgestaltung, überhaupt interessanter nach eigenen Plänen leben zu können. Diese Freiheitswerte wurden 1995 noch einmal stärker betont.

Als politische Beobachter sind junge Menschen im Osten zornig. Das ist vielleicht einer der bedeutendsten Unterschiede zwischen Ost und West. Sie regen sich über die Besserwisser aus dem Westen auf. Betriebsschließungen, daß zu wenig für die Jugend getan wird, die Tätigkeit der westlichen Firmen, der Treuhand, Mauerschützenprozesse, aber auch Wendehälse aus dem Osten, das sind die großen Ärgerthemen. Ungerecht ginge es bei der Wiedervereinigung zu, erklärten 64 Prozent der Jugendlichen im Jahre 1994, anderthalb Jahre später, 1995 war die Zahl der

Kritiker auf 50 Prozent gesunken. Aber das Gefühl von Gerechtigkeit will sich trotzdem nicht ausbreiten, die Zahl der Unentschiedenen wächst.

Das Lebensgefühl Jugendlicher im Osten ist durch ein höheres Maß an Frustration gekennzeichnet. Diese haben gesellschaftliche, aber auch persönliche Ursachen. Gefühle der Frustration haben vielfältige Folgen, im Osten keine anderen als im Westen. Die Reizbarkeit, die Nervosität ist im Osten im Durchschnitt größer als im Westen. Dies zeigt ein Test des negativen Affekts. Einsamkeit ist ein Vorläufer für negative Gefühle. Es ist ein Zirkel. Die, die sich negativ fühlen, bilden auch eine schlechte Gesellschaft, und sie werden wieder einsamer. Jugendliche, bei denen die Sorgen die Freuden überwiegen, haben großenteils schlechte Gefühle. Das heißt, die soziale Situation, die Verstärkungssituation, die Chancen, sich freudvolle Erfahrungen zu verschaffen, sind bei diesen Jugendlichen geringer. Mit negativen Gefühlen sinkt überhaupt die Lebensfreude. Die Korrelationen sind stark. Mit negativen Affekten geht eine schlechte psychosomatische Verfassung einher. Aber negativer Affekt wird auch nach außen getragen. Vandalismus steigt sehr deutlich mit negativen Gefühlen. Die Umwelt wird als unfreundlich, als feindlich empfunden, gibt nichts her, verdient Schädigung. Mit der Sprühdose in der Hand kann man vom Ärger etwas zurückgeben.

Jugendliche im Osten sind weniger ressourcenreich als die im Westen, haben also Belastungen weniger entgegenzusetzen. Die berufliche Zukunft liegt Jugendlichen im Osten weniger klar vor Augen als denen im Westen. Immerhin sagen 70 Prozent wenigstens, daß ihnen die berufliche Zukunft einigermaßen klar sei (78 Prozent im Westen). Die Streßbelastung der Jugendlichen im Osten ist größer, wie ein Test der Sozialpersönlichkeit zeigt. Je klarer die Lebensperspektive in Beruf und Partnerschaft, desto zuversichtlicher blicken junge Menschen im Osten in ihre persönliche Zukunft. Im Herbst 1995 erklärten 57 Prozent der Jugendlichen im Osten, ihr Leben sei besser, sie stünden heute besser da als vor 1990. 1994 sagten das 46 Prozent. Im Westen hat sich nichts geändert, die Mehrheit erklärt ‚gleich' oder ‚schlechter'.

Das soziale Netz

Der Erziehungsstil in den Familien Ostdeutschlands ist im Durchschnitt besser als im Westen. Mehr Familien scheinen einen reifen Erziehungsstil zu praktizieren. Sie geben emotionale Unterstützung, stellen aber auch Forderungen. Der Erziehungsstil von reif bis paradox hat wesentlichen Einfluß auf das spätere soziale Verhalten der Jugendlichen, ob sie zu ressourcenreichen Persönlichkeiten werden oder nicht. Interessant ist zum Beispiel, daß Kinder, die einem paradoxen Erziehungsstil ausgesetzt worden sind (es werden Forderungen gestellt, aber keine emotionale Unterstützung gewährt), weniger soziale Rollen haben, also isolierter sind als die anderen Kinder. Im Kontrast zum Familienklima steht das Verhalten der Vorgesetzten und Lehrer in Ostdeutschland. Im Osten haben 43 Prozent der Jugendlichen Vorgesetzte oder Lehrer, die einen preußisch-puritanischen Führungsstil praktizieren, also auf kühle Weise Forderungen stellen, 30 Prozent sind es im Westen. Im Westen hat, so zeigt eine Vergleichsuntersuchung aus dem Jahre 1986, der emotionale Komfort in Schule und Beruf zugenommen, aber die Striktheit, mit der Forderungen gestellt werden, ging zurück. Die Bereitschaft zur beruflichen Mobilität ist, wenn man die Absichtserklärungen vergleicht, in Ost und West ungefähr gleich groß. Faktisch aber ist sie im Osten größer. 21 Prozent der Jugendlichen im Westen haben Umzugspläne aus Berufs- oder Bildungsgründen, aber 29 Prozent im Osten. Dabei besteht eine deutliche Tendenz zur Westwanderung, 23 Prozent der Jugendlichen, die fortgehen wollen, planen in den Westen zu gehen. Aber von den westdeutschen Jugendlichen wollen nur fünf Prozent in den Osten.

Wie zufrieden sind Jugendliche mit ihrem sozialen Umfeld? Ein Vergleich mit den Jugendlichen im Westen zeigt, daß die Jugendlichen im Osten weniger zufrieden mit ihren Berufschancen sind, weniger mit den Angeboten zur Weiterbildung und den Möglichkeiten Sport zu treiben, mit kulturellen Veranstaltungen. Auch das Einkommen wird weniger als Positivum erwähnt. Mit den menschlichen Beziehungen sind Jugendliche im Osten fast so zufrieden wie im Westen und mehr noch mit der Liebe, die sie von den Eltern bekommen. Die Möglichkeiten, sich am Leben zu freuen, die Geselligkeit und persönliche Begegnung – dies ist in der sozialen Kultur des Ostens offenbar noch weniger möglich.

Vereinsmitgliedschaften sind im Osten noch weniger zahlreich als im Westen. Insgesamt aber gehören 59 Prozent der Jugendlichen im Osten irgendeinem Verein an und 66 Prozent im Westen. Mehrfachmitgliedschaften gibt es im Westen 37 Prozent, im Osten 27 Prozent. Vereine sind gleichzeitig Schlüssel zu anderen Kontakten. Je intensiver die Vereinsmitgliedschaft, desto mehr Freunde/Freundinnen haben die Jugendlichen, desto mehr gehören sie auch Cliquen an und desto mehr, was nicht verwunderlich ist, betreiben sie regelmäßig Sport. 37 Prozent im Westen und 27 Prozent der Jugendlichen im Osten gehören Cliquen an. Zur Hälfte sind es Gruppen, die sich mindestens einmal in der Woche treffen. In den Cliquen des Ostens ist Deutschsein häufiger ein Thema als im Westen, Zuzug von Ausländern ebenfalls. Gegenüber Staat und Gesellschaft sind die Gruppen überwiegend neutral, allerdings ein Viertel im Westen und etwas mehr als ein Viertel im Osten ablehnend.

Beliebte Jugendgruppen sind Disko-Fans, Motorrad-Fans, Fußball-Fans. Zu anderen Gruppen gehen viele Jugendliche auf Distanz, so zu Alternativen, Hausbesetzern, Punks, Poppern, Rokkern, nationalen Gruppen, Yuppies, Skinheads und Hooligans. Eine mehrdimensionale Analyse zeigt, daß die Gruppen sich in den Achsen von plural und uniform einerseits und Mehrheitskultur sowie sezessionistisch andererseits anordnen lassen. Die Freizeit- und Erlebnisgruppen wie Motorrad-Fans, Disko- und Fußball-Fans gehören zur Mehrheitskultur. Als sezessionistisch kann man die Alternativen, die Punks, die Hausbesetzer, auch Yuppies bezeichnen. Sie gehören aber im wesentlichen noch zu den Gruppen mit einem pluralen Konzept. Unter den uniformen finden wir Skinheads, Hooligans und nationalistische Gruppen. Die nationalistisch-uniformen Gruppen sind psychologisch weitgehend isoliert.

Aus den Beobachtungen über soziale Eingliederung und biographische Belastung läßt sich ein zusammenfassender Index bilden, der neun Stufen hat, von geringen Belastungen und hoher sozialer Integration bis umgekehrt zu hohen Belastungen und geringer Integration. Ziemlich regelmäßig steigen im Osten wie im

Westen negative Empfindungen und eine negative Erlebnisbilanz (die Sorgen überwiegen) mit zunehmenden biographischen Belastungen und schwächerer sozialer Integration an. Die sozialen Verhältnisse erklären also einiges am Verhalten, aber nicht alles. Es gibt Einflußgrößen mit stärkerer Erklärungskraft. Sie sind in der geistigen Orientierung zu suchen, die dann freilich wiederum ihre sozialen Verstärkungsmuster hat: Kommuniktionsfelder, die sich nicht durch Status definieren lassen.

Zur religiösen Situation in den neuen Bundesländern

In wenigem unterscheiden sich Menschen in Ost- und Westdeutschland so sehr voneinander wie in ihrer kirchlichen Bindung und den religiösen Orientierungen. Konfessionell gebunden sind 87 Prozent der Jugendlichen zwischen 15 und 30 im Westen, 21 Prozent im Osten. Bei 20 Prozent der Jugendlichen sind die Eltern indessen noch kirchlich gebunden. Die Kirchenbesucherzahlen im Osten liegen deutlich unter denen des Westens. Der Kreis der Kirchenbesucher, der im Westen wenigstens ab und zu zur Kirche geht, hat die Größe von 26 Prozent, im Osten sind es elf. Allerdings sind die kleineren Gemeinden im Osten, wenn man nur sie betrachtet, aktiver. Hier sind die Kirchenbesucherzahlen höher als bei Protestanten und Katholiken, die im Westen der Kirche angehören.

Was die Gottesbegriffe angeht, so lassen 20 Prozent im Westen eine atheistische Position erkennen, im Osten gibt es 64 Prozent bekennende Atheisten.

Von 100 Verheirateten haben sich 61 Prozent im Westen kirchlich trauen lassen, im Osten 14 Prozent. Im Westen ist die Zahl der kirchlichen Trauungen unter jungen Leuten (Verheiratete bis 30) von 71 Prozent im Jahre 1986 auf die erwähnten 61 Prozent im Jahre 1994 zurückgegangen.

Im Osten hat sich die Jugendweihe als Passage-Ritus weitgehend durchgesetzt. 87 Prozent haben bis 1994 die Jugendweihe erhalten. Im Herbst 1995 war das von 84 Prozent zu hören. Konfirmation und Erstkommunion haben insgesamt 22 Prozent der ostdeutschen Jugendlichen empfangen, die Konfirmanden haben zur Hälfte auch an der Jugendweihe teilgenommen. Bei Katholiken ist der Widerstand gegen die Jugendweihe etwas stärker, die

Entscheidungen sind eindeutiger zugunsten der Erstkommunion. Es wird also verbreitet ein praktischer Synkretismus geübt.

Die Vorgeschichte der religiösen Situation in Ostdeutschland ist älter als die 40 Jahre Ulbricht- und Honecker-Regime. Der Protestantismus entwickelte sich einem sehr spät christianisierten Gebiet. Dem aufgeklärten preußischen Staat schmiegte sich die Kirche an (ein Ausdruck von Ernst Troeltsch), die Theologie des 19. Jahrhunderts wirkte in vieler Hinsicht aufgeklärt, selber säkularisiert.

Vor solchem Hintergrund ist auch leichter zu verstehen, wieso junge Menschen in Ostdeutschland sehr viel dezidierter als im Westen von einem rationalen Weltbild ausgehen. Im Westen haben, so zeigen fünf Testfragen, 37 Prozent eine große Tendenz zu einem magisch-animistischen Weltbild. Im Osten dagegen nur 22 Prozent. Die Sekten haben es infolge dessen schwer mit der östlichen Jugend. Als Sektenanhänger haben sich im Westen 0,9 Prozent der jungen Menschen zu erkennen gegeben, im Osten 0,5 Prozent. Der weiteste Kreis, einschließlich jener, die engen Kontakt zu Sekten haben, beträgt 4,2 Prozent im Westen und 2,5 Prozent im Osten. Hochgerechnet ergeben sich allerdings beträchtliche absolute Zahlen. Die Sekten haben es im Westen geschafft, mit 684 000 Jugendlichen Kontakt aufzunehmen oder sie zu Mitgliedern zu gewinnen, im Osten beträgt dieser Kreis 83 000. Die aktuelle Mitgliederzahl ist hochgerechnet 137 000 im Westen und 16 700 im Osten. Die allgemeine Distanzierung ist im Westen deutlich gewachsen. Die Vorbehalte gegenüber den Sekten sind im Westen wie im Osten bei der großen Mehrheit deutlich zu spüren. 88 Prozent im Westen, 91 Prozent im Osten erklären, sie stünden den Sekten fern oder sehr fern.

Die Revolution des Lebenssinns

In einer religionssoziologischen Untersuchung des Jahres 1974 wurde die Frage gestellt, wofür man lebe, was der Sinn des Lebens sei. Diese Frage wurde mit einigen Ergänzungen wiederholt. Die Trendverschiebungen sind erheblich. Das Leben genießen als Lebenssinn stand 1974 nicht im Vordergrund, heute nimmt dieses Ziel eine Spitzenposition ein. Das Leben zu genießen, sei eben der

Sinn des Lebens. Glücklich sein, viel Freude zu haben, wird als sinnstiftend mehr gedacht als 1974. Auch von den Mitmenschen geachtet werden, Ansehen genießen, ist wichtiger geworden. In Ost und West wird die Sinnfrage sehr ähnlich beantwortet, wenn man einmal von den stärkeren Akzenten absieht, die östliche Jugendliche bei Leistung und Familie setzen. Die Faktorenanalyse gibt vier Felder der Sinnstiftung zu erkennen, die gleichzeitig damit zu Bewährungsfeldern werden. An erster Stelle steht die Persönlichkeitsentwicklung zusammen mit einem allgemeinen Engagement für die Gesellschaft, für Ideen. Dann folgen Leistung und Anerkennung mit Lebensfreude verbunden, an dritter Stelle die Familie und viertens schließlich, nur von wenigen als sinnstiftend betrachtet, die Bewährung vor Gott. Die religiösen Empfindungen haben sich ganz auf die Person verlegt. Die Person ist nicht mehr das Instrument, Aufgaben zu erfüllen, sondern sie ist sich selbst zum Thema geworden, muß vervollkommnet werden. Die Person scheint das Absolute geworden zu sein. Nicht die Person muß sich mehr rechtfertigen, sondern alles muß sich vor dem Persönlichkeitsideal rechtfertigen. Wir erleben den Aufstand der Person. Hier liegt die Quelle der größten Schwierigkeiten zwischen Person und Institution. Die Institutionen werden abgelehnt, wenn sie Forderungen stellen, aber wohlwollend betrachtet, wenn sie dem Phantasma des neuen Personseins dienen. Es ist wichtig, sich darüber klar zu werden, daß wir inmitten einer kulturellen Umbruchsituation stehen.

Persönliche und politische Gewaltbereitschaft. Die zentrale Rolle der subjektiven Gewalt-Doktrin.

Jeder Mensch ist mit der Befähigung ausgestattet, Aggressivität zu mobilisieren, Gewalt auszuüben. Die meisten Menschen knüpfen die Bereitschaft zu Aggression und Gewalt an bestimmte Bedingungen, an Situationsbeschreibungen. Zahlreiche Jugendliche würden Gewalt instrumentell einsetzen, zum Beispiel um sich persönlich zu schützen oder einen Angriff auf die eigene Gruppe abzuwehren, auch schließlich, um jugendpolitisch etwas zu erreichen. Diese instrumentelle Gewaltbereitschaft ist im Osten ausgeprägter als im Westen. Skaliert man die Angaben, so ergibt sich, daß 34

Prozent der Jugendlichen im Osten eine hohe instrumentelle Gewaltbereitschaft im persönlichen Bereich hegen gegenüber 19 Prozent im Westen. Ein anderes Bedingungssystem für Gewalt erschließt sich mit der Frage, in welchen Situationen man Legalitätsgrenzen überschreiten kann. Auch hier zeigt die Skalierung einer Testserie, daß 29 Prozent der Jugendlichen im Westen, aber 48 Prozent im Osten zu beträchtlichen Grenzüberschreitungen geneigt sind. Eine dritte und wesentliche Komponente der Aggressionsbereitschaft ist die Vergeltungstendenz. Auch hier zeigt sich wieder, daß die Vergeltungstendenz im Osten ausgeprägter ist als im Westen. Eine vierte Komponente einer zentralen Gewaltmotivation ist der unspezifische Vandalismus, also Handlungen aus einer allgemeinen Feindseligkeit heraus. Alle vier Komponenten haben eine hohe Interkorrelation. Dies ist die Rechtfertigung für die Bildung einer Hypervariablen „Subjektive Gewalt-Doktrin". Auch hier unterscheiden sich junge Menschen in Ost und West deutlich voneinander. Eine hohe Position, vier oder fünf auf der insgesamt 5-stufigen Skala, nehmen 21 Prozent der jungen Menschen im Westen und 33 Prozent im Osten ein. Die subjektive Gewalt-Doktrin hat einen deutlichen organisatorischen Hintergrund. Je ausgeprägter die Gewalt-Doktrin, desto eher sympathisieren die Jugendlichen mit radikalen Gruppen links oder rechts. Jugendliche mit einer deutlichen Tendenz zu linksradikalen oder rechtsradikalen Gruppen sind fast durchweg von einer subjektiven Gewalt-Doktrin durchdrungen. Mehr als alle anderen Einflußgrößen erklärt die Sammelgröße der subjektiven Gewalt-Doktrin auch die politische Gewalttätigkeit. Jugendliche, die eine subjektive Gewalt-Doktrin ablehnen, sind zu drei Prozent zu zivilem Ungehorsam und politischer Gewalt bereit, im Osten wie im Westen. Diejenigen aber, die sehr stark einer subjektiven Gewalt-Doktrin anhängen (Skalenstufe 5) sind zu 60 Prozent im Westen, zu 67 Prozent im Osten bereit, politische Anliegen in zivilen Ungehorsam und politischer Gewalt durchzusetzen oder sich an solchen Aktionen zu beteiligen. Die Erklärungskraft der Variable „Subjektive Gewalt-Doktrin" ist für zivilen Ungehorsam und politische Gewalt sehr groß.

Die Beseitigung der klassischen Ursachen von Gewalt: biographische Verletzungen, schlechte soziale Eingliederung, wirtschaftliche und politische Frustrationen geben kein ausreichendes

Konzept für den Umgang mit dem Thema Gewalt her. Die Bereitschaft zur Gewalt fußt in einer subjektiven Doktrin, daß dies die richtigen Verhaltensweisen wären. Diese Doktrin wiederum wird in sozial und politisch degenerierten Organisationen gepflegt. Degeneriert deswegen, weil sie den friedlichen Zusammenhang gesellschaftlicher Tätigkeit mißachten. Der geistigen Komponente in der Gewaltprävention gebührt ein höherer Rang als sie bisher hatte.

Dem Verhalten des politischen Systems kommt eine nicht unmaßgebliche Rolle bei der Vermeidung von Gewalt zu. Die Gewaltphantasien steigen auf, wenn junge Bürger sich machtlos vorkommen, wenn sie die Legitimität, die Gerechtigkeitsfunktion des politischen Systems bezweifeln, wenn sie das Gefühl haben, wesentliche humanitäre Werte in der Gesellschaft nicht verwirklichen zu können. Durch Bildung und Wohlstand sind die Bürger kompetenter geworden. In der Arbeit verwalten sie heute, sei es in den Werkhallen oder Büros, mehr Kapital als vor Jahrzehnten. Politisch ist ihr Einfluß aber nicht gewachsen. All das spricht für die Eröffnung größerer Mitwirkungsmöglichkeiten in Zukunft, und zwar auf allen politischen Ebenen, in der Gemeinde, im Land und in den Parteien. Das Verlangen nach mehr Bürgereinfluß nimmt ohnehin zu.

Die Frage, warum junge Menschen im Osten eine höhere Gewalt- und Kampfbereitschaft aufweisen, läßt sich mit klassischen soziologischen Reduktionismus nicht beantworten. Vielmehr sind wir auf historisch-psychologische Analysen verwiesen. Einen wichtigen Hinweis enthält die Aggressionsforschung der Vereinigten Staaten. Eine vergleichende internationale Untersuchung hat gezeigt, daß in militarisierten Gesellschaften die persönliche Gewalttendenz größer ist. Hier könnte ein Schlüssel zum Verständnis liegen. Die deutsche Gesellschaft östlich der Elbe war in einem kontinuierlichen Sinne militarisiert, das Militär hat einen hohen ethischen Rang. Das war nicht nur in Preußen so, sondern auch in der wilhelminischen Zeit. Die Weimarer Republik war in einem manifesten Sinne nicht militärisch, aber die Volksstimmung war es und blieb es. Die nationalsozialistische Partei gab sich als eine Militärorganisation und hatte damit Erfolg. An das Ende des 2. Weltkrieges schloß sich die sozialistische Herrschaft an, die auch eine dominierende militärische Komponente hatte. Schon die vormilitärische Ausbildung stimmte auf Kampf ein gegen Feinde des sozialistischen Lagers.

Die historischen Verhaltensprägungen in Form von genereller Kampfbereitschaft und Einteilung der Welt in Freund und Feind blieben gleichsam stehen, nachdem der Staat der DDR verschwand. Diese, in der Phantasie bereitliegenden Verhaltensschemata konnten nun auf neue Situationen angewendet werden. Abgesehen davon ist es aber auch denkbar, daß die erhöhte Aggressions- und Kampfbereitschaft ostdeutscher Jugendlicher aus der aktuellen historischen Situation zu verstehen ist. Wesentliches Moment der Wende war, daß die totale und gleichzeitig schützende Kontrolle des DDR-Staates verschwand und nun das Individuum vor dem Problem stand, die Kontrolle über das eigene Leben selber zu leisten. Das generelle Gefühl von Unsicherheit und Bedrohung, das nun entstand und vielfältig dokumentiert ist, kann zu einem agitierten Verhalten führen, zu dem Gefühl, kämpfen zu müssen, zu der Entschlossenheit, sich mit allen Mitteln zu behaupten. Die erhöhte Aggressions- und Kampfbereitschaft ostdeutscher Jugendlicher könnte also auch als reaktiv verstanden werden, als Aufbau einer falsch verstandenen Verhaltensnotwendigkeit. Beide Erklärungsmuster, das historische und das aktuelle, widersprechen sich nicht, zum Teil wirken die Dinge in Kombination. In welchem Anteil die Verhaltenstendenzen ostdeutscher Jugendlicher historisch oder aktuell bedingt sind, läßt sich exakt quantitativ nicht ausmachen.

Grundzüge der Sozialpersönlichkeit in Ost und West

Wesentliche Aspekte der Sozialpersönlichkeit sind Selbstvertrauen, Streßbelastung und aktiver Bewältigungsstil. In diesen drei Dimensionen unterscheiden sich ost- und westdeutsche Jugendliche nicht oder nur wenig. Die Streßbelastung ist im Osten größer. Diese Grundzüge der Sozialpersönlichkeit sind offenbar weitgehend systemunabhängig entstanden. Es gab in der Sozialisation der jungen Ost- und Westdeutschen über die politischen System-Besonderheiten hinausgehend substantielle Gemeinsamkeiten, die letztlich gleichartige psychische Erlebens- und Verhaltensdispositionen hervorbrachten. Bei einiger Besinnung auf die Wesensart menschlicher Existenz und die Determination psychischer Sachverhalte kommen einem die Befunde allerdings nicht mehr so überraschend vor. Kulturhistorische Gemeinsamkeiten scheinen sich hier über die zeitweilig unterschiedlichen politischen und ideologischen Inhalte und Systembedingungen hinweg als die eigentlichen bestimmenden Bedingungen für psychische Basisstrukturen durchgesetzt zu haben. Die Typisierungen, die z.B. Brähler und Richter für „Ossis" und „Wessis" formulierten, beruhen auf einer Überinterpretation einiger Lupeneffekte des Giessen-Tests.

Selbstschädigungstendenzen finden wir im Westen bei rund einem Viertel der Jugendlichen (26 Prozent), im Osten sind es nicht viel weniger, die ausgeprägte Selbstschädigungstendenzen verraten. Negative Stimmungslagen sind eine wesentliche Komponente der Selbstschädigungstendenzen. Selbstschädigungstendenzen korrelieren sehr hoch mit Selbstmordphantasien, dem Gefühl der Ausweglosigkeit. Aber es geht hier nicht nur um stillen Rückzug, auch Aggressivität ist im Spiel. Die subjektive Gewalt-Doktrin steigt tendenziell mit den Selbstsschädigungstendenzen an. Das bedeutet, daß die Stimmung der Jugendlichen, die einen Weg der Selbstschädigung beschreiten, leicht umschlagen kann in Aggressivität, wenn die Situation dies nahelegt und die nötigen Verstärker da sind. Selbstschädigungstendenzen sind mit Nichtigkeitsgefühlen verbunden, diese wiederum haben eine Tendenz zum Heroismus. Findet man in solchen Situationen geeignete Aggressionsobjekte, mit denen man sich wieder aufbauen kann, dann ist der Weg zur Heldenrolle sehr kurz. Es muß daran erinnert werden, daß alles Soldatische solche Nichtigkeitsgefühle in Form von Selbstverachtung in sich tragen kann. In Krisensituationen kann man aus solchen Gefühlen Kapital schlagen, wie manche Heldenkarriere im Krieg beweist und das Sinken der Selbstmordraten in Kriegssituationen.

Der Trend des Drogenkonsums ist steigend. Im Westen hat sich das Drogenangebot seit 1986 intensiviert, 16 Prozent der Jugendlichen ist damals häufiger Stoff angeboten worden, 1995 sind es 27 Prozent. Zehn Prozent der Jugendlichen im Osten kommen häufiger mit dem Drogenmarkt in Kontakt. Der Osten holt rasch auf. Von Frühjahr 1994 bis September 1995 stieg die Zahl der Jugendlichen, die überhaupt vom Drogenmarketing berührt worden sind, von 16 auf 25 Prozent.

Wieviel Jugendliche bauen sich Risiken für ihre eigene Biographie zusammen? Als biographisch riskant kann man solche Verhaltensweisen betrachten, die dazu führen, daß Jugendliche später die Elternrolle nicht richtig ausüben können, daß sie im Berufssystem Schwierigkeiten haben, und daß sie als Staatsbürger keine oder nur eine destruktive Rolle spielen. Die Schule schwänzen, Lernunlust, die Abwertung von Bildungsanstrengungen, die Aufwertung eines bildungsfernen Lebens in der Clique, schnell Geldverdienen, nicht auf der Schule bleiben, das sind Verhaltensweisen, die mit Sicherheit die künftigen Lebenschancen begrenzen. Die vorliegende Untersuchung enthielt sechs Beobachtungen, die Prognosen für ein größeres Biographierisiko zulassen: 1. die Schule schwänzen oder die Ausbildung abbrechen 2. verfrühte Schwangerschaft 3. Delinquenz 4. hohe Bereitschaft zur Gewalt 5. Selbstmordtendenz 6. das Ausscheren aus der Rationalität in Form eines magisch-animistischen Weltbildes. Skaliert man diese Angaben, so gewinnt man ein Bild. Jugendliche, die drei und mehr Risiken zu Protokoll gegeben haben, sammeln bereits erhebliche Risiken für ihre weitere Biographie an, dazu gehören 18 Prozent im Westen und 13 Prozent im Osten. Biographie-Risiken korrelieren mit Selbstschädigungstendenzen und mit einer Kombination von biographischen Belastungen und schlechter sozialer Integration. Bei geringen biographischen Belastungen und hoher Integration finden wir fünf (Ost) und sechs (West) Prozent in der Risikogruppe.

Im umgekehrten Falle, hohe biographische Belastung und geringe soziale Integration, finden sich 33 Prozent der Jugendlichen im Westen und 36 Prozent im Osten in der Gruppe mit hohem Risikoverhalten. Dieses vielleicht bedrückendste Problem der faktischen Jugendkultur ist im Westen noch etwas schärfer ausgeprägt als im Osten, es verdient wie schon in den Vereinigten Staaten eine hohe jugendpolitische Aufmerksamkeit.

8.2 Drei große gesellschaftliche Entwicklungen

In den Ergebnissen der Untersuchung werden über alle Einzelbefunde hinweg, aber doch auch in ihnen, allgemeine gesellschaftliche Entwicklungstrends sichtbar, die auf eine bedeutende Änderung des öffentlichen Verhaltens hindeuten. Gesellschaft besteht nicht nur aus den Mikroerlebnissen des Alltags, sondern auch aus Makrostrukturen und großen Entwicklungen, die nicht abstrakt bleiben. Auch wenn sie nachrichtenmäßig schwach durchleuchtet werden, so verwandeln sie sich auf der Personebene in Erlebnisse, in Verwunderung über die Zustände und in Daseinsprobleme. Auch die großen geschichtlichen Änderungen werden im einzelnen zur biographischen Materie. Dies ist nicht ohne Einfluß auf das Bewußtsein, also nicht nur auf die bloß registrierende Erinnerung, sondern auch auf die Selbstauffassung der Person, wer man eigentlich ist und sein möchte in dieser Welt. Das beschäftigt insbesondere junge Menschen, die ihre Lebensentwürfe vor sich haben. Drei neue Probleme und Entwicklungstendenzen, die das Verhältnis von Person und Gemeinwesen betreffen, zeichnen sich ab: 1. der sinkende Nutzen der Identifikation, 2. wachsende Ohnmachtsgefühle angesichts einer vielleicht noch nie dagewesenen wirtschaftlichen und öffentlichen Machtfülle und 3. die Geburt einer Neorenaissance, erkennbar am Aufstand der Person.

Der sinkende Nutzen der Identifikation

Gesellschaftlicher Wandel wird gegenwärtig als Wertewandel diskutiert. Das Thema Wertewandel ist der Austragungsort großer Interpretationsfehden. Schon die Diagnose ist strittig. Haben wir einen Werteverfall oder werden neue Werte formuliert? Soll man die neuen Werte fördern, oder schaden sie der Gesellschaft? Muß die Werteerziehung konservativer werden? Das Kennzeichen dieser Diskussion ist ihre Endlosigkeit und ihre politische Folgenlosigkeit.

Der Wertewandel ist nur die Nebenfolge einer grundlegenden Änderung des Personverständnisses. Wir leben in einer Gesellschaft außerordentlich hoher Transformationsraten, auch bei Nullwachstum ändert sich immerzu etwas. Eine solche Gesellschaft entwertet alte Anpassungsregeln. Die Änderungsschübe sind das Ergebnis eines kombinierten Wirkens mehrerer Sektorentwicklungen. Es sind zu nennen die Änderungen der Technologie, eine weitreichende Änderung des Beschäftigungssystems. Wir waren die Zeugen des Schwindens des primären Sektors Landwirtschaft, Forsten und Bergbau. Der sekundäre Sektor, also der Sektor Gütererzeugung ist personell im Schrumpfen begriffen. Es gibt inzwischen nicht nur das Konzept der menschenleeren Fabrik, sie ist zum Teil Wirklichkeit. Die Arbeiterschaft alten Standes verschwindet.

Die Wirtschaft wird produktiver. Es steigt insgesamt langfristig das Sozialprodukt. Die angewandte Organisationswissenschaft führt nicht nur zu einer rationellen Erzeugung von Produkten, sondern auch zu einer Ausdehnung und Rationalisierung des Dienstleistungssektors. In den großen Bildungs- und Fortbildungsanstrengungen spiegeln sich die Anpassungsleistungen an die neuen Verhältnisse, insbesondere im Osten.

Wenn die gesamte Wirtschaft und damit die Gesellschaft sich reorganisieren, stehen auch die einzelnen, stehen die Persönlichkeitssysteme vor einem Reorganisationsproblem. Was ist das Schicksal der Person in einer Gesellschaft, die Chancen, aber keine Sicherheiten bietet, die Leistungen predigt, aber Arbeitslosigkeit erzeugt? Die Menschen wissen zwar, daß sie in einer Gesellschaft leben, in der unproduktive Interaktionsnetze durch produktivere ersetzt werden; aber was geschieht mit ihnen selbst, wenn sie dabei auf der Strecke bleiben? Die Belohnung für Identifikation ist Sicherheit. Wie steht aber nun der Mitarbeiter, die Mitarbeiterin da, die sich identifiziert haben und plötzlich hinausgeworfen werden, denen die Frühpensionierung nahegelegt wird? Identifikation setzt sichere, kontinuierliche und mächtige Einrichtungen voraus, die Sicherheit gewähren können. Sobald die Institutionen selber dem Wandel unterworfen sind, in ihrer Personalpolitik Unsicherheit erzeugen, können sie keine Identifikation mehr erwarten.

Psychologisch gesehen ist Identifikation ohnehin ein fragwürdiges Geschäft. Entwicklungspsychologisch heißt Identifikation immer auch, den Mächtigen durch Ähnlichwerden günstig stimmen. Es gibt keine Identifikation ohne ein dahinter stehendes Motiv der Angst. Entwicklungspsychologisch kann dies nützlich sein. Aber für ein Leben taugt diese Konstruktion nichts. Der identifizierte Mitarbeiter kann immer an seiner Angst gepackt werden. Seine Persönlichkeit ist nicht so autonom wie der Betrieb das seiner eigenen Rationalität nach eigentlich möchte, sondern ein verhuschtes Wesen, das unter Umständen auch unsinnige Befehle ausführt. Das Predigen der Identifikation sollten die Institutionen ohnehin unterlassen. Wirklich starke Institutionen fördern die Autonomie. Das Verhalten der Institutionen in der Vergangenheit hat diesen generellen Trend des sinkenden Nutzens der Identifikation ausgelöst. Die Institutionen haben die Identifikation entwertet. Damit aber sind die Menschen auf die Suche nach neuen Sicherheiten verwiesen. Sie können sie nur in einem Autonomiekonzept finden.

Das Streben nach Autonomie hat indessen nicht die Gestalt eines enthusiastischen Aufbruchs, es äußert sich widersinnig. Sichere Zeichen sind die Verweigerung, die Auflehnung gegen Normen, die hohe Empfindlichkeit der Menschen gegenüber Kritik und Zurechtweisung, die ständige Frage nach der Zumutbarkeit einer Arbeit oder einer Situation. Die Symptome sind vielfältig, aber überall meldet sich das Selbstsein mit bemerkenswerter Willenskraft. Der Abbau der Identifikation geht nicht Hand in Hand mit dem gleichzeitigen Aufbau neuer persönlicher Sicherheiten des autonomen Verhaltens. Dazu würde auch ein Umfeld gehören, das eben diese Autonomie verlangt und pflegt, sie schützt. Zur Autonomie gehören Entscheidungsspielräume, damit aber auch Verhaltensrisiken, die institutionell akzeptiert und aufgefangen werden müssen, sonst wird keine Autonomie sein und auch keine Kreativität. Der rasche wirtschaftliche und soziale Wandel hat die Orientierungsleistung der Institutionen fragwürdig gemacht. Als Partner Sicherheit gewährender Identifikation fallen sie daher aus. Damit aber sind die Menschen gezwungen, sich selber neu zu organisieren, soweit sie dabei keine Unterstützung erfahren, verläuft der Prozeß krisenhaft und unter Umständen institutionenfeindlich.

Das Legitimitätsparadox

Mit wachsenden öffentlichen Haushalten wächst die Ohnmacht der Bürger. Politisch unbequemes und auffälliges Verhalten von Bürgern, ihre politische Abstinenz, ihre Abneigung in Parteien mitzuwirken, nicht genehmigte Demonstrationen und Gewalt führen regelmäßig zur Frage nach den Ursachen. Repräsentanten des politischen Systems sind geneigt, die Ursachen für unerwünschtes Verhalten beim einzelnen zu suchen, beim Individuum. Der Staat lastet negative Verhaltensweisen meistens den einzelnen an. Dies folgt den allgemeinen Gesetzen der Ursachenzuschreibung, wie sie in der Attributionstheorie vielfältig belegt sind. Wenn die Ursachen beim Bürger liegen und bei ihm allein, ist das politische System entlastet. Das öffentliche Verhalten des einzelnen ist aber ohne das Verhalten der Institutionen nicht zu verstehen, also müssen wir die Institutionen als wesentliche Akteure in die Analyse einbeziehen. Der Staat, das politische System wird vom Bürger beobachtet. Dies führt zu Reaktionen, also zu Änderungen seiner Motivation. Dabei gelten, was die öffentlichen Haushalte, die Finanzpolitik angeht, die folgenden Regeln:

Erstens: Wenn der Staat, wie es jetzt der Fall ist, im Laufe der Zeit mehr und mehr Geld beansprucht, wenn also die Staatsquote steigt, sich die Staatstätigkeit aber, soweit es der Bürger erkennen kann, nicht ändert, dann sinkt für ihn der Nutzen des politischen Systems. Mehr Steuern bei gleicher öffentlicher Leistung heißt sinkender Ertrag für den Bürger. Bei einer Ausdehnung der Staatstätigkeit ist zu berücksichtigen, daß die öffentlichen Erträge für die Bürger immer weniger erkennbar werden, oder er sie gar nicht mehr auf sich bezieht. Wer Berufen nachgeht, die nicht zur akademischen Welt gehören, wird gegenüber der öffentlichen Finanzierung der Hochschulen eher skeptisch sein. Wer nie in Theater oder Oper geht, wundert sich über deren Subventionen. Die öffentliche Haushaltsführung, der Umfang der öffentlichen Haushalte werden von vielen kritisch betrachtet, aber sie sehen keine Möglichkeit der unmittelbaren Einflußnahme. Zurück bleibt ein Unbehagen an der Politik.

Zweitens: Wenn bei steigenden Staatsausgaben wichtige Wohlfahrtskriterien nicht erreicht werden können, wie niedrige Kriminalitätsrate, geringe Arbeitslosigkeit, moralische Zuverlässigkeit, sinnvoll gelöste Verkehrsprobleme, ein guter Wohnungsmarkt, ausreichende Kindergartenplätze und gute Schulen, dann bilden sich die Bürger eine negative Meinung über die Funktionsweise des Systems. Die Legitimität des Systems sinkt. Steigende Staatsausgaben bei Verschlechterung der Wohlfahrtsfunktion sind keine gute Rechtfertigung für die Steuern, die der Bürger zahlt.

Drittens: Mit steigender Staatsquote wuchs in den letzten Jahrzehnten der außerparlamentarische Protest. Die Übersetzung von Staatsquote in Protest ist natürlich nicht direkter Natur. Die wirtschaftliche Aktivität ist in den letzten Jahrzehnten gestiegen, das Einkommen, das die Bürger umsetzen, ist wesentlich höher als in den 50er Jahren, und die Verantwortung für die Investitionen am Arbeitsplatz hat eine enorme Steigerung erlebt. Das alles führt zu einer erhöhten wirtschaftlichen und politischen Aufmerksamkeit der Bürger. Die ungünstige Relation von Staatsquote und Staatstätigkeit wird bemerkt. Der Staat als Wirtschaftssubjekt und Geldverwalter hat bei den Bürgern keinen guten Ruf. Skeptisch wird auch vermerkt, das im politischen System wegen des Zugriffs auf Finanzierungsmöglichkeiten durch die Gesetzgebung eine große Verführung liegt, die öffentlichen Haushalte auch wahltaktisch einzusetzen. Viele sind darüber verärgert. So wird der Boden für politische Unruhe vorbereitet. Deutsche Manager wurden nach Reformmöglichkeiten in Politik und Verwaltung gefragt. Sie sagten einhellig, es gäbe noch ungeheure Reserven für sinnvolle Reformen, nur vier Prozent meinten, das öffentliche System arbeite effektiv genug. Die Manager leben und betreiben selbst die Organisation der Wirtschaft. Sie beobachten unter solchen Perspektiven die Politik. Ineffektiv arbeite das politische System, das ist die Meinung der großen Mehrheit, das ist der Konsens der Manager, und es könne, es müsse reorganisiert werden.[113]

Zum Gefühl der Machtlosigkeit trägt bei, daß die politischen Rahmenbedingungen die wirtschaftliche Konzentration gefördert haben. Die Menschen sehen sich in Beruf und Freizeit fast nur noch Großorganisationen gegenüber. Wenn man von ihnen etwas will, in ihnen etwas erreichen will, braucht man andere Kompe-

---

113 Gerhard Schmidtchen: Lebenssinn und Arbeitswelt. a.a.O.

tenzen, andere Zugangswege als bisher. Wo zum Beispiel findet man einen Verantwortlichen für einen Mißstand? In einer Welt der mächtigen öffentlichen Haushalte und der wirtschaftlichen Großorganisationen, die ja auch in der Architektur der Städte ihren eindrucksvollen Niederschlag finden, kommt sich der einzelne Bürger mehr und mehr klein vor, eben machtlos. Dieses Gefühl, gegenüber den großen Entwicklungen in Politik und Gesellschaft machtlos zu sein, ist in den letzten Jahrzehnten bedeutsam angestiegen.

Änderungen in der Orientierung und dem öffentlichen Verhalten der Bürger kann man nicht dadurch erreichen, daß man sie an ihre Pflichten erinnert oder daß man sie als staatsverdrossen anpredigt. Die Änderung des institutionellen Verhaltens ist die Voraussetzung für Verhaltensänderungen beim Bürger. Die Bereiche der Mitverantwortung müssen erweitert werden. Dafür sind indessen andere Verfassungsänderungen notwendig als bisher in der Verfassungskommission diskutiert worden sind. Nicht der bloße staatsbürgerliche Diskurs, nicht gnädig verbreitete Information, erzeugt Bürgernähe, sondern die Reorganisation von Einfluß und politischer Verantwortung. Systemvergleiche können aufschlußreich sein. In der direkten Demokratie der Schweiz (die leider allzu oft mit einer plebeszitären verwechselt wird) ist der direkte fiskalische Einfluß der Bürger größer und die Staatsquote geringer als in anderen europäischen Ländern.

Zeichen einer Neorenaissance: der Aufstand der Person.

Wissenschaftliche Entdeckungen revolutionieren unser Daseinsverständnis. Bis heute leben wir in der geistigen und auch politischen Folgegeschichte der kopernikanischen Wende. Wolfgang Philipp, einer der großen und vergessenen Religionswissenschaftler, schreibt, daß die himmlischen Kristallglocken (die aristotelischen) zersprangen, „die die Wandelsterne trugen und die Welt zum Geborgenheitsraum schlossen. Nun erst löste sich auch die äußerste, die himmelbewegende Fixsternschale in nichts auf." Giodarno Bruno, der die Unendlichkeit besang, und damit eine neue Schöpfungstheorie propagierte, endete noch 1600 durch die Inquisition. Aber es nützte nichts, „das kosmische Grauen vor der

361

Unendlichkeit frißt um sich." Philipp schildert eindrucksvoll, wie als Reaktion auf diesen Unendlichkeitsschock die barocke Welt entsteht. In der Renaissance brach dieses neue Weltbild durch. Die Menschen definierten sich neu unter Rückgriff auf die Antike mit einem neuen Humanismus, Tugenden suchend, Laster vermeidend wie Trägheit oder Völlerei. In den Portraitgemälden der Renaissance treten uns starke, ruhige Individuen entgegen, aufmerksam und von hoher Unverwechselbarkeit. Während die Portraitmalerei des Barocks eher die liebliche Figur, wenn es Frauen waren oder den Popanz darstellten. Der zweite große Aufklärungsschub kam mit der Philosophie von Immanuel Kant. Philipp beschreibt die Wirkungen auf die Neuzeit als kantianischen Schock. Hatten sich durch die kopernikanischen Gestirnrevolutionen die „fast noch greifbaren kristallenen Himmelsglocken ins Unendliche aufgelöst", zerstäubten nun auch die theologisch-metaphysischen „Ersatzglocken in ein irreales Nichts". Alle Aussagen über Gott, über Jenseits, über übernatürliche Welten erwiesen sich in der Kantischen Philosophie als Projektionen unseres Denkvermögens.[114] Metaphysik gleichsam als Abfallprodukt unserer Daseinslogik.

Mit Kant öffnete sich das Zeitalter der Dogmenskepsis. Die Wirkungen der Kantischen Umkehr der Metaphysik lassen sich bis in die Erkenntnistheorie der modernen Naturwissenschaften verfolgen. Mit den neuen Denkmöglichkeiten war aber ein weiterer Verlust an Geborgenheit verbunden. Die wissenschaftliche Auflösung alter Gewißheiten geht weiter. Das Atom, das griechische Atomon, also etwas, was man nicht zerteilen, nicht zerschneiden kann, ist längst auch praktisch teilbar geworden mit ungeheuren Auswirkungen auf die weltpolitische Situation, die Industriekultur und wiederum unser Weltverständnis. Atomenergie ist mehr ein Angst- als ein Hoffnungsthema. Auch der Atomkern ist zugänglich, welche Energien er beherbergt, zeigte die Wasserstoffbombe. Die destruktiven Möglichkeiten des wissenschaftlichen Fortschritts scheinen oft eher da zu sein als die konstruktiven. Die Energiegewinnung durch Kernfusion läßt auf sich war-

---

114 Das bisher zitierte: Wolfgang Philipp: Die Absolutheit des Christentums und die Summe der Anthropologie. Quelle und Meyer, Heidelberg 1959, S. 235ff. und 271

ten. Die Genforschung markiert eine Grenzüberschreitung gegenüber der Natur, die keineswegs enthusiastisch begrüßt wird. Der Eingriff in den organischen Informationsthesaurus der Natur, in die Vererbungsketten, macht den Menschen nicht deswegen Angst, weil sie plötzlich Tomaten bekommen können, die sie vorher nicht gesehen haben, sondern weil sie skeptisch sind, was die Menschheit selbst sich auf diesem Wege und der Natur antun kann. Die Potenzierung der menschlichen Einwirkungsmöglichkeiten erzeugt Angst vor den menschlichen und wirtschaftlich wie politisch möglicherweise unzureichend organisierten Motiven. Mit dem Fortschritt wird der Mensch vor seine eigene Natur gestellt.

Die Umweltproblematik erinnert daran, daß die Erde nicht alle Aktivitäten der Menschen tragen kann. Sie galt früher als unendlich, genauso wie der Fischreichtum der Meere. Wiederum erschrecken die Menschen vor der Endlichkeit der Welt, und sie erschrecken darüber, daß mit menschlichen Verhaltensweisen die Wohnlichkeit, die biologische Kultur dieser Erde zerstört werden kann.

Die Erde selbst wird als Ort ewiger Reproduktion der Menschheit fragwürdig. Alle Ideologien verheißen, daß der einzelne zwar vergänglich ist, aber die Menschheit in glorioser Weise sich vollendend immer weiter leben wird. Die Diesseitsideologien hatten das Jüngste Gericht abgeschafft. Die Astrophysik lehrt die Vergänglichkeit, nicht nur der Erde, sondern aller Systeme des Alls. Das in den Weltraum gesandte Teleskop Hubble zeigt nicht nur die Unendlichkeit, die schwindelerregende Tiefe des Alls, sondern seine brodelnde Aktivität. Längst wissen wir, daß die Erde ein vergänglicher Planet ist und die Sonne selbst ein sterblicher Stern.

Neue wissenschaftliche Erkenntnisse, Grenzüberschreitungen, Auflösung alter Gewißheiten werden nicht nur unmittelbar das Gefühl des In-der-Welt-seins bestimmen oder unsere Verwunderung darüber, in welcher Welt wir eigentlich leben, sondern auch mittelbar. Wissenschaftliche Erkenntnisse beeinflussen über die Technik die Wirtschaft, das politische System, die Gesetzgebung, also unsere soziale Organisation, deren Teil wir sind. So dringt ein neues Zeitalter auch in die Person ein, selbst wenn sie von den neuesten Erkenntnissen auf den wissenschaftlichen Gebieten nichts bemerkt haben sollte, nach denen sie am Ende organisiert wird. Die Gesellschaft ragt mit ihren Forderungen, auch den widersprüchlichen, mit ihren Unklarheiten und Ungewißheiten tief in die Person hinein. So kann die Person nicht umstandslos als der Hort neuer Sicherheiten gelten. Nach dem Atom, das wir längst als teilbar wissen, stehen wir vor der soziologisch und psychologisch begründeten Einsicht, daß auch das lateinische Unteilbare, das Individuum, teilbar geworden ist. Georg Simmel sagte 1908: Wir alle sind Fragmente unserer selbst. Picasso hat dies in der Bildenden Kunst zum erstenmal dargestellt, als er um diese Zeit die fragmentierten Personen malte: das im Museum auf Modern Art in New York hängende Bild der Demoiselles d'Avignon. Die Auflösung alter Gewißheiten, die auch einmal Bausteine der Person waren, läßt die Pirandello-Frage akut werden, wer bin ich denn? Wir sind längst zu einer Situationsperson geworden, und darin liegt der eigentliche Schrecken des Identitätsproblems. Die Informationsgesellschaft hat nicht nur ein großes Aufklärungspotential, sondern führt auch zu einem Malaise. Wozu weiß ich alles, was ich im Kopf habe? Ist das, was ich denke, mein eigener Gedanke, oder ist er eingepflanzt, um mich verständig, fromm, verfügbar zu machen für andere, für Organisationen? Wieviel persönliche Interessengegner finden sich unter meinen Gedanken? Das cogito ergo sum des Descartes war in der Zeit absolutistischer Kontrolle die Bürgschaft für die Selbstvergewisserung der Person und ihrer letzten Freiheit. In der Informationsgesellschaft aber taucht die erschreckende Frage auf: Wem diene ich, wenn ich denke? Das Denken ist nicht die Lösung der Identitätsfrage, sondern Gegenstand des radikalsten Zweifels an der Identität. Damit aber wird die Person in neuer Weise zum Thema und zum Projekt. Wenn geistige Bewegungen nicht mehr der Ausweis der Identität sind, dann bleibt nur der Körper als Basis aller Identität übrig. Ich habe einen Körper, also bin ich. Dieser Körper hat Ansprüche an Wohlbefinden, er hat Gefühle, die als Wirklichkeiten ernst genommen werden müssen, der Körper muß präsentiert und gepflegt werden. Von hier aus ist die betonte Kultur der Körperlichkeit verständlich, die zunehmende Zahl von Menschen, die in allen westlichen Kulturen körper- und gesundheitsbewußt leben, ihren Körper trainieren. Der Körper wird zwar als Basis der persönlichen Unverwechselbarkeit, und so gesehen der Identität, gepflegt, er gibt aber keinen Status und per se keine befriedigenden Beziehungen her. Die Basis der Sozialität und der Selbstachtung muß anderswo gesucht werden. Der Körper ist eine wichtige, aber nicht ganz ausreichende Ressource der Sozialpersönlichkeit. Die jungen Menschen wollen auch mehr als das.

Der Hauptfaktor in allen Überlegungen, was der Sinn des Lebens sein könnte, ist die Persönlichkeitsentwicklung. Und zwar in Richtung auf Autonomie. Man möchte unabhängig sein, frei von Angst, aber auch frei von Überheblichkeit. In diesem Autonomiestreben werden Zumutungen von außen skeptisch betrachtet und zurückgewiesen, wenn sie dem Selbstkonzept nicht genügen. Von daher wird der Widerstand gegen die ungeprüfte Übernahme von Normen verständlich, gegen Institutionen, die zuwenig Mitbestimmung verheißen, gegen falsche Unterordnung, gegen politische Entscheidungen, die nicht einleuchten. Die Person steht auf gegen das, was sie begrenzt und zu deformieren versucht. Dieses Grundmuster ist dem der Renaissance vergleichbar. Eines ihrer wesentlichen Geschichtsprodukte war die Reformation. Sie war das Ergebnis eines Aufstandes der Person. Auch heute ist der Aufstand der Person das zentrale Geschehen, das viele Erscheinungen in Politik, Familie und Schule erklären kann. Die großen Orientierungsprobleme unserer Zeit haben uns eine Neorenaissance beschert. Da das Individuum in neue Welten nicht allein aufbrechen kann, sondern dazu moderne Institutionen braucht, könnten Reformationen bevorstehen.

8.3 Produktive Ungleichheit

Nach der äußeren Einigung Deutschlands müsse nun die innere Einheit vollzogen werden, so heißt es. Den Weg dorthin stellt man sich als Angleichung vor; aber ist Angleichung auf allen Gebieten wirklich das Ziel? Wirtschafts- und sozialpolitisch und von den Voraussetzungen der Infrastruktur her, was die Verkehrs- und Kommunikationssysteme angeht, ist es sicherlich sinnvoll von Angleichung zu sprechen und dies als Ziel zu formulieren. Es gibt aber Bereiche der Angleichung an den Westen, die im Osten mit äußerster Alarmstimmung betrachtet werden: das Wachstum der Kriminalität, die Ausbreitung des Drogenkonsums, die Beispiele für zynische Wirtschaftslogik, der Übergang zu einer egoistischen Gesinnung und der Verfall der Alltagsmoral. Es sind bittere Importe. Eine Angleichung in religiöser Hinsicht wird im Osten kaum erwogen. Aufgeklärt und rational fühlen sie sich wohl in ihrer religiösen Unbehaustheit. Die religionssoziologische Differenz zwischen Ost und West wird lange währen. Und wenn sie aufgehoben wird, dann könnte es so sein, daß der Westen sich eher dem Osten angeglichen hat. Die Denkgewohnheiten und Gefühlswelten des Westens, die ja im Osten aufmerksam beobachtet werden, finden als neues Identitätsangebot kaum Anklang. Eine Leipzigerin aus dem Waldviertel, zweifellos eine Gewinnerin der Wiedervereinigung, reagierte auf die Mitteilung, im Westen erwarte man, daß die Menschen im Osten eines Tages genauso sein würden wie die im Westen, mit frohgemuter Empörung: „Die kriegen uns nie!" Die sekundenschnelle Zurückweisung von westlichen Identitätsangeboten signalisiert, daß eine sozial wirkungsvolle ostdeutsche Identität vorhanden ist, die sich auch in verschiedensten Kommunikationsräumen bestätigt. Zu denen haben Westdeutsche nicht leicht Zugang. Das heißt nicht, daß die Menschen in Ostdeutschland sich in einer besonderen Identität verbarrikadieren. Vielmehr betrachten sie offen und neugierig und mit der Bereitschaft zu rascher Aktivität das, was neu auf sie zukommt. Aber sie betrachten eben Gesellschaft und Staat Deutschlands von einem Standpunkt aus, den Westdeutsche nicht einnehmen können. Sie haben ein Regime erlebt, das ihnen historisch auferlegt wurde, das zusammengebrochen ist. Ambivalent bis negativ sind die Erinnerungen; aber sie wehren sich dagegen, daß ihnen aus der Geschichte ein Stigma ihrer Identität erwächst. Sie wehren sich gegen Verständnislosigkeiten und Vorurteile aus dem Westen. Wenn junge Menschen sich mehr für Zukunftsfragen einsetzen und weniger interessiert an einer juristischen Bewältigung der Vergangenheit erscheinen, so zeigt das gerade die Empfindsamkeit ostdeutscher Identität vor falschen Zuschreibungen. Sie möchten die Irrwege der Politik nicht als persönliche Irrwege gewertet wissen und ihre Erfahrungen in Klugheit verwandeln.

Die psychologischen Unterschiede zwischen Ost und West haben die Aussicht auf einige Dauer. Insbesondere die unterschiedlichen wirtschaftlichen und gesellschaftlichen Bewertungen finden reichlich Nahrung im Prozeß der Wiedervereinigung selbst. Das Gefühl, in einer besonderen Lage zu sein, ein Gefühl, zurückgesetzt zu sein, speist sich nach mehr als einem halben Jahrzehnt nach der Wiedervereinigung nicht aus der Vergangenheit sondern hauptsächlich aus der Gegenwart. Daß der Prozeß der Wiedervereinigung ungerecht verläuft, ist die Mehrheitsmeinung. Die politischen Reaktionen sind nicht ausgeblieben. Seit der ersten Wahl nach der Wiedervereinigung hat sich die parteipolitische Landschaft wesentlich verändert.

Politisch-psychologisch weist der Osten eine höhere Dynamik auf als der Westen Deutschlands. Das spiegelt sich in einer Reihe von Befunden. Die Trendbewegungen sind rascher, und das Meinungsklima ist spannungsgeladener. Wir finden unter den Jugendlichen in Ostdeutschland mehr Kritik, und mehr Widerspruch wird registriert zwischen Ideal und Wirklichkeit, zwischen persönlichem Befinden und dem Urteil über den Zustand des Gemeinwesens. Kritik wird immer von Idealen getragen. Wenn junge Menschen in Ostdeutschland mit der Demokratie, die sie vorfinden und vorgeführt bekommen, hart ins Gericht gehen, härter als junge Menschen im Westen, so heißt das nicht, daß sie die Demokratie ablehnen sondern von ihr hohe Ideale haben. Im insgesamt höheren Kritikpotential der ostdeutschen Jugendlichen gibt sich nicht Distanzierung sondern Gemeinsinn zu erkennen. Es ist ihnen nicht gleichgültig, in welchem Zustand sich das Gemeinwesen befindet. Kritik ist eine wichtige und aktive Phase des Sorgetragens. Was die Kritik glaubwürdig macht, ist die Bereitschaft von jungen Menschen zum ideellen und praktischen Engagement an gesellschaftlicher Wertschöpfung. Ausgeprägte Tugenden lassen solches Engagement nicht nur rhetorisch sondern glaubwürdig erscheinen: Rationalität, organisatorische Disziplin, Bescheidenheit und Aktivität. Die Jugendlichen streben ein Gemeinwesen an, das ihnen Chancen des Engagements und eine moralische Qualität des Zusammenlebens bietet.

Wirtschaftlich wird der Osten durch den Westen organisiert. Der Osten wird wachsen, vor allem Berlin. Der Regierungsumzug ist vielleicht nur ein Vorspiel für eine Stadt, die eines Tages acht Millionen Menschen beherbergen wird. Das Gewicht Ostdeutschlands wird zunehmen. Wenn die besonderen moralischen und geistigen Traditionen des Ostens nicht untergehen, dann wird es wahrscheinlich dahin kommen, daß Deutschland moralisch vom Osten her organisiert wird. Das wäre ein Verlauf, der nicht zum ersten Male in der deutschen Geschichte vorkäme.

Ideen der kulturellen und gesellschaftlichen Entwicklung könnten im Osten eine Potenzierung erfahren. Sie können leitend werden, wenn sie über Schule und Wissenschaft, durch das Parteiensystem und die Medien ihren Ausdruck finden. Wenn man den psychischen Tendenzen junger Menschen nachspürt, die in ihren kritischen Äußerungen erkennbar werden, erscheint Deutschland als Metapher für die erstrebenswerte Heimat. Es soll eine Kultur der Gerechtigkeit, der Aufklärung, der Offenheit sein, ein Land, in dem Freiheit und Ordnung keine Widersprüche sind. In ein Deutschland, das seine geistigen humanistischen Traditionen aufnimmt, Lebensformen der Kreativität bietet, würden Jugendliche gern aufbrechen.

Tabellenverzeichnis

Tabelle:
1: Zwei deutsche Zeitgefühle 12
2: Dimensionen der Lebensziele 49
3: Werte beruhen auf Kommunikations- und
   Handlungszusammenhängen 49
4: Streben nach Leistung und Wohlstand und
   Wohlbefinden in der Bundesrepublik 52
5: Typen der Lebensorientierung in Ost und West 57
6: Dimensionen ethischen Denkens Jugendlicher in
   Ostdeutschland 63
7: Dimensionen ethischen Denkens Jugendlicher
   im Westen 64
8: Typen der ethischen Orientierung in Ost und West 66
9: Der Fall der Mauer – ist das lange her? 73
10: Wiedervereinigung: Geht es gerecht zu? 86
11: Einsamkeit und negativer Affekt 94
12: Erlebnisbilanz (Freuden/Sorgen) und negativer
    Affekt 95
13: Negative Gefühle und allgemeine Lebensstimmung 96
14: Gesundheitszustand und psychosomatische
    Verfassung 98
15: Negativer Affekt und psychosomatische Verfassung 98
16: Vandalismustendenz 103
17: Negative Empfindungen drängen zu darstellenden
    Handlungen: Vandalismus 103
18: Die Belastungs-Ressourcen-Bilanz 106
19: Berufliche Zukunft im Osten weniger klar 107

20:	Sicherheit in Partnerschaft und Beruf und deren Auswirkungen auf die allgemeine Zuversicht	108
21:	Reiferer Erziehungsstil im Osten – Im Westen vermehrt nur emotionale Zuwendung	114
22:	Erziehungsstile und die Folgen	116
23:	Zur sozialen Komplexität	119
24:	Erziehungsstil und Rollenkomplexität	120
25:	Rollenkomplexität und ihre Auswirkungen	121
26:	Steigende Selbstakzeptanz im Westen Schwächeres Selbstwertgefühl im Osten	126
27:	Sind Partnerschaft und Beruf vereinbar?	128
27a:	Arbeit, Lernen und persönliche Entwicklung	129
28:	Mitgliedschaft in Vereinen	137
29:	Mitgliedschaft in Vereinen und soziale Vernetzung	139
30:	Freundschaften, Cliquen	140
31:	Gibt es nationalistische Cliquen?	142
32:	Jugendgruppen und ihr Ruf	144
33:	Negativer Affekt vor dem Hintergrund biographischer Belastungen und sozialer Integration	147
34:	Anamnese kirchlicher Bindungen in der Familie	150
35:	Gesellschaft ohne Kirche?	155
36:	Christsein und Verhältnis zur Kirche	156
37:	Auskunft über Gottesdienst-Besuch	157
38:	Die Zeitgemäßheit der Kirche – das Bild der Kirchgänger und der Kirchenfernen	159
39:	Gottesbegriffe	160
40:	Dimensionen der Sinnfrage – Ergebnisse einer Faktorenanalyse	163
41:	Zur Verbreitung kirchlicher Trauungen	165
42:	Jugendweihe	166
43:	Sinkt das Interesse an der Jugendweihe?	166
44:	Neben Konfirmation und Erstkommunion auch die Jugendweihe	167
45:	Astrologie	173
46:	Haben Pflanzen eine Seele?	174
47:	Magisch-animistisches Weltbild	175
48:	Nähe und Distanz zu Sekten	178
49:	Vandalismus und Hinwendung zu Sekten	185

50: Altruistische Orientierung als Gegenmotiv zur
     Gewaltbereitschaft... 220
51: Vertrauen in die Problemlösungsfähigkeit der
     Demokratie.. 267
52: Frustration und Unbehagen in der Bundesrepublik........ 268
53: Legitimitätsschwäche... 271
54: Zur Qualität der politischen Ordnung............................... 273
55: Wie wichtig sind Gegenwartsprobleme der Demokratie
     und die Auseinandersetzung mit dem SED-Regime?...... 275
56: Gewaltphantasien und Illegalitätstendenzen.................... 283
57: Dominanzstreben und Aggressionsbereitschaft............... 287
58: Dominanzstreben, negativer Affekt und
     Gewaltsphantasien: Zusammenhänge................................ 288
59: Subjektive Gewalt-Doktrin... 289
60: Subjektive Gewalt-Doktrin und Anschluß
     an radikale Gruppen... 291
61: Radikale Ideologien und Gewalt-Doktrin........................ 292
62: Zum Potential des Links- und Rechtsradikalismus......... 306
63: Negativer Affekt und politische Gewalt.......................... 309
64: Frustration und politische Gewalt................................... 310
65: Eigenschaften des politischen Systems und
     Gewalttendenzen.. 311
66: Selbstschädigung: Ihre Begleiter und ihre Folgen.......... 334
67: Selbstschädigungstendenzen und Risiko-Verhalten
     gehen Hand in Hand... 338

Abbildungsverzeichnis

1: Lebensziele Jugendlicher im Osten und Westen............ 45
2: Lebensziele Jugendlicher – der Trend...................... 47
3: Zwei grundlegende Themen der Lebensorientierung 54
4: Welche Werte im Osten und im Westen stärker betont werden 56
5: Ethische Grundsätze in Ost und West...................... 60
6: Ethische Grundsätze – der Trend im Westen 1986-1994.. 61
7: Die Wende: hochgestimmt und angstvoll 75
8: Rückblick auf die DDR 77
9: Befinden in der DDR und Erlebnis der Wende............ 79
10: Erinnerungen in die DDR-Zeit und parteipolitische Orientierung 80
11: Was hat sich seit der Wende positiv entwickelt?.......... 82
12: Worüber sie in Wut geraten 84
13: Frustrationsquellen 89
14: Negativer Affekt in Ost und West............................. 92
15: Konflikte ausagieren, Vandalismustenden................... 100
16: Mehr organisatorische Disziplin im Osten.................. 124
17: ... Nicht vom Brot allein.. 134
17a: Bereiche der Lebenszufriedenheit. Der Trend im Westen 1986-1995 135
18: Determinanten der Vorliebe für Jugendgruppen 1994..... 145
19: Schöfflers Karte der Christianisierung........................ 152
20: Kirchliche Bindung und Typus ethischer Orientierung ... 171
21: Bekanntheitsgrad der Sekten..................................... 179
22: Attributions-Verschiebung und Illegalität 240

23: Feindbilder als Rechtfertigung von Illegalität
und Gewalt 254
24: Diskrepanzen zwischen persönlichem und
gesellschaftspolitischem Wohlbefinden 263
25: Aufsteigendes Ohnmachtsgefühl 265
26: Parteien verlieren an Interesse 266
27: Zur Oppositionsrolle von PDS und Grünen/Bündnis '90
im Osten 270
28: Kommen Bürgerinitiativen aus der Mode? 270
29: Gewalt als Instrument 277
30: Zur Duldung illegalen Verhaltens 279
31: Zur Duldung illegalen Verhaltens 280
32: Höherer Grad der Selbstbewaffnung im Osten? 282
33: Zwischen Gespräch und Gewalt 298
34: Zwei grundlegende Dimensionen politischen
Verhaltens: Veränderungswünsche und
Durchsetzungsstile 301
35: Von Rechten bevorzugte Stilrichtungen der Illegalität.... 303
36: Von Linken bevorzugte Stilrichtungen der Illegalität 303
37: Extremistische Stilrichtungen der Illegalität 304
38: Illegalität und Gewalt in West und Ost 1994 304
39: Die Rechten entdekcne die Gewalt 305
40: Dimensionen der Vorlieben für politische Gruppen 308
41: Subjektive Gewalt-Doktrin und die Bereitschaft zu
zivilem Ungehorsam und politischer Gewalt 311
42: Einzelmerkmale der psychischen Verfassung
im West-Ost-Vergleich 317
43: „Nicht bedroht": West-Ost 319
44: Belastetheitsgrad von west- und ostdeutschen
jungen Erwachsenen nach Bildungsweg 319
45: Labilisierung emotionaler Selbstkontrolle unter
Belastung in Abhängigkeit vom Bildungsweg in
West und Ost 320
46: Streßbelastung von west- und ostdeutschen jungen
Erwachsenen nach Altersgruppen 320
47: Streßbelastungen von west- und ostdeutschen jungen
Erwachsenen im Vergleich: Männer und Frauen 322

48: Labilisierung emotionaler Selbstkontrolle unter
Belastungsdruck: Männer und Frauen in West und Ost .. 322
49: Merkmalstruktur der Dimension „Selbstvertrauen"
im West-Ost-Vergleich 325
50: Untersuchte Personenvariablen im zweidimensionalen
Merkmalsraum (West/Ost-Vergleich).............................. 330
51: Biographische Belastungen, soziale Integration und
Risiko-Verhalten gegenüber der eigenen Biographie 339

Anhang

Tabelle	Seite
1 Lebensziele	379
2 Arbeit: Verbraucht sich der Mensch oder gewinnt er?	381
3 Betonung von Wertbereichen in Ost- und Westdeutschland	381
4 Lebensziele und parteipolitische Orientierung im Osten	382
5 Lebensziele und parteipolitische Orientierung im Westen	383
6 Typen der Lebensorientierung und Zufriedenheit mit dem Leben in der Bundesrepublik	384
7 Gute und zweifelhafte Grundsätze	384
8 Altruismusskala	386
9 Skala der Ichlichkeit	387
10 Ostdeutsche – Fremde im eigenen Land	387
11 Das Erlebnis der Wende	388
12 Zur Index-Bildung „Erlebnis der DDR"	388
13 Befinden in der DDR und Erlebnis der Wende	389
14 Befinden in der DDR und parteipolitische Orientierung 1994	389
15 Vorwurf an die westlichen Unternehmer	390
16 Bilanz nach der Wiedervereinigung	390
17 Befinden in der DDR und Urteil über das Leben nach der Wiedervereinigung	390
18 Ostdeutsche Jugendliche, denen Freiräume wichtig sind, finden ihr Leben nach der Wende besser	391
19 Im Osten ist die Lebensbürde größer	391
20 Freuden und Sorgen	392
21 Erlebnisbilanz: Überwiegen die Freuden die Sorgen?	392
22 Änderungsphantasien	392
23 Niveau persönlicher und gesellschaftlicher Frustration	393
24 Negativer Affekt	393
25 Negative Gefühle, Reizbarkeit	395
26 Einsamkeit	395
27 Die Einsamkeit der Frauen	395
28 Einsamkeit und negativer Affekt	396
29 Frustration im persönlichen Bereich und negativer Affekt	397
30 Negativer Affekt und psychosomatischer Verfassung	398
31 Konflikte ausagieren, Vandalismustendenz 1986 und 1994	399

32 Verschlechterung des psychosomatischen Status	399
33 Zuversicht	400
34 Steigende Selbstakzeptanz im Westen – Schwächeres Selbstwertgefühl im Osten (Test nach Rosenberg)	400
35 Belastungs-Ressourcen-Bilanz im Westen	401
36 Belastungs-Ressourcen-Bilanz im Osten	402
37 Sicherheit in der Partnerschaft	403
38 Klarheit der Lebensperspektiven in Beruf und Partnerschaft	403
39 Sicherheit in Partnerschaft und Beruf in ihren Auswirkungen auf die allgemeine Zuversicht	403
40 Emotionale Unterstützung und Forderungen im Elternhaus	404
41 Konflikte mit den Eltern	405
42 Anzahl der Konfliktthemen zwischen Eltern und Kindern	405
43 Beruf und Familie werden im Osten höher bewertet	406
44 Freiheit und Interesse – Auskünfte über Arbeitsmotivation	406
45 Trotz höherer Berufsmotivation im Osten sind im Beschäftigungssystem die Chancen für eine entsprechend hohe Arbeitsmotivation etwas geringer	407
46 Die Tätigkeit der befragten Jugendlichen	408
47 Arbeitsmotivation in Ausbildung und Beruf	408
48 Arbeitsmotivation und Lebensstimmung	409
49 Arbeitsklima und die Erwartungen an die weitere Entwicklung der Lebensqualität	409
50 Anerkennung und Motivation	410
51 Emotionale Unterstützung und Forderungen seitens der Lehrer und Vorgesetzten	410
52 Führungsstile in Ost und West	411
53 Führungsstile und ihre Auswirkungen auf die Arbeitsmotivation	412
54 Mobilität junger Leute im Osten	413
55 Mobilität junger Leute im Westen	414
56 Ortsverbundenheit und Mobilitätswiderstand	415
57 Mitwirkung in Vereinen	415
58 Emotionale Unterstützung und Forderungen im Freundeskreis	417
59 Nationalismus Männersache?	418
60 Wie anziehend sind Jugendgruppen für die Stilisierung der frühen Lebensphasen?	418
61 Wie zeitgemäß ist die Kirche?	419
62 Die Zeitgemäßheit der Kirche – das Bild der Kirchgänger und der Kirchenfernen im Westen	419
63 Zeitgemäßheit der Kirche und christliche Identität – Osten	420
64 Zeitgemäßheit der Kirche und christliche Identität – Westen	420
65 Verhältnis zu Kirche und Gottesbegriffe – Westen	421
66 Verhältnis zu Kirche und Gottesbegriffe – Osten	421
67 Sinn des Lebens	422
68 Kirchliche Orientierung in Ost und West. Skalierung der Antworten auf 4 Fragen zur Kirche	423
69 Aberglaube: Wiedergeburt, Geistheiler, Hexen	423
70 Magisch-animistisches Weltbild – Westen	424

71 Magisch-animistisches Weltbild – Osten	425
72 Kirchliche Orientierung und magisch-animistisches Weltbild	425
73 Nähe und Distanz zu Sekten – Die Erwachsenen	426
74 Der Kreis der Sektenanhänger im Osten	426
75 Der Kreis der Sektenanhänger im Westen	427
76 Magisch-animistisches Weltbild und Hinwendung zu Sekten	428
77 Magisch-animistische Weltinterpretation als Ausdruck von Machtlosigkeit und Rückzug	428
78 Risikobereitschaft als Motive der Hinwendung zu Sekten	428
79 Gesellschaftliches Unbehagen und Hinwendung zu Sekten	429
80 Schwund des gesellschaftspolitischen Wohlbefindens in der Bundesrepublik – Trendumkehr im Osten	429
81 Diskrepanzen zwischen persönlichem und gesellschaftspolitischem Wohlbefinden	430
82 Wachsende Beunruhigung über den gesellschaftlichen Zustand der Bundesrepublik	431
83 Aufsteigendes Ohnmachtsgefühl	431
84 Schwindet die Rekrutierungsbasis der Parteien und für politische Ämter?	432
85 Wo ist öffentliches Wirken attraktiv?	433
86 Repräsentationsdefizit	433
87 Frustrationen, politisches Interesse und gesellschaftspolitisches Unbehagen im Osten	434
88 Frustrationen, politisches Interesse und gesellschaftspolitisches Unbehagen im Westen	435
89 Gesellschaftspolitische Bilanz und parteipolitische Orientierung – Die besondere Rolle der PDS im Osten	435
90 Gesellschaftspolitische Bilanz und parteipolitische Orientierung im Westen	436
91 Probleme der heutigen Demokratie viel drängender als Bewältigung der DDR-Vergangenheit	436
92 Gegenwartsorientierung oder Aufarbeitung der Vergangenheit? Zweiter Testlauf 1995: Statt Rangordnung eine Einstufung aller Probleme nach ihrer Wichtigkeit	437
93 Instrumentelle Gewaltbereitschaft – Kampfbereitschaft zur Abwehr von Statusverlust oder Aufrechterhaltung der Statusbalance	437
94 Instrumentelle Gewaltbereitschaft im Osten	438
95 Instrumentelle Gewaltbereitschaft im Westen	439
96 Zur Duldung illegalen Verhaltens im Osten	440
97 Zur Duldung illegalen Verhaltens im Westen	441
98 Demographisches Portrait der Vergeltungstendenzen im Osten	442
99 Demographisches Portrait der Vergeltungstendenzen im Westen	443
100 Gewaltbereitschaft und Vergeltungsideen	444
101 Duldung von Illegalität und Vergeltungsideen	444
102 Auswirkungen biographischer Belastungen auf Gefühlswelt und Vandalismus	445
103 Belastungs-Ressourcen-Bilanz und Gewaltbereitschaft	445
104 Test des Dominanzstrebens	445

105	Skala des Dominanzstrebens im Osten	446
106	Skala des Dominanzstrebens im Westen	446
107	Biographische Belastungen und Dominanzsstreben	447
108	Negativer Affekt und Aggressionsbereitschaft	447
109	Im Osten mehr Verständnis für das Tragen von Waffen	447
110	Die Verbreitung subjektiver Gewaltdoktrin im Osten	448
111	Die Verbreitung subjektiver Gewaltdoktrin im Westen	449
112	Negative Affekte machen eine Gewalt-Doktrin anziehend	450
113	Biographische Belastungen, soziale Integration und subjektive Gewalt-Doktrin	451
114	Konflikte mit den Eltern fördern die Gewalt-Doktrin	451
115	Altruismus versus Gewalt-Doktrin	452
116	Formen politischer Beteiligung/Akzentverschiebungen 1980-1994	453
117	Illegale politische Aktionsformen	453
118	Rechte und linke Themen und Stilisierungen von Illegalität und Gewalt	454
119	Zum Potential des Linksradikalismus im Osten	455
120	Zum Potential der Linksradikalismus im Westen	456
121	Zum Potential des Rechtsradikalismus im Osten	457
122	Zum Potential des Rechtsradikalismus im Westen	458
123	Wo Rechtsradikale sich engagieren würden	459
124	Wo Linksradikale sich engagieren würden	459
125	Selbstschädigungs- und Rückzugstendenzen im Osten eher weniger ausgeprägt	460
126	Negative Gefühle bahnen den Weg zur Selbstschädigung	460
127	Konflikte mit den Eltern: Anstieg negativen Affekts	461
128	Selbstmord-Phantasien Gefühle der Ausweglosigkeit	461
129	Zur Ausbreitung des Drogenmarktes im Osten	461
130	Verhaltensweisen und Orientierungen, die zu Biographie-Risiken führen können	462
131	Biographie-Risiken im Westen	462
132	Biographie-Risiken im Osten	463
133	Index der biographischen Belastung	464
134	Index der sozialen Integration	465

Abbildung		Seite
1a	Lebensziele Jugendlicher im Westen 1994	466
1b	Lebensziele Jugendlicher im Osten 1994	467
1c	Lebensziele – Vergleich West-Ost 1994	468
2	Negativer Affekt – Der Trend	469
3	Schwund des gesellschaftspolitischen Wohlbefindens in der BRD – Trendumkehr im Osten	470
4	Elemente einer subjektiven Gewaltdoktrin. MDS-Analyse	470

Tabelle A1: Lebensziele

Frage: Die Menschen haben ja verschiedene Vorstellungen, was im Leben wichtig ist. Hier auf den Kärtchen steht einiges. Können Sie zu jeder Karte sagen, wie wichtig das für Sie ist? Nennen Sie mir den entsprechenden Kennbuchstaben mit der für Sie zutreffenden Antwortkennziffer.

	Jugendliche von 15 bis 30					
	sehr wichtig	wichtig	mittel	weniger wichtig	unwichtig	
Finanziell gesichert sein						
1986 West	48	39	10	3	x	= 100
1994	55	37	7	1	x	= 100
1994 Ost	65	30	4	1	x	= 100
guter Beruf, interessante Arbeit						
1986 West	53	37	7	2	1	= 100
1994	57	38	4	1	x	= 100
1994 Ost	63	34	3	x	x	= 100
Partnerschaft, die mich ausfüllt						
1986 West	52	34	10	2	2	= 100
1994	50	37	11	2	x	= 100
1994 Ost	50	34	11	4	1	= 100
Familie und Kinder						
1986 West	34	31	21	10	4	= 100
1994	37	35	19	7	2	= 100
1994 Ost	47	30	16	6	1	= 100
einen guten Bekanntenkreis haben, mit dem man sich versteht						
1986 West	39	49	10	2	x	= 100
1994	42	48	9	1	x	= 100
1994 Ost	39	50	10	1	x	= 100
gut wohnen						
1986 West	26	51	18	4	1	= 100
1994	29	53	15	3	x	= 100
1994 Ost	35	52	11	2	x	= 100
mit mir und anderen Menschen in Harmonie leben						
1986 West	36	47	14	2	1	= 100
1994	37	46	16	1	x	= 100
1994 Ost	32	51	14	3	x	= 100
im Leben etwas leisten						
1986 West	21	49	21	7	2	= 100
1994	28	47	20	4	1	= 100
1994 Ost	31	52	13	3	1	= 100
mich weiterbilden						
1986 West	22	41	25	9	3	= 100
1994	21	45	26	7	1	= 100
1994 Ost	21	50	22	6	1	= 100

einen kreativen persönlichen Lebensstil entwickeln						
1986 West	21	41	25	9	4	= 100
1994	23	45	24	7	1	= 100
1994 Ost	18	40	29	10	3	= 100
Reisen und die Welt erleben						
1986 West	17	32	30	16	5	= 100
1994	20	34	32	12	2	= 100
1994 Ost	18	34	32	14	2	= 100
ein interessantes Hobby besonders pflegen						
1986 West	21	39	28	10	2	= 100
1994	19	44	29	7	1	= 100
1994 Ost	16	36	32	13	3	= 100
mehr Zeit für mich selber haben						
1986 West	19	45	29	6	1	= 100
1994	20	53	24	3	x	= 100
1994 Ost	14	50	28	7	1	= 100
mich für die Gemeinschaft, für andere Menschen einsetzen						
1986 West	10	36	39	12	3	= 100
1994	12	35	41	11	1	= 100
1994 Ost	9	35	41	13	2	= 100
mich für Ideen und Überzeugungen einsetzen						
1986 West	13	32	35	15	5	= 100
1994	13	39	36	11	1	= 100
1994 Ost	9	32	35	20	4	= 100
möglichst ungebunden sein						
1986 West	14	28	31	20	7	= 100
1994	9	21	33	27	10	= 100
1994 Ost	9	18	28	30	15	= 100
einen festen Halt im Glauben haben						
1986 West	8	14	25	26	27	= 100
1994	6	13	24	29	28	= 100
1994 Ost	7	11	13	22	47	= 100
mich politisch engagieren						
1986 West	3	11	26	33	27	= 100
1994	3	7	27	39	24	= 100
1994 Ost	2	7	22	40	29	= 100

Tabelle A2: Arbeit: Verbraucht sich der Mensch oder gewinnt er?

Frage: Wie sehen Sie das gefühlsmäßig? Verbraucht sich der Mensch in der Arbeit oder gewinnt er auch etwas durch die Arbeit?

	Jugendliche von 15 bis 30		
	1984[x]	1994 West	1994 Ost
gewinnt auch etwas	59	70	70
verbraucht sich eher	30	15	16
weiß nicht	11	15	14
	100	100	100

[x] Mitarbeiter(innen) in der Metallindustrie

Tabelle A3: Betonung von Wertbereichen in Ost- und Westdeutschland

	Es haben folgende Position auf der jeweiligen Faktorskala				
	hoch		mittel		tief
	1	2	3	4	5
kreative Gesellschaft und Gemeinschaft					
Ost	14	24	29	17	16 = 100
		38			
West	19	28	29	15	9 = 100
		47			
Leistung und Wohlstand					
Ost	31	24	17	15	13 = 100
		55			
West	25	20	15	19	21 = 100
		45			
Familie und Partnerschaft					
Ost	35	23	19	11	12 = 100
		58			
West	29	21	23	13	14 = 100
		50			
Freiräume					
Ost	12	14	33	27	14 = 100
		26			
West	17	15	38	22	8 = 100
		32			

Tabelle A4: Lebensziele und parteipolitische Orientierung im Osten

Osten	Jugendliche mit folgender Position auf den unten genannten Skalen				
	hoch		mittel		tief
	1 %	2 %	3 %	4 %	5 %
Es stehen am nächsten der:					
CDU					
kreative Gesellschaft/Gemeinschaft	17	15	18	19	17
Leistung/Wohlstand	20	18	14	13	12
Familie	15	21	15	13	18
Freiräume	19	16	13	21	15
SPD					
kreative Gesellschaft/Gemeinschaft	14	20	25	30	23
Leistung/Wohlstand	24	30	21	21	7
Familie	26	18	25	17	19
Freiräume	11	19	25	27	20
Grüne + Bündnis 90					
kreative Gesellschaft/Gemeinschaft	39	34	32	14	17
Leistung/Wohlstand	22	27	33	27	52
Familie	29	30	31	33	30
Freiräume	42	41	33	19	20
FDP					
kreative Gesellschaft/Gemeinschaft	3	6	4	5	8
Leistung/Wohlstand	5	6	3	6	4
Familie	2	4	7	12	2
Freiräume	6	4	5	2	9
PDS					
kreative Gesellschaft/Gemeinschaft	28	25	21	32	36
Leistung/Wohlstand	28	20	29	33	25
Familie	28	26	22	25	32
Freiräume	23	20	24	31	35

Tabelle A5: Lebensziele und parteipolitische Orientierung

	Jugendliche mit folgender Position auf den unten genannten Skalen				
	hoch		mittel		tief
	1	2	3	4	5
	%	%	%	%	%

Westen

Es stehen am nächsten der:

	1	2	3	4	5
CDU					
kreative Gesellschaft/Gemeinschaft	31	30	30	31	26
Leistung/Wohlstand	40	27	31	31	21
Familie	38	28	30	16	28
Freiräume	28	26	33	29	38
SPD					
kreative Gesellschaft/Gemeinschaft	26	32	40	47	52
Leistung/Wohlstand	28	46	38	41	28
Familie	38	40	31	33	33
Freiräume	28	39	32	41	53
Grüne + Bündnis 90					
kreative Gesellschaft/Gemeinschaft	37	31	24	17	17
Leistung/Wohlstand	27	19	27	24	44
Familie	19	29	32	38	32
Freiräume	41	28	30	20	6
FDP					
kreative Gesellschaft/Gemeinschaft	4	6	4	5	4
Leistung/Wohlstand	5	9	4	4	5
Familie	5	2	7	11	5
Freiräume	4	5	4	10	3
PDS					
kreative Gesellschaft/Gemeinschaft	2	0	0	0	0
Leistung/Wohlstand	0	0	0	0	2
Familie	0	0	0	2	2
Freiräume	0	1	1	0	0

Beispiel zum Lesen der Tabelle:
Von 100 Jugendlichen, die Freiräume stark betonen (Skalenstufe 1), stehen 42 den Grünen/Bündnis 90 am nächsten.

Tabelle A6: Typen der Lebensorientierung und Zufriedenheit mit dem Leben in der Bundesrepublik

Jugendliche, die folgenden Typus der Lebensorientierung angehören:

	pragmatische Idealisten	Ökonomen	asketische Idealisten	Anspruchslose	Insgesamt
Das Leben gefällt sehr gut, gut					
Ost	66	55	53	45	56
West	71	78	73	67	72
In der BRD fühlen sich wohl					
Ost	34	29	12	21	28
West	51	59	33	41	49
In der BRD fühlen sich unwohl					
Ost	14	24	49	25	19
West	13	8	21	15	13

Beispiel zum Lesen der Tabelle: Von 100 Jugendlichen im Osten mit einer pragmatisch-idealistischen Lebensorientierung sagen 66, das Leben gefiele ihnen sehr gut oder gut.

Tabelle A7: Gute und zweifelhafte Grundsätze

Frage: Hier habe ich eine Reihe von Regeln und Grundsätzen aufgeschrieben. Könnten Sie das einmal lesen? Bei welchen Regeln und Grundsätzen würden Sie sagen: das ist ein guter Grundsatz, daran kann man sich halten und bei welchen würden Sie sagen, daß es kein guter Grundsatz ist, daß Sie sich besser nicht daran halten wollen?

	guter Grundsatz	zweifelhaft	kein guter Grundsatz	weiß nicht	
Ehrlich zu sich selbst sein					
1986 West	93	6	x	1	= 100
1994	93	4	1	2	= 100
1994 Ost	94	4	1	1	= 100
Höflich und zuvorkommend sein					
1986 West	74	21	3	2	= 100
1994	81	14	2	3	= 100
1994 Ost	87	10	2	1	= 100
Auch mal verzichten können					
1986 West	75	20	3	2	= 100
1994	82	13	2	3	= 100
1994 Ost	84	12	2	2	= 100
Die Zeit nutzen, nicht verbummeln					
1986 West	68	25	4	3	= 100
1994	68	21	4	7	= 100
1994 Ost	82	13	2	3	= 100

	guter Grundsatz	zweifelhaft	kein guter Grundsatz	weiß nicht	
Anderen vergeben					
1986 West	73	21	3	3	= 100
1994	79	15	2	4	= 100
1994 Ost	78	16	2	4	= 100
Anderen nicht weh tun					
1986 West	70	24	3	3	= 100
1994	78	16	3	3	= 100
1994 Ost	75	20	3	2	= 100
Sich durchsetzen, auch wenn man hart sein muß					
1986 West	58	35	4	3	= 100
1994	52	33	8	7	= 100
1994 Ost	70	24	3	3	= 100
Seine eigenen Ideale verwirklichen, auch wenn die anderen das nicht verstehen					
1986 West	64	29	3	4	= 100
1994	64	26	3	7	= 100
1994 Ost	64	27	2	7	= 100
Nach den eigenen Bedürfnissen leben					
1986 West	59	33	5	3	= 100
1994	59	27	6	8	= 100
1994 Ost	60	29	5	6	= 100
Immer die Wahrheit sagen					
1986 West	57	35	5	3	= 100
1994	53	36	5	6	= 100
1994 Ost	57	36	4	3	= 100
Daran denken, daß es wichtigeres gibt als Wohlstand					
1986 West	63	29	5	3	= 100
1994	57	27	6	10	= 100
1994 Ost	55	30	8	7	= 100
Bescheiden sein					
1986 West	36	49	11	4	= 100
1994	37	45	10	8	= 100
1994 Ost	46	41	8	5	= 100
Nicht gleiches mit gleichem vergelten					
1986 West	47	30	19	4	= 100
1994	55	23	16	6	= 100
1994 Ost	43	28	25	4	= 100
Den Gedanken an den eigenen Vorteil möglichst zurückstellen					
1986 West	29	54	12	5	= 100
1994	28	50	10	12	= 100
1994 Ost	31	52	10	7	= 100

	guter Grundsatz	zweifelhaft	kein guter Grundsatz	weiß nicht	
Einer großen Sache dienen					
1986 West	28	48	15	9	= 100
1994	29	42	13	16	= 100
1994 Ost	27	45	14	14	= 100
Mehr an die anderen als an sich selbst denken					
1986 West	20	57	18	5	= 100
1994	22	53	17	8	= 100
1994 Ost	21	58	17	4	= 100
Jeder ist sich selbst der Nächste					
1986 West	21	41	34	4	= 100
1994	22	37	36	5	= 100
1994 Ost	17	37	42	4	= 100
Möglichst ungebunden bleiben, keine Verpflichtungen eingehen					
1986 West	19	50	26	5	= 100
1994	13	41	36	10	= 100
1994 Ost	13	41	40	6	= 100
Nach dem Vorbild Christi leben					
1986 West	26	42	22	10	= 100
1994	23	32	21	24	= 100
1994 Ost	9	30	39	22	= 100

Tabelle A8: Altruismusskala

Die Skala beruht auf 11 Testantworten zur ethischen Orientierung, die in der Faktorenanalyse unter den Begriffen „Wahrhaftigkeit und Askese" sowie „Nächstenliebe" zusammengefaßt sind (S. 63ff.). 0-2 Antworten kennzeichnen eine tiefe Position (1) auf der Altruismusskala. Es folgen (2) für 3 und 4 positive Antworten, (3) für 5 und 6, (4) für 7 und 8 sowie (5) für 9-11 altruistische Antworten.

	Es haben folgende Altruismus-Orientierung					
	tief		mittel		hoch	
	1	2	3	4	5	
Osten						
insgesamt	8	21	34	26	11	= 100
Männer	10	23	34	23	10	= 100
Frauen	6	19	34	28	13	= 100
Westen						
insgesamt	10	21	32	24	13	= 100
Männer	11	24	30	24	11	= 100
Frauen	8	18	34	24	16	= 100

Tabelle A9: Skala der Ichlichkeit

Zentral für diese Skala waren drei Äußerungen: Seine eigenen Ziele verwirklichen, auch wenn andere das nicht verstehen; sich durchsetzen, auch wenn man hart sein muß; nach eigenen Bedürfnissen leben. Als vierte wurde die Äußerung hinzugenommen: Ehrlich zu sich selbst sein. Sie lag 1982 in einem Cluster mit den übrigen. Obwohl sich diese Äußerung in ihrer Beziehung zu anderen etwas verändert hat, wurde sie aus Gründen des Trendvergleichs in die Skala einbezogen.

	Es haben folgende Position auf der Skala der Ichlichkeit				
	tief			hoch	
	1	2	3	4	
Osten					
insgesamt	12	20	35	33	= 100
Männer	10	20	36	34	= 100
Frauen	13	20	34	33	= 100
Westen					
insgesamt	17	25	30	28	= 100
Männer	16	24	30	30	= 100
Frauen	17	25	33	25	= 100

Tabelle A10: Ostdeutsche – Fremde im eigenen Land

Frage: Wie geht es Ihnen in den neuen Verhältnissen in der Bundesrepublik, so wie Sie sie heute erfahren. Kommt Ihnen das Leben in der Bundesrepublik in dieser politischen und wirtschaftlichen Ordnung inzwischen vertraut vor oder ist Ihnen noch manches fremd?

	Jugendliche in Ostdeutschland					
	Insgesamt		Männer		Frauen	
	1994	1995	1994	1995	1994	1995
immer noch sehr fremd	6	4	5	3	7	4
in manchem fremd	45	33	40	29	51	37
etwas vertraut	38	43	41	47	34	41
ganz vertraut	11	20	14	21	8	18
	100	100	100	100	100	100

Tabelle A11: Das Erlebnis der Wende

Frage: Wie haben Sie die Vereinigung erlebt? Hier ist einiges aufgeschrieben. Was trifft auf Ihre Stimmung, Ihre Gefühle zu?
Vorlage einer Liste mit 5 positiven und 5 negativen Beschreibungen der Wende. Vergleiche Schaubild 7.

	Jugendliche in Ostdeutschland 1994		
	Insgesamt	Männer	Frauen
Es haben die Wende 1990 erlebt:			
sehr positiv	14	16	12
weitgehend positiv	31	33	29
ambivalent[x]	41	40	43
negativ	14	11	16
	100	100	100

x) Gleichstand von positiven und negativen Äußerungen sowie ein Übergewicht von nur einem positiven oder einem negativen der vorgegebenen Berichte.

Tabelle A12: Zur Index-Bildung „Erlebnis der DDR"

Von den 12 Antworten der Testfrage (Schaubild 8, Seite 77) erwiesen sich 8 als skalierbar.
Es entfielen die Antworten: Kindergärten, soziale Sicherheit, Sicherheit vor Kriminalität und menschliche Beziehungen, in der Schule, am Arbeitsplatz. Diesen Äußerungen hatten so große Mehrheiten zugestimmt, daß sie nicht diskriminieren.
Bei drei Antwortvorgaben ergibt sich ein Skalenbereich von 8-24.

		Jugendliche in Ostdeutschland		
Es haben die DDR		insgesamt	Männer	Frauen
in negativer Erinnerung	(8 - 10)	4	5	3
überwiegend negativ	(11 - 13)	14	15	14
ambivalent	(14 - 17)	54	55	53
eher positiv	(18 - 19)	10	8	11
sehr positiv	(20 - 24)	15	14	16
keine Einstufung		3	3	3
		100	100	100

Tabelle A13: Befinden in der DDR und Erlebnis der Wende

	Jugendliche, die das Leben in der DDR wie folgt beschreiben:					
	überwiegend negativ	negativ	ambivalent	eher positiv	positiv	Insgesamt
Zu den Pioniernachmittagen sind						
gern gegangen	12	2	30	53	70	35
teils, teils	56	36	57	43	28	50
ungern	32	62	13	4	2	15
	100	100	100	100	100	100
Unter der DDR-Regierung wurden						
verfolgt	3	3	1	1	0	1
benachteiligt	45	23	10	5	4	11
nein	52	74	89	94	96	88
	100	100	100	100	100	100
Erlebnis der Wende						
negativ	4	4	10	20	36	14
ambivalent	29	25	44	53	44	42
eher positiv	41	35	33	20	18	30
sehr positiv	26	36	13	7	2	14
	100	100	100	100	100	100

Tabelle A14: Befinden in der DDR und parteipolitische Orientierung 1994

	Jugendliche, die das Leben in der DDR wie folgt beschreiben:					
	negativ	überwiegend negativ	ambivalent	eher positiv	positiv	Insgesamt
Parteipolitische Orientierung						
Die Grünen, Bündnis 90	32	24	27	18	13	25
SPD	10	18	22	25	21	22
PDS	2	5	16	29	50	21
CDU	27	29	14	10	4	14
Republikaner	10	7	5	4	0	5
FDP	5	7	5	2	4	4
DVU	5	2	2	4	2	2
Alternative Linke	0	2	2	2	2	1
HPD	2	2	0	2	0	1
STATT-Partei	2	2	0	3	0	0
Andere Rechte	3	2	2	0	2	2
Andere Linke	2	0	5	2	2	3
	100	100	100	100	100	100

Nur Personen, die eine Partei nannten

Tabelle A15: Vorwurf an die westlichen Unternehmen

Frage: Es wurde gesagt, westliche Unternehmer machen die Betriebe im Osten platt, um dann den Markt zu beherrschen. Ist da Ihrer Ansicht etwas Wahres daran oder ist diese Vermutung abwegig?

	Jugendliche von 15 bis 30			
	Westen		Osten	
	1994	1995	1994	1995
Ist etwas Wahres daran	50	47	86	75
Ist abwegig	16	20	3	7
Unentschieden	34	33	11	18
	100	100	100	100

Tabelle A16: Bilanz nach der Wiedervereinigung

Frage: Wenn Sie einmal alles in allem nehmen, wie das Leben seit 1990, dem Jahr der Wiedervereinigung, für Sie gelaufen ist, stehen Sie heute besser da als vorher, schlechter als vorher oder ungefähr gleich?

	Jugendliche von 15 bis 30			
	Westen		Osten	
	1994	1995	1994	1995
besser	10	15	46	57
gleich	67	65	39	31
schlechter	23	20	15	12
	100	100	100	100

Tabelle A17: Befinden in der DDR und Urteil über das Leben nach der Wiedervereinigung

	Jugendliche, die das Leben in der DDR wie folgt beschreiben:				
	negativ	überwiegend negativ	ambivalent	eher positiv	positiv
Bilanzierung des Lebens seit 1990					
besser	67	53	43	38	32
gleich	22	36	44	43	46
schlechter	11	11	13	19	22
	100	100	100	100	100

Tabelle A18: Ostdeutsche Jugendliche, denen Freiräume wichtig sind, finden ihr Leben nach der Wende besser

	Jugendliche mit folgender Position auf der Faktorskala „Freiräume"				
	hoch		mittel		tief
	1	2	3	4	5
Osten					
Bilanzierung des Lebens seit 1990					
besser	62	54	48	42	27
gleich	29	33	40	39	50
schlechter	9	13	12	19	23
	100	100	100	100	100
Westen					
Bilanzierung des Lebens seit 1990					
besser	7	10	10	14	14
gleich	67	74	67	63	63
schlechter	26	16	23	23	23
	100	100	100	100	100

Tabelle A19: Im Osten ist die Lebensbürde größer

Frage: Einmal ganz allgemein gefragt: Finden Sie das leben für junge Menschen heute eher leicht oder eher schwer?

	Jugendliche von 15 bis 30				
	Westen			Osten	
	1986	1994	1995	1994	1995
eher schwer	43	38	37	50	56
teils, teils	43	48	48	42	37
eher leicht	12	10	10	5	5
weiß nicht	2	4	5	3	2
	100	100	100	100	100

Tabelle A20: Freuden und Sorgen

Frage: Wieviel gibt es in Ihrem Leben, was Ihnen Freude bereitet?

	Jugendliche von 15 bis 30				
	Westen			Osten	
	1986	1994	1995	1994	1995
sehr viel Freude	12	19	17	12	12
viel	50	48	46	52	48
einiges	32	30	33	33	37
wenig	5	2	3	3	2
gar nichts	x	x	x	x	x
weiß nicht	1	1	1	x	1
	100	100	100	100	100

Frage: Und das Umgekehrte: Wieviel gibt es gegenwärtig in Ihrem Leben, was Ihnen Sorge macht?

		Jugendliche von 15 bis 30			
		Westen		Osten	
	1986	1994	1995	1994	1995
sehr viel Sorgen	3	3	3	4	4
viel	10	9	13	14	13
einiges	38	40	42	54	52
wenig	43	40	37	26	28
gar nichts	5	6	4	1	2
weiß nicht	1	2	1	1	1
	100	100	100	100	100

Tabelle A21: Erlebnisbilanz: Überwiegen die Freuden die Sorgen?

			Jugendliche von 15 bis 30			
			Westen		Osten	
		1980	1986	1994	1995	1994	1995
Die Freuden überwiegen	5	10	10	13	11	5	6
	4	26	31	28	27	21	22
	3	30	28	29	29	37	32
	2	21	20	21	23	26	26
die Sorgen überwiegen	1	10	10	7	9	10	13
nicht einstufbar		3	1	2	1	1	1
		100	100	100	100	100	100

Tabelle A22: Änderungsphantasien

Frage: Wieviel gibt es in Ihrem Leben, was sich ändern sollte?

			Jugendliche von 15 bis 30					
			Westen				Osten	
	1986		1994		1995		1994		1995
sehr viel	4⎞		3⎞		3⎞		4⎞		5⎞
viel	11⎬	67	8⎬	58	10⎬	59	14⎬	81	14⎬	77
einiges	52⎠		47⎠		46⎠		63⎠		58⎠
wenig	28		34		36		16		21
gar nichts	4		5		4		1		1
weiß nicht	1		3		1		2		1
	100		100		100		100		100

Tabelle A23: Niveau persönlicher und gesellschaftlicher Frustration

	Jugendliche von 15 bis 30			
	Westen		Osten	
persönliche Frustration				
keine	26		12	
eine	25		20	
zwei	20 ⎫		24 ⎫	
drei	15 ⎬	49	22 ⎬	68
vier und mehr	14 ⎭		22 ⎭	
	100		100	
gesellschaftliche Frustration				
keine	44		34	
eine	30 ⎫		33 ⎫	
zwei	17 ⎬	26	22 ⎬	33
drei und mehr	9 ⎭		11 ⎭	
	100		100	
Alle Frustrationsthemen				
keines	19		7	
1 - 2	34 ⎫		28 ⎫	
3 - 4	27 ⎬	47	36 ⎬	65
5 und mehr	20 ⎭		29 ⎭	
	100		100	

Tabelle A24: Negativer Affekt

Frage: Jeder Mensch hat ja auch negative Empfindungen, mit denen er fertig werden muß. Könnten Sie mir jedesmal sagen, ob es Ihnen häufiger, manchmal, selten oder nie so geht.

	Jugendliche von 15 bis 30					
	häufiger	manchmal	selten	nie	unentschieden	
Bin nervös						
1986 West	16	38	34	12	x	=100
1994	10	33	39	17	1	=100
1994 Ost	16	36	34	13	1	=100
Bin leicht reizbar, könnte aus der Haut fahren						
1986 West	13	33	40	13	1	=100
1994	11	31	41	16	1	=100
1994 Ost	15	38	35	11	1	=100
Fühle mich überfordert, gestreßt						
1986 West	7	36	41	16	x	=100
1994	9	37	36	16	2	=100
1994 Ost	8	38	39	13	2	=100

	häufiger	manch-mal	selten	nie	unent-schieden	
		Jugendliche von 15 bis 30				
Fühle mich niedergeschlagen, unglücklich						
1986 West	6	32	50	12	x	=100
1994	4	30	48	16	2	=100
1994 Ost	6	34	47	12	1	=100
Bin rastlos, finde keine Ruhe						
1986 West	7	24	42	26	1	=100
1994	6	19	42	32	1	=100
1994 Ost	7	22	43	26	2	=100
Fühle mich unausgefüllt						
1986 West	6	24	40	29	1	=100
1994	5	21	39	33	2	=100
1994 Ost	6	28	39	25	2	=100
Fühle eine innere Leere						
1986 West	4	25	43	26	2	=100
1994	4	23	41	29	3	=100
1994 Ost	4	25	42	26	3	=100
Habe Gewissensbisse						
1986 West	3	25	48	22	2	=100
1994	2	25	49	23	1	=100
1994 Ost	3	29	46	20	2	=100
Finde das Leben eintönig						
1986 West	5	22	39	33	1	=100
1994	4	30	33	31	2	=100
1994 Ost	8	30	31	29	2	=100
Habe das Gefühl, daß mir gar nichts mehr gelingt						
1986 West	3	22	48	26	1	=100
1994	3	21	47	27	2	=100
1994 Ost	3	22	50	23	2	=100
Null Bock, alles kotzt mich an						
1986 West	5	17	38	39	1	=100
1994	5	21	38	34	2	=100
1994 Ost	7	25	37	29	2	=100
Habe Schamgefühle						
1986 West	3	19	44	32	2	=100
1994	2	21	43	30	4	=100
1994 Ost	3	23	44	26	4	=100

Tabelle A25: Negative Gefühle, Reizbarkeit

	Jugendliche von 15 bis 30		
	1986	1994 West	1994 Ost
Es haben negative Empfindungen			
stark 5	5	13	12	12
4	4	22	23	29
3	3	39	33	40
2	2	13	13	9
kaum 1	1	13	19	10
	100	100	100

Tabelle A26: Einsamkeit

Frage: Wie häufig kommt es vor, daß Sie sich einsam und allein fühlen?

	Jugendliche von 15 bis 30				
		Westen		Osten	
	1986	1994	1995	1994	1995
sehr oft	1	1	1	2	1
oft	6	5	9	6	5
gelegentlich	30	32	28	30	28
selten	47	41	41	43	45
nie	16	21	21	19	21
	100	100	100	100	100

Tabelle A27: Die Einsamkeit der Frauen

Frage: Wie oft kommt es vor, daß Sie sich einsam und allein fühlen?

		sehr oft	oft	gelegentlich	selten	nie	
Männer							
West	1994	1	6	27	42	24	=100
	1995	2	7	27	39	25	=100
Ost	1994	1	4	27	45	23	=100
	1995	1	5	26	44	24	=100
Frauen							
West	1994	1	4	37	40	17	=100
	1995	1	10	28	44	17	=100
Ost	1994	2	7	33	43	14	=100
	1995	2	5	30	46	17	=100

Tabelle A28: Einsamkeit und negativer Affekt

	Jugendliche im Westen, die auf die Frage, ob sie sich einsam fühlten, antworteten					
	sehr oft	oft	gelegentlich	selten	nie	Insgesamt
Es haben negative Empfindungen						
stark 5	50	51	20	4	1	12
4	25	35	36	18	10	23
3	17	6	31	41	28	33
2	8	4	6	17	20	13
kaum 1	0	4	7	20	41	19
	100	100	100	100	100	100

Erlebnisbilanz (Freuden/Sorgen) und negativer Affekt

	Jugendliche im Westen mit folgender Position auf der Skala der Erlebnisbilanz				
	Sorgen überwiegen				Freuden überwiegen
	1	2	3	4	5
Es haben negative Empfindungen					
stark 5	42	22	10	4	2
4	24	34	31	14	5
3	24	28	32	41	32
2	4	7	12	18	19
kaum 1	6	9	15	23	42
	100	100	100	100	100

Tabelle A29: Frustration im persönlichen Bereich und negativer Affekt

		\multicolumn{5}{c}{Jugendliche mit folgender Zahl persönlicher Frustrationen}
		keine	1	2	3	4 und mehr
Osten						
Es leiden unter negativen Empfindungen						
kaum	1	18	11	10	8	5
	2	16	11	7	7	5
mittel	3	47	49	45	38	32
	4	18 ⎫	24 ⎫	29 ⎫	33 ⎫	38 ⎫
		⎬ 19	⎬ 29	⎬ 38	⎬ 47	⎬ 58
stark	5	1 ⎭	5 ⎭	9 ⎭	14 ⎭	20 ⎭
		100	100	100	100	100
Westen						
Es leiden unter negativen Empfindungen						
kaum	1	34	21	12	12	4
	2	17	15	13	9	7
mittel	3	28	34	39	34	32
	4	16 ⎫	20 ⎫	26 ⎫	28 ⎫	33 ⎫
		⎬ 21	⎬ 30	⎬ 36	⎬ 45	⎬ 57
stark	5	5 ⎭	10 ⎭	10 ⎭	17 ⎭	24 ⎭
		100	100	100	100	100

Tabelle A30: Negativer Affekt und psychosomatische Verfassung

	Jugendliche die unter nagtiven Empfindungen leiden					
	kaum		mittel		stark	insgesamt
	1	2	3	4	5	
Osten						
Gesundheitszustand						
sehr gut	42	41	30	24	14	28
ziemlich gut	50	47	51	50	43	51
es geht	8	12	18	24	39	20
ziemlich schlecht	0	0	1	2	3	1
sehr schlecht	0	0	0	0	1	0
	100	100	100	100	100	100
Schlafbedürfnis						
gut ausgeschlafen	49	42	35	26	17	32
es geht	44	46	45	44	41	44
nicht genug Schlaf	7	12	20	30	42	24
	100	100	100	100	100	100
Westen						
Gesundheitszustand						
sehr gut	61	47	38	24	16	38
ziemlich gut	31	50	48	52	51	46
es geht	7	2	14	23	30	15
ziemlich schlecht	1	0	0	1	3	1
sehr schlecht	0	1	0	0	0	0
	100	100	100	100	100	100
Schlafbedürfnis						
gut ausgeschlafen	67	53	36	28	18	40
es geht	29	34	44	46	54	42
nicht genug Schlaf	4	13	20	26	28	18
	100	100	100	100	100	100

Tabelle A31: Konflikte ausagieren, Vandalismustendenz 1986 und 1994

Frage: Es gibt ja Zeiten, in denen man extrem fühlt und handelt. Hier auf diesen Karten steht verschiedenes. Sagen Sie mir zu jeder Karte, ob Sie daran selbst schon gedacht haben, ob Sie das schon gemacht haben oder ob Sie das für sich ausschließen.

	Jugendliche im Westen	
	1986	1994
Es haben schon gemacht		
Blau machen, nicht zur Schule/zur Arbeit gehen	51	54
Freundschaften auch dann aufrechterhalten, wenn die Eltern das unmöglich finden	54	51
Mit Leuten, die mich sowieso nicht verstehen, auch nicht mehr reden	53	51
Leute mit irgend etwas schocken	35	30
Mal mit mehreren durch den Ort ziehen und Unfug stiften	37	22
Mal richtig 'reinhauen, wenn sonst nichts mehr hilft	20	11
Etwas demolieren	11	10
Ausreißen, woanders hingehen	11	8
Die Ausbildung, die Schule hinschmeißen	7	8
Mal als Punker 'rumlaufen	7	7
Die Wände besprühen	8	5
Mich einer interessanten Sekte anschließen	2	1

Quelle für 1986: Gerhard Schmidtchen: Schritte ins Nichts. Selbstschädigungstendenzen unter Jugendlichen. Leske + Budrich, Opladen 1989. S. 125

Tabelle A32: Verschlechterung des psychosomatischen Status

Frage: Fühlen Sie sich zur Zeit im allgemeinen gut ausgeschlafen oder haben Sie häufig das Gefühl, daß Sie nicht genug Schlaf bekommen?

	Jugendliche von 15 bis 30		
	1986	1994 West	1994 Ost
gut ausgeschlafen	50	40	32
es geht	30	42	44
nicht genug Schlaf	20	18	24
	100	100	100

Tabelle 33: Zuversicht

Frage: Denken Sie an Ihre persönliche Zukunft mit viel, etwas oder wenig Zuversicht

	Jugendliche von 15 bis 30				
	Westen			Osten	
	1986	1994	1995	1994	1995
viel	44	42	41	40	42
etwas	48	44	48	44	45
wenig	6	10	7	10	10
weiß nicht	2	4	4	6	3
	100	100	100	100	100

Tabelle A34: Steigende Selbstakzeptanz im Westen – Schwächeres Selbstwertgefühl im Osten (Test nach Rosenberg)

	Jugendliche von 15 bis 30				
	Westen			Osten	
	1986	1994	1995	1994	1995
Das Selbstwertgefühl ist					
ausgeprägt	19	32	27	23	21
mittel	57	54	58	57	62
schwach	24	14	15	19	17
nicht einstufbar	x	x	x	1	x
	100	100	100	100	100

Tabelle A35: Belastungs-Ressourcen-Bilanz

Westen

	Belastungen: Ressourcen:	hoch tief	hoch hoch	tief tief	tief hoch	
Gesamt		28	25	17	30	100
Männer		28	26	15	31	100
Frauen		27	24	19	30	100
Altersgruppen						
15 - 17		31	19	19	31	100
18 - 20		32	20	20	28	100
21 - 23		26	21	19	34	100
24 - 26		27	29	16	28	100
27 - 30		26	28	14	32	100
Bildungsweg						
Hauptschule		31	26	23	20	100
Mittelschule		29	25	16	30	100
Fachschule		28	17	15	40	100
Abitur		26	23	14	37	100
Hochschule		25	28	14	33	100
Berufskreise						
Arbeiter		34	21	21	24	100
einf. Angestellter		29	21	17	33	100
mittl. Angestellter		25	29	14	32	100
leit. Angestellter		22	27	11	40	100
selbständig		23	28	15	34	100
Gemeindegröße						
bis 4.999		18	29	20	33	100
5.000 - 19.999		28	24	19	29	100
20.000 - 99.999		29	22	17	32	100
100.000 und mehr		30	26	14	30	100
Prostestanten		29	22	19	30	100
Katholiken		26	24	15	35	100

Darstellung ohne 15 Prozent nicht einschätzbare Fälle

Tabelle A36 Belastungs-Ressourcen-Bilanz

Osten

	Belastungen: Ressourcen:	hoch tief	hoch hoch	tief tief	tief hoch	
Gesamt		31	20	25	24	100
	Männer	30	23	22	25	100
	Frauen	32	16	29	23	100
Altersgruppen						
	15 - 17	31	14	28	27	100
	18 - 20	29	18	30	23	100
	21 - 23	31	22	22	25	100
	24 - 26	31	21	25	23	100
	27 - 30	31	23	23	23	100
Bildungsweg						
	Hauptschule	34	29	19	18	100
	Mittelschule	31	20	26	23	100
	Fachschule	32	20	24	24	100
	Abitur	28	16	27	29	100
	Hochschule	31	20	25	24	100
Berufskreis						
	Arbeiter	32	20	26	22	100
	einf. Angestellter	38	17	25	20	100
	mittl. Angestellter	21	23	26	30	100
	leit. Angestellter	29	16	26	29	100
	selbständig	29	25	19	27	100
Gemeindegröße						
	bis 4.999	30	18	29	23	100
	5.000 - 19.999	30	21	28	21	100
	20.000 - 99.999	31	21	23	25	100
	100.000 und mehr	32	20	22	26	100
Prostestanten		28	20	23	29	100
Katholiken		31	24	23	22	100

Darstellung ohne 17 Prozent nicht einschätzbare Fälle

Tabelle A37: Sicherheit in der Partnerschaft

Frage: Wie klar können Sie sich die Zukunft Ihrer Partnerschaft vorstellen?

	Jugendliche von 15 bis 30		
	1986 Westen	1994 Westen	1994 Osten
sehr klar	29	34	34
einigermaßen klar	27	26	30
noch unklar	44	40	36
	100	100	100

Tabelle A38: Klarheit der Lebensperspektiven in Beruf und Partnerschaft

		Jugendliche von 15 bis 30	
Es haben folgende Position auf der Skala		Westen	Osten
sehr klar	1	20	9
	2	19	20
	3	25	29
	4	21	26
sehr unklar	5	15	16
		100	100

Tabelle A39: Sicherheit in Partnerschaft und Beruf in ihren Auswirkungen auf die allgemeine Zuversicht

Frage: Mit wieviel Zuversicht denken Sie an Ihre persönliche Zukunft?

Westen	Jugendliche von 15 bis 30 mit folgender Klarheit der Lebensperspektiven					
	sehr klar				sehr unklar	Insgesamt
	1	2	3	4	5	
viel Zuversicht	61	39	40	34	37	42
etwas	30	47	49	50	39	44
wenig	6	8	9	13	16	10
weiß nicht	3	6	2	3	8	4
	100	100	100	100	100	100
Vergleich des Lebens seit 1990						
besser	13	8	12	9	10	10
gleich	59	70	66	71	69	67
schlechter	28	22	22	20	21	23
	100	100	100	100	100	100

Tabelle A40: Emotionale Unterstützung und Forderungen im Elternhaus

Frage: Sagen Sie mir zu verschiedenen Lebensbereichen, wo Sie sich mit Ihren Anliegen und Ansichten gut aufgehoben fühlen, wo nicht? Erteilen Sie hierzu jeder der folgenden Gruppen oder Einrichtungen eine Note. „1" bedeutet: hier fühle ich mich überhaupt nicht aufgehoben, alleingelassen, und „5" bedeutet: da fühle ich mich zuhause, also mit meinen Anliegen und Ansichten sehr gut aufgehoben.

| | | | Jugendliche von 15 bis 30 | | | |
| | | | Westen | | Osten | |
		1986	1994	1995	1994	1995
Wie ist das in Ihrem Elternhaus						
Es fühlen sich gut						
aufgehoben	5	40	54	56	61	66
		65	71	74	78	80
	4	25	17	18	17	14
	3	19	13	9	9	8
	2	8	6	6	3	3
überhaupt nicht aufgehoben	1	5	3	4	3	3
trifft nicht zu		3	7	7	7	6
		100	100	100	100	100

Frage: Könnten Sie mir sagen, wo etwas von Ihnen erwartet bzw. gefordert wird? Wiederum bedeutet die „1", daß Sie überhaupt nicht gefordert werden, daß niemand etwas von Ihnen erwartet. Die „5" bedeutet, daß Sie sehr stark gefordert werden.

| | | | Jugendliche, die mit den Eltern in Verbindung stehen | | | |
| | | | Westen | | Osten | |
		1986	1994	1995	1994	1995
Im Elternhaus werden						
stark gefordert	5	16	12	9	17	16
		47	39	37	49	45
	4	31	27	28	32	29
	3	33	38	37	34	36
	2	13	12	15	10	12
überhaupt nicht gefordert	1	7	9	10	6	6
keine Angabe		x	2	1	1	1
		100	100	100	100	100

Tabelle A41: Konflikte mit den Eltern

Frage: In dieser Frage geht es um Konflikte mit den Eltern bzw. Probleme zu Hause. Hier stehen mögliche Anlässe dazu. In welchen der folgenden Punkte haben Sie schon einmal ernsthafte Konflikte zu Hause gekriegt?

	Jugendliche von 15 bis 30		
	West		Ost
	1986	1994	1994
– weil ich meinen Mund nicht gehalten habe	39	32	28
– wegen Geldfragen	37	31	25
– weil Eltern mit einer Freundschaft nicht einverstanden waren	33	27	23
– weil ich nach eigenen Vorstellungen leben wollte	28	22	21
– weil ich mich kleiden wollte, wie es mir gefällt	28	21	17
– wegen des Zigarettenrauchens	26	23	22
– wegen Schwierigkeiten in der Schule und mit den Lehrern	25	17	15
– weil ich nicht mehr zu Hause wohnen wollte	19	16	11
– wegen politischer Meinungsverschiedenheiten	11	7	7
– weil ich eine wichtige Prüfung nicht bestand	11	7	6
– weil sie mit meiner Berufswahl nicht einverstanden waren	7	5	5
– weil ich Ärger mit der Polizei bekam, straffällig wurde	6	4	3
– wegen einer ungewollten Schwangerschaft	3	4	2
– weil ich zu trinken anfing	3	3	2
– weil ich Drogen nahm	2	2	0
– wegen meiner engen Beziehungen zur Kirche	2	1	1
– weil ich mich einer Sekte anschließen wollte	1	1	0
nichts davon	17	17	24
	298	240	212

Tabelle A42: Anzahl der Konfliktthemen zwischen Eltern und Kindern

	Jugendliche von 15 bis 30	
Anzahl der Konflikte mit den Eltern	West	Ost
keine	17	24
1 Konfliktthema	30	30
2 - 3 Konflikte	33	29
4 und mehr	20	17
	100	100

Tabelle A43: Beruf und Familie werden im Osten höher bewertet

	1994 Jugendliche von 15 bis 30	
	West	Ost
Es bewerten vier Lebensziele wie folgt:		
"Finanziell gesichert sein"		
sehr wichtig	55	65
wichtig	37	30
weniger wichtig	8	5
	100	100
"Guter Beruf, interessante Arbeit"		
sehr wichtig	57	63
wichtig	38	34
weniger wichtig	5	3
	100	100
"Familie und Kinder"		
sehr wichtig	37	47
wichtig	35	30
weniger wichtig	28	23
	100	100
"Gut wohnen"		
sehr wichtig	29	35
wichtig	53	52
weniger wichtig	18	13
	100	100

Tabelle A44: Freiheit und Interesse – Auskünfte über Arbeitsmotivation

Frage: Wenn Sie an Ihre gegenwärtige Tätigkeit in Beruf, Ausbildung oder Haushalt denken – haben Sie da eher das Gefühl von Freiheit oder von Unfreiheit?

	Jugendliche von 15 bis 30		
	1986 West	1994 West	1994 Ost
Eher Freiheit	43	43	33
teils / teils	38	39	50
Eher Unfreiheit	19	18	17
	100	100	100

Frage: Wie beurteilen Sie persönlich Ihre gegenwärtige Tätigkeit, die Sie ausführen – ich meine in der Ausbildung, im Beruf oder im Haushalt, je nachdem, wo Sie zur Zeit am meisten arbeiten?

	Jugendliche von 15 bis 30				
		Westen		Osten	
	1986	1994	1995	1994	1995
sehr interessant	21	26	22	21	23
ziemlich interessant	38	38	41	37	38
es geht	29	29	32	34	30
nicht besonders	8	5	4	6	7
gar nicht interessant	3	2	1	2	2
keine Angaben	1	x)	x)	x)	x)
	100	100	100	100	100

x) Je 5% antworteten 1994 und 3 bzw. 5% im Jahre 1995 „arbeite nirgends, habe nicht zu tun". Diese Angabe wurde aus Vergleichsgründen herausgerechnet.

Tabelle A45: Trotz höherer Berufsmotivation im Osten sind im Beschäftigungssystem die Chancen für eine entsprechend hohe Arbeitsmotivation etwas geringer.

		Jugendliche von 15 bis 30		
		West	West	Ost
		1986	1994	1994
Skala der Arbeitsmotivation				
sehr hoch	(1)	14	17	12
		32	33	26
hoch	(2)	18	16	14
mittel	(3)	31	32	33
tief	(4)	22	24	29
sehr tief	(5)	15	11	12
		100	100	100

Quelle für 1986: Gerhard Schmidtchen: Ethik und Protest, a.a.O., Ergänzungsband S. 170

Tabelle A46: Die Tätigkeit der befragten Jugendlichen

	West	Ost
In Ausbildung	40	42
und zwar:		
Schule	16	20
Hochschule	12	8
Azubi	10	11
sonstige Ausbildung	2	3
Erwerbstätig	47	41
und zwar:		
vollzeit	42	37
teilzeit (20 - 34 Std.)	3	4
teilzeit (weniger als 20 Std.)	2	0
arbeitslos, Arbeit suchend	3	8
Wehrdienst, Zivildienst	1	1
Hausfrau, Hausmann	6	2
nicht erwerbstätig	2	1
anderes	1	5
	100	100

Tabelle A47: Arbeitsmotivation in Ausbildung und Beruf

		Es haben folgende Arbeitsmotivation:					
		sehr hoch	hoch	mittel	tief	sehr tief	
		(1)	(2)	(3)	(4)	(5)	
Jugendliche in folgender Situation:							
in Ausbildung	West	15	17	30	25	13	=100
	Ost	11	13	31	32	13	=100
Vollzeit im Beruf	West	20	17	34	21	8	=100
	Ost	14	16	35	25	10	=100
Wehr-, Zivildienst	West	7	x	36	21	36	=100
	Ost	17	7	36	26	14	=100

Tabelle A48: Arbeitsmotivation und Lebensstimmung

Frage: Einmal ganz allgemein gefragt: wie gefällt Ihnen überhaupt Ihr gegenwärtiges Leben?

	Jugendliche mit folgender Arbeitsmotivation					
	sehr hoch (1)	hoch (2)	mittel (3)	tief (4)	sehr tief (5)	insgesamt
Osten						
sehr gut	25	11	9	6	3	10
gut	61	62	55	42	31	50
es geht	12	25	32	44	47	34
nicht besonders	2	2	3	6	16	5
gar nicht	x	x	x	1	3	1
weiß nicht	x	x	1	1	x	x
	100	100	100	100	100	100
Westen						
sehr gut	44	20	12	7	2	17
gut	45	65	65	60	33	55
es geht	9	14	22	29	47	23
nicht besonders	1	1	1	4	17	4
gar nicht	x	x	x	x	1	1
weiß nicht	1	x	x	x	x	x
	100	100	100	100	100	100

Tabelle A49: Arbeitsklima und die Erwartungen an die weitere Entwicklung der Lebensqualität

Frage: Und wie sehen Sie die weitere Entwicklung der Lebensqualität und der Lebensmöglichkeiten bei uns in der Bundesrepublik: Geht es damit eher aufwärts, bleibt es gleich oder geht es eher abwärts?

	Jugendliche mit folgender Arbeitsmotivation					
	sehr hoch (1)	hoch (2)	mittel (3)	tief (4)	sehr tief (5)	insgesamt
Osten						
eher aufwärts	28	26	19	16	13	19
bleibt gleich	32	30	30	31	22	30
eher abwärts	29	29	36	35	49	36
weiß nicht	11	15	15	18	16	15
	100	100	100	100	100	100
Westen						
eher aufwärts	16	14	13	6	7	11
bleibt gleich	32	28	32	31	24	30
eher abwärts	46	50	46	57	66	52
weiß nicht	6	8	9	6	3	7
	100	100	100	100	100	100

Tabelle A50: Anerkennung und Motivation

Frage: Haben Sie das Gefühl, daß Sie in Ihrem Lebenskreis mit Ihren Fähigkeiten und Leistungen gesehen und anerkannt werden oder ist das nicht der Fall? (1995)

	Jugendliche, die sich gesehen und anerkannt fühlen		
	ja (51 % = 100)	teilweise (46 % = 100)	nein (3 % = 100)
Es finden ihre Tätigkeit interessant			
Ost	71	47	17
West	76	48	14
Arbeit trägt zur persönlichen Entwicklung bei			
Ost	71	51	28
West	75	46	16
Die Sorgen überwiegen die Freuden			
Ost	30	47	74
West	20	43	71

Tabelle A51: Emotionale Unterstützung und Forderungen seitens der Lehrer und Vorgesetzten

Frage: Sagen Sie mir zu verschiedenen Lebensbereichen, wo Sie sich mit Ihren Anliegen und Ansichten gut aufgehoben fühlen, wo nicht?

		Jugendliche von 15 bis 30				
		Westen			Osten	
		1986	1994	1995	1994	1995
Bei Vorgesetzten, Lehrern fühlen sich gut aufgehoben	5	7	18	21	12	12
		32	48	46	30	31
	4	25	30	25	18	19
	3	32	27	30	35	30
	2	13	10	11	13	13
überhaupt nicht aufgehoben	1	5	4	5	8	10
trifft nicht zu		18	11	8	14	16
		100	100	100	100	100

Frage: Könnten Sie mir sagen, wo etwas von Ihnen erwartet bzw. gefordert wird? Wiederum bedeutet die „1", daß Sie überhauptnicht gefordert werden, daß niemand etwas von Ihnen erwartet. Die „5" bedeutet, daß Sie sehr stark gefordert werden.

	Jugendliche in Schule und Beruf				
	Westen			Osten	
	1986	1994	1995	1994	1995
Von Vorgesetzten, Lehrern werden stark gefordert	5	36	29	26	38	40
		79	65	66	73	74
	4	43	36	40	35	34
	3	16	26	28	18	17
	2	4	3	5	4	5
überhaupt nicht gefordert	1	1	3	1	3	2
keine Angabe		x	3	x	2	2
		100	100	100	100	100

Tabelle A52: Führungsstile in Ost und West

– Beurteilung von Lehrern und Vorgesetzten –

	Jugendliche von 15 - 30				
	Westen			Osten	
	1986	1994	1995	1994	1995
Der Führungs- bzw. Unterrichtsstil ist					
reif	33	40	35	30	32
naiv	6	14	15	6	6
gleichgültig	16	19	20	20	19
preußisch-puritanisch	45	27	30	44	43
	100	100	100	100	100

reifer Führungsstil:	Vorgesetzte bzw. Lehrer geben emotionalen Rückhalt und stellen deutlich Forderungen.
naiver Führungsstil:	Emotionaler Rückhalt ohne Forderungen.
gleichgültiger (oder falsch verstandener laissez-faire-Stil):	Keine Forderungen und kaum emotionaler Rückhalt.
preußisch-puritanischer Stil:	Es werden Forderungen ohne emotionalen Rückhalt gestellt.

Tabelle A53: **Führungsstile und ihre Auswirkungen auf die Arbeitsmotivation**

		Jugendliche, die folgenden Führungsstil erfahren			
		reif	naiv	gleichgültig	preußisch-puritanisch
Es haben folgende Arbeitsmotivation					
Osten					
sehr hoch	1	22	11	6	8
hoch	2	17	14	13	12
mittel	3	37	38	29	32
tief	4	19	31	35	32
			24	37	52	48
sehr tief	5	5	6	17	16
		100	100	100	100
Westen					
sehr hoch	1	22	18	9	12
hoch	2	20	16	16	13
mittel	3	37	40	25	28
tief	4	17	19	27	29
			21	26	50	47
sehr tief	5	4	7	23	18
		100	100	100	100

Tabelle A54: Mobilität junger Leute im Osten

a) Könnten Sie sich einen Wohnortwechsel aus beruflichen Gründen oder im Laufe der Ausbildung oder des Studiums vorstellen?
b) Haben Sie Pläne, an einen anderen Ort zu gehen, um beruflich weiterzukommen?
c) Möchten Sie an einen Ort in den alten oder neuen Bundesländern bzw. würden Sie gern einige Zeit ins Ausland gehen?

| | Ge-samt | Män-ner | Frauen | \multicolumn{6}{c}{Altersgruppe} | \multicolumn{4}{c}{Bildungsweg} |
				15-17	18-20	21-23	24-26	27-30	Haupt-schule	Mittel-schule	Fach-schule	Abitur	Hoch-schule
a) - generell Wohnortwechsel	42	42	41	39	47	45	40	36	33	35	38	45	60
- Wohnortwechsel für begrenzte Zeit	28	32	24	34	32	27	27	23	26	29	25	31	28
- käme nicht für mich in Frage	15	12	19	6	9	15	18	26	18	19	20	9	6
- weiß nicht	15	14	16	21	12	13	15	15	23	17	17	15	6
	100	100	100	100	100	100	100	100	100	100	100	100	100
b) - ja, habe solche Pläne	29	29	30	40	40	35	21	15	30	21	26	38	45
- nein, nicht	71	71	70	60	60	65	79	85	70	79	74	62	55
	100	100	100	100	100	100	100	100	100	100	100	100	100

Frage an Jugendliche, die einen Wohnortwechsel geplant haben:

	Ge-samt	Män-ner	Frauen	15-17	18-20	21-23	24-26	27-30	Haupt-schule	Mittel-schule	Fach-schule	Abitur	Hoch-schule
c) - in die alten Bundesländer	23	24	21	23	19	23	30	20	39	27	31	15	16
- anderer Ort in Ostdeutschland	18	15	21	13	22	22	14	19	22	15	16	15	25
- beides möglich	59	61	58	64	59	55	56	61	39	58	53	70	59
	100	100	100	100	100	100	100	100	100	100	100	100	100

Würden Sie einige Zeit ins Ausland gehen?

	Ge-samt	Män-ner	Frauen	15-17	18-20	21-23	24-26	27-30	Haupt-schule	Mittel-schule	Fach-schule	Abitur	Hoch-schule
ja	45	47	42	55	55	46	41	32	30	35	38	59	68
nein	55	53	58	45	46	54	59	68	70	65	62	41	32
	100	100	100	100	100	100	100	100	100	100	100	100	100

Tabelle A55: Mobilität junger Leute im Westen

a) Könnten Sie sich einen Wohnortwechsel aus beruflichen Gründen oder im Laufe der Ausbildung oder des Studiums vorstellen?
b) Haben Sie Pläne, an einen anderen Ort zu gehen, um beruflich weiterzukommen?
c) Möchten Sie an einen Ort in den alten oder neuen Bundesländern bzw. würden Sie gern einige Zeit ins Ausland gehen?

	Ge-samt	Män-ner	Frauen	Altersgruppen					Bildungsweg			
				15-17	18-20	21-23	24-26	27-30	Haupt-schule	Mittel-schule	Fach-schule	Abitur	Hoch-schule
a)													
- generell Wohnortwechsel	48	50	46	42	57	49	48	46	38	39	47	51	73
- Wohnortwechsel für begrenzte Zeit	26	27	24	26	26	29	25	24	26	30	25	26	19
- käme nicht für mich in Frage	17	14	21	16	10	14	20	21	26	18	22	14	5
- weiß nicht	9	9	9	16	7	8	7	9	10	13	6	9	3
	100	100	100	100	100	100	100	100	100	100	100	100	100
b)													
- ja, habe solche Pläne	21	23	20	22	30	18	20	20	12	13	18	24	45
- nein nicht	79	77	80	78	70	82	80	80	88	87	82	76	55
	100	100	100	100	100	100	100	100	100	100	100	100	100
Frage an Jugendliche, die einen Wohnortwechsel geplant haben:													
c)													
- in die neuen Bundesländer	5	4	5	0	0	6	2	13	4	10	0	4	4
- anderer Ort in Westdeutschland	43	36	50	38	62	26	41	39	52	49	65	39	35
- beides möglich	52	60	45	62	38	68	57	48	44	41	35	57	61
	100	100	100	100	100	100	100	100	100	100	100	100	100
Würden Sie einige Zeit ins Ausland gehen?													
ja	54	55	52	57	66	54	50	47	36	46	52	63	78
nein	46	45	48	43	34	46	50	53	64	54	48	37	22
	100	100	100	100	100	100	100	100	100	100	100	100	100

415

Tabelle A56: Ortsverbundenheit und Mobilitätswiderstand

	Jugendliche mit folgender Ortsverbundenheit				
	sehr stark	stark	mittel	schwach	insgesamt
Es können sich Wohnortwechsel vorstellen					
Osten	21	35	47	71	41
Westen	24	41	58	76	48
Es haben Pläne für einen Wechsel des Wohnortes					
Osten	20	24	33	44	29
Westen	12	18	21	40	21
Es würden einige Zeit ins Ausland gehen					
Osten	40	40	48	56	45
Westen	40	51	57	68	53

Tabelle A57: Mitwirkung in Vereinen

	aktiv mit Funktion	aktiv ohne Funktion	gehörte früher dazu	noch nie dabei gewesen	
Sport-, Freizeit-, Hobby-Verein					
West	21	28	20	31	= 100
Ost	10	21	36	33	= 100
Gewerkschaft					
West	1	15	4	80	= 100
Ost	1	14	26	59	= 100
kirchlicher Verein, kirchliche Gruppe					
West	5	5	11	79	= 100
Ost	2	7	5	86	= 100
Musikverein, Musikgruppe					
West	6	3	10	81	= 100
Ost	3	4	14	79	= 100
Schülervereinigung, -vertretung					
West	3	4	21	72	= 100
Ost	3	5	32	60	= 100
Berufsverband					
West	1	5	2	92	= 100
Ost	X	7	2	91	= 100
Fan-Club					
West	2	4	3	91	= 100
Ost	1	5	6	88	= 100

	aktiv mit Funktion	aktiv ohne Funktion	gehörte früher dazu	noch nie dabei gewesen	
Friedensbewegung					
West	1	4	3	92	= 100
Ost	X	1	3	96	= 100
Wohlfahrsverband					
West	2	3	3	92	= 100
Ost	1	3	4	92	= 100
Partei oder deren Jugendorganisationen					
West	1	3	2	94	= 100
Ost	X	1	22	77	= 100
Bürgerinitiativen					
West	1	3	4	92	= 100
Ost	X	2	2	96	= 100
Frauengruppe, fem. Bewegung					
West	1	2	2	95	= 100
Ost	X	X	1	99	= 100
Fasnachts- oder Faschingsverein					
West	1	2	2	95	= 100
Ost	1	1	4	94	= 100
Jugendorganisation (Deutscher Bundesring)					
West	1	2	3	94	= 100
Ost	1	1	3	95	= 100
Studentische Vereinigung					
West	1	2	2	95	= 100
Ost	1	2	5	92	= 100
Alternative politische Gruppe					
West	1	2	2	95	= 100
Ost	X	1	2	97	= 100
Therapie + Selbsthilfegruppe					
West	1	1	2	96	= 100
Ost	X	1	2	97	= 100
Volkstanz-, Trachten-Verein					
West	1	1	3	95	= 100
Ost	X	1	3	96	= 100
Religiöse Gruppe außerhalb der Kirche					
West	X	1	1	98	= 100
Ost	X	0,5	0,5	99	= 100

Tabelle A58: Emotionale Unterstützung und Forderungen im Freundeskreis

Frage: Sagen Sie mir zu verschiedenen Lebensbereichen, wo Sie sich mit Ihren Anliegen und Ansichten gut aufgehoben fühlen, wo nicht?

		Jugendliche von 15 bis 30				
		Westen			Osten	
		1986	1994	1995	1994	1995
In Ihrem Freundeskreis, Clique fühlen sich gut aufgehoben	5	31	51	63	40	57
		74	82	89	70	85
	4	43	31	26	30	28
	3	18	11	8	14	11
	2	4	2	2	3	2
überhaupt nicht aufgehoben	1	1	1	x	2	1
trifft nicht zu		3	4	1	11	1
		100	100	100	100	100

Frage: Könnten Sie mir sagen, wo etwas von Ihnen erwartet bzw. gefordert wird? Wiederum bedeutet die „1", daß Sie überhauptnicht gefordert werden, daß niemand etwas von Ihnen erwartet. Die „5" bedeutet, daß Sie sehr stark gefordert werden.

		Jugendliche, die einen engeren Freundeskreis haben				
		Westen			Osten	
		1986	1994	1995	1994	1995
Im Freundeskreis, Clique werden stark gefordert	5	7	7	5	8	7
		32	37	30	35	30
	4	25	30	25	27	23
	3	45	45	49	43	45
	2	16	11	16	14	18
überhaupt nicht gefordert	1	7	5	4	7	6
keine Angabe		x	2	1	1	1
		100	100	100	100	100

Tabelle A59: Nationalismus Männersache?

	Gruppen- und Cliquenmitglieder			
	Westen		Osten	
	Männer (41 % = 100 %)	Frauen (34 % = 100 %)	Männer (30 % = 100 %)	Frauen (24 % = 100 %)
In der Clique:				
Deutschsein ist ein Thema	23	12	31	25
Zuzug von Ausländern ist Thema	39	28	44	39
Stimmung gegenüber Staat und Gesellschaft				
eher bejahend	21	20	9	8
eher ablehnend	27	20	28	27
schwer zu sagen	52	60	63	65
	100	100	100	100

Tabelle A60: Wie anziehend sind Jugendgruppen für die Stilisierung der frühen Lebensphasen?
Es fühlen sich diesen Gruppen „sehr nahe" oder „nahe"

	Jugendliche in folgendem Alter				
	15-17	18-20	21-23	24-26	27-30
Osten					
Disco-Fans	57	58	40	29	22
Motorrad-Fans	30	29	25	18	15
Fußball-Fans	26	23	20	19	19
Alternative	8	11	11	7	7
Hausbesetzer	7	7	6	4	3
Punks	11	8	5	1	2
Popper	9	4	3	0	1
Rocker	8	5	5	2	3
Nationale Gruppen	3	3	3	3	1
Yuppies	2	1	1	1	0
Skinheads	4	2	3	0	0
Hooligans	3	3	1	1	0

Tabelle A61: Wie zeitgemäß ist die Kirche?

Frage: Wie gut paßt die Kirche Ihrer Meinung nach eigentlich in unsere Zeit? Ich habe hier eine Leiter. „10" bedeutet, daß die Kirche heute sehr gut in unsere Zeit paßt. „0" bedeutet, daß die Kirche überhaupt nicht in unsere Zeit paßt. Mit den Werten dazwischen können Sie abstufen.

		1972[x]	1974[xx]	1986	1994 West	1994 Ost
sehr gut	(9-10)	11	8	9	6	5
gut	(7-8)	18	13	19	9	9
mittel	(4 6)	41	45	34	27	25
wenig	(2-3)	18	21	20	18	16
gar nicht	(0-1)	9	12	11	7	15
unentschieden /kein Urteil		3	1	7	33	30
		100	100	100	100	100

x Personen ab 18 Jahre im VELKD-Bereich

Quelle: G. Schmidtchen: Gottesdienst in einer rationalen Welt. Stuttgart, Freiburg 1973, S. 180

xx Personen von 18 bis 29 Jahre

Quelle: G. Schmidtchen: Ethik und Protest, Ergänzungsband, Opladen 1993, S. 104

Tabelle A62: Die Zeitgemäßheit der Kirche – das Bild der Kirchgänger und der Kirchenfernen im Westen

Westen

Die Kirche paßt in unsere Zeit		Jugendliche von 15 bis 30 mit folgenden Gewohnheiten des Kirchgangs				
		jeden Sonntag	fast jeden Sonntag	ab und zu	selten	nie
sehr gut	(9-10)	47	14	9	3	2
		66	53	28	10	4
gut	(7-8)	19	39	19	7	2
mittel	(4-6)	15	25	40	33	15
wenig	(2-3)	11	14	11	21	18
gar nicht	(0-1)	4	0	2	7	11
		8	8	21	36	63
unentschieden/ kein Urteil		4	8	19	29	52
		100	100	100	100	100

Tabelle A63: Zeitgemäßheit der Kirche und christliche Identität – Osten

	Jugendliche von 15 bis 30, die über die Zeitgemäßheit der Kirche wie folgt denkt				
	Unzeitgemäß				sehr zeitgemäß
	0,1	2,3	4-6	7,8	9,10
Bin gläubiges Mitglied meiner Kirche und stehe zu ihrer Lehre.	0 ⎫ 1 ⎭	1 ⎫ 6 ⎭	4 ⎫ 12 ⎭	14 ⎫ 35 ⎭	43 ⎫ 64 ⎭
Ich stehe zur Kirche, aber sie muß sich ändern.	1 ⎭	5 ⎭	8 ⎭	21 ⎭	21 ⎭
Ich fühle mich als Christ, aber die Kirche bedeutet mir nicht viel.	2	7	15	23	15
Die Kirche ist mir gleichgültig, sie bedeutet mir nichts.	92	80	55	24	14
weiß nicht	5	7	18	18	7
	100	100	100	100	100
Es möchten keine Gesellschaft ohne Kirche	8	20	40	72	77

Tabelle A64: Zeitgemäßheit der Kirche und christliche Identität – Westen

	Jugendliche von 15 bis 30, die über die Zeitgemäßheit der Kirche wie folgt denkt				
	Unzeitgemäß				sehr zeitgemäß
	0,1	2,3	4-6	7,8	9,10
Bin gläubiges Mitglied meiner Kirche und stehe zu ihrer Lehre.	1	1	3	32	56
	1	10	26	67	72
Ich stehe zur Kirche, aber sie muß sich ändern.	0	9	23	35	16
Ich fühle mich als Christ, aber die Kirche bedeutet mir nicht viel.	34	52	49	25	22
Die Kirche ist mir gleichgültig, sie bedeutet mir nichts.	58	32	18	6	4
weiß nicht	7	6	7	2	2
	100	100	100	100	100
Es möchten keine Gesellschaft ohne Kirche	15	35	55	83	85

Tabelle A65: Verhältnis zu Kirche und Gottesbegriffe – Westen

1995	Jugendliche mit folgendem Verhältnis zur Kirche:			
	Gläubiges Mitglied	Stehe zur Kirche, aber sie muß sich ändern	Fühle mich als Christ, aber die Kirche bedeutet nicht viel	Die Kirche ist mir gleichgültig
Es haben folgende Gottesbegriffe:				
1 atheistisch	2	1	7	47
2 Weltschöpfer	25	61	49	29
3 symbolisch	18	33	31	25
4 naturmystisch	43	26	21	5
5 biblizistisch	45	21	12	3
6 Weltherrscher	43	22	8	2
7 Richter	9	6	2	x
	185	170	130	111

1 Es gibt keinen Gott. Die Welt, die Natur und was dort alles vor sich geht, kann wissenschaftlich erklärt werden.
2 Man kann zwar die Natur wissenschaftlich erklären, aber nicht, wie alles entstanden ist. Es muß also einen Weltschöpfer geben, denn der Mensch hat sich nicht selbst erschaffen.
3 Geist und Seele heben den Menschen über die bloße Natur hinaus. Gott ist ein bildhafter Ausdruck für die Möglichkeit des Menschen, nach dem Guten und Vollkommenen zu streben.
4 Gott ist überall in der Natur gegenwärtig und in ihren wunderbaren Gesetzen für uns sichtbar.
5 Wir wissen von Gott aus der Bibel und sollen nach seinem Willen leben.
6 Gott ist der Herr der Welt, unser Schicksal liegt in seiner Hand.
7 Gott ist ein strenger und gerechter Richter. Wer nicht nach seinen Geboten lebt, wird beim Jüngsten Gericht bestraft.

Tabelle A66: Verhältnis zu Kirche und Gottesbegriffe – Osten

1995	Jugendliche mit folgendem Verhältnis zur Kirche:			
	Gläubiges Mitglied	Stehe zur Kirche, aber sie muß sich ändern	Fühle mich als Christ, aber die Kirche bedeutet nicht viel	Die Kirche ist mir gleichgültig
Es haben folgende Gottesbegriffe				
1 atheistisch	2	7	20	85
2 Weltschöpfer	32	35	34	10
3 symbolisch	27	47	40	12
4 naturmystisch	53	36	23	1
5 biblizistisch	32	19	9	1
6 Weltherrscher	44	19	7	x
7 Richter	16	5	4	x
	206	168	137	109

Erklärung der Gottesbegriffe in Tabelle A 65.

Tabelle A67: Sinn des Lebens

Frage: Man fragt sich ja manchmal, wofür man lebt, was der Sinn des Lebens ist. Worin sehen Sie vor allem den Sinn Ihres Lebens?

	Jugendliche von 18-30 Westen 1974	Jugendliche von 15-30 Westen 1995	Jugendliche von 15-30 Osten 1995
Daß ich glücklich bin, viel Freude habe.	62	85	79
Im Lebens etwas zu leisten, es zu etwas bringen.	61	63	74
Das Leben geniessen.	46	75	71
Die Welt kennenzulernen, etwas von der Welt zu sehen.	50	64	68
Meine Persönlichkeit zu entwickeln, Fähigkeiten zu erwerben und einzusetzen.	–	72	68
Daß ich vor mir selber bestehen kann.	46	65	62
Eine unabhängige Persönlichkeit zu zu werden, ohne Angst und Überheblichkeit.	–	61	59
Daß ich von meinen Mitmenschen geachtet werde, Ansehen habe.	28	45	59
Ganz ich selbst sein, stark sein, nicht einfach tun, was andere wollen.	–	60	57
Daß meine Familie versorgt ist.	61	50	54
Daß es meine Kinder gut haben.	52	40	48
Tun, was mein Gewissen mir sagt.	37	53	42
Daß andere mich mögen, daß ich bei anderen beliebt bin.	42	41	39
Daß ich es zu einem eigenen Haus, einem Eigenheim bringe.	27	30	34
Mit allen Kräften mich für eine bestimmte Idee einsetzen.	25	37	29
Ganz für andere da sein, anderen zu helfen.	15	27	28
An meinem Platz mitzuhelfen, eine bessere Gesellschaft zu schaffen.	38	36	26
Daß ich mich in meinem irdischen Leben bewähre, um vor meinem Schöpfer bestehen zu können.	13	6	6
Das tun, was Gott von mir erwartet.	8	5	5

– = 1974 nicht erfragt.

Tabelle A68: Kirchliche Orientierung in Ost und West
Skalierung der Antworten auf 4 Fragen zur Kirche

Kirchliche Orientierung:		Jugendliche von 15 bis 35					
		Westen			Osten		
		Insgesamt	Protestanten	Katholiken	Insgesamt	Protestanten	Katholiken
Nähe	4	9	7	13	5	18	34
	3	10	8	13	5	18	15
	2	11	11	14	8	19	15
	1	21	25	22	18	22	17
Ferne	0	49	49	38	64	23	19
		100	100	100	100	100	100

Additiv ausgezählte Testfragen:
1. Gesellschaft ohne Kirche wünschen nicht.
2. Die Kirche wird als zeitgemäß eingestuft (Skalenangaben 6-10).
3. Es fühlen sich als gläubiges Mitglied der Kirche oder stehen zur Kirche, haben aber Reformwünsche.
4. Es gehen wenigstens ab und zu zur Kirche.

Tabelle A69: Aberglaube: Wiedergeburt, Geistheiler, Hexen

Frage: Glauben Sie an die Wiedergeburt, also daran, daß die Seele noch einmal in Form einer Person leben wird und sich auf diese Weise weiterentwikkeln kann?

	Jugendliche von 15-30 Jahre			
	Westen		Osten	
	1994	1995	1994	1995
ja, glaube ich	20	21	11	14
glaube ich nicht	46	47	67	68
unentschieden	34	32	22	18
	100	100	100	100

Frage: Es gibt ja Leute, die andere Menschen positiv beeinflussen wollen und sogar auch heilen. Sie rufen dazu geistige Kräfte an, senden geistige Energien, die sich auf den Körper der anderen günstig auswirken, zu einem besseren Gleichgewicht führen. Gluaben Sie, daß solche Leute wirklich Erfolg haben, oder ist das nur Einbildung?

haben wirklich Erfolg	19	22	16	15
glaube ich nicht, ist nur Einbildung	47	46	53	56
unentschieden	34	32	31	29
	100	100	100	100

Frage: Glauben Sie, es gibt Hexen, also Frauen, die durch Sprüche und andere übernatürliche Vorkehrungen andere Menschen beeinflussen können oder ihnen Schaden zufügen?

ja, Hexen gibt es	10	11	9	9
gibt es sicher nicht	67	64	69	73
weiß nicht	23	25	22	18
	100	100	100	100

Tabelle A70: Magisch-animistisches Weltbild – Westen

Westen	Die Affinität zu einem magisch-animistischen Weltbild ist:			
	kaum vorhanden	mäßig	groß	
Insgesamt	24	43	33	100
Männer	30	45	25	100
Frauen	18	39	43	100
Altersgruppen				
15-17	22	50	28	100
18-20	25	38	37	100
21-23	31	35	34	100
24-26	21	43	36	100
27-30	24	45	31	100
Bildungsweg				
Hauptschule	26	41	33	100
Mittelschule	20	42	38	100
Fachschule	23	54	23	100
Abitur	25	42	34	100
Hochschule	31	39	30	100
Protestanten	22	43	36	100
Katholiken	28	38	34	100

Tabelle A71: Magisch-animistisches Weltbild – Osten

Osten	Die Affinität zu einem magisch-animistischen Weltbild ist:			
	kaum vorhanden	mäßig	groß	
Insgesamt	38	40	22	100
Männer	47	38	15	100
Frauen	29	41	30	100
Altersgruppen				
15-17	33	40	27	100
18-20	36	38	26	100
21-23	37	40	23	100
24-26	40	41	19	100
27-30	43	37	20	100
Bildungsweg				
Hauptschule	40	43	17	100
Mittelschule	41	38	21	100
Fachschule	34	40	26	100
Abitur	31	41	28	100
Hochschule	40	40	20	100
Protestanten	30	42	28	100
Katholiken	37	43	20	100

Tabelle A72: Kirchliche Orientierung und magisch-animistisches Weltbild

	Jugendliche mit folgender kirchlicher Orientierung				
	Kirchenferne				Kirchennähe
	0	1	2	3	4
Westen					
Die Affinität zu einem magisch-animistischen Weltbild ist					
kaum vorhanden	29	18	15	23	25
mäßig	43	43	43	34	46
groß	28	39	42	43	29
	100	100	100	100	100
Osten					
Die Affinität zu einem magisch-animistischen Weltbild ist					
kaum vorhanden	46	29	26	20	17
mäßig	38	44	41	49	54
groß	16	27	33	31	29
	100	100	100	100	100

Tabelle A73: Nähe und Distanz zu Sekten – Die Erwachsenen

Frage: Einmal ganz allgemein gefragt: Wie nah – wie fern fühlen Sie sich solchen Gruppen, wie sie hier auf der Liste stehen, oder einer dieser Gruppen? (Vorgelegt wurde eine Liste mit 17 Gruppen und Vereinigungen, die als Sekten klassifiziert werden)

	Erwachsene Bevölkerung		
	1986	1994 West	1994 Ost
sehr nah	1	x	x
nah	1	x	x
weder noch – neutral	11	8	11
fern	10	10	7
sehr fern	77	82	82
keine Angabe	X	x	x
	100	100	100

Quelle für 1986: Gerhard Schmidtchen: Sekten und Psychokultur, Reichweite und Attraktivität von Jugendreligionen in der Bundesrepublik Deutschland, Herder, Freiburg i. Br. 1987

Tabelle A74: Der Kreis der Sektenanhänger im Osten[x]

	Weitester Kreis Sektenanhänger (Zahl der Angaben)				
	keine Tendenz zu Sekten			engere Beziehungen	
	0	1	2	3-4	
Insgesamt	93.4	5.7	.8	.1	100
Männer	94.1	5.2	.5	.2	100
Frauen	92.7	6.1	1.1	.1	100
Altersgruppen					
15-17	90.5	8.5	.8	.2	100
18-20	92.3	6.1	1.4	.2	100
21-23	94.0	5.1	.9	.0	100
24-26	94.8	4.3	.6	.3	100
27-30	95.1	4.3	.6	.0	100
Bildungsweg					
Hauptschule	94.4	5.6	.0	.0	100
Mittelschule	95.1	4.3	.5	.1	100
Fachschule	92.9	6.3	.6	.2	100
Abitur	90.0	8.4	1.6	.0	100
Hochschule	92.2	6.1	1.5	.2	100
Berufskreise					
Arbeiter(in)	94.2	5.1	.5	.2	100
einf. Angestellte(r)	92.9	5.6	1.5	.0	100
mittl. Angestellte(r)	94.0	5.2	.8	.0	100
leit. Angestellte(r)	94.8	4.8	.4	.0	100
Selbständige(r)	91.4	7.8	.4	.4	100

Gemeindegröße					
bis 4.999	94.1	5.3	.6	.0	100
5.000-19.999	93.9	5.6	.5	.0	100
20.000-99.999	93.9	4.8	.8	.5	100
100.000 u. mehr	91.8	6.8	1.3	.1	100

x Additive Auszählung der folgenden Antworten:
1. Es waren früher oder sind gegenwärtig Mitglied einer Sekte.
2. Es haben Kontakt zu einer Sekte.
3. Es fühlen sich den Sekten sehr nahe oder nahe.
4. Als Ausdruck extremer Gefühle schon daran gedacht, sich einer Sekte anzuschließen (oder schon gemacht, 1 %).

Tabelle A75: Der Kreis der Sektenanhänger im Westen[x]

	Weitester Kreis Sektenanhänger (Zahl der Angaben)				
	keine Tendenz zu Sekten			engere Beziehungen	
	0	1	2	3-4	
Insgesamt	90.2	8.0	1.4	.4	100
Männer	90.4	7.8	1.2	.6	100
Frauen	90.0	8.2	1.6	.2	100
Altersgruppen					
15-17	86.6	11.2	1.5	.7	100
18-20	87.6	11.8	.0	.6	100
21-23	91.9	6.5	1.1	.5	100
24-26	90.2	8.2	1.6	.0	100
27-30	92.3	5.1	2.2	.4	100
Bildungsweg					
Hauptschule	88.9	8.9	1.8	.4	100
Mittelschule	90.4	8.9	.7	.0	100
Fachschule	93.5	5.3	.0	1.2	100
Abitur	90.3	8.2	1.0	.5	100
Hochschule	90.8	6.0	2.7	.5	100
Berufskreise					
Arbeiter(in)	88.1	9.7	1.9	.3	100
einf. Angestellte(r)	93.4	6.6	.0	.0	100
mittl. Angestellte(r)	92.9	6.0	1.1	.0	100
leit. Angestellte(r)	91.1	8.1	.0	.8	100
Selbständige(r)	90.5	6.3	3.2	.0	100
Gemeindegröße					
bis 4.999	95.1	4.9	.0	.0	100
5.000-19.999	89.2	8.9	1.9	.0	100
20.000-99.999	91.2	6.8	1.2	.8	100
100.000 u. mehr	91.8	6.8	1.3	.1	100

x Additive Auszählung der Antworten wie in Tabelle A 74.

Tabelle A76: Magisch-animistisches Weltbild und Hinwendung zu Sekten

	Jugendliche mit folgender Affinität zu einem magisch-animistischen Weltbild		
	kaum	mäßig	groß
Es stehen im weitesten Sinne den Sekten nahe			
im Osten	3,5	6,4	13,5
im Westen	8,6	9,9	13,8

Beispiel zum Lesen der Tabelle:
Von 100 Jugendlichen im Osten, die zu einem magisch-animistischen Weltbild stark tendieren, gehören 13,5 zum weitesten Kreis der Sektenanhänger. (Prozente mit einer Kommastelle für Zwecke einer eventuellen Hochrechnung)

Tabelle A77: Magisch-animistische Weltinterpretation als Ausdruck von Machtlosigkeit und Rückzug

	Jugendliche, die Selbstschädigungstendenzen haben				
	kaum				stark
	1	2	3	4	5
Es neigen stark zu einem magisch-animistischen Weltbild					
im Osten	12	16	21	31	41
im Westen	26	28	33	42	47

Tabelle A78: Risikobereitschaft als Motive der Hinwendung zu Sekten

	Jugendliche mit folgender Risikobereitschaft			
	keine	schwach	mittel	hoch
Es gehören zum weitesten Kreis der Sektenanhänger				
im Osten	5	8	13	14
im Westen	8	11	16	16

Die Risikobereitschaft wurde additiv auf Grund der drei folgenden Testäußerungen gemessen: „Mich reizen gerade Sachen, die andere für gefährlich halten." – „Ich mache gern ungewöhnliche oder gefährliche Sachen, weil man dann erst merkt, daß man lebt." – „Mich reizt immer das Unbekannte.". Keine Risikoneigung ließen 64 Prozent der Jugendlichen im Osten erkennen(68 Prozent im Westen). Eine Angabe machten 25 Prozent im Osten, 21 Prozent im Westen. Zwei Angaben: 8 Prozent Ost und 7 Prozent West. Mit drei Angaben zeigten sich hoch risikofreudig 3 Prozent im Osten und 4 Prozent im Westen. In Ost und West geben sich also je 11 Prozent als recht risikofreudig.

429

Tabelle A79: Gesellschaftliches Unbehagen und Hinwendung zu Sekten

	Jugendliche, die sich in der Gesellschaft der BRD fühlen:				
	sehr wohl	wohl	es geht	nicht besonders	gar nicht
Es gehören zum weitesten Kreis der Sektenanhänger					
im Osten	3	6	6	8	14
im Westen	3	11	11	14	18

Beispiel zum Lesen der Tabelle:
Von 100 Jugendlichen im Osten, die sich in der Gesellschaft der BRD gar nicht wohlfühlen, gehören 14 zum Kreis der Sektenanhänger.

Tabelle A80: Schwund des gesellschaftspolitischen Wohlbefindens in der Bundesrepublik – Trendumkehr im Osten

Frage: Wenn Sie sagen sollten, wie wohl Sie sich in unserer Gesellschaft fühlen, in der Bundesrepublik von 1994 (bzw. 1995): Was würden Sie sagen?

	Jugendliche von 15 bis 30 Jahren					
	Westen				Osten	
	1980	1986	1994	1995	1994	1995
sehr wohl	12	11	9	7	2	4
	64	57	49	50	26	40
wohl	52	46	40	43	24	36
es geht	26	33	36	39	51	43
nicht besonders	5	7	10	8	15	12
gar nicht wohl	1	1	3	2	4	3
unentschieden, keine Angabe	4	2	2	1	4	2
	100	100	100	100	100	100

Tabelle A81: Diskrepanzen zwischen persönlichem und gesellschaftspolitischem Wohlbefinden

Fragen: Einmal ganz allgemein gefragt: Wie gefällt Ihnen überhaupt Ihr gegenwärtiges Leben?
Wenn Sie sagen sollten, wie wohl Sie sich in unserer Gesellschaft fühlen, also in der Bundesrepublik von 1994 (bzw. 1995): Was würden Sie sagen?

	\multicolumn{9}{c}{Jugendliche von 15 – 30 Jahren}								
	\multicolumn{4}{c}{Westen}			\multicolumn{4}{c}{Osten}				
	persönlich	gesellschaft	persönlich		gesellschaftlich		persönlich		gesellschaftlich	
	1986	1986	'94	'95	'94	'95	'94	'95	'94	'95
Sehr gut/sehr wohl	17	11	17	15	9	7	9	11	2	4
gut/wohl	57	46	55	58	40	43	50	52	24	36
es geht	22	33	23	23	36	39	34	30	51	43
nicht besonders wohl	3	7	4	3	10	8	6	5	15	12
gar nicht wohl	1	1	1	x	3	2	1	1	4	3
weiß nicht	x	2	x	1	2	1	x	1	4	2
	100	100	100	100	100	100	100	100	100	100
sehr gut/gut bzw. sehr wohl und wohl	74	57	72	73	49	50	59	63	26	40
Differenz (gesellschaftspolitisches Wohlbefinden unter dem persönlichen)		-17			-23	-23			-33	-23

Tabelle A82: Wachsende Beunruhigung über den gesellschaftlichen Zustand der Bundesrepublik

Frage: Wie denken Sie über gesellschaftliche Veränderungen bei uns in der Bundesrepublik? Hier sind verschiedene Standpunkte aufgeschrieben. Welcher beschreibt ungefähr das, was Sie auch denken?

	Jugendliche von 15 bis 30 Jahren			
	1980 West	1986	1994	1994 Ost
Unsere Gesellschaft ist im großen und ganzen in Ordnung. Wir sollten aufpassen, daß alles so bleibt wie es ist.	13 ⎫	13 ⎫	4 ⎫	2 ⎫
Unsere Gesellschaft funktioniert weitgehend gut, aber dort, wo Veränderungen sinnvoll sind, sollten wir Schritt für Schritt an einer Verbesserung der Verhältnisse arbeiten	70 / 57 ⎭	62 / 49 ⎭	31 / 27 ⎭	25 / 23 ⎭
Bei uns stimmt vieles nicht mehr; wenn wir nicht energischer Reformen durchführen, stehen wir in Zukunft erst recht vor unlösbaren Aufgaben.	18 ⎫	29 ⎫	54 ⎫	57 ⎫
Unsere Gesellschaft ist falsch konstruiert, nicht menschengerecht. Die bestehenden Verhältnisse müssen von Grund auf geändert werden.	20 / 2 ⎭	34 / 5 ⎭	63 / 9 ⎭	69 / 12 ⎭
unentschieden	10	4	6	6
	100	100	100	100

Tabelle A83: Aufsteigendes Ohnmachtsgefühl

Frage: Wie denken Sie über die politischen Einflußmöglichkeiten, die der einzelne Bürger bei uns in der Bundesrepublik hat?

	Jugendliche von 15 bis 30 Jahre					
	Westen				Osten	
	1980	1986	1994	1995	1994	1995
Würden Sie sagen, die Einflußmöglichkeiten sind						
voll und ganz ausreichend	2	2	1	2	x	1
im großen und ganzen ausreichend	29	29	11	14	5	9
es geht	41	41	25	32	24	30
eher unzureichend	20	20	36	34	42	39
völlig unzureichend?	3	3	20	13	22	16
unentschieden	5	5	7	5	7	5
	100	100	100	100	100	100

Tabelle A84: Schwindet die Rekrutierungsbasis der Parteien und für politische Ämter?

Frage: – Beginnen wir einmal mit den etablierten Parteien, ich meine CDU, CSU, SPD und FDP. Wieweit würden Sie da gern mitmachen, wie sehen Sie sich da am ehesten?
– Eine andere Möglilchkeit der politischen Betätigung bietet sich in Bürgerinitiativen. Wieweit würden Sie gern in solchen Gruppen mitmachen?
– Sie kennen ja sicher Gruppen, die alternative Lebensformen verwirklichen wollen, z. B. Wohn- und Arbeitskollektive. Sie wollen Modelle für besseres Zusammenleben für eine neue Gesellschaft anbieten. Wieweit würden Sie da gern mitmachen?

	Jugendliche von 15 bis 30		
	1980 West	1994	1994 Ost
Etablierte Parteien			
– Würde gern eine führende Rolle übernehmen	4 ⎫	2 ⎫	1 ⎫
– Würde eine aktive, wenn auch nicht führende Rolle übernehmen	14 ⎭ 18	7 ⎭ 9	3 ⎭ 4
– Würde gern sonstwie unterstützen	22	16	8
– Diese Art von Mitarbeit käme für mich nicht in Frage	60	75	88
	100	100	100
Bürgerinitiativen			
– Würde gern eine führende Rolle übernehmen	5 ⎫	3 ⎫	1 ⎫
– Würde eine aktive, wenn auch nicht führende Rolle übernehmen	30 ⎭ 35	20 ⎭ 23	12 ⎭ 13
– Würde gern sonstwie unterstützen	24	33	35
– Diese Art von Mitarbeit käme für mich nicht in Frage	41	44	52
	100	100	100
Wohn- und Arbeitskollektive Alternative Lebensformen			
– Würde gern eine führende Rolle übernehmen	5 ⎫	1 ⎫	2 ⎫
– Würde eine aktive, wenn auch nicht führende Rolle übernehmen	15 ⎭ 20	12 ⎭ 13	16 ⎭ 18
– Würde gern sonstwie unterstützen	17	19	35
– Diese Art von Mitarbeit käme für mich nicht in Frage	63	68	47
	100	100	100

Tabelle A85: Wo ist öffentliches Wirken attraktiv?

1994
Jugendliche von 15 bis 30

	Selbsthilfe		Bürgerinitiativen		Wohn- und Arbeitskollektive		Bürgerwehr	
	West	Ost	West	Ost	West	Ost	West	Ost
Es würden gern:								
Führungsrolle übernehmen	2	3	3	1	1	2	1	2
Aktive Rolle (nicht führend)	20	16	20	12	12	16	7	10
sonstwie unterstützen	32	36	33	35	19	35	13	20
Mitarbeit käme nicht in Frage	45	44	43	51	67	46	78	67
keine Angabe	1	1	1	1	1	1	1	1
	100	100	100	100	100	100	100	100

	Etablierte Parteien CDU/CSU, SPD, FDP		Kleinere Parteien wie Grüne und Bündnis 90, PDS		Aktionsgruppe gegen Überfremdung		Nationale Rechte Reps, FAP, DVU	
	West	Ost	West	Ost	West	Ost	West	Ost
Es würden gern:								
Führungsrolle übernehmen	2	2	1	1	1	1	1	x
Aktive Rolle (nicht führend)	7	3	4	5	6	4	1	1
sonstwie unterstützen	16	8	15	12	12	12	2	3
Mitarbeit käme nicht in Frage	74	86	79	81	80	81	95	95
keine Angabe	1	1	1	1	1	2	1	1
	100	100	100	100	100	100	100	100

Tabelle A86: Repräsentationsdefizit

Frage: Haben Sie das Gefühl, daß Ihre eigenen Interessen und die Interessen der Leute, die ähnlich gestellt sind wie Sie, bei der Regierung in Bonn gut aufgehoben sind oder nicht genug vertreten werden?

	BRD 1975	Jugendliche 1995	
		Westen	Osten
werden nicht genug vertreten	40	47	58
gut aufgehoben	31	14	7
kein Urteil unentschieden	29	39	35
	100[x]	100	100

x) Quelle: für 1975: Gerhard Schmidtchen: Was den Deutschen heilig ist. a.a.O. S. 118

Tabelle A87: Frustrationen, politisches Interesse und gesellschaftspolitisches Unbehagen im Osten

Frage: Wenn Sie sagen sollten, wie wohl Sie sich in unserer Gesellschaft fühlen, in der Bundesrepublik von 1994, was würden Sie sagen?

Osten	Jugendliche mit folgendem Frustrationsniveau				
	tief 0	1-2	3-4	hoch 5 und mehr	Insgesamt
Politisch Interessierte					
sehr wohl	5 ⎱ 41	2 ⎱ 41	7 ⎱ 36	1 ⎱ 11	3 ⎱ 29
wohl	36 ⎰	39 ⎰	29 ⎰	10 ⎰	26 ⎰
es geht	54	42	41	40	43
nicht besonders	5	10	18	34	20
	5	12	22	44	25
gar nicht	x	2	4	10	5
unentschieden	x	5	1	5	3
	100	100	100	100	100
weniger Interessierte					
sehr wohl	4 ⎱ 44	2 ⎱ 32	2 ⎱ 28	1 ⎱ 17	2 ⎱ 27
wohl	40 ⎰	30 ⎰	26 ⎰	16 ⎰	25 ⎰
es geht	47	51	52	55	52
nicht besonders	4	12	15	18	14
	5	13	17	24	17
gar nicht	1	1	2	6	3
unentschieden	4	4	3	4	4
	100	100	100	100	100

Tabelle A88: Frustrationen, politisches Interesse und gesellschaftspolitisches Unbehagen im Westen

Frage: Wenn Sie sagen sollten, wie wohl Sie sich in unserer Gesellschaft fühlen, in der Bundesrepublik von 1994, was würden Sie sagen?

	Jugendliche mit folgendem Frustrationsniveau				
	tief 0	1-2	3-4	hoch 5 und mehr	Insgesamt
Politisch Interessierte					
sehr wohl	15 ⎫ 62	6 ⎫ 47	12 ⎫ 36	5 ⎫ 28	9 ⎫ 43
wohl	47 ⎭	41 ⎭	24 ⎭	23 ⎭	34 ⎭
es geht	32	39	37	37	36
nicht besonders	6 ⎫ 6	9 ⎫ 12	20 ⎫ 24	20 ⎫ 33	14 ⎫ 19
gar nicht	x ⎭	3 ⎭	4 ⎭	13 ⎭	5 ⎭
unentschieden	x	2	3	2	2
	100	100	100	100	100
weniger Interessierte					
sehr wohl	15 ⎫ 69	9 ⎫ 55	9 ⎫ 48	2 ⎫ 35	9 ⎫ 51
wohl	54 ⎭	46 ⎭	39 ⎭	33 ⎭	42 ⎭
es geht	28	36	35	45	36
nicht besonders	2 ⎫ 2	7 ⎫ 7	14 ⎫ 15	10 ⎫ 17	9 ⎫ 11
gar nicht	x ⎭	x ⎭	1 ⎭	7 ⎭	2 ⎭
unentschieden	1	2	2	3	2
	100	100	100	100	100

Tabelle A89: Gesellschaftspolitische Bilanz und parteipolitische Orientierung – Die besondere Rolle der PDS im Osten

	Jugendliche *im Osten*, die über die Gesellschaft der BRD 1994 sagen, sie fühlen sich ...					
Parteipolitische Orientierung	Insgesamt	sehr wohl	wohl	es geht	nicht besonders	gar nicht wohl
CDU/CSU	14	45	26	13	5	1
SPD	22	28	26	26	14	9
F.D.P.	4	7	7	3	3	0
Grüne/Bündnis 90	25	4	19	26	30	27
Alternative Liste	1	0	1	1	2	3
Republikaner	5	3	5	5	4	4
DVU	2	7	1	2	3	1
NPD	1	3	2	1	1	0
PDS	21	0	10	19	32	47
andere Rechte	2	3	0	2	2	3
andere Linke	3	0	3	2	4	5
	100	100[x]	100	100	100	100[x]

Nur Personen, die eine Partei nannten
x = weniger als 100 Fälle, daher nur Indikationswerte

Tabelle A90: Gesellschaftspolitische Bilanz und parteipolitische Orientierung im Westen

Parteipolitische Orientierung	Insgesamt	sehr wohl	wohl	es geht	nicht besonders	gar nicht wohl
	Jugendliche *im Westen*, die über die Gesellschaft der BRD 1994 sagen, sie fühlen sich ...					
CDU/CSU	29	52	35	22	11	0
SPD	33	17	39	30	36	29
F.D.P.	5	8	3	7	2	0
Grüne/Bündnis 90	25	15	18	33	33	29
Alternative Liste	1	2	2	1	2	0
Republikaner	4	4	2	5	6	14
DVU	1	0	0	1	2	0
NPD	0	0	0	0	4	0
PDS	0	0	0	0	0	14
andere Rechte	1	2	1	1	0	0
andere Linke	1	0	0	0	4	14
	100	100ˣ	100	100ˣ	100	100ˣ

Nur Personen, die eine Partei nannten
x = weniger als 100 Fälle, daher nur Indikationswerte

Tabelle A91: Probleme der heutigen Demokratie viel drängender als Bewältigung der DDR-Vergangenheit

Frage: Hier habe ich eine Liste mit vier innenpolitischen Zielen oder Anliegen. Welches der vier würden Sie an die erste Stelle setzen, welches an die zweite, und welches an die dritte Stelle? Der/die Interviewer/in übergab eine Liste mit folgendem Wortlaut:

A Stasi-Vergehen ahnden
B heutige Wirtschaftsverbrechen ahnden
C Auseinandersetzung mit der SED-Zeit
D Auseinandersetzung mit Problemen der heutigen Demokratie

	1994 Jugendliche von 15 bis 30	
	West	Ost
Probleme der heutigen Demokratie und Wirtschaftskriminalität auf Platz 1 und 2	50	63
Mischgruppe	40	31
Stasi-Vergehen und SED-Zeit auf Platz 1 und 2	8	5
nicht einstufbar	2	1
	100	100

Tabelle A92: Gegenwartsorientierung oder Aufarbeitung der
Vergangenheit? Zweiter Testlauf 1995: Statt Rangordnung
eine Einstufung aller Probleme nach ihrer Wichtigkeit

Frage: Hier habe ich eine Liste mit vier innenpolitischen Zielen oder Anliegen. Könnten Sie mir sagen, wie wichtig oder unwichtig Ihnen jedes dieser Ziele ist?

	sehr wichtig	auch wichtig	weniger wichtig	unwichtig	
Wirtschaftsverbrechen ahnden					
Ost	59	32	6	3	=100
West	51	37	10	2	=100
Auseinandersetzung mit Problemen der heutigen Demokratie					
Ost	55	36	6	3	=100
West	49	39	9	3	=100
Stasi-Vergehen ahnden					
Ost	15	32	34	19	=100
West	29	38	21	12	=100
Auseinandersetzung mit der SED-Zeit					
Ost	8	30	41	21	=100
West	21	40	28	11	=100

Tabelle A93: Instrumentelle Gewaltbereitschaft
Kampfbereitschaft zur Abwehr von Statusverlust oder zur
Aufrechterhaltung der Statusbalance

		1994 Jugendliche von 15 bis 30	
		West	Ost
Die instrumentelle Gewaltbereitschaft ist			
mittel und hoch	(2 - 6 Äußerungen)	19	34
schwach	(1 Äußerung)	22	31
nicht erkennbar	(keine Äußerung)	59	35
		100	100

Die Testäußerungen finden sich in Schaubild 29, Seite 277.

Tabelle A94: Instrumentelle Gewaltbereitschaft im Osten

Osten	Gewaltbereitschaft ist ...				
	nicht erkennbar (keine Äußerung)	schwach (1 Äußerung)	mittel (2 Äußerungen)	hoch (3-6 Äußerungen)	
Gesamt	35	31	20	14	=100
Männer	28	31	23	18	=100
Frauen	43	31	17	9	=100
Altersgruppen					
15-17	25	30	25	20	=100
18-20	32	29	24	15	=100
21-23	35	32	20	13	=100
24-26	41	30	17	12	=100
27-30	43	32	16	9	=100
Bildungsweg					
Hauptschule	26	25	19	30	=100
Mittelschule	34	31	20	15	=100
Fachschule	38	33	18	11	=100
Abitur	32	34	24	10	=100
Hochschule	41	28	19	12	=100
Berufskreise					
Arbeiter	33	31	20	16	=100
einf. Angest.	37	34	18	11	=100
mittl. Angest.	40	29	20	11	=100
leit. Angest.	35	33	20	11	=100
Selbständig	33	28	21	18	=100
Gemeindegrössen					
bis 4.999	38	29	20	13	=100
5.000-19.999	31	32	21	16	=100
20.000-99.999	34	31	22	13	=100
100.000 und mehr	35	32	19	14	=100
Protestanten	42	28	20	10	=100
Katholiken	37	32	15	16	=100

Tabelle A95: Instrumentelle Gewaltbereitschaft im Westen

Westen	Gewaltbereitschaft ist ...				
	nicht erkennbar (keine Äußerung)	schwach (1 Äußerung)	mittel (2 Äußerungen)	hoch (3-6 Äußerungen)	
Gesamt	59	22	11	8	=100
Männer	51	24	14	11	=100
Frauen	67	20	8	5	=100
Altersgruppen					
15-17	61	18	9	12	=100
18-20	50	27	14	9	=100
21-23	57	26	10	7	=100
24-26	55	23	15	7	=100
27-30	67	18	7	8	=100
Bildungsweg					
Hauptschule	49	24	13	14	=100
Mittelschule	60	23	10	7	=100
Fachschule	67	15	9	9	=100
Abitur	61	24	10	5	=100
Hochschule	65	19	11	5	=100
Berufskreise					
Arbeiter	52	22	14	12	=100
einf. Angest.	58	21	12	9	=100
mittl. Angest.	64	19	12	5	=100
leit. Angest.	69	20	7	4	=100
Selbständig	60	26	3	11	=100
Gemeindegrössen					
bis 4.999	60	23	11	6	=100
5.000-19.999	57	21	9	13	=100
20.000-99.999	65	18	10	7	=100
100.000 und mehr	55	25	13	7	=100
Protestanten	58	24	9	9	=100
Katholiken	61	20	11	8	=100

Tabelle A96: Zur Duldung illegalen Verhaltens im Osten

Osten	abge-lehnt	Illegales Verhalten wird		geduldet	nicht ein-stufbar	
	1	2	3	4		
Gesamt	19	32	36	12	1	=100
Männer	15	30	38	16	1	=100
Frauen	23	34	34	8	1	=100
Altersgruppen						
15-17	13	27	40	18	2	=100
18-20	16	29	38	16	1	=100
21-23	19	33	37	11	2	=100
24-26	24	34	32	9	1	=100
27-30	22	35	34	7	2	=100
Bildungsweg						
Hauptschule	17	26	28	27	2	=100
Mittelschule	19	33	36	11	1	=100
Fachschule	22	31	35	11	1	=100
Abitur	14	28	44	13	1	=100
Hochschule	19	39	32	8	2	=100
Berufskreise						
Arbeiter	18	34	34	13	1	=100
einf. Angest.	18	34	35	11	2	=100
mittl. Angest.	21	33	35	9	2	=100
leit. Angest.	24	30	38	7	1	=100
Selbständiger	14	26	42	15	3	=100
Gemeindegrösse						
bis 4.999	21	32	34	11	2	=100
5.000-19.999	18	30	39	12	1	=100
20.000-99.999	20	34	33	11	2	=100
100.000 und mehr	17	31	38	13	1	=100
Protestanten	20	35	35	8	2	=100
Katholiken	25	33	34	7	1	=100

Tabelle A97: Zur Duldung illegalen Verhaltens im Westen

Westen	Illegales Verhalten wird					
	abgelehnt			geduldet	nicht einstufbar	
	1	2	3	4		
Gesamt	38	32	21	8	1	=100
Männer	36	28	24	10	2	=100
Frauen	40	34	18	7	1	=100
Altersgruppen						
15-17	34	30	23	12	1	=100
18-20	36	24	25	12	3	=100
21-23	37	31	23	8	1	=100
24-26	41	29	21	7	2	=100
27-30	39	37	17	6	1	=100
Bildungsweg						
Hauptschule	35	24	25	15	1	=100
Mittelschule	38	34	19	8	1	=100
Fachschule	39	31	22	5	3	=100
Abitur	43	29	23	5	0	=100
Hochschule	38	36	18	5	3	=100
Berufskreise						
Arbeiter	34	28	24	13	1	=100
einf. Angest.	43	22	24	9	2	=100
mittl. Angest.	42	32	20	5	1	=100
leit. Angest.	39	44	10	6	1	=100
Selbständiger	36	30	25	7	2	=100
Gemeindegrösse						
bis 4.999	38	27	28	6	1	=100
5.000-19.999	36	29	22	11	2	=100
20.000-99.999	43	33	16	7	1	=100
100.000 und mehr	37	32	21	9	1	=100
Protestanten	39	32	20	8	1	=100
Katholiken	38	31	22	7	2	=100

Tabelle A98: Demographisches Portrait der Vergeltungstendenz im Osten

Osten	keine	Vergeltungstendenz schwach (1 Äußerung)	mittel und hoch (2-3 Äußerungen)	
Gesamt	55	29	16	=100
Männer	47	31	22	=100
Frauen	62	27	11	=100
Altersgruppen				
15-17	45	34	21	=100
18-20	49	33	18	=100
21-23	57	26	17	=100
24-26	61	25	14	=100
27-30	60	27	13	=100
Bildungsweg				
Hauptschule	42	26	32	=100
Mittelschule	51	30	19	=100
Fachschule	59	26	15	=100
Abitur	56	29	15	=100
Hochschule	62	30	8	=100
Berufskreise				
Arbeiter	52	30	18	=100
einf. Angest.	55	32	13	=100
mittl. Angest.	58	27	15	=100
leit. Angest.	60	27	13	=100
Selbständig	51	30	19	=100
Gemeindegrösse				
bis 4.999	55	27	18	=100
5.000-19.999	53	31	16	=100
20.000-99.999	52	31	17	=100
100.000 und mehr	56	29	15	=100
Protestanten	62	25	13	=100
Katholiken	60	24	16	=100

Tabelle A99: Demographisches Portrait der Vergeltungstendenz im Westen

Westen	Vergeltungstendenz		
	keine	schwach (1 Äußerung)	mittel und hoch (2-3 Äußerg.)
Gesamt	66	22	12 =100
Männer	57	26	17 =100
Frauen	73	19	8 =100
Altersgruppen			
15-17	65	21	14 =100
18-20	66	21	13 =100
21-23	66	25	9 =100
24-26	63	22	15 =100
27-30	66	22	12 =100
Bildungsweg			
Hauptschule	55	28	17 =100
Mittelschule	67	22	11 =100
Fachschule	66	19	15 =100
Abitur	70	20	10 =100
Hochschule	71	19	10 =100
Berufskreise			
Arbeiter	59	27	14 =100
einf. Angest.	69	17	14 =100
mittl. Angest.	70	18	12 =100
leit. Angest.	66	24	10 =100
Selbständig	61	24	15 =100
Gemeindegrösse			
bis 4.999	61	24	15 =100
5.000-19.999	60	26	14 =100
20.000-99.999	77	16	7 =100
100.000 und mehr	62	24	14 =100
Protestanten	66	21	13 =100
Katholiken	66	24	10 =100

Tabelle A100: Gewaltbereitschaft und Vergeltungsideen

	Jugendliche mit folgender Stärke instrumenteller Gewaltbereitschaft			
	nicht erkennbar	schwach	mittel	stark
	0	1	2	3-6
Osten				
Es bekunden Vergeltungstendenzen				
keine	74	53	41	26
schwach	21	32	38	31
mittel	4	12	17	27
hoch	1	3	4	16
	100	100	100	100
Westen				
Es bekunden Vergeltungstendenzen				
keine	80	54	30	33
schwach	16	28	44	25
mittel	3	15	22	18
hoch	1	3	4	24
	100	100	100	100

Tabelle A101: Duldung von Illegalität und Vergeltungsideen

	Jugendliche, die Illegalität			
	ablehnen			dulden
	1	2	3	4
Osten				
Es bekunden Vergeltungstendenzen				
keine	76	61	47	27
schwach	18	29	34	32
mittel	4	9	15	26
hoch	2	1	4	15
	100	100	100	100
Westen				
Es bekunden Vergeltungstendenzen				
keine	83	64	50	31
schwach	12	28	31	26
mittel	4	7	14	24
hoch	1	1	5	19
	100	100	100	100

Tabelle A102: Auswirkungen biographischer Belastungen auf Gefühlswelt und Vandalismus

	Jugendliche mit folgenden biographischen Belastungen		
	tief	mittel	hoch
	(0-1)	(2-3)	(4-7)
Es haben starke negative Gefühle (4 + 5)			
Ost	34	42	53
West	27	39	46
Es tendieren ausgeprägt zu Vandalismus			
Ost	11	21	32
West	11	20	30

Tabelle A103: Belastungs-Ressourcen-Bilanz und Gewaltbereitschaft

	Jugendliche mit folgender Belastungs-Ressourcen-Bilanz			
Belastungen	hoch	hoch	tief	tief
Ressourcen	tief	hoch	tief	hoch
Es geben Gewaltbereitschaft zu erkennen (2-6 Äußerungen)				
Ost	39	42	31	27
West	26	28	19	9

Tabelle A104: Test des Dominanzstrebens

Frage: Hier sind einige Stimmungen und Gefühle junger Leute beschrieben. Bitte kreuzen Sie an, wie oft solche Stimmungen und Gefühle bei Ihnen sind, ob Sie sie oft, manchmal, selten oder nie haben.

	Es denken so:				
	oft	manchmal	selten	nie	
„Was andere sagen, ist mir egal"					
Ost	19	52	23	6	=100
West	23	55	18	4	=100
„Was ich will, mache ich einfach, auch wenn anderen das nicht paßt"					
Ost	22	48	26	4	=100
West	24	52	22	2	=100
„Wenn mir jemand komisch daher kommt, mache ich ihm schon klar, wer der Meister ist"					
Ost	6	26	42	26	=100
West	7	30	42	21	=100
„Mir ist danach, etwas zu tun, was andere ärgert"					
Ost	3	14	40	43	=100
West	4	14	39	43	=100
„Es ist ein gutes Gefühl, in einer Gruppe zu sein, vor der andere Schiß haben					
Ost	2	7	13	78	=100
West	2	8	14	76	=100

Tabelle A105: Skala des Dominanzstrebens im Osten

	Das Dominanzstreben ist:					
	tief				hoch	
	1	2	3	4	5	
Gesamt	16	30	29	17	8	=100
Männer	12	28	30	20	10	=100
Frauen	19	33	28	14	6	=100
Altersgruppen						
15-17	12	23	32	21	12	=100
18-20	12	28	32	19	9	=100
21-23	15	32	31	13	9	=100
24-26	18	34	26	15	7	=100
27-30	20	34	27	16	3	=100
Bildungsweg						
Hauptschule	17	16	25	24	18	=100
Mittelschule	15	30	29	17	9	=100
Fachschule	17	34	29	14	6	=100
Abitur	13	27	34	18	8	=100
Hochschule	17	34	29	15	5	=100

Fünf Testantworten (vorauslaufende Tabelle A104) wurden wie folgt codiert: oft = 3, manchmal = 2, selten = 1, noch nie = 0. So ergibt sich eine Skalenbreite von 0 bis 15. Recodiert wurde wie folgt: 0 - 3 = 1 (tief); 4, 5 = 2; 6, 7 = 3; 8, 9 = 4; 10 - 15 = 5 (hoch).

Tabelle A106: Skala des Dominanzstrebens im Westen

	Das Dominanzstreben ist:					
	tief				hoch	
	1	2	3	4	5	
Gesamt	11	27	33	18	11	=100
Männer	7	27	33	20	13	=100
Frauen	15	28	33	16	8	=100
Altersgruppen						
15-17	6	23	32	22	17	=100
18-20	12	26	32	20	10	=100
21-23	11	28	34	16	11	=100
24-26	13	27	33	18	9	=100
27-30	12	29	32	17	10	=100
Bildungsweg						
Hauptschule	10	24	28	24	14	=100
Mittelschule	12	25	34	18	11	=100
Fachschule	7	31	37	18	7	=100
Abitur	12	31	32	17	8	=100
Hochschule	13	30	34	14	9	=100

Tabelle A107: Biographische Belastungen und Dominanzstreben

	Jugendliche mit folgenden biographischen Belastungen		
	tief (0-1)	mittel (2-3)	hoch (4-7)
Es zeigen ausgeprägtes Dominanzstreben (Skalenstufe 4+5)			
Ost	18	26	37
West	23	28	42

Tabelle A108: Negativer Affekt und Aggressionsbereitschaft

	Jugendliche, die unter negativen Empfindungen leiden				
	kaum				stark
	1	2	3	4	5
Es sind gewaltbereit					
Ost	21	23	32	38	58
West	8	16	17	28	31
Es zeigen Illegalitätstendenz					
Ost	30	35	47	54	60
West	17	20	30	37	43

Tabelle A109: Im Osten mehr Verständnis für das Tragen von Waffen

Frage: Wenn Sie von jemandem hören, daß er mit irgendwelchen Waffen herumläuft, finden Sie das verständlich oder nicht verständlich?

	Jugendliche von 15 bis 30					
	insgesamt		Männer		Frauen	
	1994	1995	1994	1995	1994	1995
Osten						
verständlich	29	21	34	26	24	16
nicht verständlich	47	59	41	54	53	63
keine Angabe	24	20	25	20	23	21
	100	100	100	100	100	100
Westen						
verständlich	20	17	22	21	17	12
nicht verständlich	60	67	55	61	66	75
keine Angabe	20	16	23	18	17	13
	100	100	100	100	100	100

Tabelle A110: Die Verbreitung subjektiver Gewaltdoktrin im Osten

	Die Ausprägung der Gewaltdoktrin ist					
	sehr gering				sehr stark	nicht einstufbar
	1	2	3	4	5	
Gesamt	16	24	24	18	15	3 =100
Männer	12	20	23	21	22	2 =100
Frauen	21	27	24	15	9	4 =100
Altersgruppen						
15-17	8	19	23	23	23	4 =100
18-20	14	19	24	20	20	3 =100
21-23	14	25	26	16	16	3 =100
24-26	23	25	22	16	11	3 =100
27-30	22	28	23	16	8	3 =100
Bildungsweg						
Hauptschule	13	16	13	20	33	5 =100
Mittelschule	17	22	24	18	16	3 =100
Fachschule	18	24	27	15	14	2 =100
Abitur	12	22	25	22	16	3 =100
Hochschule	18	30	22	17	11	2 =100
Gemeindegrösse						
bis 4.999	18	25	22	16	15	4 =100
5.000-19.999	15	22	26	19	15	3 =100
20.000-99.999	17	23	23	19	15	3 =100
100.000 und mehr	15	23	25	19	16	2 =100

Tabelle A111: Die Verbreitung subjektiver Gewaltdoktrin im Westen

	Die Ausprägung der Gewaltdoktrin ist						
	sehr gering				sehr stark	nicht einstufbar	
	1	2	3	4	5		
Gesamt	33	25	18	11	10	3	=100
Männer	28	23	20	12	14	3	=100
Frauen	40	27	16	9	6	2	=100
Altersgruppen							
15-17	32	23	19	11	14	1	=100
18-20	29	24	16	12	12	7	=100
21-23	34	24	17	14	10	1	=100
24-26	34	24	18	10	11	3	=100
27-30	36	28	20	8	6	2	=100
Bildungsweg							
Hauptschule	30	26	17	9	16	2	=100
Mittelschule	36	22	22	10	8	2	=100
Fachschule	34	27	16	9	9	5	=100
Abitur	36	26	18	12	6	2	=100
Hochschule	33	27	15	12	9	4	=100
Gemeindegrösse							
bis 4.999	30	30	19	12	8	1	=100
5.000-19.999	30	24	19	12	11	4	=100
20.000-99.999	44	23	15	7	9	2	=100
100.000 und mehr	30	25	20	11	11	3	=100

Tabelle A112: Negative Affekte machen eine Gewalt-Doktrin anziehend

	Jugendliche, die unter negativen Empfindungen leiden				
	wenig				stark
	1	2	3	4	5
Osten					
Es vertreten eine Gewalt-Doktrin					
sehr stark 5	6	5	13	18	32
	15	18	31	40	52
4	9	13	18	22	20
3	16	22	26	24	21
2	28	29	24	23	16
sehr gering 1	37	28	16	10	7
nicht einstufbar	4	3	3	3	4
	100	100	100	100	100
Westen					
Es vertreten eine Gewalt-Doktrin					
sehr stark 5	3	5	10	14	21
	6	15	22	27	35
4	3	10	12	13	14
3	9	8	20	29	20
2	27	30	25	20	25
sehr gering 1	54	44	30	22	17
nicht einstufbar	4	3	3	2	3
	100	100	100	100	100

GAMMA-Werte: Osten   0.30
              Westen   0.32

451

Tabelle A113: Biographische Belastungen, soziale Integration und subjektive Gewalt-Doktrin

Biographische Belastungen	tief			mittel			hoch		
soziale Integration	hoch	mittel	tief	hoch	mittel	tief	hoch	mittel	tief
Es vertreten ausgeprägt eine Gewalt-Doktrin (4 + 5)									
Osten	20	28	32	33	39	45	50	50	60
Westen	8	15	33	15	23	18	40	23	54

Tabelle A114: Konflikte mit den Eltern fördern die Gewalt-Doktrin

	Jugendliche, die über die folgende Zahl von Konflikten mit den Eltern berichten				
	keine	1	2-3	4 und mehr	
Osten					
Es vertreten eine Gewalt-Doktrin					
sehr stark 5	6	12	16	37	
		18	33	39	56
4	12	21	23	19	
3	21	22	24	18	
2	30	22	24	17	
sehr gering 1	28	19	10	7	
nicht einstufbar	3	4	3	2	
	100	100	100	100	
Westen					
Es vertreten eine Gewalt-Doktrin					
sehr stark 5	4	4	9	25	
		7	10	23	43
4	3	6	14	18	
3	9	12	24	28	
2	25	27	28	17	
sehr gering 1	55	48	23	10	
nicht einstufbar	4	3	2	2	
	100	100	100	100	

GAMMA-Werte: Osten 0.30
              Westen 0.45

Tabelle A115: Altruismus versus Gewalt-Doktrin

		Jugendliche folgender altruistischer Orientierung				
		stark		mittel		schwach
		1	2	3	4	5
Osten						
Es vertreten eine Gewalt-Doktrin						
sehr stark	5	6	13	14	21	34
		17		31	33	45	51
	4	11	18	19	25	17
	3	22	22	23	20	20
	2	31	26	23	23	13
		59	45	40	32	23
sehr gering	1	28	19	17	9	10
nicht einstufbar		2	2	4	3	6
		100	100	100	100	100
Westen						
Es vertreten eine Gewalt-Doktrin						
sehr stark	5	4	7	8	14	25
		8	17	20	29	34
	4	4	10	12	15	9
	3	11	20	18	19	23
	2	31	25	26	24	15
		79	59	60	49	38
sehr gering	1	48	34	34	25	23
nicht einstufbar		2	4	2	3	5
		100	100	100	100	100

Tabelle A116: Formen politischer Beteiligung/Akzentverschiebungen 1980-1994

Frage: Wenn Sie politisch in einer Sache, die Ihnen wichtig ist, Einfluß nehmen, Ihren Standpunkt zur Geltung bringen wollen. Welche der Möglichkeiten würden Sie dann nutzen, was davon kommt für Sie in Frage?

	Jugendliche von 15 bis 30			
	1980	1986	1994 West	1994 Ost
Seine Meinung sagen im Bekanntenkreis und am Arbeitsplatz	82	80	74	83
sich an Wahlen beteiligen	84	82	70	71
in eine Partei eintreten und dort aktiv werden	32	26	14	10
Mitarbeit in einer Bürgerinitiative	51	46	27	27
Unterschriften sammeln	51	55	39	48
Teilnahme an einer genehmigten politischen Demonstration	41	45	32	42
Teilnahme an einer verbotenen Demonstration	7	14	10	12
Beteiligung an einem wildenStreik	5	9	5	7
Hausbesetzung, Besetzung von Fabriken, Ämtern	5	11	7	7
bei einer Demonstration mal richtig Krach schlagen, auchwenn dabei einiges zu Bruch geht	2	4	3	4
dem eigenen Standpunkt Nachdruck verleihen, auch wenn es dabei zu einer direkten Konfrontation mit der Polizei, der Staatsgewalt kommen sollte	6	12	8	8
für eine Sache kämpfen, auch wenn dazu Gewalt gegen politisch Verantwortliche notwendig ist	4	6	5	6

Dargestellt sind aus der Untersuchung von 1994 nur diejenigen Formen politischer Beteiligung, für die Vergleichsdaten aus früheren Befragungen vorliegen.

Tabelle A117: Illegale politische Aktionsformen

	Jugendliche von 15 bis 30			
	1980	1986	1994 West	1994 Ost
Um einen Standpunkt zur Geltung zu bringen, ziehen in Betracht:				
Gewalt gegen Personen und Sachen	5	8	7	8
Illegale Aktionen	14	23	17	20
Gewalt und/oder Illegalität	16	24	19	23

Hinweis: In den Aggregatzahlen von 1980 und 1986 waren Angaben über Mieter- und Steuerstreit enthalten. Deswegen waren die früher veröffentlichten Zahlen geringfügig höher. (Ethik und Protest, S. 144)

Tabelle A118: Rechte und linke Themen und Stilisierungen von Illegalität und Gewalt

	Jugendliche mit folgendem politischen Standort				
	weit links	gemäßigt links	Mitte	gemäßigt rechts	weit rechts
Allgemein extremistische Stilbildungen					
– Teilnahme an einer verbotenen Demonstration					
Ost	27	9	7	11	26
West	35	16	7	6	15
– dem eigenen Standpunkt Nachdruck verleihen					
Ost	15	3	3	10	16
West	26	10	5	8	10
– Gewalt gegen politische Verantwortung					
Ost	10	2	2	9	19
West	9	5	4	10	11
Eher linke Stilbildungen					
– Rechtsradikale bekämpfen					
Ost	20	7	7	6	6
West	30	10	7	6	10
– Hausbesetzungen					
Ost	18	5	2	6	6
West	26	13	4	4	7
– Beteiligung an wilden Streiks					
Ost	12	6	5	7	10
West	19	9	3	7	3
Eher rechte Stilbildungen					
– als disziplinierte nationale Gruppe durch die Straßen marschieren, um zu zeigen, daß wir stark sind und respektiert werden müssen					
Ost	7	9	11	13	26
West	2	8	6	4	20
– aus bestimmten Anlaß Randale machen, damit Politiker aufwachen					
Ost	12	3	6	17	30
West	12	5	3	6	15
– Gewalt dafür sorgen, daß Asylanten verlegt oder zurückgeschickt werden					
Ost	1	2	3	9	32
West	1	2	3	4	20
– Bei Demo richtig Krach schlagen					
Ost	6	2	2	8	10
West	5	1	3	3	15

– Linke Treffpunkte und Clubs hochgehen lassen

Ost	1	1	2	6	18
West	0	3	4	2	8

Tabelle A119: Zum Potential des Linksradikalismus im Osten

Osten	Tendenz zum Anschluß an radikale Linke			
	keine	Tendenz zum Anschluß	Affinität zum Anschluß	
Gesamt	81	12	7	=100
Männer	80	13	7	=100
Frauen	82	11	7	=100
Altersgruppen				
15-17	76	13	11	=100
18-20	80	12	8	=100
21-23	82	11	7	=100
24-26	83	12	5	=100
27-30	85	11	4	=100
Bildungsweg				
Hauptschule	80	14	6	=100
Mittelschule	86	10	4	=100
Fachschule	83	11	6	=100
Abitur	73	15	12	=100
Hochschule	72	16	12	=100
Berufskreise				
Arbeiter	84	11	5	=100
einf. Angest.	83	11	6	=100
mittl. Angest.	79	13	8	=100
leit. Angest.	80	11	9	=100
Selbständiger	69	20	11	=100
Gemeindegrösse				
bis 4.999	86	9	5	=100
5.000-19.999	81	13	6	=100
20.000-99.999	83	11	6	=100
100.000 und mehr	73	15	12	=100

Tabelle A120: Zum Potential des Linksradikalismus im Westen

Westen	keine	Tendenz zum Anschluß an radikale Linke		
		Tendenz zum Anschluß	Affinität zum Anschluß	
Gesamt	85	9	6	=100
Männer	85	9	6	=100
Frauen	88	8	4	=100
Altersgruppen				
15-17	88	8	4	=100
18-20	86	9	5	=100
21-23	86	8	6	=100
24-26	85	8	7	=100
27-30	86	9	5	=100
Bildungsweg				
Hauptschule	90	8	2	=100
Mittelschule	88	8	4	=100
Fachschule	89	7	4	=100
Abitur	87	8	5	=100
Hochschule	77	10	13	=100
Berufskreise				
Arbeiter	84	9	7	=100
einf. Angest.	86	7	7	=100
mittl. Angest.	90	6	4	=100
leit. Angest.	85	10	5	=100
Selbständiger	83	13	4	=100
Gemeindegrösse				
bis 4.999	92	6	2	=100
5.000-19.999	82	12	6	=100
20.000-99.999	89	6	5	=100
100.000 und mehr	84	9	7	=100

Tabelle A121: Zum Potential des Rechtsradikalismus im Osten

Osten	keine	Tendenz zum Anschluß an radikale Rechte		
		Tendenz zum Anschluß	Affinität zum Anschluß	
Gesamt	86	10	4	=100
Männer	85	10	5	=100
Frauen	87	10	3	=100
Altersgruppen				
15-17	83	11	6	=100
18-20	86	10	4	=100
21-23	85	10	5	=100
24-26	87	9	4	=100
27-30	88	10	2	=100
Bildungsweg				
Hauptschule	74	10	16	=100
Mittelschule	84	11	5	=100
Fachschule	88	10	2	=100
Abitur	87	11	2	=100
Hochschule	92	6	2	=100
Berufskreise				
Arbeiter	83	12	5	=100
einf. Angest.	84	10	6	=100
mittl. Angest.	92	6	2	=100
leit. Angest.	91	7	2	=100
Selbständiger	85	11	4	=100
Gemeindegrösse				
bis 4.999	86	10	4	=100
5.000-19.999	83	12	5	=100
20.000-99.999	84	11	5	=100
100.000 und mehr	89	8	3	=100

Tabelle A122 Zum Potential des Rechtsradikalismus im Westen

Westen	Tendenz zum Anschluß an radikale Rechte			
	keine	Tendenz zum Anschluß	Affinität zum Anschluß	
Gesamt	89	8	3	=100
Männer	89	8	3	=100
Frauen	90	8	2	=100
Altersgruppen				
15-17	87	9	4	=100
18-20	90	4	6	=100
21-23	87	9	4	=100
24-26	90	9	1	=100
27-30	90	8	2	=100
Bildungsweg				
Hauptschule	84	10	6	=100
Mittelschule	90	9	1	=100
Fachschule	91	8	1	=100
Abitur	93	4	3	=100
Hochschule	88	9	3	=100
Berufskreise				
Arbeiter	83	13	4	=100
einf. Angest.	91	7	2	=100
mittl. Angest.	91	7	2	=100
leit. Angest.	95	5	0	=100
Selbständiger	93	3	4	=100
Gemeindegrösse				
bis 4.999	89	10	1	=100
5.000-19.999	87	9	4	=100
20.000-99.999	92	6	2	=100
100.000 und mehr	89	8	3	=100

Tabelle A123: Wo Rechtsradikale sich engagieren würden

	Jugendliche mit folgenden Tendenzen zum Anschluss an rechtsradikale Gruppen		
	keine	leichte Tendenz	Affinität
Es würden eine führende oder sonst aktive Rolle übernehmen			
Aktionsgruppe gegen Überfremdung			
Ost	3	10	25
West	5	21	26
Nationale rechte Gruppierung			
Ost	0	2	25
West	1	3	29
Bürgerwehr			
Ost	10	19	34
West	6	23	39
Selbsthilfegruppe			
Ost	17	31	23
West	21	32	41

Tabelle A124: Wo Linksradikale sich engagieren würden

	Jugendliche mit folgenden Tendenzen zum Anschluss an linksradikale Gruppen		
	keine	leichte Tendenz	Affinität
Es würden eine führende oder sonst aktive Rolle übernehmen			
kleinere Parteien wie Bündnis 90, PDS			
Ost	2	12	35
West	3	14	24
Wohn- und Arbeitskollektive			
Ost	16	22	37
West	10	28	55
Bürgerwehr			
Ost	10	19	19
West	6	25	16
Selbsthilfegruppe			
Ost	17	24	37
West	20	33	51

Tabelle A125: Selbstschädigungs- und Rückzugstendenzen im Osten eher weniger ausgeprägt

Position auf der Skala der Selbstschädigung	Jugendliche von 15 bis 30		
	West 1986	West 1994	Ost 1994
stark (Skalenstufen 4 + 5)	31	26	23
mittel (Skalenstufe 3)	27	29	30
kaum (Skalenstufen 1 + 2)	39	42	43
nicht einstufbar	3	3	4
	100	100	100

In die Skala der Selbstschädigung gingen 17 Test-Antworten ein. Vergleiche Gerhard Schmidtchen:Schritte ins Nichts. Selbstschädigungstendenzen unter Jugendlichen. Leske + Budrich, Opladen 1989, S. 143 ff.

Tabelle A126: Negative Gefühle bahnen den Weg zur Selbstschädigung

	Jugendliche, die unter negativen Empfindungen leiden				
	kaum		mittel		stark
	1	2	3	4	5
Osten Position auf der Skala der Selbstschädigung					
stark (Skalenstufen 4 + 5)	2	7	11	31	62
mittel (3)	18	19	33	38	26
kaum (1 + 2)	78	72	52	26	9
keine Angabe	2	2	4	5	3
	100	100	100	100	100
Westen Position auf der Skala der Selbstschädigung					
stark (Skalenstufen 4 + 5)	6	7	20	40	59
mittel (3)	17	28	37	32	31
kaum (1 + 2)	75	63	40	24	6
keine Angabe	2	2	3	4	4
	100	100	100	100	100

GAMMA Ost 0.54
     West 0.54

Tabelle A127: Konflikte mit den Eltern: Anstieg negativen Affekts

	Jugendliche mit folgender Zahl von Konfliktthemen mit den Eltern			
	keine	1	2-3	4 und mehr
Es leiden stark unter negativen Gefühlen				
Ost	25	36	49	60
West	18	25	41	51

Gamma	Ost	0,30
	West	0,36

Tabelle A128: Selbstmord-Phantasien, Gefühle der Ausweglosigkeit

Frage: Es gibt ja viele Leute, denen der Gedanke an Selbstmord durch den Kopf geht. Haben Sie selbst schon einmal gedacht, daß es besser wäre, nicht mehr zu leben?

	Jugendliche von 15-30		
	West		Ost
	1986	1994	1994
Selber schon Selbstmordversuch gemacht	2	2	1
Ernsthaft daran gedacht	4	3	2
Den Gedanken schon einmal gehabt	24	15	18
Alle Aussagen treffen bei mir nicht zu	70	80	79
	100	100	100

Frage: Kennen Sie das? Sie stehen in einer Lebenssituation, wo Sie denken: jetzt ist es ausweglos, nichts geht mehr.

kenne ich, gab es öfter	14	10	12
kenne ich, gab es einmal	38	30	34
kenne ich nicht, gab es bei mir noch nie	48	60	54
	100	100	100

Tabelle A129: Zur Ausbreitung des Drogenmarktes im Osten

Frage: Ist Ihnen schon einmal Marihuana oder Haschisch angeboten worden, ohne daß Sie danach gefragt haben? Und wie oft ist das vorgekommen?

	Jugendliche von 15 bis 30			
	Westen		Osten	
	1986	1995	1994	1995
Ja, öfter	16	27	6	10
Ja, einmal	18	17	10	15
Nein, nie	66	56	84	75
	100	100	100	100

Tabelle A130: Verhaltensweisen und Orientierungen, die zu Biographie-Risiken führen können

	Ost	West
Schule schwänzen, die Ausbildung hinschmeißen	25	55
Abbruch von Schule, Berufsausbildung oder Studium	6	8
Ausgeprägtes magisch-animistisches Weltbild	22	33
Selbstmordphantasien	21	20
Übertretungen und Vorstrafenx)	15	12
Ausgeprägte Gewaltbereitschaft	14	8
Schwangerschaft als Minderjährige	1	1

x) Alkohol am Steuer
   Führerscheinentzug
   wegen Schlägerei festgenommen
   Geldstrafe (abgesehen von Straßenverkehr)
   andere gerichtliche Strafe
   Kaufhausdiebstahl

Tabelle A131: Biographie-Risiken im Westen

Westen	Es weisen folgende Zahl von Risiken auf:					
	keines	1	2	3	4 und mehr	
Gesamt	25	35	22	9	9	=100
Männer	25	35	22	8	10	=100
Frauen	25	33	23	11	8	=100
Altersgruppen						
15-17	28	38	18	10	6	=100
18-20	23	31	27	11	8	=100
21-23	19	43	18	11	9	=100
24-26	24	35	23	9	9	=100
27-30	30	28	24	7	11	=100
Bildungsweg						
Hauptschule	23	30	23	10	14	=100
Mittelschule	29	32	21	9	9	=100
Fachschule	32	29	19	11	9	=100
Abitur	24	34	26	11	5	=100
Hochschule	21	41	23	8	7	=100
Berufskreise						
Arbeiter	24	31	23	8	14	=100
einf. Angest.	27	30	24	11	8	=100
mittl. Angest.	27	35	22	9	7	=100
leit. Angest.	27	41	22	7	3	=100
Selbständiger	21	41	18	10	10	=100
Gemeindegrösse						
bis 4.999	32	29	20	13	6	=100
5.000-19.999	26	35	21	7	11	=100
20.000-99.999	24	33	26	10	7	=100
100.000 und mehr	23	36	22	9	10	=100

Tabelle A132 Biographie-Risiken im Osten

Osten	Es weisen folgende Zahl von Risiken auf:					
	keines	1	2	3	4 und mehr	
Gesamt	40	30	17	7	6	=100
Männer	39	30	16	7	8	=100
Frauen	40	31	18	7	4	=100
Altersgruppen						
15-17	37	32	17	8	6	=100
18-20	35	28	21	8	8	=100
21-23	37	30	17	10	6	=100
24-26	44	30	15	6	5	=100
27-30	45	31	16	4	4	=100
Bildungsweg						
Hauptschule	25	19	21	10	25	=100
Mittelschule	41	31	16	7	5	=100
Fachschule	41	31	16	7	5	=100
Abitur	36	31	18	9	6	=100
Hochschule	38	32	19	7	4	=100
Berufskreise						
Arbeiter	41	28	16	8	7	=100
einf. Angest.	37	34	16	7	6	=100
mittl. Angest.	42	33	16	5	4	=100
leit. Angest.	44	29	18	7	2	=100
Selbständiger	33	26	23	11	7	=100
Gemeindegrösse						
bis 4.999	44	32	15	5	4	=100
5.000-19.999	39	29	18	8	6	=100
20.000-99.999	40	29	17	8	6	=100
100.000 und mehr	33	31	19	9	8	=100

Tabelle A133: Index der biographischen Belastung

Drei Gruppen von Informationen gingen in den Index ein.

1. Probleme im Elternhaus

	Vater West	Vater Ost	Mutter West	Mutter Ost
übermäßiger Alkoholkonsum	9	10	3	2
starker Konsum von Schmerz-, Schlaf- und Beruhigungsmitteln	1	1	4	3
schwere Krankheit oder Unfall	10	8	7	8
Selbstmordversuch	1	1	1	1
grob und rücksichtslos	6	5	2	1
lieblos	7	4	3	2
Konflikt mit dem Strafgesetz	1	1	1	0
kommt mit dem Leben schwer zurecht	3	2	4	2
in psychiatrischer Behandlung	0	1	2	1
längere Arbeitslosigkeit	4	5	8	2
nichts davon	77	75	82	80

2. Trennungserlebnisse

	Ost	West
längere Trennung von der Mutter	3	2
Tod des Vaters	5	7
Tod der Mutter	2	2
Trennung der Eltern	7	6
Scheidung der Eltern	16	10

3. Schwierigkeiten während der Ausbildung

	Ost	West
Schulwechsel (auch mehrfach)	8	7
einmal, mehrmal nicht versetzt	3	11
Konflikte mit den Lehrern	24	26
Konflikte mit Mitschülern	16	13

Probleme im Elternhaus oder Trennungserlebnisse erhielten je einen Punkt, Schwierigkeiten in der Ausbildung wurden einzeln berücksichtigt. So ergibt sich die folgende Verteilung:

	Ost	West
Biographische Belastungen		
keine	39	44
1	28	24
2	19	18
3 und mehr	14	14
	100	100

Tabelle A134 Index der sozialen Integration

	Ost	West
Arbeitsmotivation (Skalenstufen 1 + 2)	26	33
Es sind Vereinsmitglieder[x]	46	47
Reifer Erziehungsstil der Eltern	45	34
Reifer Unterrichts-/Führungsstil in Schule oder Betrieb[xx]	30	40
Höhere Rollenkomplexität	57	54
Klare Lebensperspektiven	84	85

x Mischergebnis aus einer Frage mit Gedächtnisstütze (Liste) und einer einfachen, direkten Frage.

xx Berechnet auf der Basis aller Jugendlichen, auch derer, die nicht in Schule und Beruf sind.

Die Skala wird additiv gebildet und führt zu folgender Verteilung:

	Ost	West
Die soziale Integration ist		
tief (0 + 1)	15	16
(2)	25	21
(3)	27	27
(4)	21	21
hoch (5 + 6)	12	15
	100	100

Abbildung A1a: Lebensziele Jugendlicher im Westen 1994

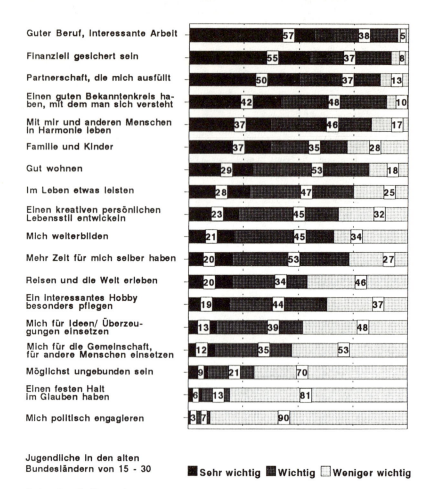

Abbildung A1b: Lebensziele Jugendlicher im Osten 1994

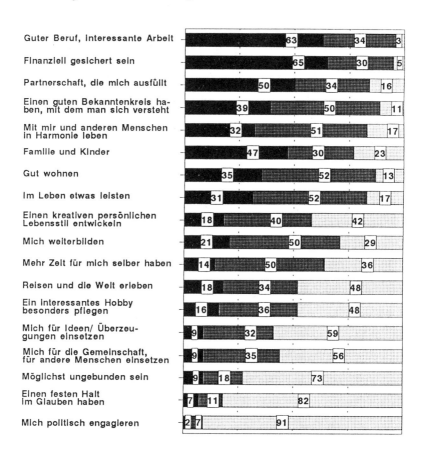

Jugendliche in den neuen Bundesländern von 15 - 30

Antworten in Prozent

■ Sehr wichtig ■ Wichtig □ Weniger wichtig

Quelle: Jugendumfrage 1993/1994 für das BMFJ
Copyright by IMA Leipzig u. Prof.D.Dr.Gerhard Schmidtchen - Uni Zürich

Abbildung A1c: Lebensziele – Vergleich West-Ost 1994

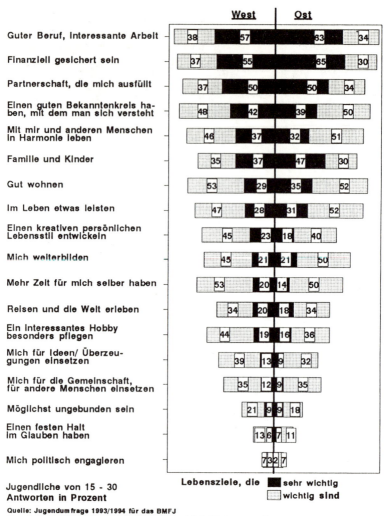

Schaubild A2: Negativer Affekt – Der Trend

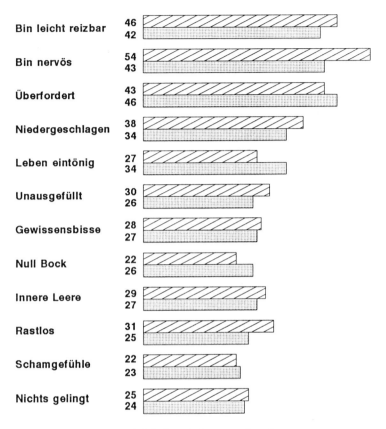

Es haben diese Gefühle häufiger oder manchmal
Antworten in Prozent
Jugendliche von 15 - 30

1986 West
1994 West

Quelle: Jugendumfrage 1993/1994 für das BMFJ
Copyright by ▰▰▰ Leipzig u. Prof.D.Dr.Gerhard Schmidtchen - Uni Zürich

Schaubild A3: Schwund des gesellschaftspolitischen Wohlbefindens in der BRD – Trendumkehr im Osten

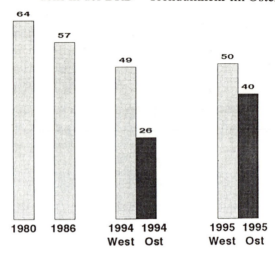

Es fühlten sich sehr wohl oder wohl

Angaben in Prozent; Jugendliche von 15-30

Quelle: Jugendumfrage 1993/1994 und 1996 für das BMFSFJ
Copyright by IM Leipzig u. Prof. D.Dr. Gerhard Schmidtchen – Uni Zürich

Schaubild A4: Elemente einer subjektiven Gewaltdoktrin MDS-Analyse

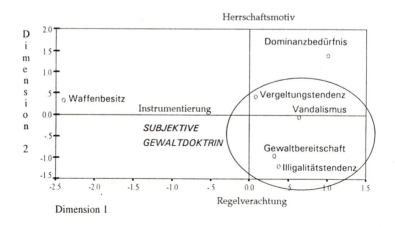

Der Autor

Der Autor dieser Studie war Ordinarius für Sozialpsychologie und Soziologie an der Philosophischen Fakultät I der Universität Zürich. 1990 emeritiert, las er bis 1992 drei Semester als Gastprofessor am Psychologischen Institut der Universität Leipzig über Sozialpsychologie der Demokratie. Das Thema seines wissenschaftlichen Interesses läßt sich am besten mit dem Stichwort „Mensch und Institution" beschreiben. Die Forschungsfelder sind: Politisches Verhalten, religiöse Orientierung, Ideologie und Fundamentalismus, Arbeitswelt und Wertewandel, Aggressivität und Gewalt, die Struktur von Hoffnung und Verzweiflung, das Rätsel der Selbstschädigung. 1966 habilitiert, wurde er 1968 nach Zürich berufen. Promotion 1957 bei Arnold Bergstraesser in Freiburg i.Br. 1953 Diplomvolkswirt an der Universität Frankfurt/Main, als Abschluß eines Studiums bei Adorno, Horkheimer und Pollock, 1945 bis 1951 Studium in Marburg/Lahn. 1943 bis 1945 Kriegsdienst und Gefangenschaft. 1944 an der Ostfront verwundet. Ab 1936 Besuch des humanistischen Gynmasiums in Hamm (Westf.), wo der Autor 1925 geboren wurde.

Zahlreiche seiner empirischen Arbeiten entstanden in Verbindung mit dem Institut für Demoskopie in Allensbach, mit Infratest München und gegenwärtig mit dem Institut für Marktforschung Leipzig.

Die Evangelisch-Theologische Fakultät der Universität Erlangen verlieh ihm 1990 in Anbetracht der Bedeutung seines Lebenswerks für die praktische Theologie den Ehrendoktor.

Publikationen (Auswahl): Lebenssinn und Arbeitswelt 1996, Ethik und Protest 1992, Schritte ins Nichts 1989, Sekten und Psychokultur 1987, Menschen im Wandel der Technik 1986, Neue Technik – Neue Arbeitsmoral 1984, Gewalt und Legitimität 1983, Terroristische Karrieren 1981, Was den Deutschen heilig ist 1979.